L'INTELLIGENCE ÉMOTIONNELLE

DANIEL GOLEMAN

L'INTELLIGENCE ÉMOTIONNELLE

Comment transformer ses émotions en intelligence

traduit de l'américain par Thierry Piélat

FRANCE LOISIRS
123, boulevard de Grenelle, Paris

Édition du Club France Loisirs, Paris
réalisée avec l'autorisation des Éditions Robert Laffont

Titre original : EMOTIONAL INTELLIGENCE

ISBN : 2-7441-2493-1

Le défi d'Aristote

Tout le monde peut se mettre en colère.
Mais il est difficile de se mettre en colère
pour des motifs valables et contre qui le mérite,
au moment et durant le temps voulus.
Aristote, *Éthique à Nicomaque*

Cela s'est passé à New York, par un de ces après-midi d'août horriblement humides qui mettent tout le monde à cran. Je regagnais mon hôtel lorsqu'en sautant dans un bus sur Madison Avenue, je fus surpris par l'amical « Salut ! Ça va ? » que me lança le chauffeur, un Noir entre deux âges au sourire enthousiaste, accueil qu'il réservait à tous les passagers. Ceux-ci étaient aussi décontenancés que moi, mais, murés dans leur morosité, la plupart ne répondaient pas.

Cependant, tandis que le bus se faufilait dans les embouteillages, une transformation lente et pour ainsi dire magique s'opéra. Le chauffeur n'arrêtait pas de parler, commentant ce qui se passait alentour : il y avait des soldes à tout casser dans tel magasin, une superbe exposition dans tel musée, avions-nous entendu parler de ce nouveau film dont on voyait l'affiche au coin de la rue ? Le plaisir qu'il tirait des innombrables possibilités offertes par la ville était contagieux. En quittant le bus, les passagers avaient perdu leur air morose, et lorsque le chauffeur leur criait : « À bientôt ! Passez une bonne journée ! », ils le gratifiaient d'un sourire.

Cela s'est passé il y a près de vingt ans et est resté gravé dans ma mémoire. Je venais de décrocher mon doctorat de psychologie, mais la psychologie que j'avais apprise n'expliquait guère comment une telle transformation pouvait avoir lieu. Elle ignorait tout ou presque du mécanisme des émotions. Et, pourtant, en songeant à l'onde de bien-être qu'avaient dû propager à travers la ville les passagers de son bus, je compris que ce chauffeur était une sorte de pacificateur ; sa capacité à transmuer l'irritabilité maussade des gens, à apaiser et ouvrir un peu leur cœur, faisait de lui une espèce de sorcier.

Voici, par contre, ce que disaient les journaux la semaine dernière :

— Dans une école, un enfant de neuf ans s'est livré à des actes de vandalisme : il a répandu de la peinture sur les pupitres, les ordinateurs et les imprimantes et saccagé une voiture sur le parking de l'école. Explication : des « grands » l'avaient traité de « bébé » et il voulait les impressionner.

— À Manhattan, une bousculade parmi des adolescents attroupés devant un club de rap a dégénéré en bagarre. L'un d'eux a tiré dans la foule avec un pistolet automatique : huit blessés. L'article précisait que, depuis quelques années, les fusillades de ce genre, pour des motifs anodins, devenaient de plus en plus fréquentes.

— Selon un rapport, 57 % des meurtres d'enfants sont commis par leurs parents ou leurs beaux-parents. Dans près de la moitié des cas, ceux-ci affirment « avoir simplement voulu punir l'enfant ». Ces corrections fatales étaient causées par des « fautes » bénignes : l'enfant les avait empêchés de regarder tranquillement la télévision, avait pleuré ou sali ses couches.

— Un jeune néo-nazi allemand a été condamné pour avoir provoqué la mort de cinq femmes et fillettes turques en mettant le feu à leur logement pendant leur sommeil. Il avait du mal à conserver un emploi, s'était mis à boire et imputait ses difficultés aux étrangers. D'une voix à peine audible, il a déclaré : « Je suis désolé de ce que j'ai fait et j'ai honte. »

Chaque jour, des nouvelles de ce genre témoignent de la dissolution des mœurs, du climat d'insécurité et du déchaînement de pulsions abjectes. Mais elles ne sont que le reflet global du sentiment lancinant que nous perdons tous le contrôle de nos émotions. Nul n'est à l'abri de cette alternance capricieuse d'explosions de colère et de regrets, chacun de nous en fait l'expérience tôt ou tard.

Au cours des dix dernières années, nous avons été submergés de nouvelles révélatrices de l'ineptie, de l'irresponsabilité et du désespoir qui brisent nos vies. Fureur et déchéance sont devenues manifestes, que ce soit dans la solitude des enfants que l'on laisse avec la télévision pour baby-sitter, dans les souffrances des enfants abandonnés, ou maltraités, ou dans l'affreuse intimité de la violence maritale. La dépression des uns et l'agressivité des autres sont symptomatiques d'un malaise affectif général.

Ce livre vise à donner un sens à ce qui paraît absurde. En tant que psychologue puis journaliste, j'ai suivi de près les progrès accomplis par la science dans la compréhension de l'irrationnel. et j'ai été frappé par deux tendances opposées : l'une constate l'état de plus en plus désastreux de notre vie affective, l'autre propose des remèdes porteurs d'espoir.

POURQUOI CETTE ÉTUDE MAINTENANT ?

Si pendant la dernière décennie nous avons vu les nuages s'amonceler, nous avons aussi assisté à une floraison sans égal de travaux scientifiques sur les émotions. Grâce à des méthodes novatrices comme les nouvelles technologies de l'image (scanner, par exemple), nous pouvons entrevoir comment fonctionne le cerveau. Pour la première fois dans l'Histoire, elles ont révélé ce qui a toujours été un profond mystère : ce qui se passe exactement lorsque nous pensons, éprouvons des sentiments, imaginons et rêvons. Ces informations neurobiologiques nous permettent de comprendre plus clairement comment les centres cérébraux qui gouvernent les émotions nous amènent à nous mettre en colère ou à éclater en sanglots. Comment les parties les plus anciennes du cerveau, qui nous poussent à faire la guerre aussi bien que l'amour, sont mises à contribution pour le meilleur ou pour le pire. La lumière nouvelle qui éclaire le fonctionnement des émotions et ses défaillances laisse entrevoir des remèdes inédits à notre crise psychologique collective.

La moisson de faits scientifiques nécessaire pour écrire ce livre n'est arrivée à maturité que depuis peu. La raison en est que, pendant longtemps, la place des sentiments dans la vie mentale a été ignorée par la recherche, faisant des émotions un continent en grande partie inexploré par la psychologie scientifique. Un fatras de manuels d'épanouissement personnel, prodigues en conseils bien intentionnés, fondés au mieux sur des opinions inspirées par l'observation clinique, mais la plupart du temps dépourvus de base scientifique, a tenté de combler ce vide. Maintenant, la science est enfin à même de parler avec autorité des problèmes posés par la psyché dans ses aspects les plus irrationnels, de dresser avec une certaine précision la carte du cœur humain.

Celle-ci apporte un démenti à ceux qui souscrivent à une conception étroite de l'intelligence et prétendent que le QI est une donnée génétique non modifiable et que notre destinée individuelle est en grande partie prédéterminée. Adopter ce point de vue, c'est balayer d'un revers de main la question la plus intéressante : Qu'est-il *possible* de faire pour aider nos enfants à mieux réussir dans la vie ? Quels facteurs entrent en jeu, par exemple, lorsque des individus possédant un QI élevé échouent et que d'autres, au QI modeste, s'en sortent étonnamment bien ? Je prétends que la différence tient bien souvent aux capacités que nous désignons ici par l'expression *intelligence émotionnelle*, qui recouvre la maîtrise de soi, l'ardeur et la persévérance, et la faculté de s'inciter soi-même à l'action. Et, comme nous le verrons, on peut inculquer aux enfants ces qualités et les aider ainsi à mieux tirer parti du potentiel intellectuel que la loterie génétique leur a imparti.

Au-delà de ces possibilités s'impose un impératif moral. Nous vivons à une époque où le tissu social paraît s'effilocher de plus en plus vite, où l'égoïsme, la violence et le manque de cœur semblent miner la vie de nos communautés. L'importance de l'intelligence émotionnelle tient selon nous au lien qui unit la vie affective, la personnalité et les instincts moraux. Il apparaît de plus en plus clairement que les attitudes éthiques fondamentales de l'individu dérivent de ses capacités psychologiques sous-jacentes. Les pulsions constituent en effet le moyen d'expression des émotions ; à l'origine de toute pulsion se trouve un sentiment qui cherche à se traduire en acte. Quiconque est esclave de ses pulsions — autrement dit, quiconque ne sait se maîtriser — souffre d'une déficience morale. La capacité de conserver son sang-froid forme le fondement de la volonté et du caractère. De même, la source de l'altruisme est à rechercher dans l'empathie, cette capacité de lire dans le cœur d'autrui — être insensible aux besoins ou au désespoir d'un autre, c'est ne pas savoir aimer. Et s'il est deux attitudes morales qu'exige notre époque, ce sont précisément celles-là : la retenue et la compassion.

QUEL SERA NOTRE ITINÉRAIRE ?

Ce livre est un voyage au pays des émotions, voyage destiné à mieux éclairer certaines des situations les plus déroutantes que nous rencontrons dans notre vie et dont nous sommes témoins autour de nous. Il s'agit, en fait, de comprendre pourquoi et comment notre intelligence peut être en harmonie avec nos émotions. En elle-même, cette compréhension pourra s'avérer bénéfique ; le seul fait d'observer l'univers des sentiments exerce un effet bien connu en physique quantique : il modifie ce qui est observé.

Nous commencerons par examiner les dernières découvertes sur l'architecture cérébrale. Elles permettent d'expliquer ces moments déconcertants de notre vie où les sentiments prennent le pas sur la raison. L'interaction des structures du cerveau responsables de nos mouvements de fureur et de peur — ou de passion et de joie — nous renseigne sur la manière dont s'opère l'apprentissage des habitudes psychologiques qui font échouer nos meilleures intentions. Et aussi sur ce que nous pouvons faire pour maîtriser nos pulsions les plus destructrices et les plus contraires aux buts que nous poursuivons. Les données neurologiques laissent entrevoir une possibilité de modifier les habitudes psychologiques de nos enfants.

Dans une deuxième partie, nous verrons comment le donné neurologique se manifeste à travers la perspicacité dont nous faisons preuve dans la conduite de notre vie — ce que nous appelons l'*intelligence émotionnelle* — : le fait d'être capable, par exemple, de maîtriser nos pulsions affectives, de percer à jour les sentiments les plus intimes d'autrui, de nouer des relations harmonieuses avec les autres — selon les termes d'Aristote, la capacité rare « de se mettre en colère pour des motifs valables et contre qui le mérite, au moment et durant le temps voulus ». (Les lecteurs peu intéressés par les détails neurologiques pourront passer directement à la partie suivante.)

Cette conception élargie de l'« intelligence » attribue un rôle de premier plan aux émotions dans notre aptitude à gérer notre vie. Dans la troisième partie, nous verrons en quoi cette aptitude peut se révéler décisive, comment elle nous permet d'entretenir de bonnes relations avec nos proches, et comment son absence nous en empêche ; comment les forces du marché qui bouleversent le monde du travail rendent l'intelligence émotionnelle plus que jamais indispensable à la réussite de notre carrière. Nous découvrirons aussi comment les émotions négatives font planer sur notre santé un danger aussi grave que le tabac et aussi de quelle façon l'équilibre psychologique contribue à préserver notre santé et notre bien-être.

Notre héritage génétique détermine notre tempérament. Mais nos circuits cérébraux sont d'une souplesse extraordinaire : tempérament n'est pas synonyme de destinée. Comme le montre la quatrième partie, les leçons psychologiques que l'on apprend dans l'enfance, chez soi et à l'école, modèlent nos circuits mentaux et nous permettent d'acquérir plus ou moins facilement les bases de l'intelligence émotionnelle. En d'autres termes, l'enfance et l'adolescence sont les périodes clés où se forgent les habitudes psychologiques qui gouverneront la vie de l'individu.

La cinquième partie montre les dangers auxquels s'exposent ceux qui, au cours de leur développement, ne parviennent pas à maîtriser leurs émotions — comment, autrement dit, les faiblesses de l'intelligence émotionnelle augmentent les risques les plus divers : dépression, vie marquée par la violence, recherche de compensations dans la nourriture ou la drogue. Cette partie explique aussi comment, dans des écoles expérimentales, on inculque aux enfants les aptitudes psychologiques et sociales dont ils auront besoin dans la conduite de leur vie.

Peut-être les données les plus alarmantes proviennent-elles d'une étude de grande envergure menée auprès de parents et d'enfants : elles révèlent que, partout dans le monde, les enfants sont aujourd'hui plus perturbés psychologiquement que dans le passé – plus solitaires et déprimés, plus indisciplinés et coléreux, plus nerveux et inquiets, plus impulsifs et agressifs.

S'il existe un remède, il faut à mon sens le rechercher dans la manière dont nous préparons les jeunes à la vie. Pour l'heure, leur éducation psychologique est laissée au hasard, avec les résultats désastreux que l'on connaît. La solution réside, selon moi, dans une façon nouvelle d'envisager ce que l'école peut accomplir pour éduquer la personnalité de l'élève, tant sur le plan intellectuel qu'affectif. Pour clore notre périple, nous visiterons des écoles où l'on stimule l'intelligence émotionnelle. J'ose espérer qu'un jour l'éducation visera à inculquer des aptitudes humaines essentielles comme la conscience de soi, la maîtrise de soi, l'empathie, l'art de faire attention à autrui, de résoudre les conflits, et le sens de la coopération.

L'*Éthique à Nicomaque*, l'ouvrage d'Aristote sur la vertu, le caractère et le bien vivre, a pour objet la conduite intelligente de la vie affective. Nos passions, quand elles sont convenablement canalisées, possèdent leur sagesse propre ; elles guident notre pensée, le choix de nos valeurs, assurent notre survie. Mais elles peuvent aussi nous égarer et le font trop souvent. Comme l'avait vu Aristote, le problème ne tient pas aux émotions elles-mêmes, mais à leur *justesse* et à leur expression. La question qui se pose est celle-ci : comment mettre notre intelligence en accord avec nos émotions — comment rendre à la vie quotidienne sa civilité, à la vie communautaire son humanité ?

Première partie

LE CERVEAU ÉMOTIONNEL

1

À quoi servent les émotions ?

On ne voit bien qu'avec le cœur.
L'essentiel est invisible pour les yeux.
Antoine de Saint-Exupéry, *Le Petit Prince*

Méditons sur la fin tragique de Gary et Mary Jane Chauncey, les parents d'Andrea, une enfant de onze ans clouée dans un fauteuil roulant. Le train à bord duquel se trouvait la famille Chauncey dérailla et tomba dans une rivière après qu'une péniche eut heurté et endommagé un pont. Songeant d'abord à leur fille, les parents s'efforcèrent de la sauver tandis que l'eau s'engouffrait dans le wagon ; ils réussirent à tendre l'enfant par une fenêtre aux sauveteurs, puis périrent noyés[1].

Le sacrifice des parents d'Andrea a des résonances mythiques, et les cas de ce type abondent dans l'histoire des hommes[2]. Du point de vue de l'évolution, cette abnégation vise à assurer le « succès reproductif », à garantir la transmission des gènes à la génération suivante. Mais pour les parents prenant cette décision désespérée, c'est simplement un geste d'amour.

Ces actes héroïques illustrent la fonction et la puissance des émotions, et témoignent du rôle de l'amour altruiste — et de toutes les autres émotions — dans la vie humaine[3]. Ils montrent à quel point nos passions et nos désirs guident nos actions, et combien notre espèce doit sa survie à leur pouvoir. Celui-ci est extraordinaire ; seul un amour profond — comme le désir irrésistible de sauver son enfant — peut amener l'individu à surmonter son instinct de conservation. D'un point de vue intellectuel, l'abnégation des parents semble irrationnelle ; du point de vue du cœur, c'est la seule attitude possible.

Lorsque les sociobiologistes cherchent à expliquer pourquoi l'évolution a conféré aux émotions un rôle de premier plan dans la psyché, ils soulignent la prééminence du cœur sur le mental. Nos émotions, disent-ils, nous aident à affronter des situations et des tâches trop importantes pour être confiées au seul intellect : le danger, les pertes douloureuses, la persévérance en dépit des déconvenues, la fondation d'un couple, la création d'une famille. Chaque émotion nous prépare à agir d'une certaine manière ; chacune nous indique une voie qui, dans le passé, a permis de relever les défis de l'existence[4]. Les mêmes situations se sont inlassablement répétées au cours de l'évolution, et le fait que notre répertoire d'émotions soit inscrit dans notre cœur sous forme de tendances innées et automatiques atteste de sa valeur de survie.

Toute conception de la nature humaine qui ignorerait le pouvoir des émotions manquerait singulièrement de perspicacité. L'expression même *Homo sapiens*, l'homme pensant, est particulièrement malheureuse si l'on considère le rôle majeur que, selon les scientifiques, les émotions jouent dans notre vie. Comme nous le savons tous d'expérience, en matière de décision et d'action, l'intuition compte autant, sinon plus, que la pensée. Nous exagérons la valeur et l'importance de la raison pure, que mesure le QI, dans la vie humaine. Notre intelligence est inutile quand nous sommes sous l'emprise de nos émotions.

QUAND LES PASSIONS DOMINENT LA RAISON

Pour jouer un bon tour à ses parents, Matilda Crabtree, quatorze ans, avait décidé de leur faire peur lorsqu'ils rentreraient à la maison après une soirée chez des amis.

Mais, tragique méprise, Bobby Crabtree et son épouse croyaient que Matilda passait la nuit chez des voisins. Entendant des bruits quand il entra dans la maison, Crabtree prit son revolver et monta dans la chambre de Matilda. Quand celle-ci bondit de sa cachette en poussant un cri, il lui tira une balle dans le cou. Matilda mourut douze heures plus tard[5].

Dans l'héritage psychologique que nous a légué l'évolution se trouve la peur qui sert à nous protéger du danger ; c'est elle qui a poussé Bobby Crabtree à tirer sur sa fille avant même d'avoir pu la reconnaître. Selon les spécialistes, les réactions automatiques de ce genre sont inscrites dans notre système nerveux, parce que, pendant longtemps, elles nous ont aidés à survivre. Plus important encore, elles répondaient à la tâche principale de l'évolution : transmettre à ses descendants des prédispositions utiles à la survie — considération tristement ironique quand on songe à la tragédie des Crabtree.

Mais, si nos émotions ont été de bons guides au cours de notre long processus évolutif, les réalités nouvelles de la civilisation sont apparues avec une telle rapidité que la lente marche de l'évolution n'a pu en suivre le rythme. De fait, on peut considérer les premières lois et les premiers codes moraux — celui d'Hammourabi, les Dix Commandements et les édits de l'empereur Ashoka — comme des tentatives pour canaliser, maîtriser et domestiquer les passions humaines. Comme l'a dit Freud dans *Malaise dans la civilisation*, la société a été obligée d'imposer à l'individu des règles destinées à contenir le déchaînement trop facile des émotions.

Malgré ces contraintes sociales, les passions dominent bien souvent la raison. Cette caractéristique de la nature humaine résulte de l'organisation de base de notre vie mentale. En termes biologiques, nous avons hérité de circuits neuronaux pour les émotions qui ont parfaitement fonctionné pendant cinquante mille générations — mais pas pendant les cinq cents dernières, et encore moins pendant les cinq dernières. Il a fallu aux forces lentes de l'évolution un million d'années pour façonner notre vie affective ; les dix mille dernières années au cours desquelles la civilisation est apparue et la population humaine est passée de cinq millions à cinq milliards d'individus n'ont guère laissé de traces sur le substrat biologique qui régit notre vie affective.

Pour le meilleur ou pour le pire, notre façon d'apprécier les rencontres que nous faisons et d'y réagir n'est pas seulement déterminée par notre jugement rationnel ou notre passé individuel, mais aussi par notre passé ancestral. Il nous en est resté des penchants parfois tragiques, comme en témoigne la triste histoire de la famille Crabtree. En bref, nous faisons trop souvent face aux dilemmes posés par la société postmoderne avec une panoplie psychologique datant du Pléistocène. Ce fâcheux état de fait est au cœur de notre sujet.

Pourquoi nous agissons

Aux premiers jours du printemps, alors que je franchissais un col dans les Rocheuses au volant de ma voiture, une tempête de neige m'ôta toute visibilité. Aveuglé par les tourbillons, je donnai un coup de frein : l'angoisse m'envahit et mon cœur se mit à battre à tout rompre.

Bientôt, l'angoisse fit place à la peur. Je me garai sur le bas-côté et attendis le passage de la tourmente. Une demi-heure plus tard, la neige cessa de tomber, la visibilité revint et je repris la route — avant d'être de nouveau stoppé quelques centaines de mètres plus loin : des ambulanciers secouraient le passager d'une voiture qui en avait percuté une autre. Si j'avais continué à rouler dans la tempête, je serais probablement entré en collision avec elles.

Ce jour-là, la peur m'a peut-être sauvé la vie. Comme un lièvre paralysé de terreur à l'approche d'un renard — ou un mammifère primitif effrayé par un dinosaure en maraude —, j'avais été submergé par un état intérieur qui m'avait contraint à m'arrêter et à faire attention à un danger imminent.

Pour l'essentiel, toutes les émotions sont des incitations à l'action ; ce sont des plans instantanés pour faire face à l'existence que l'évolution a instillés en nous. D'ailleurs, le terme « émotion » se compose du verbe latin *motere*, voulant dire « mouvoir », et du préfixe *é*, qui indique un mouvement vers l'extérieur, et cette étymologie suggère bien une tendance à agir. Le fait que les émotions incitent à l'action est particulièrement clair quand on observe des animaux ou des enfants. C'est uniquement chez l'adulte « civilisé » que l'on rencontre la plus grande anomalie du règne animal : des émotions coupées des réactions qu'elles devraient entraîner[6].

Dans notre répertoire d'émotions, chacune joue un rôle spécifique, comme le montrent leurs signatures biologiques caractéristiques (voir l'appendice A pour plus de détails sur les émotions « de base »). Grâce aux nouvelles méthodes qui nous permettent d'observer ce qui se passe à l'intérieur du corps et du cerveau, les chercheurs comprennent chaque fois mieux comment chaque type d'émotion prépare le corps à un type de réaction différente[7].

• La *colère* fait affluer le sang vers les mains, ce qui permet à l'individu de s'emparer plus prestement d'une arme ou de frapper un ennemi, et une sécrétion massive d'hormones comme l'adrénaline libère l'énergie nécessaire à une action vigoureuse.
• La *peur* dirige le sang vers les muscles qui commandent le mouvement du corps, comme les muscles des jambes, ce qui prépare la fuite et fait pâlir le visage, le sang en étant chassé (d'où la sensation de sang qui « se glace »). Simultanément, le corps est paralysé l'espace d'un instant, ce qui laisse peut-être à l'individu le temps de décider s'il est préférable de se cacher. Les centres émotionnels du cerveau sécrètent massivement des hormones qui mettent le corps en état d'alerte générale, celui-ci se tend, prêt à agir, l'attention se fixe sur la menace imminente, attitude idéale pour décider quelle réaction est la plus appropriée.
• Le *bonheur* se caractérise par une augmentation de l'activité du centre cérébral qui inhibe les sentiments négatifs et favorise un accroissement de l'énergie disponible et un ralentissement de l'activité des centres générateurs d'inquiétude. Cependant, il ne se produit pas de modification physiologique particulière, si ce n'est un apaisement, grâce auquel le corps se remet plus rapidement des effets biologiques induits par les contrariétés. Cet état procure à l'organisme un repos général ; l'individu accomplit avec empressement et enthousiasme toutes les tâches qui se présentent à lui ; il se donne des buts plus variés.
• L'*amour*, la tendresse et la satisfaction sexuelle provoquent une excitation parasympathique — l'inverse, sur le plan physiologique, de la réaction « fuir ou se battre » de la colère ou de la peur. Le réflexe parasympathique, appelé « réponse de relaxation », consiste en un ensemble de réactions corporelles qui engendrent un état général de calme et de contentement propice à la coopération.

• La *surprise* provoque un haussement des sourcils qui élargit le champ visuel et accroît la quantité de lumière atteignant la rétine. L'individu dispose ainsi de davantage d'informations concernant un événement inattendu. Cela lui permet de mieux évaluer la situation et de concevoir le meilleur plan d'action possible.
• Partout dans le monde, le *dégoût* se manifeste par la même expression et possède la même signification : quelque chose est déplaisant, littéralement ou métaphoriquement. Comme l'avait observé Darwin, l'expression faciale du dégoût — la lèvre supérieure se retrousse sur les côtés tandis que le nez se plisse légèrement — semble refléter une tentative primitive pour fermer les narines à une odeur désagréable ou recracher un aliment toxique.
• Une des fonctions principales de la *tristesse* est d'aider à supporter une perte douloureuse, celle d'un être cher par exemple, ou une grande déception. La tristesse provoque une chute d'énergie et un manque d'enthousiasme pour les activités de la vie, en particulier les distractions et les plaisirs, et, quand elle devient plus profonde et approche de la dépression, elle s'accompagne d'un ralentissement du métabolisme. Le repli sur soi permet de faire le deuil d'un être cher ou de digérer un espoir déçu, d'en mesurer les conséquences pour sa propre vie et, lorsque l'énergie revient, de projeter un nouveau départ. Lorsque les premiers humains étaient tristes — et donc vulnérables — cette perte d'énergie les obligeait peut-être à rester près de leur gîte, donc en sécurité.

Ces causes biologiques de l'action sont aussi modelées par la culture et par l'existence. Ainsi, chez tous les humains, le décès d'un être cher provoque de la tristesse. En revanche, la manière dont on manifeste son chagrin — en l'exprimant publiquement ou seulement en privé —, tout comme la catégorie des « êtres chers » dont il convient de porter le deuil, dépend de la culture dans laquelle on vit.

Ces réactions affectives ont pris forme à une époque lointaine où les conditions de vie étaient sans doute plus rudes que celles que l'humanité connaît depuis la période historique. La mortalité infantile était élevée et peu d'adultes franchissaient le cap de la trentaine ; les hommes risquaient à tout moment d'être la proie de prédateurs, et les caprices du climat — sécheresses ou inondations

— provoquaient des famines. Avec l'apparition de l'agriculture et des premières sociétés, la situation s'est modifiée de façon spectaculaire. Au cours des dix mille dernières années, cette tendance s'est généralisée et les terribles contraintes qui empêchaient tout accroissement important de la population humaine ont été progressivement levées.

Ces mêmes contraintes avaient conféré à nos réactions émotionnelles toute leur valeur de survie ; avec leur disparition, notre répertoire d'émotions devint inadapté. Alors que, dans un lointain passé, une explosion de colère pouvait conférer un avantage décisif pour la survie, des faits comme la possession d'armes à feu par des enfants de treize ans en ont rendu les effets désastreux [8].

Nos deux esprits

Une de mes amies me parlait de son divorce, une affaire douloureuse. Son mari était tombé amoureux d'une femme plus jeune et lui avait annoncé de but en blanc qu'il partait vivre avec elle. Pendant plusieurs mois, elle s'était amèrement disputée au sujet de leur maison, de la pension alimentaire et de la garde des enfants. À présent, quelques mois plus tard, elle me disait que son indépendance lui plaisait, qu'elle était heureuse de se retrouver seule. « Je ne pense plus à lui, tout cela ne me touche plus », m'expliqua-t-elle. Mais, l'espace d'un instant, tandis qu'elle prononçait ces paroles, ses yeux se remplirent de larmes.

J'aurais pu ne pas le remarquer. Mais le fait de comprendre par empathie que les larmes de mon amie trahissaient sa tristesse en dépit de ses propos rassurants demandait autant d'intelligence que la lecture d'une longue page d'explications. L'un relève de l'esprit émotionnel, l'autre, de l'esprit rationnel. En un sens très réel, nous possédons deux esprits : l'un pense, l'autre ressent.

L'interaction de ces outils de connaissance fondamentalement différents donne naissance à notre vie intérieure. Le premier, l'esprit rationnel, est le mode de compréhension dont nous sommes en général plus conscients : pondéré, réfléchi, faisant sentir sa présence. Mais il existe un autre système de connaissance, impulsif, puissant, parfois illogique : l'esprit émotionnel. (On trouvera une description plus complète de ses caractéristiques dans l'appendice B.)

La dichotomie émotionnel/rationnel correspond en gros à la distinction entre le « cœur » et la « tête ». Quand on sent « au fond de son cœur » qu'une chose est vraie, elle relève d'un degré de conviction différent, presque plus profond, de celui que nous procure l'esprit rationnel. Le degré de contrôle rationnel ou émotionnel de l'esprit varie de manière graduelle : plus un sentiment est intense, plus l'esprit émotionnel domine et plus le rationnel perd de son efficacité. Cela semble refléter l'avantage évolutif que nous avons obtenu au fil des âges en laissant nos émotions et notre intuition gouverner nos réactions instantanées dans les situations périlleuses, lorsqu'on ne peut se permettre de réfléchir avant d'agir.

La plupart du temps, l'esprit émotionnel et l'esprit rationnel fonctionnent en parfaite harmonie, associant leurs modes de connaissance très différents pour nous guider dans le monde qui nous entoure. Il y a d'ordinaire équilibre entre les deux, l'esprit émotionnel alimentant en informations les opérations de l'esprit rationnel, celui-ci affinant et parfois rejetant les données fournies par l'esprit émotionnel. Pourtant, l'esprit émotionnel et l'esprit rationnel sont deux facultés semi-indépendantes, reflétant chacune, comme nous le verrons, le fonctionnement de structures cérébrales distinctes, mais interconnectées.

Le plus souvent, le fonctionnement de ces deux esprits est finement coordonné ; les sentiments s'avèrent essentiels à la pensée, et la pensée aux sentiments. Mais, quand les passions s'emballent, l'esprit émotionnel prend le dessus. Érasme évoquait l'éternelle tension entre les deux dans une veine satirique :

> Jupiter, qui ne voulait pas que votre vie fût triste et langoureuse, vous a donné plus de passions que de raison. C'est la différence de vingt à un. Il a emprisonné la raison dans un petit coin de la tête, et livré le reste du corps aux secousses des passions. Il a opposé à la première deux ennemies impitoyables, la colère qui a son siège dans le centre de la vie, et la concupiscence qui domine les parties inférieures. Que peut faire la raison contre ces deux forces réunies ? La conduite des hommes vous l'apprend. Elle ne peut que crier et donner des leçons qu'on n'écoute pas. Les sujets révoltés crient plus fort que leur maître, jusqu'à ce que, épuisé lui-même, il leur lâche la bride [9].

COMMENT LE CERVEAU S'EST-IL DÉVELOPPÉ ?

Pour mieux comprendre l'emprise puissante des émotions sur l'esprit pensant, et pourquoi le sentiment et la raison se font si souvent la guerre, examinons comment le cerveau s'est développé. Le cerveau humain, avec son kilo et demi de neurones et autres tissus, est à peu près trois fois plus gros que celui de nos cousins les plus proches, les grands singes. Au cours de millions d'années d'évolution, le cerveau s'est développé de bas en haut, les centres supérieurs apparaissant comme des perfectionnements de parties inférieures plus anciennes. (Le développement du cerveau chez l'embryon humain récapitule *grosso modo* cette évolution.)

La partie la plus primitive du cerveau, que nous partageons avec toutes les espèces qui ne sont pas simplement dotées d'un système nerveux minimal, est le tronc cérébral entourant l'extrémité supérieure de la moelle épinière. Le cerveau primitif gouverne les fonctions vitales essentielles comme la respiration et le métabolisme des autres organes du corps, ainsi que les réactions et les mouvements stéréotypés. On ne peut pas dire qu'il pense ou qu'il apprend ; c'est plutôt un ensemble de régulateurs préprogrammés qui permettent au corps de fonctionner normalement et de réagir de manière à survivre. Ce cerveau régnait en maître à l'âge des reptiles ; on peut le voir comme un serpent dressé, sifflant pour signaler la menace d'une attaque.

De cette racine primitive, le tronc cérébral, émergèrent les centres nerveux sièges des émotions. Des millions d'années plus tard, à partir de ces centres se développa la partie supérieure : le cerveau pensant ou « néocortex », gros bulbe de tissus formant des circonvolutions. Le fait que ce dernier se soit développé à partir du cerveau « sentant » en dit long sur la relation entre la pensée et l'émotion : le cerveau « émotionnel » existait bien avant le cerveau « rationnel ».

La source la plus ancienne de notre vie émotionnelle se situe dans l'odorat ou, pour être plus précis, dans le bulbe olfactif, l'ensemble des cellules qui recueillent et analysent les odeurs. Chaque entité vivante, qu'elle soit un aliment, un poison, un partenaire sexuel, un prédateur ou une proie, possède une signature moléculaire caractéristique qui peut être transportée par le vent. En ces temps primitifs, l'odorat était un sens essentiel à la survie.

À partir du lobe olfactif, les premiers centres gouvernant les émotions commencèrent à se développer, jusqu'à devenir assez importants pour enserrer la partie supérieure du tronc cérébral. À ce stade rudimentaire, le centre olfactif ne se composait guère que de fines couches de neurones assemblées pour analyser les odeurs. Une de ces couches enregistrait ce qui était senti et le rangeait dans la bonne catégorie — comestible ou toxique, sexuellement disponible, ennemi ou proie. Une seconde couche de cellules envoyait des messages réflexes à travers le système nerveux, ordonnant au corps d'agir de la manière appropriée — mordre, cracher, se rapprocher, fuir, prendre en chasse [10].

Avec les premiers mammifères sont apparues de nouvelles couches essentielles du cerveau émotionnel. Elles entourent le tronc cérébral et ressemblent à une couronne comportant, par en dessous, un creux où celui-ci vient se loger. Parce que cette partie du cerveau enserre et borde le tronc cérébral, on l'a appelée système « limbique », du latin *limbus*, bord. Ce nouveau territoire neuronal ajoutait au répertoire du cerveau les émotions à proprement parler [11]. Lorsque nous sommes sous l'emprise du désir ou de la fureur, amoureux à en perdre la tête ou verts d'effroi, c'est le système limbique qui commande.

En se développant, ce système élabora deux outils extrêmement efficaces : la capacité d'apprendre et la mémoire. Ces progrès évolutifs permettaient à un animal d'effectuer bien plus intelligemment les choix dont dépendait sa survie et d'adapter avec précision ses réactions aux contraintes de l'environnement au lieu de réagir de manière automatique et stéréotypée. Si un aliment le rendait malade, il l'évitait par la suite. Les décisions relatives à ce qu'il convenait de manger ou de rejeter continuaient en grande partie de dépendre de l'odorat. Grâce aux liaisons entre le bulbe olfactif et le système limbique il devenait possible de distinguer des odeurs et de les reconnaître, de comparer une odeur présente avec des odeurs passées et donc de trier le bon du mauvais. Telle était la tâche du rhinencéphale, le « cerveau olfactif », élément du système limbique et base rudimentaire du néocortex, le cerveau pensant.

Il y a une centaine de millions d'années, le cerveau des mammifères connut une forte poussée de croissance. Sur les deux fines couches du cortex — les zones qui captent les sensations, planifient et coordonnent le mouvement — s'empilèrent plusieurs couches de cellules cérébrales qui formèrent le néocortex. À la différence des deux anciennes couches du cortex, le néocortex offrait un extraordinaire avantage intellectuel.

Le néocortex d'*Homo sapiens*, incomparablement plus développé que chez toute autre espèce, a donné naissance à tout ce qui est spécifiquement humain. Il est le siège de la pensée et contient des centres chargés d'assembler et de comprendre les perceptions sensorielles. Il ajoute aux sensations ce que nous pensons d'elles et nous permet d'avoir des sensations sur les idées, les symboles, les produits de l'imagination et les œuvres d'art.

Au cours de l'évolution, le néocortex a autorisé une adaptation fine et précise qui, sans aucun doute, a constitué un énorme avantage pour la survie de l'individu et augmenté les chances que sa progéniture puisse à son tour transmettre les gènes contenant les mêmes circuits neuronaux. Cet avantage résulte de la capacité du néocortex à élaborer des stratégies et à planifier à long terme, ainsi que d'autres artifices mentaux. Au-delà, l'art, la civilisation et la culture sont tous les fruits du néocortex.

Cet élément additionnel du cerveau a ajouté de nouvelles nuances à la vie affective. Prenons l'exemple de l'amour. Les structures limbiques génèrent des sensations de plaisir et le désir sexuel, les émotions qui alimentent la passion sexuelle. Mais l'adjonction du néocortex et ses liaisons avec le système limbique ont créé l'attachement mère-enfant qui forme la base de l'unité familiale et de l'engagement à long terme nécessaire à l'éducation de l'enfant. (Les espèces dépourvues de néocortex, comme les reptiles, ne connaissent pas l'affection maternelle ; quand ils naissent, les petits doivent se cacher pour ne pas être mangés par leurs parents.) Chez les humains, l'attachement des parents pour leurs enfants permet à la maturation de se poursuivre au cours d'une longue période durant laquelle le cerveau continue à se développer.

Si l'on suit l'échelle phylogénétique qui va des reptiles à l'homme en passant par le singe, la masse du néocortex augmente ; cette augmentation entraîne une progression géométrique du nombre de connexions entre neurones. Plus ce nombre est important, plus l'éventail des réactions possibles s'élargit. Le néocortex apporte à la vie affective une subtilité et une complexité nouvelles, comme, par exemple, la capacité d'avoir des sentiments par rapport à nos sentiments. Le fait que l'ensemble néocortex-système limbique soit plus développé chez les primates, et bien plus encore chez l'être humain, que chez toute autre espèce explique pourquoi nous sommes capables de réagir à nos émotions de manière incomparablement plus variée et nuancée. Un lapin ou un singe disposent d'un ensemble limité de réactions typiques à la peur, alors que le néocortex humain offre un répertoire beaucoup plus diversifié, comme par exemple composer le 18 pour appeler les pompiers. Plus un système social est complexe, plus cette souplesse s'avère essentielle, et aucun système social n'est aussi complexe que le nôtre [12].

Mais les centres cérébraux supérieurs ne gouvernent pas toute notre vie affective ; pour les questions capitales du cœur, et tout particulièrement pour les « urgences » émotionnelles, ils passent la main au système limbique. Du fait que tant de centres cérébraux supérieurs se sont développés à partir de la zone limbique ou ont étendu le champ de ses capacités, la partie du cerveau où siègent les émotions joue un rôle clé dans l'architecture neuronale. Parce qu'il est issu des aires émotionnelles, le néocortex se trouve relié à elles par des myriades de circuits. Cela confère aux centres de l'émotion un immense pouvoir sur le fonctionnement du reste du cerveau, y compris sur les centres de la pensée.

2

Lorsque les émotions prennent le pouvoir : anatomie d'un coup d'État

La vie est une comédie pour ceux qui pensent, une tragédie pour ceux qui sentent.
Horace Walpole

Cela s'est passé en août 1963, le même jour où Martin Luther King prononça son fameux discours de Washington sur les droits civiques des Noirs. Ce jour-là, Richard Robles, un cambrioleur patenté qui avait été condamné à trois ans de prison et se trouvait en liberté conditionnelle, décida de faire un dernier coup. Il voulait mener une vie honnête, déclara-t-il par la suite, mais il lui fallait absolument de l'argent pour sa compagne et leur fille de trois ans.

L'appartement dans lequel il s'introduisit appartenait à deux jeunes femmes — Janice Wylie, vingt et un ans, et Emily Hoffert, vingt-trois ans. Robles avait choisi de cambrioler cet appartement de l'Upper East Side, quartier huppé de New York, parce qu'il pensait n'y trouver personne, mais Janice Wylie était chez elle. Il la ligota sous la menace d'un couteau. Au moment où il partait, Emily Hoffert arriva et il l'attacha également.

Des années plus tard, Robles raconta que, tandis qu'il ligotait Emily, Janice se mit à lui expliquer qu'il ne s'en tirerait pas à si bon compte, qu'elle se souviendrait de son visage et aiderait la police à le retrouver. Robles, qui s'était promis de se mettre au vert après ce dernier coup, paniqua et perdit son sang-froid. Il empoigna une bouteille et assomma les deux jeunes femmes, puis, fou de rage et de peur, il les frappa avec un couteau de cuisine. Vingt-cinq ans plus tard, Robles se lamentait encore : « J'étais devenu dingue. Ma tête était prête à exploser. »

Il a eu tout le temps de regretter ces quelques minutes de fureur. Au moment où vous lisez ces lignes, il est toujours en prison.

De telles explosions de violence résultent d'un coup d'État neuronal. Le centre limbique sonne l'alarme et prend le contrôle du cerveau. Ce piratage se produit en un instant et déclenche ces réactions fatales avant même que le cerveau pensant, le néocortex, n'ait pu comprendre ce qui se passe. Il se caractérise avant tout par le fait que l'individu ne sait pas ensuite ce qui lui a pris.

Ces moments d'égarement ne conduisent pas nécessairement à des actes criminels comme celui commis par Richard Robles. Nous en avons tous fait l'expérience sous une forme moins tragique, mais pas moins intense pour autant. Songez à la dernière fois où, perdant votre sang-froid, vous avez engueulé votre femme, votre enfant ou un automobiliste avec une violence qui, après réflexion, vous a semblé démesurée. Selon toute vraisemblance, il s'agit là aussi d'un piratage neuronal, dont l'origine, comme nous le verrons, se trouve dans l'amygdale, un centre du cerveau limbique.

Tous les coups d'État du cerveau limbique ne sont pas forcément pénibles. Lorsqu'une plaisanterie nous fait éclater de rire, c'est encore une réaction limbique. Il en va de même lorsque nous éprouvons une joie intense. Quand, en 1994, le patineur de vitesse Dan Jansen remporta la médaille d'or olympique du 1 000 mètres après une série d'échecs, son épouse éprouva une joie si forte qu'il fallut appeler un médecin.

LE SIÈGE DES PASSIONS

Chez l'être humain, l'amygdale (« amande » en grec) est un petit amas oblong de structures interconnectées, perché sur la partie supérieure du tronc cérébral et près de la base du système limbique. L'amygdale humaine est plus volumineuse que celle des grands singes, nos cousins les plus proches sur l'arbre de l'évolution.

L'hippocampe et l'amygdale constituent les deux parties essentielles du « cerveau olfactif » primitif, à partir duquel se sont développés le cortex et le néocortex. Ces structures limbiques sont en grande partie responsables de l'apprentissage et de la mémoire ; l'amygdale est la spécialiste des questions émotionnelles. Son ablation entraîne une incapacité à évaluer le contenu émotionnel des événements, condition que l'on appelle parfois « cécité affective ».

Privés de leur charge émotionnelle, les rapports humains perdent tout sens. Un jeune homme à qui l'on avait retiré l'amygdale pour tenter de mettre fin à de graves crises d'épilepsie perdit tout intérêt pour les gens. Il était parfaitement capable de tenir une conversation, mais ne reconnaissait plus ses amis ni ses parents, ni même sa mère, et l'angoisse que leur causait son indifférence le laissait de marbre. Avec son amygdale, il semblait avoir perdu la faculté de percevoir les sentiments et d'y être sensible[1]. L'amygdale est le siège de la mémoire affective ; sans elle, la vie perd son sens.

L'amygdale n'est pas seulement liée à l'affect, elle commande toutes les émotions. Les animaux à qui l'on ôte l'amygdale n'éprouvent plus ni peur ni rage ; ils ne ressentent plus le besoin impérieux de lutter ou de coopérer, ils ne savent plus tenir leur rang dans l'ordre social propre à leur espèce ; chez eux, toutes les émotions sont émoussées ou absentes. Les larmes, expression typiquement humaine d'une émotion, sont commandées par l'amygdale et une structure voisine, la circonvolution cingulaire ; les caresses ou tout autre type de réconfort calment ces régions du cerveau et font cesser les sanglots. Sans amygdale, plus de larmes à sécher, ni de chagrin à apaiser.

Le neurologue américain Joseph LeDoux a été le premier à mettre en évidence le rôle fondamental de l'amygdale dans l'activité affective du cerveau[2]. LeDoux fait partie de cette nouvelle génération de chercheurs en neurosciences, qui ont exploité de nouvelles méthodes pour explorer avec une précision jusque-là inconnue la cartographie du cerveau, et donc percer ce que l'on considérait jusque-là comme des mystères impénétrables. Ses découvertes sur les mécanismes cérébraux responsables de la vie affective renversent les idées reçues sur le système limbique, elles placent l'amygdale sur le devant de la scène et redistribuent les rôles attribués aux autres structures limbiques[3].

Les recherches de LeDoux expliquent comment l'amygdale parvient à déterminer nos actions avant même que le cerveau pensant, le néocortex, ait pu prendre une décision. Comme nous allons le voir, le fonctionnement de l'amygdale et son interaction avec le néocortex sont au cœur de l'intelligence émotionnelle.

LE DÉTONATEUR NEURONAL

Ces moments d'emportement que nous regrettons après avoir retrouvé notre calme sont essentiels pour comprendre le pouvoir des émotions sur notre vie mentale. La question est : pourquoi sombrons-nous si aisément dans l'irrationnel ? Prenons le cas de cette jeune femme qui avait fait deux heures de route pour passer la journée à Boston avec son petit ami. Pendant le repas, il lui avait fait le cadeau qu'elle attendait depuis des mois, une gravure rare rapportée d'Espagne. Mais sa joie ne tarda pas à s'évanouir : quand elle lui proposa d'aller au cinéma après le déjeuner — voir un film qu'elle avait envie de voir depuis longtemps —, elle fut stupéfaite de l'entendre lui répondre que c'était impossible car il devait aller à son entraînement de base-ball. Blessée et incrédule, elle fondit en larmes, quitta le restaurant et, sur un coup de tête, jeta la gravure dans une poubelle. En racontant l'événement quelques mois plus tard, elle regrettait moins d'être partie que d'avoir perdu l'œuvre d'art.

C'est dans ces moments-là, lorsque nos impulsions l'emportent sur la raison, que se manifeste le rôle de pivot de l'amygdale récemment mis en lumière. Les signaux transmis par les sens permettent à l'amygdale de passer au crible toutes les expériences vécues par l'individu afin d'y déceler un éventuel problème. Cela confère à cette structure limbique un poste clé dans la vie mentale et fait d'elle une sorte de sentinelle psychologique, qui examine chaque situation, chaque perception suivant un seul critère :

« S'agit-il de quelque chose que je déteste ? que je redoute ? qui peut me nuire ? » Si la réponse est « Oui », l'amygdale réagit instantanément, comme un détonateur neuronal, et transmet l'alerte à toutes les parties du cerveau.

Dans l'organigramme du cerveau, l'amygdale joue en quelque sorte le rôle d'une société de sécurité dont les opératrices se tiennent prêtes à envoyer des appels urgents aux pompiers, à la police ou aux voisins chaque fois que le système d'alarme se déclenche.

Lorsqu'il s'agit, par exemple, d'un signal de peur, elle déclenche la sécrétion d'hormones chargées de mettre l'individu en état de combattre ou de fuir, mobilise les centres responsables du mouvement et stimule le système cardio-vasculaire, les muscles et les viscères[4]. D'autres circuits issus de l'amygdale commandent la sécrétion massive de norépinéphrine, une hormone qui accroît la réactivité des régions du cerveau qui aiguisent les sens, le mettant ainsi en état d'alerte. Des signaux complémentaires émis par cette structure limbique commandent au tronc cérébral de donner au visage une expression de frayeur, de figer les mouvements en cours sans rapport avec la situation, d'accélérer le rythme cardiaque, d'élever la tension et de ralentir la respiration. D'autres signaux fixent l'attention sur la source de la peur et préparent les muscles à agir en conséquence. Simultanément, les systèmes corticaux de mémoire sont mobilisés pour rechercher toute connaissance en rapport avec la situation et ils prennent le pas sur toutes les autres régions responsables de la pensée.

Et il ne s'agit là que d'une partie de l'ensemble de modifications soigneusement coordonnées qu'orchestre l'amygdale (pour plus de détails, voir l'appendice C). Son vaste réseau de liaisons neuronales lui permet, en cas d'urgence, de prendre la direction de la majeure partie du cerveau, y compris l'esprit rationnel.

LA SENTINELLE PSYCHOLOGIQUE

Pendant ses vacances, un de mes amis se promenait le long d'un canal. Il vit une fille qui regardait vers l'eau, le visage paralysé par la peur. Sans trop savoir pourquoi, mon ami plongea tout habillé. Alors seulement, il comprit qu'un enfant venait de tomber dans le canal, et il réussit à le sauver.

Qu'est-ce qui avait poussé mon ami à sauter dans l'eau ? La réponse est à rechercher dans le fonctionnement de l'amygdale.

Dans l'une des découvertes les plus importantes de ces dix dernières années, LeDoux a montré quelle architecture cérébrale permet à l'amygdale d'être la sentinelle psychologique du cerveau[5]. Il a décrit le trajet parcouru par les signaux sensoriels depuis l'œil ou l'oreille vers le thalamus, puis, *via* une seule synapse, vers l'amygdale ; un second signal est émis à partir du thalamus en direction du néocortex, le cerveau pensant. Cette bifurcation permet à l'amygdale de commencer à réagir *avant* le néocortex, qui traite l'information de manière plus complexe avant d'aboutir à une perception complète et de choisir la réaction la mieux adaptée.

Si les travaux de LeDoux ont été révolutionnaires, c'est parce qu'ils ont été les premiers à mettre en évidence le rôle du trajet neuronal qui court-circuite le néocortex. Les sensations qui empruntent la voie directe par l'amygdale sont parmi les plus primitives et les plus intenses ; l'existence de ce circuit explique en grande partie comment les émotions parviennent à vaincre la raison.

Selon le point de vue orthodoxe, l'œil, l'oreille et les autres organes des sens transmettent des signaux au thalamus, et ensuite aux aires de traitement dans le néocortex, où ils sont assemblés pour former des objets tels que nous les percevons. Les signaux sont classés afin que le cerveau puisse identifier la nature de chaque objet et donner un sens à sa présence. Selon l'ancienne théorie, les signaux sont ensuite transmis au cerveau limbique, et, de là, la réaction appropriée est diffusée dans le cerveau et le reste du corps. C'est ainsi que les choses se passent la plupart du temps, mais LeDoux a découvert un faisceau de neurones qui relient directement le thalamus à l'amygdale, un faisceau plus petit que celui qui conduit au néocortex. Ce chemin plus étroit et plus court, une sorte de voie dérobée, permet à l'amygdale d'être directement alimentée en informations par les organes des sens et de déclencher une réaction *avant* que celles-ci aient été pleinement enregistrées par le néocortex.

Cette découverte a renversé la conception selon laquelle, pour déclencher ses réactions affectives, l'amygdale dépend nécessairement et entièrement de signaux émis par le néocortex. En fait, elle peut le faire en suivant la voie rapide, même s'il existe un circuit parallèle entre elle et le néocortex. L'amygdale nous fait réagir instantanément, tandis que le néocortex, plus lent, mais mieux informé, déploie un plan de réaction plus élaboré.

Par ses recherches sur la peur chez les animaux, LeDoux remet en cause les idées reçues sur les voies qu'empruntent les émotions. Dans une expérience décisive, il a détruit le cortex auditif de rats avant de les exposer à un signal sonore couplé à une décharge électrique. Les rats ont appris rapidement à craindre le choc électrique après le signal sonore, bien que ce dernier n'ait pu être enregistré dans leur néocortex. De toute évidence, le signal sonore empruntait la voie rapide entre l'oreille et l'amygdale *via* le thalamus, évitant la voie supérieure. En bref, les rats ont appris une réaction émotionnelle sans intervention du néocortex. L'amygdale percevait les signaux, mémorisait les informations et orchestrait une réaction de peur en toute indépendance.

« Anatomiquement, le système qui gouverne les émotions peut agir indépendamment du néocortex. Certaines réactions et certains souvenirs émotionnels peuvent se former sans la moindre intervention de la conscience, de la cognition », dit LeDoux. L'amygdale emmagasine tout un répertoire de souvenirs et de réactions dans lequel nous puisons sans en être pleinement conscients, car la voie entre le thalamus et l'amygdale court-circuite le néocortex. Sans doute cela permet-il à l'amygdale de retenir des impressions et des souvenirs d'ordre affectif dont nous n'avons jamais pleinement conscience. Selon LeDoux, ce rôle souterrain de l'amygdale dans le domaine de la mémoire expliquerait une expérience étonnante au cours de laquelle des sujets finissent par acquérir une préférence pour des figures géométriques étranges dont l'image a été projetée si vite qu'ils n'ont pas conscience de les avoir vues[6].

D'autres recherches ont montré qu'au cours des toutes premières millisecondes de la perception nous savons non seulement ce qu'est quelque chose, mais aussi si cela nous plaît ou non ; notre « inconscient cognitif » ne se contente pas de préciser l'identité de quelque chose à notre conscience, il lui donne aussi une opinion[7]. « Nos émotions ont leur propre esprit, un esprit qui a ses idées à lui, tout à fait indépendantes de celles de l'esprit rationnel. »

Le signal visuel est d'abord transmis de la rétine au thalamus, où il est traduit dans le langage du cerveau. La plus grande partie de ce message est ensuite envoyée vers le cortex visuel. Il y est analysé et sa signification évaluée en vue d'une réponse appropriée. Si cette réponse est émotionnelle, un signal part vers l'amygdale pour activer les centres de l'émotion. Mais une petite partie du signal originel passe directement du thalamus à l'amygdale, ce qui permet une réponse plus rapide mais moins précise. L'amygdale peut donc déclencher une réponse émotionnelle avant que les centres corticaux aient compris ce qui se passe.

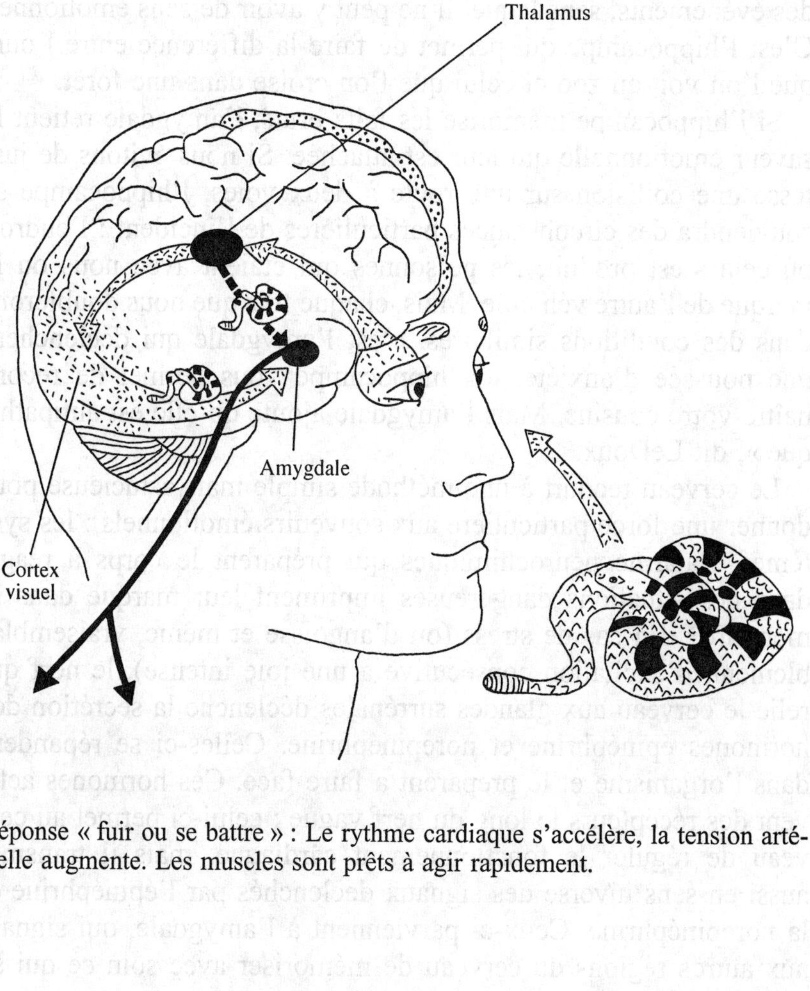

Réponse « fuir ou se battre » : Le rythme cardiaque s'accélère, la tension artérielle augmente. Les muscles sont prêts à agir rapidement.

LE SPÉCIALISTE DE LA MÉMOIRE ÉMOTIONNELLE

Ces opinions inconscientes sont des souvenirs affectifs dont l'amygdale est le siège. Les travaux de LeDoux et d'autres semblent montrer que l'hippocampe, longtemps considéré comme la cheville ouvrière du système limbique, enregistre et trouve un sens aux perceptions plus qu'il ne régit les réactions affectives. Sa fonction essentielle est de fournir une mémoire précise du contexte des événements, sans lequel il ne peut y avoir de sens émotionnel. C'est l'hippocampe qui permet de faire la différence entre l'ours que l'on voit au zoo et celui que l'on croise dans une forêt.

Si l'hippocampe mémorise les faits bruts, l'amygdale retient la saveur émotionnelle qui leur est attachée. Si nous évitons de justesse une collision sur une route à deux voies, l'hippocampe se souviendra des circonstances particulières de l'incident : l'endroit où cela s'est produit, les personnes qui étaient avec nous ou la marque de l'autre véhicule. Mais, chaque fois que nous doublerons dans des conditions similaires, c'est l'amygdale qui déclenchera une poussée d'anxiété. « L'hippocampe vous permet de reconnaître votre cousine. Mais l'amygdale ajoute qu'elle est antipathique », dit LeDoux.

Le cerveau recourt à une méthode simple mais astucieuse pour donner une force particulière aux souvenirs émotionnels : les systèmes d'alarme neurochimiques qui préparent le corps à réagir dans des situations dangereuses impriment leur marque dans la mémoire[8]. En cas de stress (ou d'angoisse et même, vraisemblablement, d'excitation consécutive à une joie intense), le nerf qui relie le cerveau aux glandes surrénales déclenche la sécrétion des hormones épinéphrine et norépinéphrine. Celles-ci se répandent dans l'organisme et le préparent à faire face. Ces hormones activent des récepteurs le long du nerf vague ; celui-ci permet au cerveau de réguler le fonctionnement cardiaque, mais il transmet aussi en sens inverse des signaux déclenchés par l'épinéphrine et la norépinéphrine. Ceux-ci parviennent à l'amygdale, qui signale aux autres régions du cerveau de mémoriser avec soin ce qui se passe.

Apparemment, cette excitation de l'amygdale a pour effet d'imprimer dans la mémoire les moments d'émotion avec une force inhabituelle, c'est pour cela, par exemple, que l'on se souvient si bien de l'endroit où a eu lieu notre premier rendez-vous amoureux ou de ce que l'on était en train de faire lorsque l'on a appris le décès d'un être cher. Plus l'amygdale est excitée, plus profonde sera l'empreinte ; les souvenirs d'événements effrayants sont pratiquement indélébiles. Cela signifie qu'en réalité le cerveau possède deux systèmes de mémoire : l'un pour les faits ordinaires, l'autre pour les faits chargés d'émotion. Le second se comprend particulièrement bien du point de vue de l'évolution puisqu'il permet aux animaux de garder un souvenir vivace de ce qui est dangereux ou plaisant. Mais les souvenirs fortement émotionnels peuvent aussi être de mauvais conseillers sur le moment.

LES ALARMES NEURONALES PÉRIMÉES

L'un des inconvénients de ces alarmes neuronales est que le signal envoyé par l'amygdale est parfois, et même souvent, dépassé, surtout dans l'univers social changeant qui est le nôtre. Dépositaire des « souvenirs affectifs », l'amygdale scrute les expériences vécues par l'individu et compare les événements actuels aux événements passés. Elle procède par association : quand un élément clé de la situation actuelle est semblable à un élément du passé, elle assimile immédiatement les deux situations, ce qui explique le manque de précision du système — il entre en action avant qu'il y ait entière confirmation. Il nous ordonne de réagir à la situation présente en fonction de pensées, d'émotions et de réactions tirées de circonstances qui ne sont souvent que vaguement semblables à la situation actuelle.

Ainsi, une ancienne infirmière « militaire », traumatisée par les horribles blessures qu'elle a soignées sur le champ de bataille, est prise de dégoût et de panique en ouvrant un placard où son enfant a caché une couche sale, réaction déclenchée par la puanteur. De vagues similitudes entre les situations actuelle et passée suffisent pour que l'amygdale sonne l'alarme. Malheureusement, ces souvenirs déclencheurs chargés d'émotions s'accompagnent de réactions complètement inappropriées.

Le manque de précision du cerveau émotionnel est aggravé par le fait que nombre de souvenirs à forte charge émotionnelle remontent aux toutes premières années de la vie et sont liés aux relations entre l'enfant et son entourage. Cela est particulièrement vrai des événements traumatisants, comme les punitions ou les mauvais traitements. Dans la petite enfance, les structures du cerveau, notamment l'hippocampe, essentiel au stockage des souvenirs affectivement neutres, et le néocortex, siège de la pensée rationnelle, ne sont pas pleinement développées. En matière de mémoire, l'amygdale et l'hippocampe œuvrent de concert ; chacun emmagasine et retrouve indépendamment l'information qui lui est propre. Pendant que l'hippocampe recherche et extrait l'information, l'amygdale détermine si celle-ci comporte une quelconque charge affective. Mais l'amygdale, qui parvient rapidement à maturité dans le cerveau de l'enfant, est plus proche de sa forme définitive à la naissance.

Selon LeDoux, le rôle joué par l'amygdale au cours de l'enfance conforte un principe de base de la psychanalyse : la nature des rapports entre le jeune enfant et ses proches marque profondément l'individu[9]. Si les leçons des premières années de la vie possèdent une telle force, c'est parce qu'elles sont imprimées dans l'amygdale sous forme de schémas directeurs à un moment où la vie affective est encore à l'état brut, où l'enfant est encore incapable de traduire ses expériences par des mots. Lorsque, par la suite, ces souvenirs sont éveillés, l'individu ne dispose d'aucun ensemble de pensées lui permettant de comprendre la réaction qui le submerge. L'une des raisons pour lesquelles les débordements de nos émotions sont si déroutants, c'est qu'ils trouvent souvent leur origine au tout début de notre vie quand tout nous étonnait et que nous ne disposions pas des mots nécessaires pour décrire les événements. Nous sommes envahis par des sentiments tumultueux, mais les mots pour expliquer les souvenirs qui les ont suscités nous échappent.

DES SENTIMENTS HÂTIFS

Il devait être trois heures du matin lorsqu'un énorme objet enfonça le plafond de ma chambre et s'écrasa sur le sol, entraînant derrière lui le contenu du grenier. Je bondis de mon lit et me précipitai hors de la pièce, terrifié par l'idée que le plafond allait me tomber dessus. Une fois à l'abri, je jetai un coup d'œil méfiant pour voir ce qui s'était passé. En fait, ce que j'avais pris pour l'effondrement du plafond n'était que la chute d'une pile de boîtes que ma femme avait mise dans un coin en rangeant son placard. Rien n'était tombé du grenier, parce qu'il n'y avait pas de grenier. Le plafond était intact tout comme moi.

À moitié endormi, j'avais sauté de mon lit, si le plafond s'était vraiment effondré, cela m'aurait sauvé la vie. L'amygdale est d'une efficacité redoutable face à une situation dangereuse, lorsque le néocortex n'a pas encore eu le temps de comprendre ce qui se passe. La voie rapide qui relie la vue et l'ouïe à l'amygdale en passant par le thalamus joue un rôle primordial : elle permet d'agir lorsqu'une réaction instantanée est nécessaire. Mais ce circuit ne transmet qu'une faible partie des messages sensoriels, dont l'essentiel prend le chemin du néocortex. Ce que l'amygdale reçoit n'est au mieux qu'un signal rudimentaire, tout juste bon à sonner l'alarme. Comme le souligne LeDoux, « il n'est pas nécessaire d'identifier une chose avec précision pour savoir qu'elle est dangereuse [10] ».

Cette voie express est très rapide, le temps de réaction étant de l'ordre du millième de seconde. Chez le rat, l'amygdale semble capable de déclencher une réaction en l'espace de douze millisecondes, douze millièmes de seconde, alors que le trajet par le néocortex prend deux fois plus de temps. On n'a pas encore mesuré le temps de réaction de l'homme, mais le rapport est sans doute du même ordre.

Au cours de l'évolution, la valeur de survie de ce circuit a dû être considérable ; il a dû permettre de rogner quelques millisecondes décisives face au danger. Ces millisecondes ont si souvent permis de sauver la vie de nos ancêtres protomammifères que l'on retrouve aujourd'hui ce dispositif chez tous les mammifères, y compris vous et moi. Dans la vie mentale de l'homme ce circuit joue un rôle secondaire, en grande partie limité aux crises émotionnelles, mais l'essentiel de la vie mentale des oiseaux, des poissons et des reptiles s'articule autour de lui, puisque leur survie même dépend de la détection constante des prédateurs et des proies. « Ce système cérébral, mineur et primitif chez les mammifères, joue un rôle fondamental chez les non-mammifères. Il permet d'éveiller rapidement les émotions. Mais il s'agit d'un processus grossier ; ce que l'on gagne en vitesse se perd en précision », affirme LeDoux.

Chez un écureuil, par exemple, cette imprécision ne prête pas à conséquence ; l'animal pèche simplement par excès de prudence, il fuit au premier signe de danger ou se précipite au moindre indice de nourriture. Mais s'agissant de l'homme, cela peut avoir des conséquences désastreuses pour nos relations avec nos congénères, si nous choisissons mal l'objet ou la personne que nous « fuyons » ou sur laquelle nous nous « précipitons ». (Comme cette serveuse de restaurant qui laissa tomber son plateau en apercevant une dame à l'abondante chevelure rousse et bouclée, pareille à celle de la maîtresse de son mari.)

Ces erreurs résultent de décisions fondées sur le sentiment et non sur la réflexion. LeDoux parle à leur propos d'« émotions précognitives », des réactions basées sur des bribes d'information sensorielle qui n'ont pas été complètement analysées. Ce sont des informations sensorielles très rudimentaires, un peu comme si l'on cherchait à deviner le nom d'un morceau de musique à partir de quelques notes très mal jouées. Quand l'amygdale perçoit un début de signification, elle en tire immédiatement une conclusion et déclenche l'alarme avant d'avoir reçu entière confirmation des faits, voire sans la moindre confirmation.

Il ne faut donc pas s'étonner si nous manquons de jugement lorsque nous sommes la proie des émotions. Il arrive que l'amygdale suscite une réaction de rage ou de peur panique avant que le néocortex ait pu analyser ce qui se passe, parce que ces émotions brutes sont suscitées indépendamment de la pensée et avant même que celle-ci ait pu se manifester.

LE CHEF D'ORCHESTRE DES ÉMOTIONS

Lorsque Jessica, six ans, la fille d'une de mes amies, passa la nuit chez une camarade pour la première fois, je ne sais pas qui, d'elle ou de sa mère, était la plus inquiète. La mère de Jessica s'était efforcée de ne rien montrer, mais lorsque le téléphone sonna à minuit au moment où elle allait se coucher, elle lâcha sa brosse à dents et se précipita vers l'appareil, le cœur battant, l'esprit envahi par des images de Jessica en larmes. C'était un faux numéro. Retrouvant son calme, mon amie répondit poliment : « Vous devez faire erreur, madame. »

L'amygdale déclenche des réactions impulsives et angoissées, mais une autre partie du cerveau se charge de rectifier le tir. Le centre qui tempère la réaction de l'amygdale se trouve à l'autre extrémité du circuit principal menant au néocortex, dans les lobes préfrontaux situés juste derrière le front. Le cortex préfrontal intervient lorsque l'individu a peur ou est en colère. Son rôle est d'inhiber ou de maîtriser ces sentiments pour que la personne puisse faire face efficacement à la situation, ou modifier totalement sa réaction si les circonstances l'exigent, comme dans le cas de la mère de Jessica. Cette région du néocortex fournit une réponse plus analytique, plus appropriée à nos impulsions affectives, qui module celle de l'amygdale et des autres aires limbiques.

Les régions préfrontales sont impliquées dès le départ dans le contrôle de nos réactions. Souvenons-nous que les informations sensorielles en provenance du thalamus sont pour la plus grande partie envoyées vers le néocortex qui enregistre ce qui est perçu et lui donne un sens. Cette information et la réaction qu'elle provoque sont coordonnées par les lobes préfrontaux, point de départ de la planification et de l'organisation de nos actions, qui peuvent être d'ordre émotionnel. Dans le néocortex, une myriade de circuits enregistrent et analysent cette information, et, par l'intermédiaire des lobes préfrontaux, orchestrent une réaction. Si une réaction affective s'avère nécessaire, ce sont les lobes préfrontaux qui s'en chargent en coordination avec l'amygdale et les autres circuits du « cerveau émotionnel ».

Cette succession d'événements, qui permet de réagir avec discernement, constitue la norme, mais les situations émotionnelles critiques sont une exception non négligeable. Lorsqu'une émotion est suscitée, les lobes préfrontaux évaluent en quelques instants le rapport risque/bénéfice pour chaque réaction possible et misent sur celle qu'ils jugent la meilleure [11]. Chez les animaux, la décision peut être d'attaquer ou de fuir ; chez les humains, il peut s'agir d'attaquer, de fuir ou encore d'apaiser, de persuader, de gagner la sympathie, de jouer la prudence, d'éveiller un sentiment de culpabilité, de gémir, d'adopter une attitude de défi ou de mépris, bref, de choisir parmi le vaste répertoire du manège sentimental.

La réaction néocorticale est plus lente que le mécanisme d'urgence parce qu'elle fait intervenir un plus grand nombre de circuits. Elle est aussi plus judicieuse et plus réfléchie, du fait que davantage de pensée précède le sentiment. Lorsque nous devenons tristes après une perte, quand nous nous sentons heureux au lendemain d'une victoire ou blessés après avoir ruminé les faits ou gestes d'une personne, c'est le néocortex qui est à l'œuvre.

Comme dans le cas de l'amygdale, si l'on empêche le fonctionnement des lobes préfrontaux, l'essentiel de la vie affective disparaît. Lorsque, dans une situation donnée, l'individu ne perçoit pas la nécessité d'une réaction émotionnelle, celle-ci ne se produit pas. Le rôle des lobes préfrontaux est connu depuis l'invention dans les années quarante de ce « traitement » chirurgical abominable et aberrant de la maladie mentale : la lobotomie préfrontale. À l'époque, il n'existait aucune médication efficace pour lutter contre les troubles mentaux, et la lobotomie fut saluée comme une panacée. On sectionnait les connexions entre les lobes préfrontaux et les autres parties du cerveau et le patient se trouvait « soulagé » de sa douleur. Malheureusement, il y avait un prix à payer — les patients semblaient ne plus avoir de vie affective. Le circuit clé avait été détruit.

Les moments d'emportement impliquent vraisemblablement une double dynamique : l'excitation de l'amygdale et l'incapacité d'activer les processus néocorticaux qui équilibrent les réactions émotives, autrement dit, l'incapacité de mobiliser les zones néocorticales face à une situation émotionnelle critique [12]. Le rôle de chef d'orchestre joué par le cortex préfrontal — l'évaluation des réactions avant leur mise en œuvre — consiste notamment à modérer les signaux d'alarme émis par l'amygdale et les autres centres limbiques, un peu comme un parent qui empêche un enfant impulsif de prendre quelque chose et lui dit de demander poliment ou d'attendre [13].

La principale commande permettant d'« éteindre » une émotion douloureuse semble se trouver dans le lobe préfrontal gauche. Les neuropsychologues ayant étudié des patients dont les lobes frontaux ont été partiellement endommagés ont abouti à la conclusion que le lobe préfrontal gauche sert entre autres de « thermostat » neuronal en tempérant les émotions déplaisantes. Le lobe préfrontal droit est le siège de sentiments négatifs comme la peur ou l'agressivité, et le lobe gauche tient ces émotions en bride, probablement en exerçant une action inhibitrice sur le lobe droit [14]. Ainsi, dans un groupe de patients, ceux dont les lésions touchaient le cortex préfrontal gauche ressentaient l'angoisse et la peur, tandis que ceux dont les lésions touchaient le lobe droit étaient d'une « gaieté injustifiée ». Au cours des examens neurologiques, ils plaisantaient et étaient détendus comme si les résultats ne les concernaient pas [15]. Citons aussi le cas du mari heureux, un homme qui avait subi une ablation partielle du lobe préfrontal droit. Après l'opération, son épouse affirma au médecin que sa personnalité avait radicalement changé, il était moins facilement contrarié et plus aimant, et elle s'en félicitait [16].

En bref, le lobe préfrontal gauche semble faire partie d'un circuit neuronal capable de neutraliser, ou du moins de modérer, les émotions négatives, à l'exception des plus fortes. Si l'amygdale fait souvent office de signal d'alarme, le lobe préfrontal gauche participe, semble-t-il, du dispositif utilisé par le cerveau pour atténuer les émotions perturbatrices : l'amygdale propose, le lobe préfrontal dispose. Ces liaisons entre les zones préfrontales et limbiques jouent un rôle décisif dans la vie mentale, qui va bien au-delà d'un réglage minutieux des émotions, elles sont indispensables pour nous guider lorsque nous prenons les grandes décisions de notre existence.

L'HARMONISATION DE L'ÉMOTION ET DE LA PENSÉE

Les liaisons entre l'amygdale (et les structures limbiques connexes) et le néocortex sont au centre des batailles ou des traités de coopération entre la tête et le cœur, la pensée et les sentiments. L'existence de ce circuit explique pourquoi les émotions sont indispensables à la pensée, tant pour prendre des décisions sages que, tout simplement, pour réfléchir de façon claire.

Examinons, par exemple, comment les émotions peuvent paralyser la pensée. Les chercheurs en neuroscience appellent « mémoire active » la capacité de garder en mémoire les données indispensables à l'accomplissement d'une tâche ou à la résolution d'un problème donné, comme acheter une maison ou passer un examen. Le cortex préfrontal est la région du cerveau responsable de la mémoire active [17]. Mais l'existence de circuits entre le cerveau limbique et les lobes préfrontaux a pour conséquence que les signaux déclenchés par une émotion forte — angoisse, colère, etc. — peuvent provoquer une paralysie neuronale en sabotant la capacité du lobe préfrontal à entretenir la mémoire active. C'est la raison pour laquelle, en cas de contrariété, nous disons que nous sommes « incapables de nous concentrer », et c'est aussi pourquoi des perturbations affectives durables portent atteinte aux facultés intellectuelles d'un enfant et l'empêchent d'apprendre convenablement.

Cette altération, parfois très subtile, n'est pas toujours détectable par les tests d'intelligence, mais des examens neuropsychologiques plus soigneux ainsi que l'agitation continuelle et l'impulsivité de l'enfant la mettent en évidence. Par exemple, une étude fondée sur des tests neuropsychologiques a révélé que des élèves d'école primaire dont le QI était supérieur à la moyenne mais dont les résultats scolaires étaient médiocres présentaient un dysfonctionnement du cortex préfrontal [18]. Souvent impulsifs, inquiets et turbulents, ils couraient au-devant des ennuis, ce qui suggérait un contrôle préfrontal défectueux de leurs pulsions limbiques. Malgré leur potentiel intellectuel, ces enfants risquaient fort de connaître des problèmes, comme l'échec scolaire, l'alcoolisme et la délinquance, à cause d'une mauvaise maîtrise de leur vie affective. Le cerveau émotionnel, nettement séparé des régions corticales visées par les tests d'intelligence, régit les réactions de colère aussi bien que les mouvements de compassion. Ces circuits responsables des émotions sont façonnés par les expériences vécues au cours de l'enfance, et, à nos risques et périls, nous laissons ces expériences entièrement au hasard.

Considérons aussi le rôle joué par les émotions, même lorsque nous prenons les décisions les plus « rationnelles ». Dans des travaux très importants pour la compréhension de la vie mentale, Antonio Damasio, neurologue à la faculté de médecine de l'université de l'Iowa, a étudié comment est affecté le comportement des patients dont le circuit lobe préfrontal-amygdale a été endommagé [19]. Leurs décisions sont gravement faussées, et pourtant ni leur QI ni aucune de leurs capacités cognitives ne semblent diminués. Bien que leur intelligence soit restée intacte, ils effectuent des choix désastreux dans leur vie professionnelle et privée, et il leur arrive même de tergiverser sans fin avant de prendre une décision aussi simple que le choix de l'heure d'un rendez-vous.

Selon Damasio, si leurs décisions sont aussi erronées, c'est parce qu'ils n'ont plus accès à leurs connaissances *émotionnelles*. Au point de rencontre entre la pensée et les émotions, le circuit lobe préfrontal-amygdale constitue un passage essentiel vers le réservoir des goûts et dégoûts que nous avons accumulés au cours de notre vie. Coupé de la mémoire affective emmagasinée dans l'amygdale, ce que le néocortex analyse ne parvient plus à déclencher les réactions émotionnelles qui y étaient associées : tout se teinte d'une morne neutralité. Un stimulus, qu'il s'agisse d'un animal adoré ou d'une personne détestée, ne suscite plus ni attirance ni aversion. Ces patients ont « oublié » ces connaissances émotionnelles parce qu'ils ont perdu la clé de leur entrepôt, situé dans l'amygdale.

Des faits de ce genre ont conduit Damasio à considérer que, contrairement à ce qu'on pourrait penser, les sentiments sont *indispensables* aux décisions rationnelles ; ils nous orientent dans la bonne direction, celle où la logique pure peut être utilisée au mieux. Au cours de l'existence, nous sommes souvent confrontés à un éventail de choix embarrassants (quelle formule d'épargne-retraite choisir ? Qui épouser ? etc.). Mais nos connaissances d'ordre émotionnel (le souvenir d'un mauvais investissement ou d'une rupture douloureuse) sont autant de mises en garde qui permettent dès le départ de circonscrire le champ de la décision en éliminant certaines options et en en valorisant d'autres. C'est ainsi, soutient Damasio, que le cerveau émotionnel intervient dans le raisonnement autant que le cerveau pensant.

Les émotions sont donc d'une grande importance pour la raison. Dans le ballet des sentiments et de la pensée, nos facultés affectives nous guident constamment dans nos choix ; elles travaillent de concert avec l'esprit rationnel et permettent — ou interdisent — l'exercice de la pensée elle-même. De même, le cerveau pensant joue un rôle exécutif dans nos émotions, sauf lorsque celles-ci échappent à notre contrôle et que le cerveau émotionnel règne en maître.

En un sens, nous avons deux cerveaux, deux esprits et deux formes différentes d'intelligence : l'intelligence rationnelle et l'intelligence émotionnelle. La façon dont nous conduisons notre vie est déterminée par les deux, l'intelligence *émotionnelle* importe autant que le QI. En réalité, sans elle, l'intellect ne peut fonctionner convenablement. D'ordinaire, la complémentarité du système limbique et du néocortex, de l'amygdale et des lobes préfrontaux, signifie que chaque système est un acteur à part entière de la vie mentale. Lorsque le dialogue s'instaure convenablement entre ces acteurs, l'intelligence émotionnelle s'en trouve améliorée, et la capacité intellectuelle aussi.

La conception traditionnelle de l'antagonisme entre raison et sentiment en est bouleversée : il ne s'agit pas de s'affranchir des émotions et de leur substituer la raison, comme le disait Érasme, mais de trouver le bon équilibre entre les deux. Le paradigme antérieur avait pour idéal la raison libérée des émotions. Le nouveau paradigme nous enjoint d'harmoniser la tête et le cœur. Pour y parvenir, nous devons au préalable mieux comprendre ce qu'utiliser son intelligence émotionnelle veut dire.

Deuxième partie

LA NATURE DE L'INTELLIGENCE ÉMOTIONNELLE

3

La bêtise de l'intelligence

Lorsque David Pologruto, professeur de physique dans un lycée de Floride, fut frappé à coups de couteau de cuisine par l'un de ses meilleurs étudiants, tout le monde se demanda : Pourquoi ?

Jason H. voulait suivre des études de médecine. Et pas n'importe où : il rêvait de Harvard. Mais, lors d'une interrogation, Pologruto lui donna une mauvaise note qui compromettait son admission. Jason prit un couteau de cuisine et, dans le laboratoire de physique, frappa son professeur avant d'être maîtrisé.

Le tribunal acquitta Jason, considérant qu'il avait connu une folie passagère : quatre psychologues et un psychanalyste l'avaient jugé temporairement psychotique. Jason déclara avoir projeté de se suicider devant Pologruto après lui avoir dit que c'était à cause de sa mauvaise note. Celui-ci contesta cette version des faits : selon lui, son élève, furieux de son échec, avait décidé de le tuer.

Après avoir été admis dans un collège privé, Jason obtint son baccalauréat avec mention « très bien ». Mais David Pologruto se plaignit de ce que Jason ne s'était jamais excusé et n'avait même pas reconnu sa faute [1].

Comment un individu aussi manifestement intelligent peut-il en arriver à commettre un acte aussi irrationnel et stupide ? Voici la réponse : l'intelligence théorique n'a pas grand-chose à voir avec la vie émotionnelle. Nous sommes tous à la merci de nos passions et de nos pulsions, et ce n'est pas un QI élevé qui nous met à l'abri.

L'un des secrets de Polichinelle de la psychologie est que, contrairement aux idées reçues, les diplômes, le QI et les concours ne permettent pas de prédire de manière certaine qui réussira dans la vie. Bien sûr, à l'échelle d'un groupe, il existe une relation entre le QI et la situation des individus — il y a plus de personnes avec un faible QI à des postes subalternes que de personnes avec un QI élevé, mais pas toujours.

La règle selon laquelle le QI permet de prédire le succès souffre de nombreuses exceptions. Parmi les facteurs dont dépend la réussite dans la vie, le QI représente au mieux 20 %. Comme le note un observateur : « Dans l'immense majorité des cas, la niche qu'occupe l'individu dans la société est déterminée par des facteurs autres que le QI, comme l'origine sociale ou la chance[2]. »

Même des auteurs comme Richard Herrnstein et Charlie Murray, dont le livre controversé *The Bell Curve* attribue une importance primordiale au QI, en conviennent : « Peut-être un étudiant de première année fera-t-il mieux de ne pas rêver d'un avenir de mathématicien s'il obtient 8 sur 20 en cette matière à son examen, mais si, en revanche, il désire se lancer dans les affaires, faire fortune ou devenir sénateur, il n'a aucune raison de se décourager. [...] En ce qui concerne ce type de réussite, les résultats obtenus aux examens ne pèsent guère face aux autres caractéristiques de sa personnalité[3]. »

Ce sont ces « autres caractéristiques », l'*intelligence émotionnelle,* qui nous occupent ici : l'empathie, l'aptitude à se motiver ou à persévérer dans l'adversité, à maîtriser ses pulsions et à attendre avec patience la satisfaction de ses désirs, la capacité de conserver une humeur égale et de ne pas se laisser dominer par le chagrin au point de ne plus pouvoir penser, la capacité d'espérer. Contrairement au QI, objet de recherches intensives depuis près d'un siècle, l'intelligence émotionnelle est un concept nouveau. Nul ne peut dire aujourd'hui dans quelle mesure elle explique le cours variable de la vie selon les individus. Mais les données disponibles laissent penser que son influence peut être aussi importante, voire supérieure à celle du QI. Et alors que d'aucuns soutiennent que le QI n'est guère modifiable par l'expérience ou l'éducation, nous verrons plus loin que les enfants peuvent effectivement acquérir des aptitudes émotionnelles essentielles et les améliorer, pour peu que l'on se donne la peine de les aider.

INTELLIGENCE ÉMOTIONNELLE ET DESTINÉE

Je me souviens d'un camarade qui avait obtenu les meilleurs résultats possible à l'examen d'entrée en faculté. Mais, en dépit de ses formidables capacités intellectuelles, il passait le plus clair de son temps à traîner, se couchait tard et séchait les cours parce qu'il se levait à midi. Il lui fallut presque dix ans pour décrocher son diplôme.

Bien souvent le QI ne permet pas d'expliquer la diversité des destinées d'individus dont les chances au départ semblaient à peu près les mêmes. Quand on retraça la carrière de quatre-vingt-dix étudiants d'Harvard des années quarante — époque où le QI des étudiants des grandes universités de la côte est présentait de plus grands écarts qu'aujourd'hui —, on s'aperçut que ceux qui avaient obtenu les meilleurs résultats aux examens n'avaient pas réussi mieux que les autres en termes de salaires, de productivité et de statut professionnel. En outre, ils n'étaient ni plus heureux dans leur vie privée ni plus satisfaits de leur existence[4].

Une enquête similaire a été menée auprès de quatre cent cinquante hommes d'âge moyen originaires d'un quartier populaire proche d'Harvard, pour la plupart fils d'immigrés, et aux deux tiers issus de familles bénéficiaires de l'aide sociale. Un sur trois avait un QI inférieur à 90. Mais, là non plus, le QI ne semblait pas avoir de rapport avec leur réussite professionnelle et privée. Ainsi, 7 % de ceux dont le QI était inférieur à 80 étaient au chômage depuis dix ans ou plus, mais 7 % de ceux dont le QI était supérieur à 100 aussi. Il y avait certes (comme toujours) une corrélation entre le QI et le niveau socio-économique des individus. Mais les aptitudes dont ils avaient fait preuve dans l'enfance, comme la capacité de supporter les déboires, de maîtriser leurs émotions et de s'entendre avec autrui, expliquaient les disparités les plus importantes[5].

Un autre exemple est fourni par une étude conduite actuellement auprès de quatre-vingt-un majors et seconds de promotion de la classe 1981 dans plusieurs collèges de l'Illinois. Naturellement, tous avaient eu les meilleures moyennes au cours de leurs études secondaires. Mais, bien qu'ils aient continué d'obtenir d'excellents résultats à l'université, à l'approche de la trentaine, ils n'avaient pas mieux réussi que la moyenne de leurs pairs. Dix ans après le collège, un sur quatre seulement se trouvait dans le peloton de tête de leur profession, et nombre d'entre eux s'en tiraient incomparablement moins bien que les autres.

Karen Arnold, l'un des chercheurs qui ont participé à cette étude, explique : « Je crois que nous avons affaire à des " bons élèves ". Mais, après leurs études, les majors de promotion doivent batailler autant que les autres. Le fait qu'un individu soit parmi les premiers de sa classe montre seulement qu'il est particulièrement apte à obtenir des bonnes notes. Cela ne nous apprend rien sur sa capacité à réagir face aux vicissitudes de la vie[6]. »

Et tel est bien le problème : l'intelligence théorique ne prépare pas l'individu à affronter les épreuves de l'existence et à saisir les opportunités qui se présentent. Et pourtant, alors même qu'un QI élevé ne garantit ni la prospérité, ni le prestige, ni le bonheur, nos écoles et notre culture font une fixation sur lui et ignorent l'intelligence émotionnelle, autrement dit l'ensemble des traits de caractère qui influent énormément sur notre destinée. Comme les maths ou la lecture, la vie affective est un domaine où l'on peut faire preuve de plus ou moins d'habileté, et qui exige un ensemble spécifique de compétences. C'est la maîtrise de ces compétences par l'individu qui explique pourquoi il réussira sa vie alors que quelqu'un d'autre, aux capacités intellectuelles comparables, n'y parviendra pas. L'aptitude émotionnelle est une *métacapacité* ; elle détermine avec quel bonheur nous exploitons nos autres atouts, y compris notre intellect.

Il va de soi que les chemins de la réussite sont multiples et qu'il existe de nombreux domaines où nos autres aptitudes se trouvent récompensées. Dans cette société, c'est certes le cas du savoir-faire technique. On raconte cette blague dans les écoles : « Qui sera un ballot dans quinze ans ? » Réponse : « Le patron. » Mais, comme nous le verrons dans la troisième partie, même parmi les « ballots », l'intelligence émotionnelle donne une longueur d'avance dans le travail. Tout porte à croire que les personnes qui s'y connaissent en matière de sentiment, qui sont capables de comprendre et de maîtriser les leurs, de déchiffrer ceux des autres et de composer efficacement avec eux, sont avantagées dans tous les domaines de la vie, en amour comme au travail. Parce qu'elles auront acquis les habitudes de pensée qui stimulent leur propre productivité, les personnes aux aptitudes émotionnelles bien développées auront de meilleures chances de mener leur vie de manière satisfaisante et efficace. Celles qui, en revanche, ne parviennent pas à contrôler leur vie affective subissent des conflits intérieurs qui sabotent leur aptitude à se concentrer et à penser clairement.

UNE AUTRE FORME D'INTELLIGENCE

À première vue, Judy, quatre ans, est une petite fille un peu effacée. Elle se tient en retrait et semble ne pas participer pleinement aux jeux des autres enfants. C'est pourtant une fine observatrice des luttes d'influence au sein de sa classe maternelle ; elle est peut-être la plus intuitive de tous les élèves et celle qui perçoit le mieux l'humeur changeante de ses petits camarades.

Sa finesse ressort clairement dans le Jeu de la classe, un test de perspicacité appliqué aux rapports sociaux, où les élèves et l'instituteur sont représentés par des figurines avec la photo de l'intéressé en guise de tête. Lorsque l'instituteur demande à Judy de placer chaque élève dans sa partie préférée de la salle de classe — le coin des travaux manuels, celui des jeux de construction, etc. —, elle s'exécute sans commettre la moindre erreur. Et quand il l'invite à placer chaque garçon et chaque fille avec ceux et celles avec qui il (ou elle) aime le plus jouer, Judy montre parfaitement qu'elle sait qui est le meilleur ami de qui dans sa classe.

La justesse de ses choix révèle que Judy connaît parfaitement la carte sociale de sa classe et qu'elle possède une perspicacité exceptionnelle pour quelqu'un de son âge. Plus tard, ces qualités permettront à Judy d'exceller dans tous les domaines où comptent les « talents humains », qu'il s'agisse de commerce, de gestion ou de diplomatie.

Personne ne se serait aperçu des talents cachés de Judy si ses parents ne l'avaient pas inscrite à l'école maternelle Eliot-Pearson, qui dépend de l'université Tufts. Cette école fait partie du Project Spectrum, un programme d'études visant à stimuler différentes formes d'intelligence. Pour le Project Spectrum, l'éventail des capacités humaines s'étend bien au-delà de la lecture, de l'écriture et de l'arithmétique, les trois piliers de l'enseignement traditionnel, et les aptitudes comme la perspicacité sociale sont des talents qu'une bonne éducation se doit de cultiver au lieu de les ignorer, sinon de les étouffer. En encourageant les enfants à développer tout un éventail d'aptitudes dont ils pourront tirer parti pour réussir, ou simplement pour se réaliser, l'école prépare à la vie.

L'âme du Project Spectrum est Howard Gardner, un psychologue d'Harvard[7]. « Le temps est venu, dit-il, d'élargir la gamme des talents telle que nous la concevons aujourd'hui. C'est en aiguillant l'enfant vers un domaine où ses talents pourront s'appliquer, où il s'épanouira et se montrera compétent, que l'éducation peut le plus efficacement contribuer à son développement. Nous avons complètement perdu de vue tout cela. Nous imposons à tous nos enfants une éducation qui les prépare à devenir enseignants. Et, pendant toute la scolarité, nous évaluons les résultats de chacun en fonction de cet objectif limité. Nous devrions passer moins de temps à classer les enfants et davantage à les aider à reconnaître leurs aptitudes et leurs dons naturels, et à les cultiver. Une infinité de voies conduisent à la réussite et d'innombrables talents nous permettent de l'atteindre[8]. »

Si quelqu'un est bien placé pour savoir quelles sont les limites de notre conception de l'intelligence, c'est Gardner. Il m'explique que la vogue du QI a commencé pendant la Première Guerre mondiale, lorsque deux millions d'Américains ont été sélectionnés grâce aux premiers tests mis au point par le psychologue Lewis Terman. Les décennies suivantes ont été marquées par ce que Gardner appelle la « tyrannie du QI » : « Les gens sont plus ou moins intelligents, ils sont nés comme ça et on n'y peut pas grand-chose. Ces tests vous disent si vous faites partie ou non des premiers. Les examens d'entrée dans les écoles sont fondés sur cette même notion : une seule aptitude détermine votre avenir. Cette façon de penser imprègne notre société. »

Frames of Mind, l'ouvrage qui rendit Gardner célèbre en 1983, est un manifeste contre la tyrannie du QI. Gardner y démontre qu'il n'existe pas une forme unique, monolithique d'intelligence dont dépend la réussite dans la vie, mais plutôt un large éventail d'intelligences, que l'on peut ranger dans sept catégories principales : les deux formes théoriques classiques — l'agilité verbale et logico-mathématique —, la maîtrise de l'espace (que l'on rencontre, par exemple, chez un architecte ou un artiste), le génie kinesthésique (chez les athlètes et les danseurs), et le talent musical. Gardner complète sa liste avec ce qu'il appelle les « intelligences personnelles », c'est-à-dire liées à la compréhension de la personne humaine — les talents interpersonnels, comme ceux d'un grand psychothérapeute ou d'un dirigeant politique, et la capacité « intrapsychique » qui se manifeste dans les remarquables intuitions d'un Sigmund Freud, ou, plus modestement, dans la satisfaction intérieure procurée par le fait de vivre en accord avec ses sentiments profonds.

Dans cette nouvelle vision de l'intelligence, le mot clé est *multiple*, le modèle de Gardner dépasse le concept de QI en tant que facteur unique et immuable. Selon ce modèle, les examens et les tests qui ont empoisonné notre scolarité sont fondés sur une conception étroite de l'intelligence, sans rapport avec la gamme complète des talents et des capacités qui comptent bien plus que le QI.

Gardner reconnaît qu'il est arbitraire de limiter à sept le nombre des formes d'intelligence, aucun chiffre ne pouvant traduire la multiplicité des talents humains. À un certain moment, la liste a compté vingt catégories. L'intelligence personnelle, par exemple, était subdivisée en quatre capacités distinctes : celle de diriger, celle d'entretenir des relations et de conserver des amis, celle de résoudre les conflits, et le talent nécessaire pour analyser les rapports sociaux, celui-là même que possède Judy.

Cette conception d'une intelligence multiple permet de se faire une idée plus complète des aptitudes et du potentiel de réussite d'un enfant que le QI classique. Lorsqu'on fait passer à des élèves du Project Spectrum le test Stanford-Binet, considéré autrefois comme l'étalon-or de l'intelligence, et une batterie de tests destinés à mesurer l'éventail des intelligences selon Gardner, on ne constate pas de corrélation significative entre les deux séries de résultats[9]. Les cinq enfants au QI le plus élevé (entre 125 et 133) présentaient des profils très différents pour les dix aptitudes mesurées par les tests de Gardner. L'un des enfants obtint des bons résultats dans trois domaines, trois dans deux domaines, et le cinquième dans un seul. Ces domaines n'étaient pas les mêmes : quatre des cinq enfants étaient bons en musique, deux dans les arts visuels, un dans la compréhension des rapports sociaux, un en logique, deux dans le maniement de la langue. Aucun des cinq n'était doué pour la mécanique, le mouvement ou les chiffres ; deux des cinq obtinrent même de piètres résultats dans ces deux derniers domaines.

« Le test d'intelligence Stanford-Binet, conclut Gardner, ne permet pas de prédire pour un individu quels tests Spectrum il va réussir ou rater. » En revanche, les résultats de ces derniers donnent aux parents et aux professeurs des indications précises sur les domaines auxquels les enfants s'intéresseront spontanément et où ils seront assez bons pour se passionner et acquérir un jour une pleine maîtrise.

La pensée de Gardner continue d'évoluer. Une décennie après avoir exposé sa théorie pour la première fois, Gardner résume comme suit sa conception des intelligences dites personnelles :

> L'intelligence *inter*personnelle est l'aptitude à comprendre les autres : ce qui les motive, leur façon de travailler, comment coopérer avec eux. Il y a de fortes chances que les vendeurs, les hommes politiques, les enseignants, les cliniciens et les chefs religieux qui réussissent possèdent une grande intelligence interpersonnelle. L'intelligence intrapersonnelle [...] constitue une aptitude connexe, tournée vers l'intérieur. C'est la capacité de concevoir un modèle précis et véridique de soi-même et de l'utiliser pour conduire sa vie[10].

Gardner remarque qu'au centre de l'intelligence interpersonnelle se trouve la « capacité de percevoir l'humeur, le tempérament, les motivations et les désirs d'autrui, et d'y réagir de manière appropriée ». Dans l'intelligence intrapersonnelle, la clé de la connaissance de soi, il inclut « la faculté de discerner ses propres sentiments et celle d'opérer un choix parmi eux et de diriger son comportement en fonction de ce choix[11] ».

QUAND LA CONNAISSANCE NE SUFFIT PAS

Gardner évoque le rôle des émotions dans l'intelligence personnelle mais ne lui consacre que de brefs développements. Peut-être en est-il ainsi parce que, comme il me l'a dit lui-même, ses travaux sont fortement influencés par le modèle de l'esprit issu des sciences cognitives. Il a donc tendance à mettre l'accent sur la connaissance : la *compréhension* de soi-même et des autres (motivations, habitudes de travail) et l'utilisation de cette compréhension pour conduire sa vie et faire bon ménage avec autrui. Mais, comme dans le domaine kinesthésique, où les dons physiques se manifestent de manière non verbale, le domaine des émotions s'étend aussi au-delà du langage et de la connaissance.

Gardner accorde une place importante à l'intuition dans la perception et la maîtrise du jeu des émotions, mais lui et ses collègues n'ont pas abordé le rôle des *sentiments* dans cette forme d'intelligence, s'attachant plutôt à la *connaissance de ces sentiments*. Cela laisse inexploré l'océan des émotions qui rendent la vie intérieure et les relations avec autrui complexes, intenses et souvent incompréhensibles. Il reste à étudier en quel sens l'intelligence participe des émotions et, à l'inverse, comment on peut rendre intelligentes les émotions.

L'importance que Gardner accorde à la composante cognitive des intelligences personnelles reflète le point de vue dominant de la psychologie d'aujourd'hui. Cette insistance sur la connaissance, même dans le domaine des émotions, est en partie la conséquence d'une bizarrerie de l'histoire. Dans les années cinquante, la psychologie était dominée par l'école béhavioriste, dont le plus célèbre représentant était J. B. Skinner ; les béhavioristes estimaient que seul le comportement observable pouvait être étudié scientifiquement et excluaient la vie intérieure, émotions comprises, du champ de la science.

Puis, à la fin des années soixante, avec la « révolution cognitive », la psychologie s'est intéressée à la manière dont l'esprit enregistre et emmagasine l'information, et à la nature de l'intelligence. Mais les émotions restaient hors jeu. L'idée reçue était que l'intelligence implique un traitement impartial et rigoureux des faits. Ce traitement est hyperrationnel, à l'image du M. Spock de *Star Trek*, l'archétype du cerveau qui manie sans états d'âme l'information brute et incarne l'idée que les émotions n'ont pas leur place dans l'intelligence et ne font que brouiller notre vision de la vie mentale.

Les spécialistes des sciences cognitives qui adhéraient à cette conception avaient été séduits par l'ordinateur en tant que modèle opératoire de l'esprit, oubliant qu'en réalité les circuits du cerveau baignent dans un milieu neurochimique palpitant de vie, qui n'a rien à voir avec des pièces en silicone. Les modèles de traitement de l'information développés par ces spécialistes ne tenaient pas compte du fait que la raison est guidée, et parfois vaincue, par les sentiments. À cet égard, le modèle cognitif constitue une vision restrictive de l'esprit ; il n'explique pas comment le tumulte des sentiments donne sa saveur à la pensée. Pour s'accrocher à leur point de vue les chercheurs ont dû ignorer le fait que leurs espérances personnelles et leurs peurs, leurs querelles de ménage et leurs jalousies professionnelles déteignaient sur leurs modèles de l'esprit, ignorer le tourbillon de sentiments qui donne à la vie ses couleurs et son piment, et, à tout moment, influe sur la façon, bonne ou mauvaise, dont l'information est traitée.

La vision scientifique d'une vie mentale émotionnellement plate qui a servi de point de départ aux recherches sur l'intelligence depuis quatre-vingts ans évolue petit à petit, à mesure que la psychologie commence à reconnaître le rôle essentiel des sentiments dans la pensée. Les psychologues de la nouvelle génération apprécient le pouvoir et les vertus des émotions dans la vie mentale, ainsi que leurs dangers. La froide logique est incapable d'apporter des solutions *humainement* satisfaisantes, et c'est dans nos sentiments que notre humanité est le plus manifeste. Data, le robot de *Star Trek*, s'efforce d'éprouver des sentiments, percevant qu'une qualité essentielle lui fait défaut. Il aspire à l'amitié, à la fidélité ; comme l'homme d'étain du *Magicien d'Oz*, il lui manque un cœur. Data est capable de jouer de la musique ou d'écrire des poèmes avec une grande virtuosité technique, mais, privé du sens lyrique qu'apportent les sentiments, il le fait sans passion. Son ardent désir de connaître le désir nous enseigne que les valeurs les plus élevées issues du cœur humain — la foi, l'espérance, le dévouement, l'amour — sont totalement absentes de la conception purement cognitive. Les émotions nous enrichissent ; tout modèle de l'esprit qui les ignore est déficient.

Gardner admet qu'il a tendance à n'envisager l'intelligence que dans son aspect cognitif, mais il ajoute : « La première fois que j'ai écrit sur les "intelligences personnelles", j'ai pourtant parlé des émotions, en particulier à propos de la notion d'intelligence intrapersonnelle, lorsqu'une partie de votre personnalité se met à l'écoute de vous-même. Ce sont les signaux perçus avec le cœur qui sont essentiels à l'intelligence interpersonnelle. Dans la pratique, la théorie de l'intelligence multiple insiste plus sur la métaconnaissance — autrement dit, sur la conscience de ses propres processus mentaux — que sur les autres aptitudes psychologiques. »

Gardner ne nie pas pour autant que les capacités émotionnelles et relationnelles sont d'une importance décisive dans la vie de tous les jours. Il souligne que « beaucoup de gens ayant un QI de 160 travaillent pour d'autres dont le QI ne dépasse pas 100, les premiers possédant une intelligence interpersonnelle bien plus faible que celle des seconds. Or, dans la vie quotidienne, aucune forme d'intelligence n'est plus importante que celle-là. Si vous ne la possédez pas, vous choisirez mal votre conjoint, votre métier, etc. Les écoles devraient impérativement l'inculquer aux enfants. »

LES ÉMOTIONS PEUVENT-ELLES ÊTRE INTELLIGENTES ?

Pour mieux comprendre en quoi pourrait consister une telle éducation, nous devons nous tourner vers d'autres théoriciens qui ont emboîté le pas à Gardner, en particulier le psychologue de Yale Peter Salovey, qui a étudié avec une grande précision comment on peut rendre nos émotions intelligentes [12]. Cette démarche n'est pas nouvelle ; loin de voir une contradiction entre « émotion » et « intelligence », certains défenseurs du QI ont essayé à diverses reprises d'introduire les émotions dans le domaine de l'intelligence. Ainsi, E. L. Thorndike, un éminent psychologue qui a contribué à vulgariser la notion de QI dans les années vingt et trente, pensait que ce qu'il appelait l'intelligence « sociale », à savoir la capacité de comprendre autrui et d'« agir avec sagesse dans les relations humaines », faisait partie du QI de l'individu. D'autres psychologues de l'époque étaient plus cyniques et considéraient que l'intelligence sociale était une aptitude à manipuler les autres, à les amener à faire ce que l'on désire, qu'ils le veuillent ou non. Mais aucune de ces idées n'a exercé de grande influence sur les théoriciens du QI, et, en 1960, un manuel important sur les tests d'intelligence décrétait que l'intelligence sociale était un concept « inutile ».

Mais l'intelligence personnelle ne devrait pas être ignorée, parce qu'elle participe à la fois de l'intuition et du sens commun. Ainsi, lorsque le psychologue Robert Sternberg demanda à des sujets de décrire une « personne intelligente », l'aptitude pratique à gérer les relations humaines faisait partie des traits les plus souvent cités. Une recherche plus systématique l'a conduit aux mêmes conclusions que Thorndike, à savoir que l'intelligence sociale est à la fois distincte des aptitudes scolaires et essentielle dans la vie courante. Parmi les formes d'intelligence pratique indispensables, par exemple, dans la vie professionnelle, on peut citer cette forme de finesse qui permet à un bon patron de comprendre le non-dit[13].

Depuis quelques années, les psychologues sont de plus en plus nombreux à penser que le QI ne concerne qu'une frange étroite d'aptitudes linguistiques et mathématiques, et que si de bons résultats aux tests d'intelligence permettent d'augurer une réussite scolaire, ils se révèlent de moins en moins significatifs à mesure que les sentiers de la vie s'écartent de ce domaine limité. Ces psychologues, dont Sternberg et Salovey, adhèrent à une conception plus large de l'intelligence, et ils s'efforcent de la formuler en fonction de ce qui est nécessaire pour réussir dans l'existence. Cette ligne de recherche met de nouveau en évidence le rôle primordial de l'intelligence « personnelle » ou émotionnelle.

Solvey rassemble les formes d'intelligence personnelle proposées par Gardner dans une définition de base de l'intelligence émotionnelle, qu'il répartit en cinq domaines principaux[14].

1. *La connaissance des émotions.* La conscience de soi — le fait de pouvoir identifier ses émotions est la clé de voûte de l'intelligence émotionnelle. Comme nous le verrons au chapitre 4, cette capacité est essentielle à la compréhension de soi et à l'intuition psychologique. Quiconque est aveugle à ce qu'il ressent est à la merci de ses sentiments. Par contre, les personnes qui en sont capables conduisent mieux leur vie et perçoivent plus clairement les répercussions intimes de leurs décisions personnelles, qu'il s'agisse du choix d'un conjoint ou d'un métier.

2. *La maîtrise de ses émotions.* La capacité d'adapter ses sentiments à chaque situation dépend de la conscience de soi. Au chapitre 5, nous verrons comment on peut pacifier son esprit, se libérer de l'emprise de l'angoisse, de la tristesse ou de la colère, et les conséquences négatives d'une incapacité à y parvenir. Les personnes qui n'ont pas cette aptitude psychologique fondamentale sont en lutte constante contre des sentiments pénibles. Ceux qui la possèdent supportent incomparablement mieux les revers et les contrariétés que leur réserve la vie.

3. *L'automotivation.* Au chapitre 6, nous verrons qu'il faut savoir canaliser ses émotions pour se concentrer, se maîtriser et s'automotiver. Le contrôle de ses émotions — le fait d'être capable de remettre à plus tard la satisfaction de ses désirs et de réprimer ses pulsions — est la base de tout accomplissement. Nous verrons que la capacité de se placer dans un état de « fluidité » psychologique permet de faire des choses remarquables. Les gens qui possèdent cette aptitude sont en général extrêmement productifs et efficaces dans tout ce qu'ils entreprennent.

4. *La perception des émotions d'autrui.* L'empathie, une autre faculté fondée sur la conscience de soi, constitue l'élément fondamental de l'intelligence interpersonnelle. Au chapitre 7, nous identifierons les bases de l'empathie, le coût social de son absence et les raisons pour lesquelles elle a pour conséquence l'altruisme. Les personnes empathiques sont plus réceptives aux signaux subtils qui indiquent les besoins et les désirs des autres. Ces individus sont doués pour l'enseignement, la vente, la gestion, et les autres métiers où l'intérêt pour les autres est primordial.

5. *La maîtrise des relations humaines.* Savoir entretenir de bonnes relations avec les autres c'est en grande partie savoir gérer

leurs émotions. Le chapitre 8 traite de cette compétence, des facultés particulières qu'elle exige et des conséquences de son absence. Les personnes qui savent se rendre populaires, qui savent diriger et conduire efficacement leurs relations avec autrui les possèdent au plus haut point. Elles réussissent dans toute entreprise fondée sur des rapports harmonieux.

Naturellement, ces aptitudes varient d'un individu à l'autre. Par exemple, certains seront capables de maîtriser leur anxiété, mais ne sauront pas apaiser les inquiétudes chez quelqu'un d'autre. Des facteurs neuronaux sont sans aucun doute à l'origine de ces différences, mais, comme nous le verrons, le cerveau est d'une plasticité remarquable et apprend constamment. Il est possible de compenser ces insuffisances ; dans une large mesure, chacune de ces aptitudes recouvre un ensemble d'habitudes et de réactions que l'on peut améliorer pour peu que l'on s'en donne la peine.

QI ET INTELLIGENCE ÉMOTIONNELLE : LES TYPES PURS

Le QI et l'intelligence émotionnelle ne sont pas exclusifs l'un de l'autre, seulement distincts. Nous possédons tous un mélange d'intelligence intellectuelle et émotionnelle ; les personnes à QI élevé et à faible intelligence émotionnelle (ou l'inverse) sont relativement rares, en dépit des idées reçues. En fait, il existe une légère corrélation entre le QI et certains aspects de l'intelligence émotionnelle, mais ces deux entités sont largement indépendantes.

Contrairement au QI, il n'existe pas de test simple pour mesurer l'intelligence émotionnelle, et peut-être n'y en aura-t-il jamais. Bien que toutes ses composantes fassent l'objet de recherches importantes, certaines d'entre elles sont plus faciles à tester. L'empathie, par exemple, peut l'être en demandant au sujet d'interpréter les sentiments d'une personne à partir de l'expression de son visage. Le psychologue Jack Block a mis au point un test mesurant ce qu'il appelle la « souplesse du moi », notion tout à fait similaire à celle d'intelligence émotionnelle. Grâce à ce test, il a pu comparer deux types théoriques purs : l'individu à QI élevé et celui doué de grandes capacités émotionnelles [15]. Les différences sont éloquentes.

Le premier (celui dépourvu de toute intelligence émotionnelle) est presque une caricature de l'intellectuel, compétent dans tout ce qui touche au domaine de l'intellect, maladroit dans la vie privée. Le profil diffère quelque peu entre les hommes et les femmes. Comme il fallait s'y attendre, l'homme à QI élevé a un grand nombre de centres d'intérêt et des capacités intellectuelles remarquables. Il est ambitieux, travailleur, prévisible, persévérant et peu enclin à se soucier de lui-même. Il peut aussi être critique et condescendant, pointilleux et inhibé, mal à l'aise dans le domaine de la sexualité et de la sensualité, inexpressif et détaché, terne et froid dans ses émotions.

À l'inverse, les hommes possédant une grande intelligence émotionnelle évoluent avec aisance dans la vie sociale. Ils sont ouverts et enjoués, détendus et peu portés à ruminer leurs soucis, prêts à rendre service, à assumer leurs responsabilités, et ils ont souvent des principes personnels assez forts. Ils savent se montrer sympathiques et prévenants. Leur vie affective est riche, mais maîtrisée ; ils sont à l'aise dans leur vie privée et publique.

La femme à fort QI de type « pur » a confiance dans ses capacités intellectuelles, s'exprime avec facilité, apprécie le travail mental et ses centres d'intérêt intellectuels et esthétiques sont très variés, mais elle est portée à l'introspection et connaît des sentiments d'angoisse et de culpabilité ; elle hésite à laisser libre cours à sa colère (mais le fait indirectement).

À l'inverse, les femmes de type émotionnel « pur » font preuve d'assurance, expriment leurs sentiments de manière directe et se voient elles-mêmes de manière positive. Pour elles, la vie a un sens. Comme les hommes, elles sont ouvertes, sociables et savent moduler leurs émotions avec justesse (au lieu de les laisser éclater pour le regretter ensuite). Elles supportent bien le stress. Leur aisance sociale leur permet de lier facilement connaissance ; elles sont enjouées, spontanées et sensuelles. Contrairement aux intellectuelles pures, elles connaissent peu ou pas l'angoisse et ne sont pas portées à la rumination.

Bien entendu, ces portraits représentent des extrêmes. Mais ils permettent d'entrevoir ce que chacune de ces dimensions ajoute aux qualités d'un individu, étant donné que chacun possède plus ou moins l'une et l'autre forme d'intelligence. Néanmoins, ce sont les qualités « émotionnelles » qui nous rendent plus pleinement humains.

4

Connais-toi toi-même

Selon un vieux conte japonais, un jour un samouraï belliqueux somma un maître zen de lui expliquer ce qu'étaient le paradis et l'enfer. Le moine lui répondit avec mépris :

— Tu n'es qu'un rustre, je n'ai pas de temps à perdre avec des gens de ton espèce.

Se sentant insulté, le samouraï devint furieux et, tirant son épée, cria :

— Je pourrais te tuer pour ton impertinence.

— Voilà ce qu'est l'enfer, répliqua le moine calmement.

Surpris par la vérité de ces paroles, le samouraï se calma, rengaina son épée, salua le maître et le remercia de l'avoir éclairé.

— Et voilà le paradis, ajouta celui-ci.

Cette histoire montre qu'il est bien différent de se laisser emporter par ses émotions et d'en être conscient. L'injonction de Socrate — « Connais-toi toi-même » — renvoie à cette clé de voûte de l'intelligence émotionnelle : il faut être conscient de ses propres sentiments au fur et à mesure de leur apparition.

On pourrait penser que nos sentiments parlent d'eux-mêmes ; mais nous gardons tous en mémoire des épisodes où nous n'avons pas fait attention à nos sentiments réels, ou nous y avons fait attention, mais trop tard. Les psychologues appellent *métacognition* la conscience de sa propre pensée, et *métahumeur* celle de ses propres émotions. Je préfère parler de *conscience de soi* pour désigner cette attention permanente à son état intérieur [1]. Dans cette conscience réflexive, l'esprit observe et étudie l'expérience elle-même, y compris les émotions [2].

Cela ressemble à ce que Freud appelait l'« attention flottante », qu'il recommandait à tous les analystes. Dans cet état, l'esprit enregistre avec impartialité tout ce qui entre dans son champ, comme le ferait un témoin attentif mais passif. Certains psychanalystes nomment « moi attentif » cette conscience de soi qui permet à l'analyste d'observer ses réactions aux paroles du patient, et à celles que le processus d'association libre fait naître chez le patient lui-même [3].

Cette conscience de soi semble reposer sur une activation du néocortex, en particulier les aires du langage, qui cherchent à identifier et à nommer les émotions suscitées. Ce n'est pas une attention qui se laisse emporter par les émotions, qui réagit de manière excessive et amplifie ce qu'elle perçoit, mais plutôt un mode neutre qui conserve sa capacité d'autoréflexion même dans la tempête des émotions. William Styron décrit quelque chose de similaire quand, évoquant son état de profonde dépression, il dit qu'il avait le sentiment d'« être accompagné par un second moi — un observateur fantôme qui, ne partageant pas la démence de son double, était capable d'observer avec une curiosité détachée comment se débattait son compagnon [4] ».

Dans sa forme la plus parfaite, l'observation de soi-même se limite à une conscience impartiale des sentiments passionnés ou agités. Au minimum, c'est une sorte de légère distanciation par rapport à l'expérience, un métaflux de conscience qui évolue au-dessus ou à côté du flux principal et perçoit les événements sans s'immerger ni se perdre en eux. C'est la différence qu'il y a, par exemple, entre le fait de se mettre dans une colère assassine et de penser « C'est de la colère que j'éprouve », pendant que l'on est furieux. Du point de vue du mécanisme neuronal de la conscience, cette subtile modification de l'activité mentale indique vraisemblablement que les circuits néocorticaux surveillent attentivement les émotions, première étape vers leur maîtrise proprement dite. Cette conscience des émotions est l'aptitude émotionnelle fondamentale sur laquelle s'appuient toutes les autres, notamment la maîtrise de soi.

En bref, selon les termes de John Mayer, l'un des pères de la théorie de l'intelligence émotionnelle, la conscience de soi signifie que nous sommes « conscients à la fois de notre humeur du moment et de nos pensées relatives à cette humeur[5] ». La conscience de soi peut prendre la forme d'une attention « objective » à ses états intérieurs. Mais Mayer constate que cette sensibilité peut aussi être moins impartiale. La conscience de ses émotions se caractérise alors par des pensées comme « Je ne devrais pas éprouver de tels sentiments », « Cette idée va me donner du courage » ou, si le champ de la conscience est plus restreint, une pensée fugitive comme « N'y pensons plus » en réaction à un événement particulièrement contrariant.

Bien qu'il y ait une distinction logique entre le fait d'être conscient de ses sentiments et le fait de vouloir les modifier, Mayer considère qu'en pratique les deux attitudes vont de pair : reconnaître que l'on est de méchante humeur, c'est déjà vouloir ne plus l'être. Cette admission est cependant différente des efforts que nous faisons pour cesser de nous comporter de manière impulsive. Lorsque nous disons : « Arrête immédiatement ! » à un enfant qui a mordu un de ses camarades, nous l'empêchons peut-être de continuer, mais nous ne le calmons pas. La pensée de l'enfant reste obnubilée par ce qui a provoqué sa colère — « Mais il a cassé mon jouet ! » — et ne s'apaise pas. La conscience de soi exerce un effet plus puissant sur les sentiments hostiles et agressifs : comprendre que l'on éprouve de la colère élargit l'éventail des possibilités — on peut décider de lui donner libre cours, mais aussi de s'en affranchir.

Selon Mayer, les individus se répartissent en trois catégories différentes selon leurs rapports avec leurs émotions[6].

• *Ceux qui ont conscience d'eux-mêmes.* Ces personnes font naturellement preuve d'une certaine subtilité dans leur vie affective. La connaissance de leurs propres émotions sous-tend parfois d'autres traits de personnalité : ce sont des gens indépendants, en bonne santé psychologique, qui ont le sens de la mesure et, en général, une conception positive de la vie. Lorsqu'ils sont de mauvaise humeur, ils ne la remâchent pas à n'en plus finir et sont capables de s'en défaire rapidement. Bref, leur caractère attentif les aide à maîtriser leurs émotions.

• *Ceux qui se laissent submerger par leurs émotions.* Ils ont souvent l'impression de ne pas pouvoir échapper à leurs émotions, comme si elles prenaient le commandement. Ils sont versatiles et n'ont guère conscience de leurs sentiments, de sorte qu'ils s'abîment en eux et perdent toute distance. En conséquence, ils ne font pas grand-chose pour se défaire de leur mauvaise humeur et ont souvent le sentiment de ne pas contrôler leur vie affective.
• *Ceux qui acceptent leurs dispositions d'esprit.* Tout en ayant souvent conscience de ce qu'ils éprouvent, ils ont tendance eux aussi à ne rien faire pour y remédier. Il semble que cette catégorie se subdivise en deux : d'une part, les personnes généralement de bonne humeur et donc peu enclines à modifier leur état ; d'autre part, celles qui, tout en ayant conscience de leurs sautes d'humeur, les acceptent et ont tendance à s'y laisser aller et à ne rien faire. Cette tendance se rencontre souvent chez les dépressifs, résignés à leur désespoir.

LE PASSIONNÉ ET L'INDIFFÉRENT

Imaginez que vous vous trouviez à bord d'un avion entre Paris et Nice. Le vol s'est bien passé, mais à l'approche des Alpes, la voix du pilote se fait entendre : « Mesdames et messieurs, nous allons franchir quelques turbulences. Veuillez regagner votre siège et attacher vos ceintures. » Il s'avère que ces turbulences sont les plus violentes que vous ayez jamais connues. L'appareil est ballotté comme un esquif par les vagues.

Comment réagissez-vous ? Êtes-vous du genre à rester plongé dans la lecture de votre magazine sans faire attention à ce qui se passe, ou bien êtes-vous de ceux qui parcourent la fiche des consignes de sécurité, guettent les signes de panique sur le visage des hôtesses et tendent l'oreille pour s'assurer que les moteurs tournent rond ?

La réaction qui nous vient le plus naturellement à l'esprit est révélatrice de notre attitude face aux épreuves. Le scénario de l'avion fait partie d'un test mis au point par la psychologue Suzanne Miller, afin d'évaluer si le sujet a tendance à être attentif à tous les détails d'une situation alarmante ou si au contraire il trompe son angoisse en essayant de penser à autre chose. Ces deux manières de diriger son attention reflètent deux façons très différentes de percevoir ses réactions affectives. Ceux qui tournent leur attention vers l'intérieur amplifient involontairement leurs réactions, en raison même de leur vigilance, surtout s'ils n'ont pas la tranquillité d'esprit procurée par la conscience de soi. Leurs émotions leur semblent donc d'autant plus intenses. Ceux qui tournent leur attention vers l'extérieur en cherchant à se distraire sont moins conscients de leurs propres réactions psychologiques et en minimisent donc leur perception, si ce n'est leur importance.

En forçant le trait, cela signifie que certains se laissent submerger par la conscience de leurs émotions alors que d'autres les perçoivent à peine. Comme cet étudiant qui, s'apercevant que le feu avait pris dans son dortoir, était allé chercher l'extincteur et avait éteint le feu, sans se presser le moins du monde car il ne ressentait pas l'urgence de la situation.

Cette histoire m'a été rapportée par le psychologue Edward Diener, qui a étudié l'*intensité* avec laquelle les gens perçoivent leurs émotions [7]. L'étudiant en question était la personne la moins émotive qu'il ait jamais rencontrée. Dépourvu de la moindre passion, il traversait la vie indifférent, même quand il y avait péril en la demeure.

À l'autre extrémité de l'ensemble de cas étudiés par Diener, il y avait une femme qui après avoir perdu son stylo favori était restée abattue pendant plusieurs jours. Une autre fois, elle fut si excitée par l'annonce de soldes dans un magasin de chaussures qu'elle laissa en plan ce qu'elle était en train de faire, sauta dans sa voiture et fit trois heures de route jusqu'à Chicago, où se trouvait le magasin.

Diener constate qu'en général les femmes ressentent les émotions, positives ou négatives, de manière plus violente que les hommes. Différence de sexe mise à part, la vie affective des personnes capables d'attention est plus riche. Cette sensibilité en éveil signifie avant tout que, chez elles, la moindre provocation déclenche des tempêtes d'émotions, alors que, chez les sujets situés à l'autre extrémité du spectre, les situations les plus dramatiques ne provoquent pratiquement pas un frisson.

L'HOMME SANS SENTIMENTS

Gary exaspérait Ellen, sa fiancée, car, en dépit de son intelligence, de son sérieux et de sa réussite professionnelle, il était affectivement vide et insensible à toute expression de sentiment. Alors qu'il se montrait brillant en matière de sciences et d'arts, dès lors qu'il s'agissait d'exprimer ses sentiments — y compris pour Ellen —, il tombait dans un mutisme total. Malgré les tentatives d'Ellen d'éveiller quelque passion en lui, Gary restait impassible, indifférent. « Il n'est pas dans ma nature d'exprimer mes émotions », avait-il dit au thérapeute qu'il avait consulté à la demande d'Ellen. À propos de sa vie affective, il avait ajouté : « Je ne sais pas quoi dire et je n'éprouve aucun sentiment intense, positif ou négatif. »

Ellen n'était pas la seule que sa réserve frustrait, confia-t-il au thérapeute. S'il était incapable de parler ouvertement de ses sentiments à quiconque, c'est surtout parce qu'il ne savait pas lui-même ce qu'il éprouvait. Aussi loin qu'il s'en souvenait, il n'avait jamais ressenti ni colère, ni tristesse, ni joie [8].

Comme le constate son thérapeute, ce vide affectif rend ternes Gary et ses semblables : « Ils ennuient tout le monde. C'est pourquoi leurs femmes les envoient chez le psychologue. » Le néant affectif de Gary illustre ce que les psychanalystes nomment *alexithymie*, du grec *a-* désignant la privation, *lexis*, le « mot », et *thymos*, l'« émotion ». Les gens comme lui n'ont pas de mots pour traduire leurs sentiments. En réalité, ils semblent être purement et simplement dépourvus de sentiments, bien que cette impression puisse être due à leur incapacité de les *exprimer* plutôt qu'à une absence totale. Les psychanalystes se sont interrogés sur cette catégorie de patients qu'ils ne parvenaient pas à traiter par leur méthode, ceux-ci ne faisant état d'aucun sentiment, aucun fantasme, aucun rêve coloré, bref d'aucune vie affective pouvant faire l'objet de discussion [9]. Parmi les caractéristiques cliniques propres aux alexithymiques, mentionnons la difficulté de décrire les sentiments — les leurs comme ceux des autres — et un vocabulaire « sentimental » extrêmement limité [10]. Qui plus est, ils ont du mal à distinguer leurs différentes émotions et leurs rapports avec des sensations physiques : un alexithymique dira qu'il a des palpitations, des étourdissements ou des sueurs, sans jamais faire le lien avec son état d'angoisse.

« Les alexithymiques donnent l'impression d'être des extraterrestres égarés dans un monde dominé par les sentiments. » Ainsi les décrit le psychiatre Peter Sifneos, qui forgea le terme alexithymie en 1972 [11]. Par exemple, les alexithymiques pleurent rarement, mais quand ils le font, c'est à chaudes larmes. Et cependant, lorsqu'on leur demande quelle est la raison de leur chagrin, ils ne savent pas quoi répondre. Une patiente alexithymique avait été si bouleversée par un film racontant l'histoire d'une mère de huit enfants terrassée par un cancer qu'elle avait pleuré toute la nuit. Lorsque son thérapeute lui suggéra que sa réaction était peut-être due au fait que sa propre mère était en train de mourir d'un cancer, la patiente resta assise immobile, silencieuse et déconcertée. Son thérapeute lui demanda alors ce qu'elle ressentait et elle répondit qu'elle n'allait « pas bien du tout », sans pouvoir préciser davantage ses sentiments. Puis elle ajouta qu'il lui arrivait de se mettre à pleurer sans savoir exactement pourquoi [12].

Et tel est bien le nœud du problème. Ce n'est pas tant que les alexithymiques n'ont pas de sentiments, mais ils sont incapables de connaître précisément leur nature — et en particulier de les exprimer par des mots. Il leur manque entièrement l'aptitude qui est à la base de l'intelligence émotionnelle : la conscience de soi, le fait de savoir ce que l'on ressent quand nos émotions se déchaînent. Les alexithymiques démentent l'idée reçue selon laquelle ce que nous éprouvons est parfaitement évident pour nous, les alexithymiques, eux, n'en ont pas la moindre idée. Lorsque quelque chose, ou plus probablement quelqu'un, parvient à éveiller en eux des sentiments, ils trouvent l'expérience déroutante et accablante, à éviter à tout prix. Quand il leur arrive d'éprouver des sentiments, ils les perçoivent comme une source de tracas. Comme la patiente bouleversée par le film, ils se sentent « horriblement mal », sans pouvoir dire avec précision en quoi ils se sentent mal.

Cette confusion fondamentale à propos de leurs sentiments les amène souvent à se plaindre de vagues maux physiques lorsqu'ils sont affligés, ce que l'on désigne en psychiatrie par le terme « somatiser », c'est-à-dire confondre une douleur affective avec un mal physique (ce qui est différent de la maladie psychosomatique, dans laquelle les problèmes affectifs provoquent des troubles physiques réels). De fait, la psychiatrie permet de repérer les alexithymiques dans la clientèle des médecins, car ils ont tendance à rechercher un avis médical et à se faire soigner indéfiniment — et sans résultat — pour ce qui est en réalité un problème psychologique.

Si jusqu'à présent personne n'a pu déterminer avec certitude les causes de l'alexithymie, le Dr Sifneos pense qu'il peut s'agir d'une disjonction entre le système limbique et le néocortex, en particulier les centres de la parole, ce qui s'accorde bien avec ce que nous savons du cerveau émotionnel. Les épileptiques chez qui l'on a sectionné cette liaison en vue de prévenir de nouvelles attaques deviennent affectivement vides, comme les alexithymiques, incapables de traduire leurs sentiments en mots et brusquement privés de toute vie imaginative. En bref, bien que les circuits du cerveau émotionnel puissent encore réagir, le néocortex devient incapable de distinguer les émotions les unes des autres et d'y ajouter les nuances du langage. Comme l'a remarqué le romancier Henry Roth, « si vous pouviez coller un nom dessus, cela vous appartiendrait ». Tel est le dilemme auquel se trouvent confrontés les alexithymiques : ne pas disposer de mots pour exprimer ses sentiments c'est comme ne pas avoir de sentiments.

ÉLOGE DU SENTIMENT « VISCÉRAL »

La tumeur juste derrière le front dont souffrait Elliot avait atteint la taille d'une orange. Elle fut retirée chirurgicalement. L'opération fut une réussite, mais ceux qui connaissaient bien Elliot affirmaient qu'il n'était plus le même : sa personnalité avait radicalement changé. Avant, Elliot était un avocat d'affaires réputé ; à présent, il était incapable de travailler. Sa femme l'avait quitté. Après avoir perdu ses économies dans des investissements stériles, il en fut réduit à vivre chez son frère.

Son cas était déconcertant. Ses capacités intellectuelles étaient intactes, mais il perdait son temps sur des détails mineurs et semblait avoir perdu tout sens des priorités. Les remontrances restaient sans effet sur lui, et on le renvoya de plusieurs cabinets juridiques. Bien que des tests approfondis n'aient rien révélé d'anormal dans ses facultés mentales, il consulta néanmoins un neurologue, dans l'espoir que la découverte d'un problème d'ordre neurologique lui permettrait de bénéficier d'une pension d'invalidité à laquelle il estimait avoir droit. Sinon, il serait considéré comme un faux malade.

Antonio Damasio, le neurologue consulté par Elliot, fut frappé par l'absence d'un élément dans son répertoire mental, alors que sa capacité de raisonnement, sa mémoire, son attention et ses autres facultés cognitives semblaient intactes, Elliot était virtuellement inconscient des sentiments suscités en lui par ses malheurs[13]. Plus surprenant encore, il racontait sa vie en spectateur détaché, sans passion — sans la moindre note de regret ou de tristesse, de frustration ou de colère. Le drame de son existence ne provoquait en lui aucune souffrance. Son histoire bouleversait plus Damasio que lui-même.

Selon Damasio, l'origine de l'inconscience affective d'Elliot était l'ablation d'une partie de ses lobes préfrontaux, que l'on avait dû enlever en même temps que la tumeur. L'opération avait en effet entraîné le sectionnement des liaisons entre les centres inférieurs du cerveau émotionnel, notamment l'amygdale et les circuits connexes, et le néocortex, siège de la pensée. Elliot pensait désormais comme un ordinateur ; il était capable d'effectuer la moindre opération nécessaire pour prendre une décision, mais totalement incapable d'assigner une *valeur* aux différentes possibilités. Pour lui, toutes les options se valaient. Damasio soupçonnait que ce raisonnement parfaitement froid était au cœur des troubles d'Elliot : sa conscience insuffisante de ses propres sentiments sur les choses faussait son raisonnement.

Ce handicap se manifestait dans les décisions les plus ordinaires. Quand Damasio essaya de fixer la date et l'heure de leur prochain rendez-vous, Elliot s'empêtra dans son indécision. À chaque proposition de Damasio, il trouvait des arguments pour et contre, mais était incapable de faire un choix. Il avait d'excellentes raisons de refuser ou d'accepter chacune de ces propositions de rendez-vous, mais ne parvenait pas à *sentir* quel moment lui convenait le mieux. Comme cette conscience de ses propres sentiments faisait défaut, il n'avait aucune préférence.

La principale leçon que l'on peut retirer de toute cette histoire est que les sentiments jouent un rôle décisif dans le flot incessant de nos décisions personnelles. Si la violence des sentiments peut s'avérer catastrophique pour le raisonnement, leur *méconnaissance* peut être tout aussi désastreuse, surtout lorsqu'il s'agit de prendre des décisions dont peut dépendre notre avenir — quel métier choisir ? doit-on quitter un emploi sûr pour un autre moins stable mais plus intéressant ? quel homme ou quelle femme fréquenter ou épouser ? dans quelle région s'établir ? quel appartement ou maison louer ou acheter ? et ainsi de suite, notre vie durant. La raison seule ne peut fonder ces décisions ; elles exigent que l'on *sente* les choses « dans les tripes » et que l'on mette à profit cette sagesse des sentiments accumulée au fil des expériences passées. La logique formelle ne vous permettra jamais de choisir votre conjoint ou votre métier, ni de déterminer si vous pouvez faire confiance à quelqu'un. Il est des domaines où la raison est aveugle sans les sentiments.

Les signes intuitifs qui nous guident en ces moments décisifs sont des impressions viscérales d'origine limbique, ce que Damasio nomme des « marqueurs somatiques », des sentiments instinctifs. Un marqueur somatique est une sorte d'alarme automatique dont le rôle est d'attirer l'attention sur le danger potentiel présenté par telle ou telle ligne d'action. Le plus souvent, ces marqueurs nous détournent d'un certain choix contre lequel notre expérience nous met en garde, mais il arrive aussi qu'ils nous signalent une occasion à ne pas manquer. Dans ces moments-là, nous ne nous rappelons généralement pas des expériences particulières à l'origine de notre sentiment négatif, seul importe l'avertissement qui nous est donné. Chaque fois qu'apparaît un tel sentiment instinctif, nous avons la possibilité de nous décider avec plus de confiance, et donc de réduire l'éventail de nos choix. En bref, pour rendre plus saines nos décisions personnelles, il faut être en accord avec nos propres sentiments.

LE SONDAGE DE L'INCONSCIENT

Le vide affectif d'Elliot laisse supposer que la capacité de prendre conscience de ses émotions au moment où elles surgissent varie d'un individu à un autre. Si l'absence d'un circuit neuronal entraîne l'affaiblissement d'une capacité donnée, la force ou la faiblesse relative du même circuit neuronal chez les sujets sains doit logiquement entraîner des niveaux d'aptitude correspondants dans le même domaine. Pour des raisons d'ordre neurologique liées au rôle des circuits préfrontaux dans l'harmonisation des émotions, certains d'entre nous détecteraient plus facilement que d'autres le premier frisson de la peur ou de la joie et seraient donc davantage éveillés sur le plan affectif.

La prédisposition à l'introspection pourrait aussi dépendre du même circuit. Certaines personnes seraient naturellement réceptives aux modes symboliques particuliers de l'esprit émotionnel : métaphores, images, poésie, chant et contes sont tous écrits dans le langage du cœur, tout comme les rêves et les mythes, dans lesquels de vagues associations déterminent le déroulement du récit, conformément à la logique de l'esprit émotionnel. Les individus naturellement réceptifs à leur voix intérieure — le langage des émotions — sont plus aptes à transmettre ses messages, qu'ils soient romanciers, poètes ou psychothérapeutes. Cette réceptivité intérieure leur confère le don d'exprimer la « sagesse de l'inconscient », la signification de nos rêves, les symboles qui manifestent nos désirs les plus profonds.

La conscience de soi est essentielle à l'intuition ; c'est cette faculté que cherche à renforcer une part importante de la psychothérapie. Pour Howard Gardner, c'est Sigmund Freud qui incarne le parangon de l'intelligence intrapsychique. Freud a clairement démontré que la vie affective est en grande partie inconsciente. Il est possible de vérifier cet axiome empiriquement. Des expériences montrent que l'on peut manifester un goût marqué pour des choses que l'on n'a pas conscience d'avoir vues auparavant. Toutes les émotions peuvent être inconscientes, et souvent elles le sont.

L'amorce physiologique d'une émotion se produit avant que l'individu en ait connaissance. Ainsi, lorsqu'on montre une photo d'un serpent à quelqu'un qui craint les reptiles, des détecteurs posés sur sa peau détectent l'apparition de sueur, signe typique d'angoisse, alors même que le sujet affirmera ne rien ressentir de tel. Cette réaction de transpiration se produira même si l'on présente la photo du serpent assez vite pour que la personne ne puisse pas avoir une idée précise de ce qu'elle vient de voir ni, *a fortiori*, qu'elle puisse être consciente de commencer à être angoissée. Quand ces premiers mouvements affectifs préconscients se précisent, ils finissent par acquérir une force suffisante pour pénétrer dans le champ de la conscience. Il existe donc deux niveaux d'émotion, l'un conscient, l'autre inconscient. L'instant où une émotion devient consciente correspond à son enregistrement en tant que telle dans le cortex frontal [14].

Les émotions qui couvent en deçà du seuil de la conscience peuvent exercer une influence profonde sur la manière dont nous percevons les choses et y réagissons, sans que nous soupçonnions qu'elles sont à l'œuvre. Prenons l'exemple de quelqu'un qui vient de subir une contrariété. Il se vexe pour la moindre raison et rabroue ses proches sans motif réel. Son irritabilité mijote en lisière de sa conscience et lui dicte ses répliques cassantes, mais il n'en a peut-être même pas connaissance et sera surpris si quelqu'un lui en fait la remarque. Mais dès qu'il en aura pris conscience — dès que son irritabilité sera perçue par son cortex —, il pourra réévaluer les choses, décider de se défaire de ses sentiments négatifs et changer d'attitude et d'humeur. La conscience de ses émotions constitue donc le fondement de la seconde forme fondamentale d'intelligence émotionnelle : la capacité de se débarrasser de sa mauvaise humeur.

5

L'esclave des passions

Car tu étais,
Ayant tout à souffrir, celui qui ne souffre pas,
Acceptant aussi uniment les coups du sort
Que ses quelques faveurs. [...]
Que l'on me montre un homme
Qui ne soit pas l'esclave des passions, je le garderai
Au profond de mon cœur, dans ce cœur du cœur
Où je te garde [...].

Hamlet à son ami Horatio

La maîtrise de soi, la capacité de résister aux tempêtes intérieures déclenchées par les coups du sort au lieu d'être l'« esclave des passions », est tenue pour une vertu depuis l'époque de Platon. Le mot grec qui la désignait était *sophrosyne*, « l'attention et l'intelligence apportées à la conduite de sa vie ; un équilibre et une sagesse tempérés », comme le traduit l'helléniste Page DuBois. Les Romains et l'Église chrétienne des débuts l'appelaient *temperantia*, la tempérance, l'aptitude à contenir les émotions excessives. Le but est l'équilibre et non l'extinction des émotions, chaque sentiment possède une valeur et une signification. Une existence sans passion serait comme une morne traversée du désert, coupée de tout ce qui fait la richesse de la vie. Comme l'observait Aristote, ce qui est désirable, c'est une émotion *appro-*

priée, un sentiment proportionné aux circonstances. Lorsque les émotions sont trop affaiblies, elles créent ennui et distance ; non maîtrisées, trop extrêmes et persistantes, elles deviennent pathologiques, comme dans la dépression, l'angoisse, la fureur ou l'agitation maniaque.

Contenir ses émotions négatives est en effet la clé du bien-être affectif ; les extrêmes — les émotions trop intenses ou qui durent trop — compromettent notre équilibre. Bien sûr, cela ne signifie pas que nous ne devrions éprouver qu'une seule sorte d'émotion et sourire béatement comme nous y incitait un badge dans les années soixante-dix. Il y a beaucoup à dire sur la contribution constructive de la souffrance à la vie spirituelle et à la créativité ; la souffrance trempe l'âme.

Les hauts comme les bas donnent du piment à la vie, mais ils doivent se compenser. Dans l'arithmétique du cœur, c'est le rapport entre les émotions positives et négatives qui détermine le sentiment de bien-être — telle est du moins la conclusion à laquelle aboutissent des études au cours desquelles des centaines d'hommes et de femmes portaient des bips qui leur rappelaient de décrire soigneusement par écrit l'enchaînement de leurs émotions[1]. Pour se sentir bien, il faut, non pas éviter tous les sentiments pénibles, mais contenir les émotions orageuses qui finissent par mobiliser continuellement l'esprit. Les personnes qui traversent des moments de colère ou de dépression peuvent néanmoins éprouver une impression générale de bien-être si, en contrepartie, elles connaissent des périodes de joie et de bonheur. Ces études montrent aussi que l'intelligence émotionnelle est sans rapport avec l'intelligence théorique, aucun lien, ou presque, n'étant constaté entre les résultats scolaires ou le QI et la satisfaction psychologique.

Tout comme il existe en toile de fond un murmure régulier de pensées dans l'esprit, il y a aussi un bourdonnement constant d'émotions ; que ce soit à six heures du matin ou à sept heures du soir, une personne sera toujours de telle ou telle humeur. Bien sûr, ces dispositions d'esprit peuvent varier considérablement d'un matin à l'autre, mais, sur une période de plusieurs semaines ou plusieurs mois, elles tendent à refléter le sentiment général de bien-être — ou de mal-être — de la personne. Chez la majorité des gens, les sentiments extrêmes sont relativement rares ; la plupart d'entre nous restent dans la tiédeur de la zone intermédiaire, sans que les montagnes russes des émotions ne produisent de fortes secousses.

Il n'en reste pas moins que la gestion de nos émotions est une tâche de tous les instants, c'est cela que vise l'essentiel de nos activités, surtout pendant nos loisirs. Lire un roman, regarder la télévision, le choix de nos distractions et de nos compagnons, tout cela peut nous aider à accroître notre bien-être. L'art de s'apaiser est primordial ; certains psychanalystes, comme John Bowlby et D. W. Winnicott, y voient le plus essentiel des outils psychiques. Selon leur théorie, les petits enfants en bonne santé psychologique se calment eux-mêmes en se traitant comme le font ceux qui prennent soin d'eux, et ils sont donc moins vulnérables aux perturbations du cerveau émotionnel.

Comme nous l'avons vu, le cerveau est ainsi fait que, bien souvent, nous maîtrisons peu ou pas le *moment* où nous nous laissons emporter par nos émotions, ou la *nature* de celles-ci. En revanche, nous pouvons dans une certaine mesure en limiter la *durée*. La question ne se pose pas pour les accès légers de tristesse, d'inquiétude ou de colère ; ils passent avec le temps et de la patience. Mais lorsque ces émotions dépassent une certaine intensité, elles atteignent des extrêmes incontrôlables — angoisse chronique, fureur, dépression. Et, dans les cas les plus graves et les plus rebelles, médication et/ou psychothérapie peuvent s'avérer nécessaires.

En l'occurrence, la capacité de gérer ses émotions peut consister à reconnaître le moment où l'agitation chronique du cerveau émotionnel est trop grande pour être apaisée sans intervention pharmacologique. Deux maniaco-dépressifs sur trois n'ont jamais suivi de traitement. Mais le lithium ou des médicaments plus récents permettent d'atténuer le cycle caractéristique de dépression paralysante et de crises maniaques où exultation et grandiloquence désordonnées vont de pair avec irritation et fureur. L'un des problèmes que pose la psychose maniaco-dépressive est que, lorsqu'ils sont en proie à leur manie, les sujets sont si sûrs d'eux qu'ils ne pensent pas avoir besoin d'aide en dépit de leurs décisions désastreuses. Pour ceux qui souffrent de ce genre de troubles affectifs graves, la médication psychiatrique est un moyen de mieux gérer sa vie.

Mais en ce qui concerne les émotions négatives ordinaires, nous sommes laissés à nous-mêmes. Malheureusement, les mesures que nous prenons ne sont pas toujours efficaces — c'est du moins la conclusion à laquelle a abouti la psychologue Diane Tice, après avoir interrogé plus de quatre cents hommes et femmes sur les stratégies qu'ils adoptaient pour échapper à leur mauvaise humeur, et les résultats qu'ils obtenaient[2].

Ces personnes ne souscrivaient pas toutes à la prémisse selon laquelle il convient de combattre ses émotions négatives. Comme le constata Tice, il y avait des « puristes » : 5 % environ des personnes interrogées déclarèrent qu'elles ne tentaient jamais de changer leur humeur. Selon elles, les émotions, étant « naturelles », elles doivent être acceptées telles quelles, aussi déprimantes qu'elles soient. D'autres, pour des raisons pratiques, s'efforçaient régulièrement de se mettre dans des dispositions d'esprit négatives : médecins contraints de prendre un air sombre pour annoncer un mauvais pronostic à leurs patients, militants qui alimentent leur sentiment d'indignation afin de mieux combattre l'injustice, et même un jeune homme qui affirmait entretenir sa colère pour aider son petit frère à se défendre contre les brutalités de ses camarades. Enfin, certains manipulaient leurs émotions avec un véritable machiavélisme, notamment des huissiers qui, pour mieux recouvrer des créances, se mettaient délibérément en colère contre les mauvais payeurs[3]. Mais, hormis ces cas exceptionnels, la plupart des gens se plaignaient d'être le jouet de leurs humeurs. Et leurs façons d'y remédier se sont révélées des plus variées.

ANATOMIE DE LA FUREUR

Supposons que quelqu'un vous fasse une queue de poisson. Il suffit que vous pensiez : « Quel mufle ! » pour décider du cours que suivra votre fureur, que cela soit ou non suivi d'autres pensées du même genre (« Il aurait pu me toucher ! Ce salaud ne va pas s'en tirer comme ça ! ») vous serrez le volant comme si vous étrangliez le chauffard. Votre corps se prépare au combat, et non à la fuite, vous tremblez, la sueur perle sur votre front, votre cœur bat à tout rompre et les muscles de votre visage se crispent en une grimace. Vous avez envie de tuer l'autre. Si, à ce moment-là, le conducteur qui vous suit se met à klaxonner parce que vous avez ralenti, vous voilà prêt à déverser votre colère sur lui aussi. Il n'en faut pas plus pour faire de l'hypertension, conduire imprudemment ou s'entre-tuer à coups de revolver au bord de la route.

Comparez maintenant cet engrenage aux effets d'une attitude plus indulgente à l'égard de l'autre automobiliste : « Peut-être ne m'a-t-il pas vu, ou peut-être avait-il de bonnes raisons pour conduire ainsi, une urgence médicale par exemple. » Cette attitude plus ouverte tempère la colère, désamorce la montée de la fureur. Comme nous le rappelle l'injonction d'Aristote de ne se mettre en colère que pour de *bonnes* raisons, le problème est que celle-ci éclate le plus souvent sans que nous la maîtrisions. Benjamin Franklin l'a bien dit : « La colère n'est jamais sans raison, mais c'est rarement la bonne raison. »

Il existe, bien sûr, différentes sortes de colères. L'amygdale pourrait bien être l'un des principaux déclencheurs de la fureur qui nous enflamme contre l'automobiliste imprudent. Mais à l'autre extrémité du circuit des émotions, le néocortex fomente vraisemblablement des colères plus calculées, celles que l'on ressent, par exemple, quand on songe au moyen de se venger d'une injustice. Comme le dit Franklin, ces colères froides sont celles qui risquent le plus de paraître justifiées par de « bonnes raisons », ou des raisons qui paraissent telles.

De toutes les dispositions d'esprit négatives auxquelles les gens s'efforcent d'échapper, la fureur semble être la plus rebelle. Tice l'a constaté, la colère est le mouvement de l'âme le plus difficile à maîtriser. Elle est en effet la plus séduisante des émotions négatives ; le monologue intérieur autosatisfait qui la déclenche fournit à l'esprit les arguments les plus convaincants. À l'inverse de la tristesse, la colère procure de l'énergie, voire de l'euphorie. Cette puissance de séduction et de persuasion suffirait peut-être à expliquer pourquoi certaines opinions à son égard sont si répandues : la colère serait incontrôlable, et, de toute façon, *il vaut mieux ne pas chercher à la maîtriser*. Lui donner libre cours serait une sorte de « catharsis » salutaire. Une conception opposée affirme qu'il est possible d'empêcher l'explosion de la colère. Un examen attentif des données scientifiques laisse cependant deviner que ces points de vue sont peu fondés, voire fallacieux[4].

L'enchaînement de pensées qui alimente la colère est aussi l'instrument le plus puissant permettant de la désamorcer en sapant les certitudes dont elle se nourrit au départ. Plus nous ruminons la cause de notre fureur, plus nous risquons de nous inventer de « bonnes raisons ». Le fait de remâcher sa colère attise celle-ci, alors qu'en changeant de perspective on éteint les flammes. Tice a constaté que le fait de reconsidérer la situation sous un angle plus positif constitue l'un des moyens les plus sûrs pour calmer l'irritation.

La bouffée de colère

Cette constatation est en accord avec les conclusions du psychologue Dolf Zillmann, qui a étudié avec précision le mécanisme et la physiologie de la colère[5]. Puisque la colère trouve son origine dans la réaction de préparation au combat, il n'est pas surprenant que, comme Zillmann l'a constaté, le sentiment d'être menacé en soit le détonateur universel. La menace n'est pas forcément une menace physique directe ; le plus souvent, c'est une menace symbolique pesant sur son amour-propre ou sa dignité : le fait d'être traité injustement ou avec brutalité, d'être insulté ou humilié, d'être contrecarré lorsqu'on poursuit un but important. La perception de cette menace déclenche la réaction du système limbique, qui exerce un double effet sur le cerveau. D'une part, il libère de la catécholamine, génératrice d'un afflux d'énergie brusque et passager, mais suffisant pour se lancer dans une « action vigoureuse ». Cette poussée d'énergie dure quelques minutes, pendant lesquelles elle prépare le corps à combattre ou à fuir, selon la façon dont le cerveau évaluera les forces de l'adversaire.

D'autre part, une autre onde issue de l'amygdale par la branche adrénocorticale du système nerveux dispose également à l'action en procurant à l'organisme une tonicité de fond, qui perdure bien plus longtemps que le coup de fouet de la catécholamine. Cette excitation adrénocorticale peut se prolonger pendant des heures, voire des jours, maintenant le cerveau émotionnel en état d'alerte et fournissant la base à partir de laquelle d'autres réactions pourront se développer avec une rapidité particulière. En général, l'état d'instabilité créé par l'excitation adrénocorticale explique que les gens voient rouge si aisément quand ils ont déjà été provoqués ou légèrement irrités par autre chose. Des tensions de toutes sortes déclenchent cette excitation et abaissent par là même le seuil à partir duquel une « agression » provoque la colère. Ainsi, rentrant chez lui après une rude journée, un père pourra se mettre en colère pour des raisons — le bruit ou le désordre que font ses enfants — qui, en temps normal, n'auraient pas prêté à conséquence.

Zillmann a abouti à ces conclusions à la suite d'expériences rigoureuses. Dans l'une d'elles, par exemple, il demandait à un complice de provoquer des volontaires, hommes et femmes, par des remarques désobligeantes. Ceux-ci visionnaient ensuite un film qui pouvait être plaisant ou désagréable. Après, ils avaient la possibilité de se venger du complice en donnant leur avis sur sa candidature à un emploi. Leur vengeance était directement proportionnelle à l'excitation suscitée par le film ; après avoir vu le film pénible, ils étaient plus en colère et donnaient les avis les plus défavorables.

La colère se nourrit d'elle-même

Les travaux de Zillmann permettent d'expliquer la dynamique à l'œuvre dans un petit drame familial auquel j'ai assisté. Dans une allée d'un supermarché, j'entends une jeune mère crier à son petit garçon :

— Remets-le à sa place !

— Mais je le veux ! pleurniche le bambin, serrant un paquet de céréales « Tortues Ninja ».

— Remets-le à sa place ! crie-t-elle plus fort, sa colère prenant le dessus.

À ce moment, l'enfant, assis dans le Caddie, laisse tomber par terre un pot de confiture qu'il portait à sa bouche. La mère furieuse hurle : « Ça suffit ! », le gifle, lui arrache des mains le paquet de céréales qu'elle jette sur le rayon le plus proche, empoigne le garçon par la taille et, poussant le Caddie devant elle à toute allure, se dirige vers la sortie. Les jambes battant l'air, l'enfant proteste : « Je veux descendre, je veux descendre ! »

Comme Zillmann l'a constaté, lorsque l'individu est déjà énervé et qu'un événement provoque un débordement émotionnel, la colère ou l'angoisse qui s'ensuit est particulièrement intense. Ce mécanisme entre en action lorsque quelqu'un devient furieux. Zillmann voit dans l'escalade de la colère « une suite de provocations, chacune déclenchant une réaction d'excitation qui s'amortit lentement ». Dans cette séquence, chaque pensée ou perception successive fait office de minidétonateur d'une poussée de catécholamine libérée par l'amygdale et se nourrit de la dynamique hormonale suscitée par les poussées qui l'ont précédée. Une deuxième pensée ou perception se forme avant que l'effet de la première se soit amorti, puis une troisième et ainsi de suite ; chaque vague chevauche l'écume de la précédente, faisant monter rapidement le niveau d'excitation de l'organisme. Une pensée qui surgit lorsque ce processus d'escalade est bien avancé déclenche une bouffée de colère bien plus violente que celle ayant alimenté le mécanisme à ses débuts. La colère se nourrit de la colère ; le cerveau émotionnel s'enfièvre. À ce moment-là, la fureur, libérée des entraves de la raison, dégénère rapidement en violence.

Parvenu à ce stade, l'individu ne pardonne plus et ne peut plus être raisonné ; obnubilé par des idées de vengeance et de représailles, il n'est pas conscient de leurs conséquences possibles. Cette grande excitation, dit Zillmann, « entretient une illusion de puissance et d'invulnérabilité susceptible d'inspirer et de faciliter l'agression » ; lorsque l'individu est en proie à la fureur, qu'il n'est plus « guidé cognitivement », il retrouve les réactions les plus primitives. L'appel du système limbique est le plus fort ; les enseignements les plus brutaux de la vie en viennent à prendre l'action en main.

Apaiser la colère

À partir de cette analyse physiologique de la colère, Zillmann voit deux moyens d'intervention possibles. L'un consiste à la désamorcer en contestant les pensées qui déclenchent sa montée en puissance. C'est en effet l'évaluation initiale d'une interaction avec autrui qui valide et encourage la première explosion de fureur, et les réévaluations suivantes en attisent les flammes. Le moment de l'intervention est capital ; plus elle a lieu tôt, plus elle est efficace. De fait, l'engrenage de la colère peut être complètement bloqué si l'information apaisante est donnée avant qu'il se soit mis en mouvement.

Le pouvoir de désamorcer la colère qui découle de la compréhension de son mécanisme ressort clairement d'une autre expérience de Zillmann, au cours de laquelle un assistant insultait et provoquait des sujets volontaires. Lorsqu'on offrait aux sujets l'occasion de se venger de l'assistant (là encore, en donnant leur avis sur sa candidature à un emploi), ils le faisaient avec une colère mêlée de jubilation. Dans une variante de l'expérience, une complice entrait après que les sujets avaient été provoqués, mais juste avant qu'ils aient pu se venger, et disait au provocateur qu'on le demandait au téléphone. Ce dernier sortait de la pièce en lançant une remarque sarcastique à la complice. Mais celle-ci ne la prenait pas mal et expliquait que le provocateur était extrêmement tendu à l'approche de ses examens. Lorsqu'on donnait ensuite aux sujets irrités l'occasion de se venger, ils n'en faisaient rien et, au contraire, exprimaient de la compassion à son égard.

Une information apaisante permet donc une réévaluation des événements à l'origine de la colère et offre l'occasion d'une désescalade. Zillmann constate que le procédé est efficace pour des colères modérées ; par contre, quand l'individu est en proie à une véritable fureur, la méthode ne donne aucun résultat en raison de ce qu'il nomme l'« incapacitation cognitive », c'est-à-dire le fait que la personne n'est plus en mesure de penser normalement. Lorsque les sujets sont déjà emportés par la fureur, ils écartent l'information d'un « Tant pis pour lui ! » ou, comme le dit Zillmann avec délicatesse, ils ont recours « aux pires vulgarités de la langue anglaise ».

Se calmer

> Un jour — j'avais treize ans —, je suis parti de chez moi sur un coup de colère en jurant de ne jamais y remettre les pieds. C'était une magnifique journée d'été, et j'ai marché longtemps le long de délicieux chemins, tant et si bien que le silence et la beauté des lieux ont fini par me calmer. Après quelques heures, je suis rentré chez moi, repentant et fourbu. Depuis ce jour, quand je me mets en colère, je recours, dans la mesure du pos-

sible, au même procédé. C'est le meilleur remède que je connaisse.

Ce récit est celui d'un sujet de l'une des toutes premières études scientifiques de la colère, qui date de 1899[6]. Il illustre parfaitement la seconde méthode permettant de provoquer sa décrue : se calmer physiologiquement en laissant passer la poussée d'adrénaline dans un cadre propice. Au cours d'une querelle, par exemple, on peut s'éloigner de l'autre momentanément. Pendant la période où elle s'apaise, la personne en colère peut freiner le processus d'escalade des pensées hostiles en pensant à autre chose. La distraction, constate Zillmann, est un procédé extrêmement efficace pour modifier son humeur, et ce pour une raison simple : il est difficile de rester en colère lorsqu'on prend du bon temps. L'astuce consiste, bien sûr, à apaiser suffisamment sa colère pour *pouvoir* s'amuser.

L'analyse que fait Zillmann du processus d'escalade et de désescalade de la colère explique bon nombre des observations de Diane Tice concernant les stratégies que les gens utilisent pour apaiser leur fureur. L'une de ces stratégies, très efficace, consiste à s'en aller de son côté. Ainsi, beaucoup d'hommes partent faire un tour en voiture — ce qui leur laisse le temps de réfléchir (et incite Tice à rester davantage sur le qui-vive quand elle conduit). Peut-être est-il préférable de faire une longue marche ; l'exercice physique est un excellent calmant. Cela est vrai aussi des méthodes de relaxation, respiration profonde et détente musculaire notamment, sans doute parce qu'elles permettent au corps de passer d'un état de grande excitation à un état d'excitation moindre, et peut-être aussi parce qu'elles détournent l'attention de tout ce qui attise la fureur. L'exercice physique pourrait apaiser la colère pour les mêmes raisons ; après avoir été fortement activée pendant l'exercice, la physiologie de l'organisme retrouvera son état normal.

Mais l'objectif ne sera pas atteint si cette période n'est pas mise à profit pour couper court à l'enchaînement de pensées productrices de colère, puisque chacune est en soi un véritable petit détonateur. Et si les distractions exercent un effet calmant, c'est justement parce qu'elles interrompent le train de pensées agressives. Tice a montré qu'en général le fait de se distraire aide à calmer la colère — télévision, cinéma, lecture, etc., tout cela interfère avec les pensées agressives. En revanche, s'adonner à des plaisirs comme faire des achats pour soi-même ou manger n'est pas très efficace ; il est trop facile de continuer à ruminer son indignation en arpentant un centre commercial ou en ingurgitant un gâteau au chocolat.

À ces stratégies il convient d'ajouter celles mises au point par un autre psychiatre, Redford Williams, qui cherchait à aider les personnes colériques souffrant de troubles cardiaques à maîtriser leur irritabilité[7]. L'une de ses techniques consiste, en essayant d'être conscient de soi-même, à saisir au vol les pensées cyniques ou hostiles au moment où elles surgissent et à les coucher par écrit. Lorsque celles-ci ont été ainsi captées, il devient possible de les contester et de les réévaluer. Mais Zillmann a constaté que cette méthode donne de meilleurs résultats quand la colère n'a pas encore dégénéré en fureur.

Laisser libre cours à sa colère n'est pas une solution

Un jour, alors que je prenais place dans un taxi, un jeune homme s'arrêta devant la voiture en attendant de pouvoir traverser. Impatient de démarrer, le chauffeur klaxonna et lui fit signe de libérer le passage. Pour toute réponse, il eut droit à un regard mauvais et à un geste obscène.

« Espèce de connard ! » hurla-t-il en avançant par à-coups, jouant à la fois de l'accélérateur et du frein. Face à la menace, le jeune homme s'écarta de mauvaise grâce et assena un coup de poing sur la voiture quand elle passa devant lui. Sur quoi, le chauffeur lâcha un chapelet d'injures à son intention.

Tandis que nous poursuivions notre chemin, le chauffeur me dit, encore visiblement agité : « On ne peut pas se laisser insulter comme ça. Il faut répondre — au moins, après, on se sent mieux ! »

La catharsis, le fait de laisser libre cours à sa fureur, est parfois vantée comme un bon moyen de se débarrasser de sa colère. Selon l'idée reçue, cela permettrait de « se sentir mieux ». Mais, comme le montrent les découvertes de Zillmann, il y a de bonnes raisons de croire que ce n'est pas une solution. Ces raisons, on les connaît depuis les années cinquante, lorsque des psychologues ont commencé à mesurer expérimentalement les effets de la catharsis. Ils ont constaté à maintes reprises que le fait de laisser libre cours à sa colère ne permettait guère, ou pas du tout, de la dissiper (bien que, du fait de son caractère séduisant, cette attitude puisse *donner l'impression* d'être salutaire[8]). Dans certaines conditions très particulières, il peut être salutaire de lâcher la bride à sa colère : par exemple, quand on dit à quelqu'un ses quatre vérités, ou lorsque cela permet de reprendre le contrôle d'une situation ou de redresser des torts. Ou encore quand cela atteint l'autre de manière « appropriée » et l'amène à changer d'attitude sans chercher à se venger. Mais, en raison de la nature incendiaire de la colère, tout cela est plus facile à dire qu'à faire[9].

Tice a constaté que le fait de laisser éclater sa colère est l'un des pires moyens pour se calmer, les explosions de rage excitent davantage le cerveau émotionnel, et la personne finit par être plus en colère qu'avant. Selon Tice, lorsque les personnes interrogées affirment avoir déversé leur fureur sur celui ou celle qui l'avait provoquée, cela aboutit, tout bien pesé, à entretenir leur mauvaise humeur plutôt qu'à y mettre un terme. L'attitude consistant à commencer par se calmer, puis, de façon plus constructive, plus rassise, à régler le différend au cours d'un face à face, est bien plus payante. Un jour, j'ai entendu le maître tibétain Chogyam Trungpa répondre à quelqu'un qui lui demandait quel était le meilleur moyen de venir à bout de la colère : « N'essayez pas de l'éliminer, mais ne la laissez pas gouverner votre action. »

COMMENT CALMER SON ANXIÉTÉ : « MOI, INQUIET ? JAMAIS ! »

> Mince ! le moteur fait un drôle de bruit... Si je dois amener la voiture au garage, ça va encore me coûter les yeux de la tête... Il va falloir que je prenne sur ce que j'avais mis de côté pour le collège de Jamie... Je risque de ne plus avoir la somme nécessaire pour l'inscrire... Et puis, ce mauvais bulletin de notes de la semaine dernière... Qu'est-ce qui va se passer si ses notes se mettent à baisser et s'il ne peut entrer au collège ?... Je crois bien que le moteur est fichu...

C'est ainsi que les esprits inquiets s'enferment dans un cercle vicieux, chaque souci renvoyant à un autre, pour finalement revenir au premier. L'exemple ci-dessus est dû aux psychologues Lizabeth Roemer et Thomas Borkovec, dont les recherches sur la propension à se tracasser — qui est au cœur de toute anxiété — ont conféré au sujet une dimension scientifique [10]. Bien sûr, il n'y a rien à dire lorsque les soucis nous aiguillonnent : en retournant un problème dans sa tête — autrement dit, en y réfléchissant de façon constructive, ce qui, malgré la similitude apparente des attitudes, n'a rien à voir avec le fait de se laisser ronger par les tracas —, on accroît ses chances d'en trouver la solution. En effet, la réaction qui sous-tend l'inquiétude est la vigilance en présence d'un danger potentiel, comportement qui, sans nul doute, a permis à nos ancêtres de survivre au cours de l'évolution. Lorsque la peur mobilise le cerveau émotionnel, l'anxiété qui en résulte a notamment pour effet de fixer l'attention sur la menace imminente, de forcer l'esprit à se concentrer sur les moyens d'y faire face et à laisser tomber tout ce qu'il est en train de faire. S'inquiéter, c'est en quelque sorte effectuer une répétition, se représenter ce qui risque d'« aller de travers » et la manière d'y remédier. Cette attitude permet de trouver des solutions positives face aux périls de l'existence en anticipant sur le danger.

Le problème vient de l'inquiétude chronique, répétitive, celle qui ne vous quitte jamais et ne vous permet jamais de vous rapprocher d'une solution satisfaisante. Une analyse attentive de l'inquiétude chronique montre qu'elle possède tous les caractères d'une forme atténuée de coup d'État émotionnel. Les soucis, apparemment sans cause, incontrôlables et insensibles à la raison, engendrent un murmure constant d'anxiété et enferment l'individu dans une vision unique et immuable de l'objet de ses tracas. Lorsque le cycle s'intensifie et se prolonge, il dégénère en un authentique détournement neuronal de l'autorité et aboutit aux troubles associés à l'angoisse : phobies, obsessions et compulsions, crises de panique. Dans chaque cas, l'inquiétude se fixe de façon différente : chez le phobique, elle se cristallise sur la situation tant redoutée ; chez l'obsessionnel, elle se focalise sur les moyens de prévenir une calamité qu'il appréhende ; chez la personne sujette aux crises de panique, elle se rive sur sa peur de mourir ou la crainte d'une nouvelle crise.

Dénominateur commun à tous ces états pathologiques, l'inquiétude échappe à tout contrôle. Ainsi, une femme, soignée pour une psychonévrose obsessionnelle, sacrifiait à une série de rituels qui occupaient le plus clair de son temps : plusieurs douches quotidiennes de trois quarts d'heure, lavage des mains pendant cinq minutes au moins vingt fois par jour. Elle ne s'asseyait jamais sans avoir au préalable nettoyé son siège avec de l'alcool à 90° pour le stériliser. Elle ne touchait jamais un enfant ou un animal — « Trop sales », disait-elle. Toutes ces compulsions étaient sous-tendues par une peur morbide des microbes ; elle vivait constamment dans la crainte d'attraper une maladie ou de mourir si elle ne prenait pas toutes ces précautions [11].

Une femme traitée pour une « anxiété généralisée », terme scientifique qui désigne une propension à se tracasser constamment, a réagi de la façon suivante quand on lui a demandé d'exprimer son anxiété à haute voix pendant une minute :

> Je crains de ne pas le faire convenablement. Ça risque d'être si artificiel que cela ne reflétera pas ce que j'éprouve réellement, et c'est cela qui compte... Si je n'arrive pas à exprimer ce que j'éprouve au fond, je ne me sentirai pas bien et ne serai jamais heureuse [12].

Dans cette magistrale manifestation d'inquiétude à propos de l'inquiétude, la consigne de l'expérimentateur avait abouti en quelques secondes à la vision d'une catastrophe irrémédiable : « Je ne serai jamais heureuse. » Les anxieux suivent fréquemment cette sorte de schéma de pensée : ils se racontent à eux-mêmes une histoire en sautant d'une préoccupation à l'autre, en imaginant le plus souvent quelque terrible catastrophe ou tragédie. Mentalement, les soucis s'expriment presque toujours de manière auditive plutôt que visuelle — c'est-à-dire en paroles et non en images —, fait qui a son importance pour la maîtrise de l'anxiété.

C'est pour tenter de trouver un remède à l'insomnie que Borkovec et ses collègues ont commencé à étudier l'anxiété. Comme l'ont constaté d'autres chercheurs, celle-ci prend deux formes différentes : l'anxiété *cognitive* (les pensées porteuses d'inquiétude), et l'anxiété *somatique* (les symptômes physiologiques de l'anxiété comme la transpiration, l'accélération du rythme cardiaque ou la tension musculaire). Chez les insomniaques, constate Borkovec, le problème ne vient pas de l'excitation somatique, mais des pensées importunes qui les tiennent en éveil. Les insomniaques sont des anxieux chroniques ; ils ne peuvent s'empêcher de se tracasser, aussi forte que soit leur envie de dormir. Le plus efficace pour les aider à trouver le sommeil consiste à leur changer les idées en leur demandant de se concentrer sur les sensations procurées par la relaxation. Bref, il est possible de chasser les soucis en en détournant l'attention.

Cependant rares sont les inquiets qui y parviennent. La raison, estime Borkovec, est à rechercher dans les bénéfices que l'on peut espérer si l'on se fait du souci, bénéfices qui renforcent considérablement cette tendance. Il y a, semble-t-il, quelque chose de positif dans l'inquiétude, elle constitue un moyen d'affronter des menaces potentielles, des dangers qui risqueraient de surgir sur le chemin. Elle a pour fonction — qu'elle n'assume pas toujours — de représenter ces dangers et d'amener à réfléchir sur les moyens d'y parer. Mais le mécanisme est loin de fonctionner à la perfection. Les solutions nouvelles et les manières de voir inédites ne sont pas les fruits typiques de l'inquiétude, surtout si elle est chronique. Au lieu de trouver des solutions, les anxieux se bornent généralement à ruminer le danger lui-même et se laissent ronger par la crainte qu'il suscite sans que leur pensée sorte pour autant de l'ornière. Les anxieux chroniques s'inquiètent de toutes sortes de choses, dont la plupart n'ont pratiquement aucune chance de se produire ; ils voient des embûches sur le chemin de la vie que les autres ne remarquent jamais.

Et pourtant, les angoissés chroniques affirment que leur inquiétude leur est utile, alors même que leurs soucis s'autoperpétuent dans un cercle vicieux. Pourquoi l'anxiété engendre-t-elle ce qui semble être une dépendance mentale ? Curieusement, souligne Berkovec, l'habitude de se faire du souci se renforce suivant le même mécanisme que les superstitions. Parce que l'individu se tracasse à propos d'événements peu probables — la mort d'un être cher dans un accident d'avion, le risque d'une faillite, etc. —, il se produit quelque chose de magique, dans le cerveau limbique du moins. Comme une amulette qui écarte un mal attendu, l'anxieux attribue à son inquiétude le mérite de prévenir le danger qui l'obsède.

Le mécanisme de l'anxiété

> Originaire du Midwest, elle s'était installée à Los Angeles, attirée par l'offre d'emploi d'une maison d'édition. Mais, peu après, celle-ci fut rachetée par un autre éditeur, et elle se retrouva au chômage. Elle se tourna vers des travaux d'écriture en free-lance, par nature irréguliers : elle était alternativement débordée de travail et incapable de payer son loyer. Il lui fallait souvent limiter ses appels téléphoniques et, pour la première fois, elle n'avait plus d'assurance maladie. Cette absence de couverture sociale l'angoissait particulièrement ; elle en vint à imaginer les pires catastrophes concernant sa santé, certaine que la moindre migraine était symptomatique d'une tumeur cérébrale et craignant un accident chaque fois qu'elle prenait sa voiture. Elle ruminait souvent son angoisse comme dans un rêve, mais affirmait que cette rumination était devenue pour elle presque un besoin.

Borkovec a découvert que l'anxiété possédait un autre aspect bénéfique. Pendant que l'individu est plongé dans ses pensées inquiètes, il semble ne pas remarquer les manifestations physiques de ses soucis — accélération du rythme cardiaque, transpiration, tremblements —, et tant que ses pensées continuent de mobiliser l'esprit, elles paraissent éliminer en partie l'anxiété, du moins dans sa manifestation physiologique. Le mécanisme serait à peu près le suivant : l'anxieux remarque quelque chose qui évoque l'image d'une menace ou d'un danger potentiel ; cette catastrophe imaginaire déclenche à son tour une crise légère d'anxiété. L'individu se plonge alors dans une longue série de pensées angoissées, dont chacune fait naître un autre sujet d'inquiétude. Tant que l'attention est monopolisée par ce cortège de soucis, concentrée sur ces pensées, elle se détourne de l'image anxiogène d'origine. Les images, constate Borkovec, stimulent beaucoup plus l'angoisse physiologique que les pensées ; l'immersion dans ses pensées atténue donc en partie la sensation d'anxiété. Et, dans cette mesure, les soucis sont de plus en plus ressassés, comme un antidote partiel à l'anxiété même qu'ils ont suscitée.

Mais la rumination continuelle de ses soucis produit un effet contraire au but recherché en ceci qu'elle prend la forme d'idées fixes, stéréotypées, et non de réflexions créatives qui rapprocheraient de la solution du problème. Cette rigidité n'apparaît pas seulement dans le contenu manifeste des pensées qui se bornent à rabâcher plus ou moins les mêmes idées. Il semble aussi y avoir au niveau neurologique une rigidité corticale, un amoindrissement de la capacité du cerveau émotionnel à réagir en souplesse aux circonstances changeantes. En bref, la rumination chronique des soucis produit des résultats positifs sur un certain plan, mais pas là où ils seraient le plus nécessaires : elle apaise partiellement l'anxiété mais ne résout jamais le problème.

S'il est une chose dont les anxieux chroniques sont incapables, c'est de suivre le conseil qu'on leur donne le plus souvent : « Cesse de te tracasser » (ou encore « Ne te fais pas de souci, prends la vie du bon côté »). Correspondant apparemment à des phases d'excitation atténuée de l'amygdale, l'inquiétude chronique se manifeste spontanément. Et, par sa nature même, elle persiste dès lors qu'elle s'est emparée de l'esprit. Après de longues expériences, Borkovec a cependant découvert que, grâce à des mesures simples, il est possible d'aider même les très grands anxieux à maîtriser leur penchant.

Le premier pas est la conscience de soi ; elle permet de percevoir les bouffées d'inquiétude dès leur origine, idéalement, dès que l'image fugace d'une catastrophe potentielle amorce le cycle de l'anxiété et de la rumination. Borkovec commence par apprendre aux gens à surveiller l'apparition des signes d'anxiété, en particulier à identifier les situations qui la provoquent, les pensées et les images à l'origine de celle-ci, ainsi que les sensations physiques qui y sont associées. Avec de la pratique, l'individu parvient à reconnaître les sentiments d'inquiétude de plus en plus tôt. Borkovec enseigne aussi des méthodes de relaxation que l'individu peut appliquer au moment où il perçoit l'apparition de l'inquiétude et qu'il doit pratiquer quotidiennement afin de pouvoir les utiliser sur-le-champ, quand le besoin s'en fait sentir.

La relaxation n'est cependant pas suffisante. L'anxieux doit aussi s'attaquer aux pensées anxiogènes, faute de quoi la spirale de l'anxiété se répétera indéfiniment. L'étape suivante consiste donc à adopter une attitude critique vis-à-vis de lui-même. Le risque que l'événement tant redouté se produise est-il réellement important ? Existe-t-il la moindre manière de parer à cette éventualité ? Est-il vraiment utile de remâcher sans cesse ces pensées inquiètes ?

Cet alliage d'attention et de scepticisme de bon aloi agit vraisemblablement comme un frein sur la stimulation neuronale qui sous-tend l'anxiété dans sa forme atténuée. En se posant des questions de ce genre, on active le circuit inhibiteur de l'excitation limbique cause de l'anxiété ; simultanément, l'état de relaxation amortit les signaux générateurs d'inquiétude que le cerveau émotionnel transmet à travers le corps.

En effet, remarque Borkovec, ces stratégies déclenchent une activité mentale incompatible avec l'inquiétude. Quand on laisse une préoccupation s'imposer de manière répétée sans la combattre, sa force de persuasion augmente. Par contre, le fait de la remettre en question en envisageant d'autres points de vue tout aussi plausibles empêche de la tenir simplement pour vraie. Même certaines personnes dont l'anxiété était assez profonde pour relever d'un traitement psychiatrique ont été ainsi soulagées.

En revanche, dans les cas graves où l'anxiété se transforme en phobie, en psychonévrose obsessionnelle ou en crise de panique, il peut s'avérer prudent — et cela peut même être révélateur d'une prise de conscience de son propre état — de se tourner vers la médication pour briser le cycle. Une modification des mécanismes psychologiques par une thérapie reste cependant nécessaire pour éviter que l'anxiété ne réapparaisse lorsque le traitement médical est arrêté[13].

VAINCRE LA MÉLANCOLIE

De manière générale, la tristesse est l'état d'esprit dont on s'efforce le plus de se libérer. Tice a constaté que c'est lorsqu'ils tentent de se défaire de leur mélancolie que les gens se montrent les plus inventifs. Comme toutes les autres humeurs, celle-ci comporte des aspects positifs, et l'on ne doit pas systématiquement essayer d'y échapper. La tristesse provoquée par une perte douloureuse a toujours les mêmes effets : les distractions et les plaisirs perdent tout intérêt ; l'attention se fixe sur l'objet perdu et accapare l'énergie indispensable à de nouvelles entreprises, du moins provisoirement. Bref, la mélancolie oblige à réfléchir et à s'abstraire de l'agitation et des activités quotidiennes ; elle place l'individu comme hors du temps pour lui permettre de pleurer sa perte, de réfléchir à sa signification et, finalement, d'effectuer les mises au point psychologiques et de dresser de nouveaux plans qui permettront à la vie de continuer.

Le deuil est utile, mais la vraie dépression ne l'est pas. William Styron décrit de manière éloquente « les nombreuses et redoutables manifestations de la maladie », notamment la haine de soi, l'impression de ne posséder aucune qualité, la « froide absence de joie » et « la tristesse qui [vous] assaille, la sensation de terreur et d'aliénation, et, par-dessus tout, l'anxiété étouffante [14] ». Puis viennent les symptômes intellectuels : « la confusion, l'incapacité de se concentrer et les défaillances de la mémoire », et, à un stade ultérieur, l'esprit « en proie à des distortions anarchiques », et « la sensation que la pensée est emportée par une marée toxique qui oblitère toute réaction agréable au monde vivant ». Il y a aussi les effets physiques : insomnie, impression d'être comme un zombie, « une sorte d'engourdissement, de mollesse, mais surtout une étrange fragilité », ainsi qu'une « agitation impatiente ». Puis, la perte du plaisir : « La nourriture, comme toute chose entrant dans le champ de la sensation, perd toute saveur. » Enfin, la disparition de l'espérance tandis que le « morne crachin de l'horreur » prend la forme d'un accablement si palpable qu'il est comme une douleur physique, une douleur insupportable au point que le suicide semble être une solution.

Dans la dépression profonde, la vie est paralysée ; aucun nouveau commencement n'est possible. Les symptômes mêmes de la dépression témoignent de cette suspension. Dans le cas de Styron, aucun médicament, aucune psychothérapie n'était efficace ; seuls le temps et le refuge de l'hôpital ont fini par en venir à bout. Mais, pour la plupart des gens, surtout si leur cas est moins grave, la psychothérapie et un traitement médical ont des effets bénéfiques.

Je m'intéresserai ici à la tristesse bien plus courante, qui, dans sa forme la plus marquée, devient ce que l'on nomme en termes techniques une « dépression latente », autrement dit, la mélancolie ordinaire. Cet état correspond à un degré d'abattement dont l'individu peut venir à bout tout seul, s'il possède les ressources intérieures nécessaires. Malheureusement, certaines stratégies habituelles peuvent échouer, et la personne se sent alors plus mal qu'auparavant. L'une de ces stratégies consiste tout simplement à rester seul, perspective souvent attirante lorsque l'on se sent abattu ; le plus souvent, elle n'a pour effet que d'ajouter à la tristesse un sentiment de solitude et d'isolement. Cela explique sans doute en partie pourquoi Tice a constaté que la tactique la plus courante pour lutter contre la dépression est de voir du monde, dîner en ville, assister à un match, aller au cinéma, bref, faire quelque chose avec des amis ou en famille. Cette méthode s'avère efficace quand elle permet de détourner l'esprit de sa tristesse. Elle ne fait qu'entretenir la mélancolie si l'individu profite de l'occasion pour ressasser la cause de son abattement.

En effet, la persistance ou non de la dépression dépend en grande partie de la propension de l'individu à ruminer. Il semblerait que le fait de ressasser ce qui nous déprime entretient et aggrave l'état dépressif. Le dépressif se tracasse pour toutes sortes de raisons, toutes liées à sa dépression elle-même : l'impression d'être fatigué, son manque d'énergie ou de motivation, ou encore le retard qu'il prend dans son travail. En règle générale, ces réflexions ne s'accompagnent jamais des actions concrètes qui pourraient remédier au problème. Parmi les autres manifestations d'inquiétude, la psychologue Susan Nolen-Hoeksma, qui a étudié le processus de la rumination chez les personnes déprimées, cite « la tendance à s'isoler et à penser que vous vous sentez affreusement mal, à craindre que votre épouse vous rejette parce que vous êtes déprimé et à se demander si vous n'allez pas passer une autre nuit sans dormir[15] ».

Les personnes dépressives justifient ces ruminations en affirmant qu'elles essaient de « mieux se comprendre » ; en réalité, cela ne fait qu'entretenir leurs sentiments de tristesse. Par conséquent, au cours d'une thérapie, il peut s'avérer extrêmement utile de réfléchir aux causes profondes d'une dépression, si cela conduit à des idées ou à des actions permettant de modifier la situation qui l'a provoquée. En revanche, le fait de se plonger passivement dans sa tristesse n'aboutit qu'à l'aggraver.

La rumination peut aussi aggraver la dépression en créant des conditions encore plus déprimantes. Nolen-Hoeksma cite l'exemple d'une vendeuse déprimée qui passe tant de temps à ruminer sa dépression qu'elle finit par rater des ventes importantes. Son chiffre d'affaires diminue ; elle perçoit cela comme un échec, ce qui aggrave encore sa dépression. Si, au contraire, elle réagit à sa dépression en essayant d'en détourner son esprit, elle pourra, par exemple, s'absorber dans son travail. Son chiffre d'affaires ne baissera pas, et, s'il lui arrive de réaliser une belle vente, cela lui redonnera confiance et, d'une certaine manière, atténuera sa dépression.

Les femmes déprimées, constate Nolen-Hoeksma, ont plus tendance à ruminer que les hommes. Selon elle, cela pourrait être dû en partie au fait que la dépression est deux fois plus fréquente chez les femmes que chez les hommes. D'autres facteurs entrent en ligne de compte, comme, par exemple, la propension plus grande des femmes à révéler leur chagrin ou à se trouver des raisons d'être déprimées. En outre, les hommes noient plus souvent leur tristesse dans l'alcool, et, chez eux, le taux d'alcoolisme est deux fois plus important.

La thérapie cognitivo-comportementale, qui vise à modifier ces habitudes de pensée, est aussi efficace que la médication dans le traitement de la dépression clinique légère, et elle permet surtout d'empêcher les récidives. Deux stratégies sont particulièrement payantes [16]. L'une consiste à contester les pensées ruminées et à les remplacer par des pensées plus positives ; l'autre vise à établir un programme de distractions.

L'une des raisons de l'efficacité des distractions tient au fait que les pensées déprimantes sont automatiques et investissent l'esprit sans y être invitées. Quand les dépressifs essaient de s'en défaire, ils ont souvent du mal à en trouver de plus plaisantes ; dès lors que le flot de pensées déprimantes commence à monter, il exerce un puissant attrait sur l'enchaînement des associations. Ainsi, lorsqu'on demande à des dépressifs de mettre dans un ordre six mots placés pêle-mêle, ils aboutissent bien plus souvent à des phrases pessimistes (« L'avenir paraît très sombre ») qu'à des phrases optimistes (« L'avenir paraît radieux [17] »).

La tendance de la dépression à s'entretenir d'elle-même influe sur la nature des distractions que choisit l'individu. Quand on propose à des dépressifs une liste de possibilités pour détourner leur esprit d'un événement attristant, comme la mort d'un ami, ils choisissent les activités les moins amusantes. Richard Wenzlaff, le psychologue qui effectua ces études, conclut que les individus déjà en proie à la dépression doivent veiller tout particulièrement à fixer leur attention sur quelque chose de réjouissant et éviter soigneusement de choisir par inadvertance une distraction qui risquerait de leur saper davantage le moral, comme un roman tragique ou un film triste.

Comment se remonter le moral

> Vous êtes au volant de votre voiture sur une route sinueuse inconnue. Soudain, une automobile vous barre le chemin à un carrefour. Vous écrasez la pédale de frein, votre véhicule fait une embardée et heurte l'autre voiture de plein fouet. Juste avant la collision, vous vous apercevez que celle-ci transporte des enfants. Dans le silence qui suit le choc s'élève un concert de cris. Vous courez vers la voiture et constatez que l'un d'eux gît sur le sol, inconscient. Un sentiment de culpabilité et de tristesse vous envahit...

Dans l'une de ses expériences, Wenzlaff utilise des scénarios dramatiques de ce genre pour susciter un sentiment de tristesse chez des sujets volontaires. Ceux-ci s'efforcent ensuite de chasser la scène de leur esprit tout en notant pendant neuf minutes le cours de leur pensée. Chaque fois que l'image de la scène tragique refait surface, ils le signalent par une marque. Alors que la plupart des sujets pensent de moins en moins souvent à la scène en question à mesure que le temps passe, chez les dépressifs la fréquence de ces images indésirables *augmente* nettement, et ils y font même allusion dans les pensées qui sont censées les écarter de leur esprit.

En outre, les sujets dépressifs ont recours à d'autres pensées déprimantes pour distraire leur attention. Selon Wenzlaff, « les pensées s'associent dans l'esprit, non pas en fonction de leur seul contenu, mais aussi de leur coloration affective. Les personnes abattues nourrissent plus aisément des enchaînements d'idées noires. Elles ont tendance à créer des systèmes d'associations très fortes entre leurs pensées, de sorte qu'elles ont de plus en plus de mal à s'en défaire dès lors que leur humeur s'assombrit. Il y a une certaine ironie dans le fait que les individus dépressifs aient recours à des pensées déprimantes pour chasser d'autres pensées déprimantes, avec pour seul effet d'éveiller de nouvelles émotions négatives ».

Selon certains chercheurs, les larmes seraient le moyen inventé par la nature pour faire baisser les concentrations des substances chimiques qui, dans le cerveau, induisent le chagrin. Mais si les pleurs réussissent parfois à rompre l'envoûtement de la tristesse, l'individu peut néanmoins rester obnubilé par les raisons de son affliction. L'idée de « larmes salutaires » est trompeuse ; les pleurs qui prolongent la rumination entretiennent aussi le chagrin. En revanche, les distractions brisent la chaîne des pensées qui alimentent la tristesse. Selon l'une des principales théories qui cherchent à expliquer l'efficacité des électrochocs dans les cas de dépression les plus graves, ceux-ci provoqueraient une perte de mémoire à court terme : en gros, les patients se sentiraient mieux parce qu'ils ne parviendraient plus à se souvenir du motif de leur mélancolie. Quoi qu'il en soit, comme l'a constaté Diane Tice, pour chasser leur mélancolie ordinaire beaucoup de gens se tournent vers des distractions comme la lecture, le cinéma et la télévision, les jeux vidéo, les puzzles, ou encore se mettent à dormir ou à rêver à des vacances imaginaires. Wenzlaff ajouterait que les distractions les plus efficaces sont celles qui modifient l'humeur — un événement sportif excitant, un film drôle, un livre exaltant. (Mais attention ! certaines distractions risquent de perpétuer la dépression. Des études sur les téléspectateurs assidus ont montré que, après avoir regardé le petit écran, ils sont généralement plus déprimés qu'avant.)

Selon Tice, l'aérobic est l'un des moyens les plus efficaces pour éliminer une dépression légère et d'autres humeurs négatives. Mais l'inconvénient est que les effets positifs de l'exercice physique sont plus nets chez les personnes inactives, celles qui habituellement ne font pas de sport. Pour les autres, les bienfaits psychologiques sont sans doute plus importants au début, mais l'effet global peut être négatif ; ces personnes se sentent mal lorsqu'elles interrompent leur entraînement. L'exercice physique est efficace sans doute parce qu'il modifie l'état physiologique engendré par les dispositions d'esprit : la dépression est une sorte d'état léthargique, et l'aérobic éveille le corps. De même, les techniques de relaxation, qui apaisent l'organisme, sont efficaces pour combattre l'anxiété, état d'excitation physiologique, mais leur action est moindre dans les cas de dépression. Chacune de ces méthodes semble agir en rompant le cycle de la dépression ou de l'anxiété parce qu'elle induit dans le cerveau un niveau d'activité incompatible avec l'état affectif prédominant.

Un autre antidote assez courant contre la mélancolie consiste à s'offrir des plaisirs, sensuels notamment : manger ses plats préférés, prendre un bain chaud, écouter de la musique ou faire l'amour. Les femmes aiment bien faire du shopping, même si cela se limite à du lèche-vitrines. Tice a constaté que manger est un remède à la tristesse trois fois plus prisé par les femmes que par les hommes ; en revanche, ceux-ci se tournent cinq fois plus vers la boisson ou la drogue. Bien entendu, ces antidotes ont l'inconvénient d'exercer finalement un effet contraire à celui recherché : les excès de table sont source de regrets, et l'alcool est un dépresseur du système nerveux central, et cela ne fait donc qu'accroître les effets de la dépression elle-même.

Une façon plus efficace de se remonter le moral, rapporte Tice, consiste à se gratifier d'un petit succès facile : s'acquitter d'une obligation ou s'atteler à une tâche domestique que l'on remettait depuis longtemps. De même, il est payant de mettre en valeur son image personnelle, par exemple, en soignant sa tenue ou, pour une femme, en se maquillant.

L'un des antidotes les plus puissants — mais peu utilisé en dehors des psychothérapies — contre la dépression est de s'efforcer de voir les choses différemment : on appelle cela le *recadrage cognitif.* Il est naturel de se sentir triste à la suite d'une rupture et de s'apitoyer sur son propre sort — « Cela signifie que je serai toujours seul » —, mais c'est là le plus sûr moyen d'exacerber son sentiment de désespoir. En revanche, prendre du recul et essayer de voir en quoi la relation n'avait rien d'idéal, en d'autres termes, évaluer la perte sous un angle plus positif, est un bon remède à la tristesse. De même, les personnes atteintes d'un cancer, quelle que soit la gravité de leur état, parviennent à se remonter le moral en pensant à un autre patient plus mal en point qu'elles (« Je ne m'en tire pas si mal que ça — au moins, je suis capable de marcher »). Ceux qui se comparent à des personnes en bonne santé sont les plus déprimés [18]. De telles comparaisons avantageuses sont gratifiantes : d'un seul coup, ce qui paraissait désolant ne semble plus si grave.

Une autre façon de se redonner du courage consiste à venir en aide à autrui. La dépression se nourrit de ruminations et de préoccupations centrées sur soi-même, aider les autres et partager leur peine sont un moyen de s'en débarrasser. D'après l'étude de Tice, le bénévolat serait l'un des remèdes les plus efficaces contre la mélancolie. Mais c'est aussi l'un des moins utilisés.

LE REFOULEMENT OU REFUS OPTIMISTE

« Il donna à son compagnon de chambre un coup de pied dans le ventre, [...] alors qu'il voulait seulement éteindre la lumière. »

Cette transformation peu vraisemblable d'un acte d'agression en une erreur innocente illustre le processus du refoulement. La deuxième partie du passage cité a été rédigée par l'élève d'un collège, sujet volontaire d'une étude sur le *refoulement*, le comportement des personnes qui, de façon habituelle et automatique, semblent effacer les troubles émotionnels de leur conscience. Le test consistait à compléter la phrase : « Il donna à son compagnon de chambre un coup de pied dans le ventre... » D'autres tests démontrent que ce petit acte d'évasion mentale participe d'une attitude plus générale consistant à ne pas prêter attention aux perturbations affectives [19]. Alors que les chercheurs ont commencé par voir dans le refoulement un excellent exemple de l'incapacité à ressentir des émotions — un peu comme dans l'alexithymie —, on considère aujourd'hui qu'il s'agit d'un moyen très efficace de les réguler. Les sujets qui refoulent leurs sentiments deviennent si experts à amortir les émotions négatives qu'ils n'ont même plus conscience, semble-t-il, de leur négativité. Ils restent imperturbables.

Les recherches du psychologue Daniel Weinberger montrent que ces individus, tout en paraissant calmes et impassibles, sont en général la proie d'une effervescence intérieure due à des désordres physiologiques dont ils n'ont pas conscience. Au cours du test décrit plus haut, on surveillait le niveau d'excitation physiologique des sujets. Leur calme apparent était démenti par leur agitation organique ; lorsqu'on leur soumettait la phrase décrivant le comportement agressif du compagnon de chambre, et d'autres du même genre, ils présentaient tous les signes habituels de l'anxiété : accélération du rythme cardiaque, transpiration et élévation de la tension. Ils affirmaient cependant être parfaitement calmes.

La propension à ignorer des émotions comme la colère ou l'anxiété est assez répandue ; selon Weinberger, elle concernerait une personne sur six. En théorie, les enfants apprendraient à rester impassibles de diverses façons. L'une pourrait être une stratégie de survie face à une situation pénible, comme le refus de faire face à l'alcoolisme d'un des membres de la famille. Il se peut aussi que les parents répriment leurs propres émotions et donnent ainsi l'exemple d'une invincible bonne humeur ou d'une impassibilité stoïque. Ou peut-être ce trait de caractère est-il tout simplement hérité. On ne sait pas vraiment quelle est l'origine de ce type de comportement, mais lorsque l'individu atteint l'âge adulte, il est décontracté et reste serein dans l'adversité.

La question reste, bien sûr, de savoir dans quelle mesure ces personnes sont effectivement calmes et détendues. Est-il possible qu'elles n'aient pas conscience des manifestations physiques des émotions pénibles ? ou font-elles semblant d'être calmes ? La réponse nous est donnée par les travaux de Richard Davidson, un ancien collaborateur de Weinberger. Il a demandé à des personnes ayant tendance à refouler leurs émotions ce qu'évoquaient pour elles une liste de mots dont la plupart étaient neutres, mais dont certains avaient une connotation sexuelle ou agressive, source d'anxiété chez la majorité des gens. Leurs réactions physiques ont mis en évidence les signes physiologiques de l'angoisse en réaction aux mots à forte charge affective, alors même que leur façon de les associer à des mots neutres témoignait presque toujours d'une tentative de les vider de leur contenu. À la « haine », ils faisaient correspondre, par exemple, l'« amour ».

L'étude de Davidson tire parti du fait que (chez les droitiers) l'hémisphère droit est le lieu privilégié de traitement des émotions négatives, alors que le centre de la parole se trouve dans l'hémisphère gauche. Lorsque l'hémisphère droit reconnaît un mot inquiétant, il transmet l'information à travers le corps calleux — la grande séparation entre les deux moitiés du cerveau — au centre de la parole, et, en réaction, un mot est prononcé. Grâce à un système de lentilles, Davidson faisait en sorte que les sujets voient le mot qu'il leur montrait avec la moitié seulement de leur champ visuel. En raison de la structure neuronale du système visuel, quand le mot est vu par la moitié gauche du champ visuel, il est d'abord perçu par l'hémisphère droit du cerveau, celui sensible à l'affliction. Si le mot est vu par la moitié droite, le signal va à l'hémisphère gauche, sans être évalué de manière négative.

Les sujets réagissaient avec retard aux mots perçus par l'hémisphère droit, mais uniquement s'ils appartenaient à la catégorie des mots à connotation négative. Les mots *neutres* étaient associés sur-le-champ. Le retard n'apparaissait pas non plus lorsque les mots étaient présentés à l'hémisphère gauche. Bref, l'impassibilité des sujets semble due à un mécanisme neuronal qui ralentit le transfert de l'information déplaisante. Nous devons en conclure que les sujets en question ne simulent *pas* l'inconscience de leur contrariété ; leur cerveau leur cache l'information. Plus précisément, le vernis de sentiments fades qui vient recouvrir ces perceptions gênantes pourrait bien résulter du fonctionnement du lobe préfrontal gauche. À sa grande surprise, lorsque Davidson mesura le niveau d'activité des lobes préfrontaux, le gauche — le centre des sentiments agréables — se révéla nettement plus actif que le droit, centre de la négativité.

Ces individus « se présentent sous un jour favorable, sous des dehors optimistes », explique Davidson. « Ils nient leur tension intérieure et, alors qu'ils sont tranquillement assis, témoignent d'une importante activité frontale gauche qui est associée à des sentiments positifs. Cette activité cérébrale pourrait expliquer leur attitude positive, en dépit d'une effervescence physiologique sous-jacente qui ressemble fort à de l'anxiété. » La théorie de Davidson est que, sur le plan de l'activité cérébrale, percevoir les réalités dérangeantes sous un jour optimiste exige une grande dépense d'énergie. L'augmentation de l'agitation physiologique pourrait être due à l'effort soutenu accompli par les circuits neuronaux pour conserver des sentiments positifs ou pour supprimer ou inhiber les sentiments négatifs.

En résumé, l'impassibilité constitue une sorte de refus optimiste, une dissociation positive — et, peut-être aussi, l'indice de mécanismes neuronaux à l'œuvre dans les états dissociatifs les plus aigus, ceux qui caractérisent, par exemple, le stress post-traumatique. Quand elle se traduit simplement par une tranquillité d'esprit, conclut Davidson, « elle semble exercer un effet autorégulateur salutaire sur les émotions », au prix d'une perte, non évaluée, de la conscience de soi.

6

L'aptitude maîtresse

> Il m'est arrivé une seule fois dans ma vie d'être paralysé par la peur. C'était au collège, au cours d'un examen de mathématiques pour lequel je ne m'étais pas préparé. Je me souviens encore de la salle vers laquelle je me dirigeais en ce matin de printemps, le cœur lourd d'un sombre pressentiment. J'y avais assisté à de nombreux cours. Cependant, ce jour-là, je ne reconnaissais pas les lieux et ne voyais rien. Quand j'ouvris mon livre d'examen, mon cœur se mit à cogner dans ma poitrine et je sentis l'angoisse m'étreindre l'estomac.
>
> Je jetai un coup d'œil rapide aux questions. Aucun espoir. Pendant une heure, le regard fixé sur la page, j'imaginai le désastre. Les mêmes pensées revenaient sans cesse avec leur cortège de peurs. J'étais immobile, comme un animal paralysé par le curare au milieu d'un mouvement. Le plus frappant pendant ces minutes atroces fut le rétrécissement du champ de ma pensée. À aucun moment je n'essayai de trouver un semblant de réponse. Je ne rêvassais pas. Je restais simplement assis, obnubilé par ma terreur, attendant la fin du supplice [1].

Cette histoire est mon histoire. Elle montre l'effet dévastateur exercé par l'angoisse sur la clarté d'esprit. Elle témoigne du pouvoir que possède le cerveau émotionnel de subjuguer, voire de paralyser, le cerveau pensant.

Les effets perturbateurs des troubles affectifs sur la vie mentale sont bien connus des enseignants. Les élèves angoissés, déprimés ou furieux sont incapables d'apprendre ; ceux qui s'enferment dans ces états émotifs n'enregistrent pas l'information ou n'en tirent pas le meilleur parti. Comme nous l'avons vu au chapitre 5, les émotions à forte charge négative attirent l'attention sur les préoccupations qui leur sont propres et s'opposent à toute tentative de la diriger ailleurs. Quand les sentiments deviennent envahissants au point de chasser toute autre pensée et de saboter les efforts pour se concentrer sur le travail ou l'action en cours, c'est qu'ils ont franchi la limite du pathologique. La personne préoccupée par son divorce se détourne vite de ses occupations ordinaires qui lui paraissent dérisoires. Chez les dépressifs, l'apitoiement sur soi-même, le désespoir, le sentiment d'impuissance, l'incapacité à s'en sortir l'emportent sur toutes les autres pensées.

Lorsque les émotions interdisent toute concentration, ce qui est perturbé est la capacité mentale que les spécialistes nomment la « mémoire active », l'aptitude à garder présente à l'esprit toute information en rapport avec la tâche en cours. La mémoire active contient des données banales comme un numéro de téléphone ou complexes comme l'intrigue qui se noue dans un roman. C'est l'exécutif de la vie mentale ; c'est la mémoire active qui rend possibles les autres opérations intellectuelles, qu'il s'agisse de prononcer une phrase ou de s'attaquer à un problème logique épineux[2]. Le cortex préfrontal est le siège de la mémoire active, et aussi, comme nous l'avons vu, le lieu de rencontre des sentiments et des émotions[3]. L'emprise de la détresse affective sur le circuit limbique qui converge vers le cortex préfrontal se paie notamment par une moindre efficacité de la mémoire active : on devient incapable de se concentrer, comme pendant ma terrible épreuve de maths.

Considérez, par contre, le rôle d'une motivation positive, ce qui se passe quand l'enthousiasme, le zèle et la confiance se mobilisent pour atteindre un but. Des études effectuées sur des athlètes olympiques, de grands musiciens et des joueurs d'échecs de haut niveau montrent que leur point commun est leur aptitude à se motiver eux-mêmes pour s'astreindre à un entraînement rigoureux[4]. Avec l'augmentation régulière du niveau des compétitions, l'entraînement doit commencer de plus en plus tôt. Aux Jeux olympiques de 1992, les membres de l'équipe chinoise de plongeon avaient, à douze ans, consacré autant de temps à la pratique de leur sport que ceux de l'équipe américaine, qui avaient tous plus de vingt ans ; les plongeurs chinois avaient commencé à s'entraîner à quatre ans. De même, les meilleurs violonistes du xxe siècle ont commencé à jouer de leur instrument vers l'âge de cinq ans, les champions internationaux d'échecs, à sept ans en moyenne, alors que les joueurs de classe nationale n'ont commencé que vers dix ans. La précocité confère un avantage qui se conserve la vie durant. Les élèves de violon les plus brillants du meilleur conservatoire de Berlin, qui ont à peine plus de vingt ans, ont donné dix mille heures de leur vie à la pratique de leur art, tandis que les autres n'y ont consacré que sept mille cinq cents heures environ.

Ce qui semble distinguer les membres du peloton de tête de ceux qui possèdent des dispositions en gros équivalentes, c'est leur capacité à persévérer pendant des années et depuis leur plus jeune âge dans une pratique systématique et difficile. Et cette ténacité repose avant tout sur certains traits psychologiques : l'enthousiasme et la persévérance face aux déconvenues.

En matière de réussite, les personnes fortement motivées, quelles que puissent être leurs autres qualités innées, bénéficient d'une longueur d'avance, comme le montrent bien les remarquables résultats scolaires et professionnels obtenus par les élèves d'origine asiatique en Amérique. Un examen approfondi des données montre que le QI de ces enfants ne serait, en moyenne, supérieur que de deux ou trois points à celui d'enfants blancs[5]. Cependant, si l'on considère les carrières comme le droit ou la médecine vers lesquelles s'orientent beaucoup d'Américains d'origine asiatique, ceux-ci se comportent comme si leur QI était bien plus élevé — l'équivalent de 110 pour les Nippo-Américains, de 120 pour les Sino-Américains[6]. La raison semble être que depuis leurs premières années d'école, les enfants asiatiques travaillent davantage que les Occidentaux. Selon Sanford Dorenbusch, un sociologue de Stanford qui a effectué une étude portant sur plus de dix mille élèves du secondaire, les enfants d'origine asiatique passent 40 % plus de temps à faire leurs devoirs à la maison que les autres élèves. « Alors que la plupart des parents américains acceptent volontiers les points faibles de leurs enfants et mettent l'accent sur leurs points forts, les Asiatiques adoptent une attitude différente : quand on obtient des résultats médiocres, le remède consiste à travailler plus tard le soir, et, si cela ne suffit pas, à se lever plus tôt et à travailler le matin. Ils sont convaincus que tout le monde peut obtenir de bons résultats scolaires si l'on s'en donne la peine. » Bref, une solide éthique du travail scolaire se traduit par une motivation, une persévérance et un zèle plus grands, ce qui constitue un avantage psychologique indéniable.

Dans la mesure où nos émotions bloquent ou amplifient notre capacité de penser et de planifier, d'apprendre en vue d'atteindre un but lointain, de résoudre des problèmes, etc., elles définissent les limites de notre aptitude à utiliser nos capacités mentales innées et décident donc de notre avenir. Et dans la mesure où nous sommes motivés par l'enthousiasme et le plaisir que nous procure ce que nous faisons — voire par un niveau optimal d'anxiété —, les émotions nous mènent à la réussite. C'est en ce sens que l'intelligence émotionnelle est une aptitude maîtresse qui influe profondément sur toutes les autres en les stimulant ou en les inhibant.

LA MAÎTRISE DES PULSIONS : LE TEST DES BONBONS

Imaginez que vous avez quatre ans et que quelqu'un vous fait la proposition suivante : si vous patientez le temps qu'il ait terminé une course, vous aurez deux bonbons en récompense ; sinon vous recevrez un seul bonbon, mais vous l'aurez tout de suite. Ce test permet de sonder l'âme d'un enfant, théâtre du conflit éternel entre les pulsions et la retenue, le ça et le moi, le désir et la maîtrise de soi, le plaisir immédiat et l'attente. Le choix de l'enfant permet de se faire rapidement une idée non seulement de son caractère, mais aussi de ce que sera sa trajectoire personnelle.

Nulle aptitude psychologique n'est sans doute plus fondamentale que la capacité de résister à ses pulsions. C'est d'elle que dépend la maîtrise des émotions, puisque par nature celles-ci déclenchent un besoin impérieux d'agir. Souvenons-nous qu'étymologiquement, *émotion* signifie « mettre en mouvement ». La capacité de résister à ce besoin d'agir, de réprimer le mouvement à ses débuts, est due vraisemblablement à une inhibition des signaux limbiques en direction du cortex moteur, bien que cette interprétation reste pour l'heure purement spéculative.

Quoi qu'il en soit, une remarquable étude au cours de laquelle des enfants de quatre ans ont été soumis au test des bonbons démontre l'aspect fondamental de l'aptitude à retenir ses émotions, et donc à retarder la satisfaction de ses pulsions. Entreprise dans les années soixante par le psychologue Walter Mischel dans une garderie de l'université de Stanford, cette étude a permis de suivre les sujets au cours de leur scolarité[7].

Certains enfants avaient été capables d'attendre le retour de l'expérimentateur pendant ce qui avait dû leur sembler un temps interminable. Pour ne pas succomber à la tentation, ils s'étaient couvert les yeux afin de ne pas voir l'objet de leur convoitise, ils avaient caché leur tête dans leurs bras, s'étaient parlé à eux-mêmes, ils avaient chanté, joué avec leurs mains et avec leurs pieds, et même essayé de dormir. En récompense, ces petits courageux avaient reçu deux bonbons. Les autres, plus impulsifs, s'étaient jetés sur le bonbon, presque toujours dans les secondes qui avaient suivi le moment où l'expérimentateur était parti faire sa « course ».

La valeur prédictive de l'épreuve est apparue évidente entre douze et quatorze ans plus tard, lorsque les sujets étaient devenus des adolescents. Les différences psychologiques et sociales entre les enfants impulsifs et les autres étaient spectaculaires. Ceux qui avaient résisté à la tentation étaient devenus des adolescents prêts à affronter la vie en société : efficaces, sûrs d'eux et capables de surmonter des déboires. Ils connaissaient moins le doute, la peur et l'échec, savaient conserver leur sang-froid et gardaient l'esprit clair lorsqu'ils étaient soumis à des pressions ; ils acceptaient les épreuves et s'efforçaient d'en venir à bout au lieu de baisser les bras ; ils ne comptaient que sur eux-mêmes et se montraient confiants et dignes de confiance. Ils prenaient des initiatives et se lançaient dans des projets. Plus de dix ans après le test, ils restaient capables de remettre à plus tard une récompense.

En revanche, les enfants qui avaient saisi le bonbon — environ un tiers d'entre eux — ne possédaient pas en général ces qualités et présentaient au contraire un profil psychologique plus perturbé. Devenus adolescents, ils avaient plus tendance à éviter le contact avec autrui, étaient têtus, indécis, facilement contrariés par leurs déboires, avaient souvent une piètre opinion d'eux-mêmes et de leurs capacités, et étaient paralysés en cas de tension. Ils étaient plus souvent méfiants et vexés de ne pas « obtenir assez », jaloux et envieux, susceptibles, et donc sources de conflits. Et après toutes ces années, ils restaient incapables de retenue.

La différence constatée à une étape précoce de la vie était devenue un large éventail d'aptitudes sociales et psychologiques. La capacité de retarder la satisfaction de ses pulsions détermine le succès de ce que l'on entreprend, qu'il s'agisse de suivre un régime ou de devenir médecin. À quatre ans, certains enfants avaient déjà maîtrisé l'essentiel : ils avaient compris que, sur la scène sociale, la patience est profitable, ils étaient capables de détourner leur attention de la tentation immédiate tout en faisant preuve de persévérance dans la poursuite de leur but, l'obtention des deux bonbons.

À la fin de leurs études secondaires, les enfants furent l'objet d'une évaluation ; ceux qui à quatre ans savaient déjà être patients étaient devenus de bien meilleurs *élèves* que leurs camarades impulsifs. Selon leurs parents, ils étudiaient mieux ; ils étaient plus capables que d'autres d'exprimer leurs idées, de raisonner et de se concentrer, de faire des plans et de les mettre en œuvre, et ils avaient plus envie d'apprendre. Pour couronner le tout, leurs résultats aux examens d'entrée à l'université étaient supérieurs d'environ 20 % à ceux de leurs camarades [8].

Les résultats obtenus au test des bonbons prédisent deux fois mieux que le QI quels enfants réussiront aux examens d'entrée dans l'enseignement supérieur ; le QI ne devient plus précis qu'après que les enfants ont appris à parler [9]. Cela suggère que la capacité de différer la satisfaction de ses désirs est un élément essentiel du potentiel intellectuel, quel que soit le QI. (Une mauvaise maîtrise des pulsions est aussi un bon indicateur de tendances futures à la délinquance, là aussi meilleur que le QI [10].) Comme nous le verrons dans la cinquième partie, alors que certains affirment que le QI ne peut être modifié et constitue donc une limite rigide imposée au potentiel de l'enfant, il y a de bonnes raisons de penser que les aptitudes psychologiques comme la maîtrise de ses pulsions et la capacité de déchiffrer une situation sociale *peuvent* s'acquérir.

Le phénomène que Walter Mischel, l'auteur cette étude, désigne par une expression assez compliquée (« retard de la satisfaction imposé à soi-même en vue d'atteindre un but ») est peut-être tout simplement l'essence de l'autorégulation affective : la capacité de maîtriser ses pulsions dans un but donné, qu'il s'agisse de monter une affaire, de résoudre un problème d'algèbre ou de participer à la coupe Davis. Cette découverte montre que l'intelligence émotionnelle est une métafaculté qui détermine dans quelle mesure l'individu saura tirer parti de ses capacités.

LES DISPOSITIONS D'ESPRIT NÉGATIVES, ENTRAVES À LA PENSÉE

> Je suis inquiète pour mon fils. Il vient d'entrer dans l'équipe de football de l'université, et il est certain qu'un jour ou l'autre il va se blesser. Cela me met dans un tel état de le voir jouer que je n'assiste plus aux matchs. Je sais bien que ça le déçoit, mais pour moi c'est une telle torture...

La femme qui s'exprime ainsi est en thérapie ; elle sait que son anxiété l'empêche de vivre comme elle le voudrait [11]. Mais chaque fois qu'elle doit prendre une décision, même la plus simple, comme d'assister ou non aux matchs de son fils, elle imagine le pire. Elle ne peut pas choisir librement : son inquiétude domine sa raison.

Comme nous l'avons vu, l'effet délétère de l'anxiété sur le fonctionnement de l'esprit résulte essentiellement d'une propension à se mettre martel en tête. En un sens, se faire du souci est une réaction utile mal canalisée, une préparation mentale trop zélée à une menace que l'on anticipe. Mais cette sorte de répétition à huis clos du désastre annoncé engendre un immobilisme cognitif désastreux quand elle devient une routine qui accapare l'attention et l'empêche de se fixer sur autre chose.

L'anxiété mine l'intellect. Pour les activités complexes qui imposent une grande tension et exigent beaucoup de l'intellect, comme celle des aiguilleurs du ciel, un état d'anxiété chronique condamne presque à coup sûr à l'échec. Comme l'a révélé une étude portant sur 1 790 postulants à des postes de contrôleur aérien, les anxieux sont recalés plus souvent que les autres, même lorsqu'ils obtiennent de meilleurs résultats aux tests d'intelligence[12]. L'anxiété sabote également les résultats scolaires et universitaires dans toutes les disciplines : 126 études portant sur 36 000 élèves ont montré que plus un individu est enclin à se faire du souci, moins il réussit dans ses études, et ce, quel que soit le critère de référence : moyenne annuelle, examens partiels ou de fin d'études[13].

Lorsqu'on demande à des personnes anxieuses d'accomplir un exercice cognitif, comme classer des objets ambigus en deux catégories, puis de décrire ce qui s'est passé dans leur esprit pendant la durée de l'exercice, ce sont les pensées négatives — « Je n'y arriverai jamais », « Je ne suis pas bon pour ce genre de tests », etc. — qui semblent perturber le plus leur capacité de décision. Lorsqu'on demande à un groupe témoin d'« optimistes » de « se faire du souci » délibérément pendant un quart d'heure, leur capacité à effectuer le même exercice se détériore considérablement. En revanche, quand les anxieux pratiquent la relaxation pendant quinze minutes — ce qui calme leur inquiétude — avant de se mettre à la tâche, ils y parviennent sans difficulté[14].

La première étude scientifique du trac au moment des examens, due à Richard Alpert, date des années soixante. De son propre aveu, il s'était penché sur la question parce que, pendant sa scolarité, sa nervosité avait compromis sa réussite aux examens, alors que son collègue Ralph Haber se disait stimulé par la tension qui précédait les épreuves[15]. Ces recherches ont montré qu'il existe deux sortes d'élèves anxieux : ceux dont l'anxiété nuit aux résultats scolaires, et ceux qui réussissent en dépit de leur tension, voire grâce à elle[16]. Ironie des mécanismes psychologiques, la même crainte qui pousse des étudiants comme Haber à préparer leurs examens avec acharnement, et les conduit donc à la réussite, peut aussi être source d'échec. Chez les individus trop anxieux, comme Alpert, l'appréhension nuit à la clarté de pensée et à la mémoire requises pour se préparer efficacement à l'examen et pour réussir lors de l'examen lui-même.

Le nombre de soucis qui mobilisent l'esprit de l'individu pendant l'examen est un indicateur précis de la médiocrité des résultats qu'il obtiendra[17]. Les ressources mentales accaparées par la rumination des soucis ne sont plus disponibles pour le traitement d'autres informations ; quand nous sommes préoccupés par la crainte de l'échec, notre attention est d'autant moins disponible pour rechercher les bonnes réponses. Nos noires prophéties finissent par se réaliser ; nos soucis nous entraînent inexorablement vers le désastre qu'ils prédisent.

En revanche, les personnes sachant employer leurs émotions à bon escient sont capables d'utiliser leur appréhension — provoquée, par exemple, par la perspective d'un examen ou d'un discours — pour se préparer comme il faut, et elles franchissent donc l'épreuve avec succès. La relation entre l'anxiété et les résultats obtenus, y compris les résultats intellectuels, constitue une courbe en forme de U renversé. Au sommet, la relation est optimale, un minimum de tension nerveuse amenant des résultats remarquables. Mais une tension insuffisante — la branche ascendante du U renversé — rend l'individu apathique ou ne le motive pas assez pour qu'il fournisse l'effort requis alors qu'une anxiété excessive — l'autre branche du U — réduit à néant tous ses efforts.

Un état de légère exaltation, ce que les psychologues nomment l'*hypomanie*, semble idéal pour les écrivains et les autres personnes engagées dans des activités créatrices qui exigent souplesse de pensée et imagination ; cet état se trouve près du sommet de la courbe en U. Mais si cette euphorie échappe à tout contrôle pour devenir une véritable agitation, comme chez les maniaco-dépressifs, celle-ci empêchera de penser de manière assez cohérente pour bien écrire, même si le flot des idées circule librement — en fait trop librement pour suivre l'une d'elles assez loin et lui donner une forme achevée.

Tant qu'elles durent, les dispositions d'esprit positives augmentent l'aptitude à penser avec souplesse et facilitent ainsi la résolution de problèmes, qu'ils soient théoriques ou interpersonnels. Une bonne façon d'aider quelqu'un à surmonter une difficulté consiste à lui raconter une histoire drôle. Le rire, comme la bonne humeur en général, libère la pensée, facilite les associations d'idées et permet ainsi de découvrir des relations qui, autrement, auraient pu passer inaperçues, et cette faculté mentale est importante non seulement d'un point de vue créatif, mais aussi parce qu'elle aide à saisir des relations complexes et à prévoir les conséquences d'une décision donnée.

L'effet bénéfique du rire est particulièrement payant lorsqu'on est confronté à un problème dont la solution demande de l'imagination. Une étude a montré que les personnes qui viennent de voir des vidéo-gags résolvent plus facilement un problème utilisé depuis longtemps par les psychologues pour tester l'imagination des gens [18] : on donne aux sujets une bougie, des allumettes et une boîte de punaises, et on leur demande de fixer la bougie à un mur de sorte qu'en brûlant la cire ne coule pas par terre. La plupart des gens abordent le problème en ne considérant que l'utilisation habituelle des objets dont ils disposent. Ceux qui ont vu les vidéo-gags comprennent plus facilement qu'il existe une manière inhabituelle de se servir de la boîte contenant les punaises, et certains aboutissent à une solution inédite : ils fixent la boîte au mur et y placent la bougie.

Même de légers changements d'humeur peuvent influer sur la pensée. S'il s'agit, par exemple, de former des projets ou de prendre des décisions, le biais perceptuel induit par la bonne humeur permet aux gens de penser de manière plus ouverte et plus positive. L'une des raisons en est que le contenu de notre mémoire dépend de notre état d'esprit ; lorsque nous sommes de bonne humeur, nous nous souvenons mieux des événements positifs ; quand nous pesons le pour et le contre d'une décision, notre mémoire influe favorablement sur notre estimation de la situation et nous incite davantage à nous lancer, par exemple, dans une entreprise légèrement risquée ou aventureuse.

De même, la mauvaise humeur donne à notre mémoire un tour négatif et nous incite ainsi à prendre des décisions timides, trop prudentes. Les émotions non maîtrisées entravent l'intellect. Mais, comme nous l'avons vu au chapitre 5, il est possible de les faire rentrer dans le rang. Cette aptitude psychologique est la faculté maîtresse ; elle ouvre la voie à toutes les autres formes d'intelligence. Nous illustrerons cela en considérant les bénéfices de l'optimisme, puis ces moments exceptionnels où les individus se surpassent.

LE POUVOIR DE LA PENSÉE POSITIVE

On a demandé à des étudiants de s'imaginer dans la situation suivante :

> Vous espériez une mention « bien » à votre examen, et voilà que vous obtenez une note inférieure à la moyenne lors de la première épreuve, qui compte pour un tiers de la note. Vous connaissez ce résultat depuis une semaine. Que faites-vous [19] ?

C'est l'espoir qui fait toute la différence. La réponse des étudiants qui gardaient complètement espoir était qu'ils travailleraient dur et feraient tout leur possible pour améliorer leur moyenne. Ceux qui conservaient une confiance modérée dans leurs chances de réussite disaient qu'ils chercheraient des moyens de remonter leurs notes, mais semblaient bien moins déterminés. Et, comme il fallait s'y attendre, les étudiants qui n'avaient que peu d'espoir baissaient les bras, démoralisés.

La question n'est pas uniquement théorique. Lorsque C. R. Snyder, le psychologue auteur de cette étude, compara les résultats obtenus par les étudiants de première année, les optimistes comme les pessimistes, il constata que la force de leurs espérances prédisait mieux leurs notes du premier semestre que leurs résultats aux examens d'entrée, censés pourtant être indicatifs de leur succès universitaire (et étroitement corrélés avec le QI). Là encore, à capacités intellectuelles *grosso modo* égales, les qualités psychologiques procuraient un avantage décisif.

Voici l'explication de Snyder : « Les étudiants confiants se fixent des objectifs plus élevés et savent travailler avec acharnement pour les atteindre. Lorsqu'on compare les résultats obtenus par des élèves possédant des aptitudes intellectuelles équivalentes, c'est leur confiance en l'avenir qui permet de les distinguer [20]. »

Selon la légende, les dieux jaloux de sa beauté offrirent à Pandore une mystérieuse boîte en lui ordonnant de ne jamais l'ouvrir. Un jour, succombant à sa curiosité, Pandore souleva le couvercle pour jeter un coup d'œil à l'intérieur, laissant échapper les grands maux qui affligent l'humanité : la maladie, la tristesse, la folie.

Mais un dieu compatissant lui permit toutefois de refermer la boîte juste à temps pour y retenir cet antidote qui rend supportables toutes les misères de l'existence : l'espérance.

Les chercheurs le constatent chaque jour un peu plus, l'espérance n'est pas seulement ce qui nous réconforte quand tout va mal, elle joue un rôle très important dans la vie et dispense ses bienfaits dans des domaines aussi divers que la réussite scolaire et les travaux difficiles. Techniquement parlant, l'espérance n'est pas simplement le point de vue optimiste selon lequel tout va pour le mieux. Snyder la définit comme « le fait de croire que l'on possède à la fois l'envie et les moyens d'atteindre les objectifs que l'on se fixe, quels qu'ils soient ».

En ce sens précis, les individus sont plus ou moins capables d'espérer. Certains sont persuadés qu'ils se sortiront de tous les embarras ou trouveront des solutions à tous leurs problèmes, tandis que d'autres ne pensent pas avoir l'énergie, les capacités ou les moyens nécessaires pour y parvenir. Les personnes confiantes en l'avenir, constate Snyder, possèdent certains traits communs : ils savent se motiver et se persuader, lorsqu'ils sont dans une mauvaise passe, que les choses s'arrangeront, et ils ont la conviction d'avoir les moyens d'atteindre leurs objectifs, la souplesse suffisante pour découvrir d'autres voies permettant d'y parvenir ou de les changer s'il s'avère impossible de les atteindre, et ils ont l'intelligence de savoir diviser une tâche en d'autres plus modestes et plus aisément réalisables.

Du point de vue de l'intelligence émotionnelle, espérer c'est refuser de céder à l'anxiété, de baisser les bras ou de déprimer quand on est confronté à des difficultés ou à des déconvenues. En effet, les gens confiants sont en général moins anxieux et moins sujets aux perturbations affectives dans la vie de tous les jours.

L'OPTIMISME : LE GRAND MOTIVATEUR

En 1988, les amateurs de natation plaçaient les plus grands espoirs dans Matt Biondi. Certains journalistes sportifs pronostiquaient qu'il risquait d'égaler l'exploit de Mark Spitz aux Jeux olympiques de 1972 avec sept médailles d'or. Hélas ! Biondi obtint une simple médaille de bronze dans la première épreuve, le 200 mètres nage libre, et à l'épreuve suivante, le 100 mètres papillon, il fut coiffé sur la ligne d'arrivée par un autre nageur.

Les reporters sportifs pensaient que ces revers casseraient le moral de Biondi. Mais celui-ci surmonta sa défaite et remporta cinq médailles d'or. Le psychologue Martin Seligman avait fait passer des tests à Biondi la même année pour évaluer son optimisme ; il ne fut pas surpris par le retour en force du champion. Dans une de ses expériences, au cours d'une réunion organisée pour permettre à Biondi de battre son record, son entraîneur lui annonça un résultat inférieur à celui qu'il avait réellement obtenu. Cela eut sur lui l'effet d'une douche froide, mais quand on demanda à Biondi d'effectuer une nouvelle tentative après s'être reposé, le résultat fut encore meilleur que le premier — qui était en fait excellent. Par contre, lorsque les autres membres de l'équipe, à qui l'on avait aussi annoncé des performances inférieures à la réalité — et dont les tests avaient révélé le pessimisme —, firent une autre tentative, le deuxième résultat fut pire que le premier[21].

L'optimisme, comme l'espérance, c'est la ferme conviction que, de façon générale et en dépit des revers et des déconvenues, les choses finissent par s'arranger. Du point de vue de l'intelligence émotionnelle, l'optimisme est un état d'esprit qui empêche les gens de sombrer dans l'apathie, la dépression, et de se laisser envahir par un sentiment d'impuissance dans les périodes difficiles. Comme la confiance dans l'avenir, sa cousine germaine, l'optimisme est payant (pourvu, naturellement, qu'il reste réaliste, un optimisme naïf pouvant être désastreux[22]).

Pour Seligman, l'optimisme se manifeste par la façon dont les gens s'expliquent à eux-mêmes leurs succès et leurs échecs. L'optimiste considère qu'un échec est toujours dû à quelque chose qui peut être modifié de sorte à réussir le coup suivant, tandis que les pessimistes se reprochent leur échec et l'attribuent à un trait de caractère non modifiable. Ces deux manières de voir ont de profondes implications quant à la manière dont les individus se comportent dans la vie. Ainsi, en réponse à une déception, comme le fait de ne pas avoir été engagé pour un travail, les optimistes réagiront de manière active et confiante, par exemple, en mettant au point un plan d'action ou en cherchant aide et conseils ; pour eux, un échec est toujours surmontable. Les pessimistes, par contre, réagissent à des déconvenues de ce genre comme s'il était impossible que les choses se passent mieux la fois suivante, et ils ne font donc rien pour s'attaquer au problème ; pour eux, leur échec est dû à une déficience personnelle dont ils ne pourront jamais se défaire.

Comme les gens qui savent garder espoir, les optimistes réussissent scolairement. Dans une étude effectuée en 1984 sur cinq cents étudiants de première année à l'université de Pennsylvanie, les résultats à un test destiné à mesurer leur optimisme étaient plus significatifs de leur future réussite scolaire que leurs notes aux examens d'entrée à l'université ou leurs résultats pendant leurs études secondaires. Seligman, auteur de cette étude, affirme : « Les examens d'entrée à l'université vous disent qui a du talent, tandis que la manière dont les étudiants expliquent leurs performances vous dit qui abandonnera en cours de route. C'est la combinaison d'un talent raisonnable et de la ténacité qui est la clé du succès. Ce que les examens d'entrée ne permettent pas d'évaluer, c'est la motivation de l'individu. Ce que l'on veut savoir, c'est si l'individu continuera à aller de l'avant quand il traversera une période difficile. Mon sentiment est qu'à intelligence égale la réussite ne dépend pas que du talent, mais aussi de la capacité de supporter l'échec[23]. »

L'une des illustrations les plus éloquentes du pouvoir motivant de l'optimisme est fournie par une étude effectuée par Seligman sur des vendeurs de polices d'assurance. Pour réussir dans la vente en général et dans celle des polices d'assurance en particulier, il faut être capable de supporter les refus avec le sourire. C'est pour cela d'ailleurs que les trois quarts des vendeurs de polices d'assurance ne tiennent pas plus de trois ans. Seligman a constaté que, durant leurs deux premières années, les vendeurs novices qui étaient par nature optimistes plaçaient 37 % plus de polices que leurs collègues pessimistes. Et pendant la première année, les pessimistes étaient deux fois plus nombreux à démissionner que les optimistes.

Seligman a persuadé la compagnie d'assurances d'engager un groupe de candidats qui avaient obtenu de bons résultats au test d'optimisme mais échoué aux tests habituels de sélection (établis à partir d'un profil standard construit sur la base d'informations données par des vendeurs confirmés). Le chiffre d'affaires des membres de ce groupe dépassa de 21 % en moyenne celui des pessimistes au cours de la première année, et de 57 % au cours de la deuxième.

La raison même pour laquelle l'optimisme entraîne de telles différences permet de comprendre en quoi il s'agit d'une attitude émotionnellement intelligente. Chaque refus essuyé par un vendeur constitue une petite défaite. La réaction émotionnelle à cette défaite détermine la capacité de l'individu à trouver le courage de persévérer. Avec l'accumulation des refus, le moral du vendeur risque d'être atteint, et il aura de plus en plus de mal à passer le coup de fil suivant. Le pessimiste digère moins bien ces échecs qu'il perçoit comme des échecs personnels (« Je ne vaux pas un clou, je n'arriverai jamais à conclure une vente ») — et cette interprétation risque fort de susciter l'apathie et le défaitisme, voire la dépression. En revanche, l'optimiste se dira : « Je m'y prends mal », ou bien « La dernière personne que j'ai appelée était de mauvais poil ». Parce qu'il considère que c'est la situation qui est responsable de son échec, et non lui-même, il pourra modifier son approche lors du prochain appel téléphonique. Alors que l'attitude mentale du pessimiste conduit au désespoir, celle de l'optimiste fait naître l'espérance.

Cette disposition positive ou négative fait peut-être partie du tempérament inné des individus ; par nature, ceux-ci penchent d'un côté ou de l'autre. Mais, comme nous le verrons au chapitre 14, le tempérament peut être tempéré par l'expérience. Il est possible d'apprendre à devenir optimiste et confiant dans l'avenir — tout comme à se sentir impuissant et découragé. Ces deux attitudes sont sous-tendues par une autre que les psychologues nomment *efficacité personnelle* (*self-efficacy*) ; c'est-à-dire la conviction que l'on maîtrise le cours de sa propre vie et que l'on est capable de relever les défis qui se présentent. En acquérant des compétences dans un domaine quelconque, on renforce son sentiment d'efficacité personnelle : on accepte alors plus volontiers de prendre des risques et de relever des défis plus difficiles. Et cela accroît à son tour le sentiment d'efficacité personnelle. Cette attitude permet aux gens d'exploiter au mieux leurs capacités — ou de faire ce qu'il faut pour les développer.

Voici comment Albert Bandura, le psychologue qui a effectué une grande partie des recherches sur l'efficacité personnelle, résume les choses : « La manière dont les gens perçoivent leurs aptitudes influe profondément sur ces aptitudes elles-mêmes. Une aptitude n'est pas immuable ; la performance des individus varie considérablement. Les personnes qui ont le sens de l'efficacité personnelle se remettent vite de leurs échecs. Ils se demandent comment régler les problèmes au lieu de s'inquiéter de ce qui pourrait aller de travers [24]. »

LA « FLUIDITÉ » : NEUROBIOLOGIE DE L'EXCELLENCE

Voici comment un compositeur décrit ces instants où il travaille avec le plus d'aisance :

> On est dans un tel état d'extase que l'on n'a presque pas l'impression d'exister. Cela m'arrive souvent. Ma main paraît écrire toute seule, comme si je n'avais rien à voir avec ce qui se passe. Je reste assis à contempler tout cela avec admiration et étonnement. Ça coule tout seul [25].

Cette description ressemble de près à celles de centaines d'hommes et de femmes — alpinistes, champions d'échecs, chirurgiens, joueurs de basket, ingénieurs, dirigeants d'entreprise et même documentalistes — quand ils parlent d'un de ces moments privilégiés où ils se sont surpassés. L'état qu'ils décrivent a été nommé « fluidité » par le psychologue Mihaly Csikszentmihalyi, qui recueille depuis plus de vingt ans des témoignages sur ces « performances exceptionnelles [26] ». Les athlètes appellent cet état de grâce la « zone » — c'est le moment où l'excellence ne demande plus d'effort, où les spectateurs et les concurrents s'effacent dans le bonheur de l'instant. Diane Roffe-Steinrotter, médaille d'or aux Jeux olympiques d'hiver de 1994, a affirmé ensuite qu'elle ne gardait aucun souvenir de l'épreuve de descente, si ce n'est qu'elle était totalement détendue : « J'avais l'impression d'être une chute d'eau [27]. »

La fluidité, c'est le summum de l'intelligence émotionnelle : les émotions mises au service de la performance ou de l'apprentissage. Celles-ci ne sont pas seulement maîtrisées et canalisées, mais aussi positives, chargées d'énergie et appropriées à la tâche à accomplir. Quand on est aux prises avec l'ennui de la dépression ou l'agitation de l'anxiété, la fluidité est hors d'atteinte. Pourtant, tout le monde ou presque connaît de temps à autre l'expérience de la fluidité (ou d'une micro-fluidité plus modérée) quand on donne le meilleur de soi ou que l'on va au-delà de ses limites habituelles. C'est peut-être l'extase de l'amour physique, quand deux êtres deviennent une unité fluide, qui en cerne le mieux la nature.

C'est une expérience merveilleuse ; le sceau de la fluidité, c'est un sentiment de joie spontanée, voire de ravissement. Parce que la fluidité procure un bien-être intense, elle est intrinsèquement gratifiante. Quand l'individu s'absorbe complètement dans ce qu'il fait, y consacre la totalité de son attention, sa conscience se confond avec ses actions. D'ailleurs, la fluidité est brisée si l'on réfléchit trop à ce qui se passe — le simple fait de penser « C'est merveilleux » suffit à mettre un terme à la sensation. L'attention est si focalisée que la personne n'a conscience que du champ de perception étroit lié à ce qu'elle est en train de faire et perd toute notion du temps et de l'espace. Un chirurgien, par exemple, se souvenait d'une opération délicate au cours de laquelle il s'était trouvé dans un état de ce genre ; à la fin de l'intervention, il vit par terre des morceaux de plâtre et demanda d'où ils provenaient. Il fut surpris d'apprendre qu'un morceau du plafond s'était détaché, il ne s'était rendu compte de rien.

Dans l'état de fluidité, l'individu ne pense plus à lui-même. Au lieu de se laisser envahir par une anxiété nerveuse, l'individu fluide est si absorbé par ce qu'il fait qu'il perd entièrement conscience de lui-même et oublie les petits tracas de la vie quotidienne. En ce sens, dans ces moments-là, la personne est dépourvue d'ego. Paradoxalement, les gens en état de fluidité maîtrisent parfaitement ce qu'ils font, leurs réactions sont parfaitement adaptées aux besoins changeants de leur tâche. Et, bien qu'ils soient au sommet de leur performance, ils ne se demandent pas s'ils vont réussir ou échouer, c'est le pur plaisir de l'acte qui les motive.

Il y a plusieurs façons d'atteindre l'état de fluidité. L'une d'elles consiste à se concentrer intensément sur la tâche à accomplir, une grande concentration est l'essence même de la fluidité. Il semble exister une boucle de rétroaction à l'entrée de cette zone, des efforts considérables peuvent être nécessaires pour parvenir à se détendre et à se concentrer, et ce premier pas réclame une certaine discipline. Mais, lorsque l'attention commence à se focaliser, elle acquiert une force propre qui permet à l'individu de s'abstraire du tourbillon des émotions et d'accomplir sa tâche sans effort.

On peut aussi atteindre l'état de fluidité lorsqu'on est engagé dans un travail pour lequel on est compétent, mais qui exige un certain effort. Comme me l'a dit Csikszentmihalyi, « les gens semblent se concentrer mieux lorsque la tâche est un peu plus exigente que d'ordinaire et qu'ils sont capables de donner davantage d'eux-mêmes. Si c'est trop facile, ils s'ennuient. Si c'est trop difficile, ils deviennent anxieux. La fluidité apparaît dans cette zone délicate délimitée par l'ennui et l'anxiété [28] ».

Le plaisir spontané, la grâce et l'efficacité qui caractérisent la fluidité sont incompatibles avec les coups d'État émotionnels, quand des poussées limbiques prennent le contrôle du cerveau. Dans l'état de fluidité, l'attention est à la fois détendue et très focalisée. Cette forme de concentration est très différente de l'attention qu'on s'efforce de focaliser quand on est en proie à la fatigue ou à l'ennui, ou quand notre attention est assiégée par des sentiments importuns comme l'anxiété ou la colère.

La fluidité est un état dépourvu d'« électricité statique » émotionnelle, sauf un sentiment irrésistible et extrêmement motivant de légère euphorie. Celle-ci semble être un sous-produit de la concentration sans laquelle il ne peut y avoir de fluidité. Les textes classiques de la tradition contemplative décrivent des états d'absorption ressentis comme une béatitude parfaite — une fluidité tout simplement induite par une intense concentration.

Quand on observe quelqu'un en état de fluidité, on a l'impression que les choses les plus difficiles sont faciles et que les performances exceptionnelles sont tout à fait naturelles. Cela semble être vrai à l'intérieur même du cerveau, où l'on observe un paradoxe similaire, les tâches les plus compliquées sont accomplies avec une dépense minimale d'énergie mentale. Le cerveau fluide reste « froid » ; l'excitation et l'inhibition des circuits neuronaux s'adaptent parfaitement aux besoins du moment. Lorsque les gens sont pris par des activités qui mobilisent et retiennent leur attention sans le moindre effort, leur cerveau « se calme », c'est-à-dire que l'excitation corticale diminue[29]. C'est une découverte remarquable, si l'on considère que la fluidité permet à l'individu de s'attaquer aux entreprises les plus difficiles, qu'il s'agisse de jouer contre un maître d'échecs ou de résoudre un problème mathématique complexe. On pourrait s'attendre à ce que ces tâches difficiles réclament un accroissement et non une diminution de l'activité corticale. Mais la caractéristique essentielle de la fluidité, c'est qu'elle n'apparaît que lorsque les aptitudes individuelles sont poussées à la limite dans ces domaines où l'on possède une expérience confirmée et où les circuits neuronaux sont les plus efficaces.

Une concentration tendue, alimentée par l'inquiétude, augmente l'activation corticale. En revanche, la zone de fluidité et de performance optimale est une sorte d'oasis d'efficacité corticale, avec une dépense minimale d'énergie mentale. Cela s'explique peut-être par le fait que la compétence dans un certain domaine est ce qui permet à l'individu d'entrer dans l'état de fluidité ; la maîtrise d'une activité, qu'elle soit physique — comme l'alpinisme — ou mentale — comme la programmation d'un ordinateur —, signifie que le cerveau l'accomplit plus efficacement. Les activités auxquelles on est bien entraîné exigent un effort cérébral bien moindre que celles auxquelles on vient de s'initier ou que l'on trouve encore trop difficiles. De même, lorsque le cerveau travaille moins efficacement en raison de la fatigue ou de la nervosité, comme cela se produit après une journée longue et difficile, l'effort cortical perd de sa précision, car de trop nombreuses régions sont inutilement activées, et cet état neuronal est ressenti comme une grande distraction[30]. Le même phénomène se produit lorsque la personne s'ennuie. Mais lorsque le cerveau fonctionne avec une efficacité maximale, comme dans l'état de fluidité, il existe une correspondance précise entre les régions activées et les exigences de la tâche à accomplir. Dans cet état fluide, même les travaux difficiles peuvent sembler reposants ou réparateurs plutôt qu'éprouvants.

APPRENTISSAGE ET FLUIDITÉ : UN NOUVEAU MODÈLE POUR L'ÉDUCATION

Du fait que la fluidité apparaît dans la zone où une activité exige de l'individu qu'il mobilise ses capacités au maximum, à mesure que son habileté augmente, il faut de plus en plus d'efforts pour entrer dans l'état de fluidité. Si une tâche est trop simple, elle devient ennuyeuse, si elle est trop ardue, elle suscite l'anxiété plutôt que la fluidité. On peut soutenir que la maîtrise d'un art ou d'une technique est stimulée par l'expérience de la fluidité, que ce qui pousse les gens à s'améliorer sans cesse dans un domaine donné, que ce soit jouer du violon, danser ou greffer des gènes, c'est en partie au moins l'envie de rester en état de fluidité pendant qu'on agit. Dans une étude portant sur deux cents artistes dix-huit ans après qu'ils eurent quitté l'École des beaux-arts, Csikszentmihalyi a en effet constaté qu'étaient devenus de bons peintres ceux qui, étudiants, *aimaient* simplement peindre. Les autres, motivés par des rêves de célébrité ou de richesse, avaient pour la plupart abandonné l'art après avoir obtenu leur diplôme.

Csikszentmihalyi conclut : « Les peintres doivent avoir envie de peindre par-dessus tout. Si, devant sa toile, l'artiste commence par se demander combien il vendra son tableau ou ce qu'en penseront les critiques, il sera incapable de faire preuve d'originalité. La créativité dépend d'une immersion résolue dans son travail[31]. »

Pour l'apprentissage aussi, la fluidité est une condition préalable à la réussite. Les élèves qui étudient dans un état de fluidité réussissent mieux que les autres, et ce, quel que soit leur potentiel tel qu'il est mesuré par les tests d'évaluation. Les étudiants d'un lycée de Chicago spécialisé dans l'enseignement des matières scientifiques — qui faisaient tous partie des 5 % d'élèves à avoir obtenu les meilleurs résultats à une épreuve de mathématiques — furent classés par leurs professeurs selon leur plus ou moins grande aptitude à réussir. On observa ensuite comment les élèves en question employaient leur temps ; chacun portait un bip qui lui rappelait à divers moments de la journée de noter par écrit ce qu'il faisait et quelle était son humeur. Comme il fallait s'y attendre, les moins aptes à réussir ne passaient qu'une quinzaine d'heures par semaine à étudier chez eux, soit beaucoup moins que leurs camarades les plus aptes à réussir (vingt-sept heures en moyenne). Quand ils n'étudiaient pas, les moins aptes bavardaient et traînaient avec des amis ou des parents.

Lorsqu'on analysa leur humeur, on découvrit quelque chose d'intéressant. Tous, les plus aptes et les moins aptes à réussir, passaient beaucoup de temps à s'ennuyer dans des activités qui ne sollicitaient en rien leurs capacités, comme regarder la télévision. Tel est après tout le lot des adolescents. Mais la différence essentielle entre les deux groupes d'élèves tenait aux sensations que leur procurait le fait d'étudier. Les plus aptes éprouvaient la concentration et le plaisir associés à l'état de fluidité près de 40 % du temps. Chez les moins aptes, le fait d'étudier ne procurait cet état que pendant 16 % du temps ; le plus souvent, lorsque la tâche dépassait leurs capacités, elle était source d'anxiété. Ces derniers prenaient plaisir à voir des gens, pas à étudier. Bref, les élèves qui réussissent à l'école sont plus souvent attirés par l'étude parce celle-ci leur permet d'atteindre l'état de fluidité. Hélas ! les moins doués, en n'aiguisant pas les talents qui leur viendraient en état de fluidité, perdent le plaisir de l'étude tout en courant le risque de limiter leur horizon intellectuel dans le futur[32].

Howard Gardner, le père de la théorie des intelligences multiples, considère que l'utilisation de la fluidité et des états positifs qui la caractérisent est le moyen le plus sain d'éduquer les jeunes, car cela revient à les motiver intérieurement et non par la menace ou la perspective d'une récompense. « Nous devrions utiliser les états positifs dans lesquels se trouvent les enfants pour les amener à étudier des domaines où ils peuvent cultiver leurs talents. » Gardner m'a confié : « La fluidité est un état intérieur qui montre que l'enfant accomplit un travail qui lui convient. Il doit découvrir l'activité qu'il aime et s'y tenir. C'est quand les enfants s'ennuient à l'école qu'ils se battent et se conduisent mal, et c'est lorsqu'ils sont submergés par les difficultés de leur tâche que leur travail scolaire les rend anxieux. Ils apprennent mieux quand ils s'intéressent à ce qu'ils font et y prennent plaisir. »

La stratégie appliquée dans les nombreuses écoles utilisant le modèle des intelligences multiples de Gardner consiste essentiellement à établir un profil des talents naturels de l'enfant et à travailler ses points forts tout en essayant de renforcer ses points faibles. Un enfant naturellement doué pour la musique ou la danse entrera plus facilement en état de fluidité dans ces domaines que dans ceux où il a moins de dispositions. Le profil de l'enfant permet au professeur d'ajuster avec précision sa manière de lui expliquer quelque chose et d'adapter son enseignement de façon que le niveau de difficulté soit optimal. Les études ne sont ni ennuyeuses ni angoissantes et deviennent plus agréables. « On espère ainsi que, lorsque les enfants entreront dans l'état de fluidité en apprenant, cela les encouragera à relever des défis dans des domaines nouveaux », déclare Gardner, « la pratique montrant, ajoute-t-il, que tel est bien le cas. »

De manière plus générale, le modèle de la fluidité suggère que, dans l'idéal, l'acquisition d'une compétence ou d'un corps de connaissances devrait s'effectuer de manière naturelle, l'enfant étant attiré par les domaines qui éveillent spontanément son intérêt, autrement dit, par ce qu'il aime. Cette passion initiale permettra peut-être à l'enfant d'obtenir par la suite des résultats exceptionnels, car il aura compris que la persévérance lui permet d'atteindre l'état de fluidité. Et, puisqu'il est nécessaire de se dépasser pour entretenir cet état, cette exigence devient une incitation à faire précisément cela et rend l'enfant heureux. Cette façon d'envisager l'éducation est manifestement plus positive que les approches traditionnelles. Qui ne se souvient de ses années d'école, au moins en partie, comme d'interminables heures d'ennui ponctuées par des moments d'anxiété ? La recherche de l'état de fluidité est une manière plus humaine, plus naturelle et sans aucun doute plus efficace de mettre les émotions au service de l'éducation.

Cela confirme, de manière plus générale, que le fait de pouvoir canaliser ses émotions dans un but donné est une aptitude primordiale. Qu'il s'agisse de dominer ses pulsions ou de retarder la satisfaction de ses désirs, de contrôler son humeur afin de faciliter la pensée au lieu de l'entraver, de se motiver à persévérer sans se laisser décourager par les échecs, de réussir à atteindre l'état de fluidité et d'être plus efficace, tout cela souligne le pouvoir des émotions de nous guider dans ce que nous entreprenons.

7

Les racines de l'empathie

Revenons à Gary, ce chirurgien brillant mais alexithymique, qui, parce qu'il était non seulement inconscient de ses propres sentiments, mais aussi de ceux d'Ellen, sa fiancée, la faisait tant souffrir. Comme la plupart des alexithymiques, Gary n'avait ni empathie ni intuition. Quand Ellen disait qu'elle se sentait déprimée, Gary ne compatissait pas ; lorsqu'elle lui parlait d'amour, il changeait de sujet. Quand Ellen faisait quelque chose, il faisait des critiques « utiles », sans comprendre qu'elle les percevait comme des attaques et non comme des conseils.

L'empathie repose sur la conscience de soi ; plus nous sommes sensibles à nos propres émotions, mieux nous réussissons à déchiffrer celles des autres[1]. Les alexithymiques comme Gary n'ont aucune idée de ce qu'ils ressentent eux-mêmes et sont totalement incapables de comprendre ce que ressentent les autres. D'un point de vue affectif, ils n'ont pas d'« oreille » ; ils ne perçoivent pas les notes et les accords émotionnels qui sont inscrits dans les paroles et les gestes des gens — une inflexion éloquente ou un changement de position, un silence ou un tremblement.

Déconcertés par leurs propres sentiments, les alexithymiques le sont tout autant par ceux des autres. Cette incapacité à percevoir les sentiments d'autrui est une lacune grave de leur intelligence émotionnelle et un défaut tragique s'agissant de ce que l'on entend par être « humain ». Dans toute relation humaine, la bienveillance, l'affection trouvent leur origine dans l'harmonie avec autrui, l'aptitude à l'empathie.

Cette aptitude — la capacité de comprendre ce que ressentent les autres — se manifeste dans une multitude d'activités, qu'il s'agisse de vente et de gestion, de relations entre amants et entre parents, ou d'action politique. L'absence d'empathie est également significative. On la constate chez les psychopathes, les violeurs et les personnes coupables d'attentats à la pudeur contre des enfants.

Les gens traduisent rarement leurs émotions par des paroles ; ils les expriment beaucoup plus souvent par d'autres moyens. Connaître intuitivement les sentiments des autres, c'est avant tout être capable de déchiffrer ces signaux non verbaux : le ton de la voix, les gestes, l'expression du visage, etc. C'est peut-être à Robert Rosenthal, un psychologue de Harvard, et à ses élèves que l'on doit les recherches les plus complètes sur la question. Rosenthal a imaginé le PONS (Profile of Nonverbal Sensitivity), un test permettant d'évaluer l'empathie grâce à une série de vidéos montrant une jeune femme exprimant des sentiments divers, comme le dégoût ou l'affection maternelle[2]. Les images représentent toute la gamme des sentiments, de la crise de jalousie à la demande de pardon, de la gratitude à la séduction. Les séquences ont été tournées de telle façon que dans chacune d'elles un ou plusieurs canaux non verbaux de communication sont systématiquement supprimés. Non seulement la jeune femme s'exprime à mots couverts, mais, dans certaines scènes, par exemple, toutes les autres manifestations des sentiments sont éliminées à l'exception de l'expression faciale. Dans d'autres, on ne montre que les mouvements du corps, et ainsi de suite, de sorte que le spectateur doit reconnaître l'émotion à partir de tel ou tel canal non verbal.

Les tests effectués sur plus de sept cents individus aux États-Unis et dans dix-huit autres pays montrent que la capacité de déchiffrer les sentiments à partir d'indices non verbaux permet entre autres de mieux adapter ses émotions à une situation donnée, de mieux se faire aimer des autres, d'être plus ouvert et, bien entendu, plus sensible. En règle générale, les femmes font preuve de cette forme d'empathie plus souvent que les hommes. Et les sujets dont les résultats s'amélioraient pendant le test de quarante-cinq minutes — signe qu'ils avaient une certaine facilité pour acquérir les automatismes caractéristiques de l'empathie — entretenaient de meilleures relations avec les personnes du sexe opposé. L'empathie, faut-il s'en étonner, est un atout dans la vie amoureuse.

Comme pour d'autres composantes de l'intelligence émotionnelle, la relation entre les résultats de ce test et ceux obtenus dans les tests d'intelligence ou aux examens scolaires n'est que marginale. L'indépendance de l'empathie par rapport à l'intelligence théorique a été confirmée par une version du test PONS adaptée aux enfants. Sur 1 011 enfants testés, ceux qui témoignaient d'une aptitude à déchiffrer les sentiments grâce à des signes non verbaux étaient parmi les plus aimés dans leur école, les plus stables psychologiquement[3]. Ils obtenaient aussi de meilleurs résultats scolaires, bien qu'en moyenne leur QI ne fût pas plus élevé que celui des enfants moins habiles à déchiffrer les messages non verbaux — ce qui donne à penser que la maîtrise de cette capacité empathique rend les études plus aisées (ou tout simplement attire l'affection des professeurs).

Tout comme les mots sont le mode d'expression de la pensée rationnelle, les signaux non verbaux sont celui des émotions. En effet, lorsque les paroles de quelqu'un contredisent ce qu'expriment sa voix, ses gestes ou d'autres canaux non verbaux, la vérité de ses émotions doit être recherchée dans la manière dont il dit les choses plutôt que dans ce qu'il dit. En matière de communication, la règle générale est que 90 % au moins des messages affectifs sont non verbaux. Et ces messages — l'anxiété dans le ton de la voix, l'irritation traduite par la rapidité des gestes — sont presque toujours perçus inconsciemment. La plupart des automatismes qui le permettent s'acquièrent aussi inconsciemment.

COMMENT SE MANIFESTE L'EMPATHIE ?

En voyant un autre bébé tomber par terre, Hope, tout juste neuf mois, se mit à pleurer et rampa à quatre pattes jusqu'à sa mère pour se faire consoler, comme si c'était elle qui s'était fait mal. Michael, quinze mois, alla chercher son ours en peluche pour le donner à son ami Paul en pleurs ; comme celui-ci continuait à pleurer, il lui apporta la couverture qui lui servait de « doudou ». Ces deux petites manifestations de sympathie et de bienveillance ont été observées par des mères entraînées à saisir sur le vif les marques d'empathie[4]. Les résultats de cette étude suggèrent que les sources de l'empathie remontent à la petite enfance. Pratiquement, dès le jour de leur naissance, les bébés ont de la peine quand ils entendent un autre bébé pleurer, réaction dans laquelle certains voient le signe avant-coureur de l'empathie[5].

Les psychologues de l'enfance ont découvert que les bébés souffrent par empathie avant même d'être pleinement conscients du fait qu'ils existent indépendamment des autres. Quelques mois seulement après leur naissance, ils réagissent au trouble ressenti par leurs proches comme s'ils l'éprouvaient eux-mêmes et fondent en larmes, par exemple, quand ils entendent un autre enfant pleurer. À un an environ, ils commencent à comprendre que ces souffrances ne sont pas les leurs mais celles d'un autre, mais donnent toujours l'impression de ne pas savoir quoi faire pour y remédier. Ainsi, au cours de recherches effectuées par le psychologue Martin L. Hoffman, un enfant d'un an demanda à sa propre mère de consoler un petit camarade en pleurs, alors que la mère de celui-ci se trouvait aussi dans la pièce. Cet embarras transparaît également lorsque les enfants d'un an imitent le chagrin de quelqu'un d'autre, peut-être pour tenter de mieux comprendre ce qu'il ressent. Si, par exemple, un autre bébé se fait mal aux doigts, l'enfant se mettra les doigts dans la bouche pour voir s'il a mal lui aussi. En voyant sa mère pleurer, un bébé s'essuya les yeux alors qu'il ne pleurait pas.

On appelle ce comportement un *mimétisme moteur*, et c'est pour le décrire que le psychologue E. B. Titchener inventa le terme *empathie* dans les années vingt. Ce sens est légèrement différent de celui donné au mot lors de son introduction dans la langue anglaise à partir du grec *empatheia*, voulant dire « sentir intérieurement », terme utilisé à l'origine par les théoriciens de l'esthétique pour désigner la capacité de percevoir l'expérience subjective d'une autre personne. Selon la théorie de Titchener, l'empathie dériverait d'une sorte d'imitation physique de l'affliction d'autrui, imitation qui suscite ensuite les mêmes sentiments en soi. Il rechercha un mot distinct de la *sympathie*, que l'on peut avoir pour quelqu'un sans partager pour autant ses sentiments.

Le mimétisme moteur disparaît du répertoire psychologique des enfants vers deux ans et demi, ce qui correspond au moment où ils comprennent que la douleur des autres est différente de la leur et où ils deviennent capables de les consoler. Voici une bonne illustration du phénomène, tirée du journal intime d'une mère :

> Le bébé de la voisine pleure... Jenny s'approche de lui et lui offre des petits gâteaux secs. Elle le suit et commence à geindre. Elle essaie ensuite de lui caresser les cheveux, mais il s'éloigne... Il se calme, mais Jenny semble toujours inquiète. Elle continue à lui apporter des jouets et lui donne des petites tapes amicales sur la tête et les épaules [6].

À ce stade de leur croissance, les enfants commencent à se différencier les uns des autres par leur sensibilité plus ou moins marquée aux émotions des gens, certains, comme Jenny, y sont très sensibles alors que d'autres n'y font pas attention. Une série d'études, effectuées par Marian Radke-Yarrow et Carolyn Zahn-Waxler à l'Institut national américain de la santé mentale, ont montré que ces différences dans les manifestations d'empathie tiennent en grande partie à la manière dont les parents disciplinent leurs enfants. Les enfants sont plus empathiques lorsque les parents attirent leur attention sur les conséquences de leur mauvaise conduite pour les autres (« Regarde comme tu l'as rendue triste », au lieu de « Ce que tu as fait est vilain »). Les deux chercheuses ont également remarqué que l'empathie naît chez les enfants quand ils voient comment les autres réagissent au chagrin d'une tierce personne. En imitant ce qu'ils observent, les enfants acquièrent un répertoire de réactions empathiques, en particulier lorsqu'ils viennent au secours de ceux qui sont tristes.

L'ENFANT HARMONISÉ

À vingt-cinq ans, Sarah mit au monde deux jumeaux, Mark et Fred. Selon elle, Mark lui ressemblait et Fred tenait plutôt de son père, ce qui explique peut-être les traitements subtilement différents qu'elle a réservés aux deux petits garçons. À trois mois,

Sarah tentait souvent de captiver le regard de Fred et, quand il détournait le visage, elle essayait derechef ; Fred détournait alors les yeux encore plus ostensiblement. Quand elle regardait ailleurs, Fred la fixait de nouveau, et le manège recommençait — Fred finissant souvent par fondre en larmes. En revanche, Sarah ne tentait pratiquement jamais d'imposer un tel contact visuel à Mark. Il pouvait rompre ce contact quand il voulait, elle n'insistait jamais.

Voilà un comportement anodin, mais révélateur. Un an plus tard, Fred était sensiblement plus craintif et dépendant que Mark ; il exprimait notamment cette crainte en rompant le contact visuel avec les autres, comme il le faisait à trois mois avec sa mère, en baissant et détournant la tête. Mark, au contraire, regardait les gens droit dans les yeux ; quand il voulait interrompre le contact, il détournait légèrement la tête avec un sourire charmeur.

Ces observations minutieuses des deux jumeaux et de leur mère ont été effectuées par Daniel Stern, un psychiatre de l'université Cornell[7]. Stern est fasciné par les échanges répétés et imperceptibles entre parents et enfants ; il estime que les bases de la vie affective sont jetées dans ces instants d'intimité. Les moments décisifs sont ceux où l'enfant perçoit que ses émotions sont accueillies avec empathie, acceptées et payées de retour, suivant un processus que Stern nomme *harmonisation*. La mère des jumeaux était harmonisée avec Mark, mais affectivement mal synchronisée avec Fred. Stern soutient que la répétition d'innombrables instants d'harmonie ou de déphasage entre parents et enfants détermine comment ces derniers, devenus adultes, envisageront les relations affectives avec leurs proches — peut-être bien plus que les événements plus dramatiques de l'enfance.

L'harmonisation se produit tacitement, au rythme des relations. Stern l'a étudiée avec une précision microscopique en enregistrant pendant des heures le comportement des mères avec leurs enfants. Il a constaté que l'harmonisation permet aux mères de faire savoir à leur petit qu'elles perçoivent ce qu'il ressent. Lorsque, par exemple, celui-ci pousse des cris de plaisir, la mère confirme le message en secouant doucement l'enfant en roucoulant ou en accordant la hauteur de sa voix aux cris du bébé. Ou, si le bébé agite son hochet, elle y répond en se trémoussant légèrement. Dans ce genre d'échange, le message de confirmation de la mère s'accorde au niveau d'excitation du bébé. Cela procure à l'enfant le sentiment rassurant d'un lien affectif, et Stern a constaté que les mères « émettent » à peu près une fois par minute quand elles interagissent avec leur bébé.

L'harmonisation est très différente de la simple imitation. « Si l'on se contente d'imiter un bébé, m'a déclaré Stern, cela veut simplement dire que l'on sait ce qu'il a fait, pas ce qu'il éprouve. Pour lui faire comprendre que l'on sait ce qu'il ressent, il faut exprimer soi-même d'une autre manière les sentiments de l'enfant. Celui-ci sait alors qu'il a été compris. »

Faire l'amour est peut-être, chez l'adulte, ce qui ressemble le plus à cette harmonie intime entre le bébé et la mère. L'amour physique, écrit Stern, « repose sur le fait de sentir l'état subjectif de l'autre : désir et intentions partagés, état d'excitation grandissant simultanément », les amants répondant mutuellement avec une synchronisation qui procure le sentiment tacite d'un rapport profond[8]. Lorsqu'ils sont satisfaisants, les rapports sexuels constituent un acte d'empathie mutuelle ; quand ils ne le sont pas, ce partage des émotions fait défaut.

LE DÉPHASAGE ET SES CONSÉQUENCES

Selon Stern, c'est grâce à l'expérience répétée de l'harmonisation que le bébé commence à comprendre que les autres peuvent et veulent partager ses émotions. Cette compréhension semble apparaître vers l'âge de huit mois, lorsque l'enfant se rend compte qu'il est distinct des autres, et elle continuera à être modelée par ses relations intimes toute sa vie durant. Quand les parents ne sont pas à l'unisson avec leur enfant, les conséquences sont extrêmement néfastes. Au cours d'une expérience, Stern demanda à des mères d'exagérer ou de minimiser leur réaction aux sentiments exprimés par leurs bébés, au lieu de le faire de manière harmonieuse. Ceux-ci montrèrent immédiatement du désarroi et du chagrin.

L'absence prolongée d'harmonie entre parent et enfant ébranle profondément ce dernier du point de vue affectif. Lorsqu'un parent ne manifeste pas la moindre empathie envers telle ou telle manifestation d'émotion chez l'enfant — joie, chagrin, besoin de câlins —, celui-ci commence à éviter d'exprimer cette émotion, et finit même par ne plus la ressentir. C'est ainsi que des plages entières du répertoire affectif intime risquent de se trouver oblitérées, surtout si, au cours de l'enfance, l'expression de ces sentiments continue d'être implicitement ou explicitement découragée.

De la même manière, les enfants peuvent finir par préférer certains sentiments négatifs selon les humeurs auxquelles répondra leur entourage. Même les tout-petits perçoivent les dispositions d'esprit des autres. Ainsi, des bébés de trois mois de mères dépressives reflètent l'humeur de celles-ci lorsqu'elles jouent avec eux et manifestent bien plus de colère et de tristesse, et bien moins de curiosité et d'intérêt spontanés que des enfants dont la mère n'est pas déprimée[9].

L'une des mères étudiées par Stern réagissait faiblement à l'activité intense de sa petite fille ; l'enfant apprit à rester passive. Comme l'explique Stern, « à ce régime, l'enfant apprend vite la leçon : lorsque je suis excité, je n'arrive pas à éveiller la même excitation chez ma mère, alors à quoi bon me donner du mal ». Reste l'espoir de relations « réparatrices ». « Les relations que vous entretenez au cours de votre existence — avec parents et amis, ou avec votre psychothérapeute — modifient constamment votre modèle des relations. Un déséquilibre à un moment donné peut être corrigé par la suite ; c'est un processus continu qui se poursuit la vie durant. »

En fait, certaines théories psychanalytiques considèrent que la relation thérapeutique permet précisément une rééducation affective et constitue une expérience d'harmonisation réparatrice. Certains théoriciens de la psychanalyse nomment *renvoi* la manière dont le thérapeute montre à son patient qu'il comprend son état intérieur en reflétant celui-ci, tout comme le fait la mère en harmonie avec son bébé. La synchronie affective reste inexprimée et extérieure au champ de la conscience, même si le patient éprouve le sentiment d'être pleinement compris.

Le prix à payer pour un manque d'harmonie affective pendant l'enfance peut être exorbitant, et pas seulement pour l'enfant. Une étude de criminels particulièrement cruels et violents a montré que ceux-ci avaient en commun d'avoir été élevés dans des foyers ou des orphelinats, où les possibilités de relations affectives harmonieuses étaient sans doute minimales[10].

Alors que l'abandon émotionnel semble émousser l'empathie, la violence psychologique — notamment la cruauté mentale et physique, les humiliations et la méchanceté pure et simple — semble aboutir à un résultat paradoxal. Les enfants qui subissent ces agressions mentales peuvent développer une hypersensibilité aux émotions des autres, par un mécanisme de susceptibilité post-traumatique à des indices menaçants. Cette préoccupation obsessionnelle pour les sentiments d'autrui est caractéristique des individus qui, ayant été victimes de violences psychologiques dans leur enfance, connaissent des hauts et des bas, de brusques changements d'humeur que l'on qualifie parfois de « trouble de la personnalité limite ». Nombre de ces personnes ont un don pour comprendre ce qu'éprouvent les autres[11].

LA NEUROLOGIE DE L'EMPATHIE

Comme c'est souvent le cas en neurologie, des patients avec des symptômes étranges ont fourni les premiers indices sur les bases cérébrales de l'empathie. Ainsi, un rapport de 1975 analysait le cas de plusieurs patients avec des lésions dans la partie droite des lobes frontaux et frappés d'une curieuse incapacité — ces personnes étaient incapables de comprendre le message affectif exprimé par le ton de leur interlocuteur, tout en étant parfaitement capables de comprendre ses paroles. Pour eux, un « merci » sarcastique, un « merci » sincère et un « merci » irrité possédaient chacun la même signification neutre. Un autre rapport de 1979 décrit des patients avec des lésions dans d'autres régions de l'hémisphère droit, qui souffraient d'une déficience très différente dans leur perception affective. Ces personnes étaient incapables d'exprimer leurs propres émotions par le ton de leur voix ou par leurs gestes. Elles étaient conscientes de leurs sentiments, mais incapables de les communiquer. Les régions corticales atteintes étaient étroitement liées au système limbique, notaient les auteurs.

Ces études sont le point de départ de l'important article du psychiatre Leslie Brothers sur la biologie de l'empathie [12]. Passant en revue les données neurologiques et des études comparatives sur des animaux, Brothers a identifié l'amygdale et ses connexions avec l'aire d'association du cortex visuel comme faisant partie du principal circuit cérébral responsable de l'empathie.

La plupart des données neurologiques proviennent d'études effectuées sur des animaux, en particulier des primates. Le fait que ces primates manifestent de l'empathie — ou de la « communication émotionnelle », comme l'appelle Brothers — est démontré, non seulement par la simple observation, mais aussi par des expériences comme la suivante : on conditionne des rhésus à craindre un signal sonore en associant celui-ci à une décharge électrique. Les singes apprennent alors à éviter la décharge électrique en appuyant sur un levier chaque fois qu'ils entendent le signal. Ensuite, on place des paires de singes dans des cages séparées, leur seul moyen de communication étant un circuit fermé de télévision qui leur permet de voir sur l'écran le visage de l'autre animal. Un seul des deux singes entend ensuite le signal redouté, et son visage manifeste une expression de peur. L'autre singe, voyant l'expression de peur, appuie sur le levier qui empêche la décharge électrique — un acte d'empathie, si ce n'est d'altruisme.

Après avoir établi que les primates sont capables de lire des émotions sur le visage de leurs congénères, les chercheurs ont introduit de fines électrodes dans le cerveau des animaux. Ces électrodes permettent d'enregistrer l'activité d'un seul neurone. En enregistrant l'activité des neurones du cortex visuel et de l'amygdale, on a observé que, lorsqu'on présente à un singe le visage d'un autre singe, cela produisait une décharge neuronale dans le cortex visuel, puis dans l'amygdale. Ce trajet constitue, nous le savons, le cheminement habituel de l'information émotionnellement stimulante. Mais l'étonnant des résultats de ces études, c'est qu'ils ont permis d'identifier des neurones du cortex visuel qui réagissaient exclusivement à des expressions faciales ou à des gestes spécifiques, comme une grimace menaçante ou effrayante, ou une posture de soumission. Ces neurones sont distincts d'autres neurones de la même région, qui réagissent à des visages familiers. Cela semble indiquer que, dès l'origine, le cerveau a été conçu pour réagir à l'expression des émotions — ce qui revient à dire que l'empathie est une donnée biologique.

Selon Brothers, d'autres faits démontrent le rôle décisif de la voie amygdale-cortex dans le déchiffrage des émotions et la manière d'y réagir : les recherches effectuées sur des singes chez qui la connexion entre l'amygdale et le cortex a été sectionnée dans leur milieu naturel. Lorsque ceux-ci ont rejoint leur bande, ils se sont montrés capables de vaquer à leurs occupations habituelles, comme se nourrir ou grimper aux arbres. Mais les malheureux avaient perdu la faculté de réagir au comportement de leurs congénères. Même lorsque l'un d'eux les abordait de manière amicale, ils s'enfuyaient. Ils ont fini par vivre isolés, évitant tout contact avec leur bande.

Les régions du cortex où l'on trouve les neurones réagissant à des émotions spécifiques sont aussi celles qui présentent le plus grand nombre de connexions avec l'amygdale. Le déchiffrage des émotions fait intervenir le circuit cortex-amygdale, qui joue un rôle primordial dans l'orchestration des réactions appropriées. « La valeur de survie d'un tel système est évidente », pour de nombreux singes, commente Brothers. « La perception de l'approche d'un autre individu doit déclencher rapidement un schéma spécifique de réaction physiologique, adapté à l'intention de l'autre, que celle-ci soit de mordre, de se livrer à une paisible séance d'épouillage ou de copuler[13]. »

Les recherches du psychologue Robert Levenson suggèrent que chez les humains l'empathie repose sur une base physiologique semblable. Levenson a étudié des couples mariés qui essaient de deviner ce qu'éprouve l'autre au cours d'une discussion animée[14]. La méthode est simple : les conjoints sont filmés et leurs réactions physiologiques mesurées pendant qu'ils discutent d'une question épineuse liée à leur couple — l'éducation des enfants, l'argent du ménage, etc. Chaque conjoint visionne ensuite le film et décrit les émotions qu'il a successivement éprouvées. Puis il visionne le film une seconde fois en essayant de déchiffrer les sentiments de *l'autre*.

Les réponses des sujets étaient les plus précises lorsque leurs réactions physiologiques suivaient l'évolution de celles de leur conjoint sur l'écran. Lorsque leur mari ou leur femme transpirait abondamment, ils ruisselaient de sueur ; quand le rythme cardiaque de leur conjoint diminuait, leur cœur battait moins vite.

Bref, leur organisme imitait les réactions physiologiques subtiles et toujours changeantes de l'autre. Lorsque les réactions physiologiques du spectateur se répétaient simplement telles qu'elles avaient été pendant la discussion, celui-ci avait du mal à deviner ce qu'éprouvait son conjoint. Il n'y avait empathie que lorsque les réactions physiologiques des conjoints étaient synchronisées.

On peut en inférer que lorsque le cerveau émotionnel impose à l'organisme une forte réaction — disons, une flambée de colère —, il y a peu ou pas d'empathie. Celle-ci exige une réceptivité et un calme suffisants pour que les signaux subtils indiquant les sentiments de l'autre puissent être perçus et imités.

EMPATHIE ET ÉTHIQUE : LES RACINES DE L'ALTRUISME

« Ne cherche jamais à savoir pour qui sonne le glas ; il sonne pour toi. » Dans cette phrase, l'une des plus célèbres de la littérature anglaise, John Donne exprime l'essence même du lien qui unit l'empathie et la bienveillance : la douleur de l'autre est la nôtre. Éprouver la même chose que l'autre, c'est se soucier de lui. En ce sens, le contraire de l'*empathie* est l'*antipathie*. L'attitude empathique met en jeu des jugements moraux répétés, car les dilemmes moraux impliquent des victimes potentielles. Faut-il mentir pour ne pas heurter les sentiments d'un proche ? Faut-il tenir sa promesse de rendre visite à un ami malade ou accepter une invitation de dernière minute à un dîner ? Faut-il maintenir artificiellement quelqu'un en vie ?

Ces questions morales sont posées par Martin Hoffman, qui effectue des recherches sur l'empathie et soutient que les jugements moraux trouvent leur origine dans ce sentiment, puisque c'est en compatissant avec les victimes potentielles — ceux qui souffrent sont en danger ou dans le besoin — et donc en partageant leur affliction que l'on est poussé à leur venir en aide [15]. Au-delà de ce lien immédiat entre l'empathie et l'altruisme dans les relations entre individus, Hoffman suggère que c'est cette aptitude à éprouver de l'empathie, à se mettre à la place d'autrui, qui conduit l'individu à respecter certains principes moraux.

Selon Hoffman, l'empathie se développe dès la prime enfance. Nous avons vu que, dès l'âge d'un an, l'enfant éprouve du désarroi chaque fois qu'il voit un autre enfant tomber ou se mettre à pleurer ; ce rapport est si fort et si immédiat qu'il suce son pouce et enfouit sa tête dans le giron maternel comme s'il souffrait lui-même. Après la première année, lorsqu'il commence à prendre conscience de son existence séparée, il s'efforce d'apaiser le chagrin de l'autre enfant en lui offrant, par exemple, son ours en peluche. Dès l'âge de deux ans, l'enfant commence à comprendre que les sentiments d'un autre sont différents des siens, et il devient plus sensible aux signes révélateurs de ce qu'éprouve celui-ci. À ce stade, il peut, par exemple, comprendre que le meilleur moyen d'aider un autre enfant à sécher ses larmes est peut-être de respecter sa fierté et de ne pas trop attirer l'attention sur elles.

L'empathie atteint sa forme la plus accomplie vers la fin de l'enfance, l'enfant devenant alors capable de comprendre que le chagrin peut aller au-delà de la situation immédiate et de voir que la condition ou la position de quelqu'un dans la vie peut être une source permanente d'affliction. Parvenu à ce point de son évolution mentale, il sera capable de compatir avec les maux d'un groupe entier, comme les pauvres, les opprimés, les exclus. À l'adolescence, cette compréhension peut venir renforcer des convictions morales centrées sur la volonté de combattre le malheur et l'injustice.

L'empathie sous-tend bien des formes de l'action et du jugement moraux. L'une d'elles est la « colère empathique », que John Stuart Mill décrit ainsi : « Le sentiment naturel de vengeance [...] éveillé par l'intelligence et la sympathie est lié aux blessures qui nous atteignent en atteignant les autres. » Mill disait que ce sentiment est le « gardien de la justice ». Un autre cas où l'empathie conduit à l'action morale est celui où un spectateur intervient en faveur d'une victime ; plus il éprouve d'empathie pour celle-ci, plus il y a de chances qu'il lui porte secours. Il semble également que le degré d'empathie éprouvé par un individu déteigne sur ses jugements moraux. Ainsi, des études effectuées en Allemagne et aux États-Unis ont montré que plus on est enclin à l'empathie, plus on adhère au principe moral selon lequel les ressources doivent être réparties suivant les besoins de chacun [16].

VIVRE SANS EMPATHIE : LA MENTALITÉ DU SATYRE, LA MORALITÉ DU SOCIOPATHE

Eric Eckardt, le garde du corps de la patineuse Tonya Harding, a été l'instigateur d'un crime infâme. Il a payé des voyous pour agresser Nancy Kerrigan, la principale rivale de Harding aux Jeux olympiques de 1994. Blessée au genou, Kerrigan n'avait pu s'entraîner pendant les mois décisifs précédant l'épreuve. Mais quand Eckardt vit Kerrigan en sanglots à la télévision, il fut pris de remords et confessa son secret à un ami, ce qui conduisit à l'arrestation des coupables. Tel est le pouvoir de l'empathie.

Mais en règle générale les auteurs de crimes odieux en sont totalement dépourvus. Les violeurs, les pédophiles et aussi de nombreuses personnes coupables de violences domestiques ont souvent un même défaut : ils sont incapables d'empathie. Leur incapacité à ressentir la douleur de leurs victimes leur permet de se mentir à eux-mêmes pour justifier leur forfait. Par exemple, les violeurs se disent : « Les femmes rêvent de se faire violer », ou : « Si elle résiste, c'est qu'elle fait la difficile » ; les pédophiles disent : « Je ne lui fais pas de mal, je lui apprends l'amour », ou : « C'est une autre manière de montrer de l'affection » ; quant aux parents qui battent leurs enfants, ils se disent : « C'est simplement une bonne leçon. » Ces justifications sont celles que se répétaient à eux-mêmes pendant qu'ils brutalisaient leurs victimes des individus qui sont aujourd'hui traités pour ces problèmes.

Cette suppression de l'empathie au moment où ces personnes agressent leurs victimes fait presque toujours partie d'un cycle émotionnel qui déclenche les actes de cruauté. Voyons quelle est la séquence d'émotions qui conduit en général un pédophile à agresser sexuellement un enfant[17]. Au début, le pédophile se sent mal, il est en colère, déprimé ou ne supporte pas sa solitude. Cela peut être déclenché, par exemple, par le spectacle de couples heureux à la télévision, qui accentue son sentiment de solitude. Le pédophile se réfugie alors dans son fantasme favori, où, par exemple, il se lie d'amitié avec un enfant ; le fantasme devient sexuel et l'homme finit par se masturber. Le pédophile éprouve un soulagement temporaire, mais le répit est de courte durée. La dépression et le sentiment de solitude reviennent avec une intensité redoublée. L'individu commence alors à envisager le passage à l'acte et se cherche des justifications : « Si je ne fais pas souffrir l'enfant physiquement, je ne lui fais aucun mal », ou encore : « Si l'enfant ne veut vraiment pas avoir de rapports sexuels avec moi, il peut toujours s'arrêter. »

À ce stade, le pédophile voit l'enfant à travers le miroir déformant de son fantasme pervers, et non avec l'empathie qui lui permettrait de comprendre ce que l'enfant éprouverait. Ce détachement émotionnel caractérise tout ce qui va suivre : l'élaboration d'un plan pour mettre la main sur un enfant, la répétition mentale de ce qui va se passer et, enfin, la mise à exécution du plan. Tout cela se passe comme si l'enfant n'avait pas de sentiments propres ; le satyre projette sur lui l'attitude coopérative qu'il lui prête dans son fantasme. Ses sentiments — la répulsion, la peur, le dégoût — ne sont pas perçus. S'ils l'étaient, ils « gâcheraient » tout.

Cette absence totale d'empathie pour la victime est l'une des cibles principales des nouveaux traitements actuellement mis au point pour soigner les pédophiles et d'autres criminels de ce type. L'un des traitements les plus prometteurs consiste d'abord à faire lire au sujet des récits bouleversants de forfaits semblables au sien, racontés du point de vue des victimes. On lui projette également des films vidéo où des victimes en pleurs expliquent ce que l'on ressent lors d'une agression. L'agresseur doit ensuite faire le récit de son propre forfait en se mettant à la place de la victime, en imaginant ce que celle-ci a ressenti. Enfin, il doit participer à une reconstitution du drame en prenant la place de la victime.

William Pithers, le psychologue qui a inventé cette thérapie, m'a déclaré : « L'empathie avec la victime modifie la perception de telle sorte qu'il devient difficile de nier la douleur infligée, même dans ses propres fantasmes. » En conséquence, la motivation de l'individu à lutter contre ses pulsions sexuelles perverses se trouve renforcée. Le taux de récidive chez les auteurs de délits sexuels ayant suivi ce traitement en prison est inférieur de moitié à celui des individus qui n'ont pas suivi le traitement. Sans la motivation initiale inspirée par l'empathie, la suite du traitement ne marche pas.

Si la stimulation du sentiment d'empathie chez les auteurs de violences sexuelles sur des enfants permet de nourrir quelque espoir, il en va tout autrement pour les psychopathes. De manière typique, les psychopathes sont des individus charmants et totalement dépourvus de remords, même lorsqu'ils ont commis les actes les plus barbares. La psychopathie, c'est-à-dire l'incapacité à éprouver la moindre empathie ou compassion, ou le moindre regret, est l'une des pathologies émotionnelles les plus intrigantes. L'insensibilité du psychopathe semble être due à une inaptitude à établir des liens affectifs autres que superficiels. Les *serial killers* qui aiment faire souffrir leurs victimes avant de les tuer représentent le type même du psychopathe[18].

Les psychopathes sont d'excellents menteurs ; ils raconteront n'importe quoi pour parvenir à leurs fins et manipuleront les émotions de leurs victimes avec le même cynisme. Prenez le cas de Faro, un garçon de dix-sept ans membre d'un gang de Los Angeles, qui estropia une mère et son bébé en tirant sur eux depuis son véhicule, acte qu'il décrivait avec plus de fierté que de remords. Un jour qu'il se trouvait en voiture avec Leon Bing, un journaliste qui préparait un livre sur les gangs de jeunes, Faro voulut « frimer ». Il annonça qu'il allait « foutre la trouille » aux « deux blaireaux » de l'automobile voisine. Voici le récit de Bing :

> Le conducteur sent qu'on le regarde et se tourne dans notre direction. Ses yeux croisent ceux de Faro, ils se dilatent, puis il regarde ailleurs. Il n'y a pas de doute, c'est de la peur que j'ai lue dans ses yeux.

Pour lui montrer de qui il s'agit, Faro lance le même regard à Bing :

> Il me fixe droit dans les yeux et l'expression de son visage se transforme dans tous les sens, comme s'il y avait un trucage. C'est une expression de cauchemar, quelque chose d'effrayant. Ce regard dit : si vous me regardez, si vous me défiez, vous avec intérêt à être solide. On voit dans ses yeux qu'il se fout de tout, de votre vie comme de la sienne[19].

Bien sûr, quelque chose d'aussi complexe que le comportement criminel ne se laisse pas nécessairement réduire à une explication biologique. Il se pourrait, par exemple, qu'une capacité psychologique « perverse » comme le pouvoir d'intimidation possède une valeur de survie dans des environnements violents. Dans ces circonstances, un excès d'empathie pourrait s'avérer périlleux. De fait, une absence opportuniste d'empathie peut être une « vertu » dans certains « métiers » — policier chargé d'un interrogatoire, raider des milieux financiers. Les hommes qui ont été des tortionnaires sous des régimes dictatoriaux expliquent comment ils ont appris à se dissocier des sentiments de leurs victimes pour faire leur « boulot ». De nombreux chemins mènent à la manipulation.

L'une des manifestations les plus inquiétantes de l'absence d'empathie a été découverte par hasard au cours d'une étude sur la violence conjugale. Ces recherches ont révélé une anomalie physiologique fréquente chez les maris les plus violents, ceux qui battent leur femme régulièrement, ou la menacent avec un couteau ou une arme à feu : ces hommes agissent de manière froide et calculée plutôt que sous l'emprise de la fureur[20]. C'est lorsque leur colère est en train de monter que l'anomalie apparaît : leur rythme cardiaque *ralentit* au lieu de s'accélérer, comme cela devrait être le cas. Autrement dit, ils se calment physiologiquement, alors même qu'ils deviennent de plus en plus agressifs et brutaux. Leur violence semble être un acte de terrorisme calculé, un moyen pour dominer leur épouse par la peur.

Ces brutes froides sont différentes des autres hommes qui battent leur femme. D'une part, ils sont bien plus enclins à la violence à l'extérieur de leur foyer et participent souvent à des rixes ou se battent avec leurs collègues ou leur famille. D'autre part, alors que la plupart des hommes qui battent leur femme le font de manière impulsive, sous le coup d'une colère provoquée, par exemple, par la jalousie ou la peur d'être abandonnés, les brutes froides s'en prennent sans raison apparente à leur compagne et, une fois qu'ils sont lancés, rien de ce qu'elle peut faire, pas même le fait de prendre la fuite, ne semble pouvoir les arrêter.

Certains chercheurs qui étudient les criminels psychopathes pensent que leur manière froide de pratiquer la manipulation et leur absence d'empathie sont dues à un défaut neuronal*. Une origine physiologique possible de la psychopathie a été révélée de deux façons différentes, suggérant toutes deux une implication de circuits neuronaux conduisant au système limbique. Dans une expérience, on a enregistré les ondes cérébrales des sujets pendant qu'ils s'efforcent de lire des mots dont l'ordre des lettres avait été modifié. Les mots étaient présentés très vite, pendant un dixième de seconde environ. La plupart des gens réagissent différemment à des mots à forte charge affective, comme *tuer*, et à des mots neutres, comme *chaise* ; ils trouvent plus vite la réponse avec les mots chargés, et leurs ondes cérébrales ont alors une allure caractéristique, ce qui n'est pas le cas avec les mots neutres. Mais les psychopathes n'ont jamais de telles réactions : leurs ondes cérébrales ne présentent aucune allure particulière en réaction aux mots à forte charge affective et ils n'y réagissent pas plus rapidement. Tout cela suggère une rupture des circuits entre le cortex verbal, qui identifie les mots, et le cerveau limbique, qui y attache une émotion.

Selon Robert Hare, le psychologue canadien qui a effectué ces recherches, ces résultats montrent que les psychopathes n'ont qu'une compréhension superficielle des mots émotionnellement chargés, et cette superficialité reflète celle, plus générale, qu'ils manifestent dans le domaine affectif. L'insensibilité des psychopathes, estime Hare, résulte en partie d'une autre particularité physiologique qu'il a découverte au cours de recherches antérieures, particularité qui suggère également une anomalie dans le fonctionnement de l'amygdale et des circuits connexes : les psychopathes sur le point de recevoir une décharge électrique ne montrent aucun signe de peur, réaction normale chez les personnes qui savent qu'elles vont avoir mal[21]. Comme la perspective de la douleur ne provoque aucune anxiété chez les psychopathes, Hare soutient

* Mise en garde : si une cause biologique est à l'œuvre dans certaines formes de criminalité — comme une anomalie neuronale à l'origine de l'absence d'empathie —, cela ne signifie pas pour autant que tous les criminels présentent un défaut d'ordre biologique, ou qu'il existe une marque distinctive biologique du crime, et moins encore un « gène criminel ». Même si, dans certains cas, le manque d'empathie a une base biologique, cela ne veut pas dire que tous ceux qui possèdent cette caractéristique deviendront des criminels — la plupart ne le seront pas. Le manque d'empathie doit être pris en compte en même temps que les autres forces psychologiques, économiques et sociales qui contribuent à pousser l'individu vers la criminalité.

qu'ils ne craignent pas d'être punis pour leurs actes. Et parce que eux-mêmes n'éprouvent aucune peur, ils ne ressentent aucune empathie — ou compassion — pour la peur ou la douleur de leurs victimes.

8

L'art de bien s'entendre avec les autres

Len, cinq ans, en a assez de Jay, son frère de deux ans et demi, qui n'arrête pas de casser ses constructions en Lego. Furieux, Len mord Jay, qui se met à pleurer. Leur mère, alertée par les cris de Jay, intervient et gronde Len, lui ordonnant de ranger ces Lego de malheur. Suite à ce qui a dû lui sembler être une injustice criante, Len fond en larmes. Toujours fâchée, sa mère refuse de le consoler.

Mais Len se voit offrir du réconfort par une personne inattendue : Jay, qui, bien qu'étant la première victime de Len, est maintenant si préoccupé par les pleurs de son frère aîné qu'il entreprend de le consoler. L'échange entre les deux enfants est à peu près celui-ci :

— Pleure pas, Len, implore Jay. Plus pleurer, plus.

Mais Len continue. L'intervention directe ayant échoué, Jay fait appel à sa mère :

— Maman ! Len pleure. Regarde. Len pleure !

Puis, se tournant vers son frère, il adopte une attitude maternelle, il lui donne des petites tapes amicales tout en le rassurant d'un ton câlin :

— Allons, Jay. Toi plus pleurer.

Les sanglots de Len ne s'arrêtent pas pour autant. Jay essaie alors une autre tactique, il aide son frère à ranger les Lego.

Mais rien n'y fait. Jay n'est pas pour autant à bout de ressources et change de méthode. Il montre à son frère une auto miniature et tente de lui faire oublier ce petit drame qu'il vient de vivre :

— Regarde, il y a un bonhomme dans la voiture. Qu'est-ce que c'est ça, Len ? Qu'est-ce que c'est ?

Inconsolable, Len ne manifeste aucun intérêt pour ce nouveau jeu. Ses pleurs semblent intarissables. Sa mère recourt à la menace classique :

— Tu veux une fessée ?

Et Len fait signe que non.

— Alors, arrête tout de suite, dit la mère exaspérée, avec fermeté.

À travers ses sanglots, Len réussit à marmonner un « J'essaie » pathétique et haletant.

Cela incite Jay à essayer un ultime stratagème ; adoptant le ton autoritaire de sa mère, il menace :

— Plus pleurer, Len. Sinon pan pan cul cul[1] !

Ce minidrame montre le raffinement psychologique remarquable dont est capable un enfant de trente mois pour tenter d'influer sur les émotions d'un autre. Dans ses tentatives pour apaiser le chagrin de son frère, Jay a mis en œuvre un large éventail de stratégies, de la supplique à la menace en passant par la recherche d'une alliée (sa mère), la consolation, les distractions et l'aide. Sans doute Jay fait-il appel à un répertoire qui a été essayé sur lui quand il avait de la peine. Peu importe. L'essentiel est qu'il puisse, si jeune, mettre en pratique ces stratégies en cas de besoin.

Tous les parents le savent, l'empathie de Jay et sa tentative de calmer son frère ne sont pas toujours la règle. Il se peut également qu'un enfant de cet âge voie dans le chagrin de son frère une occasion de se venger et fasse tout son possible pour aggraver sa peine. Les mêmes techniques peuvent servir pour taquiner ou tourmenter son frère. Mais cette méchanceté témoigne de l'émergence d'une aptitude psychologique fondamentale, la capacité de connaître les sentiments d'un autre et de se comporter de manière à influer sur eux. L'art des relations interpersonnelles est fondé sur cette aptitude.

Avant d'exercer ce pouvoir, les enfants doivent atteindre un certain niveau de maîtrise de soi et commencer à être capables d'apaiser leur propre colère, leur chagrin ou leur excitation, et de dominer leurs pulsions — même si, comme c'est souvent le cas, cette capacité reste embryonnaire. Pour être réceptif aux autres il faut un minimum de calme intérieur. Des signes annonciateurs de cette capacité à maîtriser ses propres émotions apparaissent à peu près au même moment ; pour arriver à ses fins, l'enfant se montre capable d'attendre sans pleurnicher, d'argumenter ou de cajoler, au lieu de recourir à la force brute, même s'il n'utilise pas toujours ces capacités. La patience devient une alternative aux crises de colère, au moins de temps à autre. Les premiers signes d'empathie — le germe de la compassion — se manifestent vers deux ans ; voilà pourquoi Jay a essayé avec un tel acharnement de consoler son frère Len. Pour gérer les émotions d'un autre, deux autres aptitudes psychologiques sont nécessaires : la maîtrise de soi et l'empathie.

Avec cette base, les « talents interpersonnels » mûrissent. Il s'agit des compétences sociales qui permettent une certaine efficacité dans les rapports avec les autres , dans ce domaine, les carences se traduisent par de l'ineptie sociale ou des échecs interpersonnels à répétition. En effet, c'est l'insuffisance de ces capacités qui peut conduire les plus brillants des individus à échouer dans leurs rapports sociaux et à être perçus comme arrogants, odieux ou insensibles. Ces aptitudes sociales permettent d'assurer la réussite de ses rencontres et de ses relations amoureuses, de mobiliser, d'inspirer, de persuader, d'influencer les autres et de les mettre à l'aise.

NE RESTONS PAS DE MARBRE

Une compétence sociale essentielle est la plus ou moins grande aisance avec laquelle les gens expriment leurs émotions. Paul Elkman appelle « règles d'exhibition » le consensus social sur les émotions qu'il est permis d'exprimer et à quel moment. D'énormes différences existent à cet égard selon les cultures. Elkman et des collègues ont étudié les réactions faciales d'étudiants japonais à qui l'on montrait un film sur la circoncision rituelle de jeunes aborigènes. Lorsqu'un professeur se trouvait dans la salle, les étudiants restaient à peu près impassibles. Mais quand ils croyaient être seuls (alors qu'ils étaient filmés par une caméra cachée), leur visage exprimait un mélange d'anxiété, d'effroi et de dégoût.

Ces règles prennent plusieurs formes de base[2]. L'une consiste à *minimiser* l'expression de l'émotion — c'est le cas chez les Japonais pour les sentiments d'affliction en présence d'un supérieur, comme dans l'exemple des étudiants qui dissimulaient leur trouble derrière un visage impassible. Une autre consiste à *exagérer* l'expression des sentiments, comme l'enfant de six ans qui, lèvres frémissantes et visage grimaçant, court se plaindre à sa mère des taquineries de son grand frère. Une troisième consiste à *substituer* un sentiment à un autre ; elle est utilisée dans certains pays asiatiques où il est malséant de dire « non », et où l'on préfère acquiescer (tout en pensant le contraire). L'habileté à employer ces stratégies, et à le faire au bon moment, est un élément de l'intelligence émotionnelle.

On apprend très tôt ces règles, en partie par une éducation explicite — par exemple, lorsque les parents demandent à leurs enfants de ne pas avoir l'air déçu, mais de faire un sourire et de dire merci à leur grand-père, qui, avec les meilleures intentions, vient de leur apporter un horrible cadeau d'anniversaire. Toutefois, cet apprentissage se fait le plus souvent par mimétisme. En matière d'éducation des sentiments, les émotions sont à la fois le moyen et le message. Si, lorsqu'il intime à l'enfant de « sourire et de dire merci », le parent se montre sévère, exigeant et froid — et exprime le message d'une voix sifflante au lieu de le chuchoter affectueusement —, l'enfant risque fort d'en tirer une tout autre leçon et de présenter en fait à grand-père un visage renfrogné en le gratifiant d'un « merci » un peu sec. L'effet produit sur l'aïeul sera très différent : dans le premier cas, il sera content (bien que trompé) ; dans le second, il sera blessé par l'accueil visiblement mitigé réservé à son cadeau.

L'expression des émotions exerce un effet immédiat sur la personne qui en est témoin. La règle apprise par l'enfant est à peu près la suivante : « Dissimule tes véritables sentiments s'ils risquent de blesser quelqu'un que tu aimes et remplace-les par d'autres, simulés mais moins dommageables. » Ces règles d'expression des émotions ne sont pas seulement partie intégrante du code des convenances sociales, mais elles déterminent aussi l'effet produit sur autrui par nos sentiments. Les respecter, c'est produire l'effet optimal ; y contrevenir revient à provoquer des ravages émotionnels.

Les acteurs, bien sûr, sont des artistes de la manifestation des émotions ; leur expressivité est ce qui fait réagir leur public. Et, à n'en pas douter, certains d'entre nous sont des acteurs-nés. Mais, en partie parce que les règles de comportement que nous avons apprises varient suivant les modèles que nous avons eus, le savoir-faire en ce domaine diffère considérablement d'un individu à l'autre.

EXPRESSIVITÉ ET CONTAGION DES ÉMOTIONS

C'était au début de la guerre du Viêt-nam. Au plus fort d'un affrontement avec des Viêt-cong, un détachement américain était retranché dans une rizière. Soudain six moines apparurent, marchant en file indienne sur le talus séparant deux rizières. Avec une assurance et un calme parfaits, ils se dirigeaient droit vers la ligne de feu.

« Ils ne regardaient ni à droite ni à gauche. Ils marchaient droit devant, se souvient David Busch, l'un des soldats. C'était vraiment étrange, parce que personne ne tirait sur eux. Et, après qu'ils eurent parcouru le talus, je me retrouvai soudain comme détaché du combat. J'avais perdu toute envie de me battre, du moins pour le reste de la journée. Et je n'étais certainement pas le seul, car tout le monde s'est arrêté. Nous avons arrêté de nous battre[3]. »

L'effet pacificateur du courage tranquille de ces moines sur les soldats illustre un principe fondamental de la vie sociale : les émotions sont contagieuses. Certes, cette histoire représente un cas extrême. La plupart du temps, la contagion émotionnelle est bien plus subtile et participe d'un échange tacite qui a lieu dans toute rencontre. Nous communiquons et captons les émotions en une sorte d'économie souterraine de la psyché dans laquelle certaines rencontres sont néfastes, d'autres salutaires. Cet échange affectif s'effectue à un niveau subtil, presque imperceptible ; la façon dont le vendeur d'un magasin nous accueille peut nous donner l'impression qu'il nous ignore, qu'il ne nous aime pas, ou au contraire qu'il apprécie notre personne. Les émotions s'attrapent comme une sorte de virus social.

Lors de toute rencontre, nous émettons des signaux psychologiques qui affectent l'autre. Plus nous sommes habiles à gérer nos relations avec autrui, mieux nous contrôlons les signaux que nous émettons. La réserve, qui fait partie des bonnes manières, est simplement un moyen de s'assurer qu'aucun débordement émotionnel ne viendra perturber la rencontre (appliquée au domaine des relations intimes, cette règle de courtoisie peut devenir étouffante). L'aptitude à gérer ce type d'échanges fait partie de l'intelligence émotionnelle. « Sympathique », « charmant » sont des termes que nous employons à propos des gens dont les talents émotionnels rendent la compagnie agréable. Les personnes capables d'aider les autres à apaiser leurs soucis possèdent une marchandise sociale très prisée ; c'est vers elles que l'on se tourne dans les moments difficiles. Nous faisons tous partie des outils émotionnels dont les autres se servent pour modifier leurs émotions — en bien ou en mal.

Voici une démonstration étonnante de la subtilité avec laquelle les émotions se transmettent d'un individu à l'autre. Dans une expérience simple, deux volontaires répondaient à un questionnaire sur leur humeur du moment, puis ils restaient tranquillement assis l'un en face de l'autre en attendant le retour de l'expérimentateur. Celui-ci revenait deux minutes plus tard et leur demandait de répondre au même questionnaire. Sur les deux personnes, l'une était extravertie, l'autre de marbre. Invariablement, le transfert des émotions s'effectuait de la première vers la seconde[4].

Quel est le mécanisme de cette transmission magique ? La réponse la plus probable est que nous imitons inconsciemment les émotions manifestées par quelqu'un en mimant à notre insu son expression faciale, ses gestes, le ton de sa voix et d'autres signes non verbaux. Par cette imitation l'individu recrée en lui l'humeur de l'autre — une variante en mode mineur de la méthode Stanislavsky, dans laquelle les acteurs se remémorent les gestes, les mouvements et les autres expressions d'une émotion qu'ils ont éprouvée avec force dans le passé afin de la ressusciter.

En général, l'imitation des émotions est d'ordinaire assez subtile. Ulf Dimberg, un chercheur suédois, a constaté que, lorsque nous voyons un visage souriant ou furieux, de légers mouvements de nos muscles faciaux laissent transparaître l'émotion correspondante. Ces mouvements sont détectés par des détecteurs électroniques, mais imperceptibles à l'œil nu.

Lors d'une interaction entre deux personnes, le transfert de l'humeur va de l'individu le plus expressif vers l'individu le plus passif. Mais certaines gens sont particulièrement prédisposées à la contagion émotionnelle ; en raison d'une sensibilité innée, leur système nerveux autonome (un marqueur de l'activité émotionnelle) est plus facilement stimulé. Cette labilité semble les rendre plus impressionnables ; les films sentimentaux les font pleurer, quelques mots échangés avec quelqu'un d'humeur joyeuse suffisent à leur remonter le moral (et cela les rend aussi plus empathiques, puisqu'ils sont plus facilement émus par les sentiments d'autrui).

John Cacioppo, le psychologue qui a étudié ces échanges émotionnels subtils, affirme : « Le simple fait de voir quelqu'un exprimer une émotion suffit à évoquer celle-ci, que la personne ait conscience ou non d'imiter l'expression de son visage. Cela se produit constamment, c'est une sorte de chorégraphie, une synchronie, une transmission des émotions. Cette synchronie de l'humeur fait que l'on sent si une interaction s'est bien passée ou non. »

Le degré de coordination émotionnelle ressenti lors d'une interaction se reflète dans la manière dont s'orchestrent les gestes des individus pendant qu'ils parlent — et cet indice de proximité échappe en général à la conscience. L'un hoche la tête au moment précis où l'autre fait une remarque, ou bien les deux changent de position sur leur chaise au même instant, ou encore l'un se penche en avant tandis que l'autre s'appuie contre le dossier. Cette orchestration peut être aussi subtile que deux personnes se balançant au même rythme sur leur fauteuil à bascule. À l'instar de la synchronisation observée par Daniel Stern entre les mères et leur bébé, une réciprocité lie les mouvements des personnes émotionnellement proches.

Cette synchronie semble faciliter la communication de l'humeur, même si elle est négative. Ainsi, dans une étude sur la synchronie physique, des femmes déprimées devaient discuter avec leur compagnon de problèmes liés à leur relation. Plus grande était la synchronie non verbale, plus les hommes se sentaient déprimés après la discussion — ils s'étaient imprégnés de l'humeur négative de leur partenaire [5]. Bref, que les gens se sentent optimistes ou abattus, plus leur interaction est physiquement synchronisée, plus leurs humeurs deviendront similaires.

La synchronie entre professeurs et élèves est un signe de leur degré de proximité. Des études effectuées dans les écoles montrent que plus la coordination des gestes est étroite entre le maître et l'élève, plus ils se sentent amis, heureux, enthousiastes, intéressés et à l'aise dans leur relation. En règle générale, un niveau élevé de synchronie signifie que les personnes concernées s'apprécient. Frank Bernieri, le psychologue qui a effectué ces études, m'a dit : « La sensation de gêne ou de bien-être éprouvée en présence de quelqu'un est en partie physique. Il faut que les gens soient sur des longueurs d'ondes compatibles pour que leurs gestes soient coordonnés, pour qu'ils se sentent à l'aise. La synchronie reflète le degré d'implication des individus ; si vous êtes très impliqué, les humeurs, qu'elles soient bonnes ou mauvaises, se mélangent. »

En bref, la coordination des humeurs constitue l'essence d'un rapport, c'est la version adulte de l'harmonisation entre la mère et son bébé. Selon Cacioppo, l'efficacité des rapports interpersonnels tient en partie à l'adresse dont les gens font preuve pour établir cette synchronie émotionnelle. S'ils ont une facilité pour sentir l'humeur des autres ou s'ils parviennent aisément à tenir les autres sous l'emprise de leurs humeurs, alors leurs relations seront plus aisées sur le plan émotionnel. La marque du vrai leader ou de l'acteur exceptionnel est sa capacité à émouvoir de cette façon un auditoire de milliers de personnes. De même, fait remarquer Cacioppo, les gens qui ont du mal à capter ou à transmettre les émotions ont fréquemment des problèmes émotionnels parce qu'ils mettent souvent les gens mal à l'aise, sans que ceux-ci puissent dire exactement pourquoi.

Donner le *la* émotionnel d'une interaction est, en un sens, un signe de domination à un niveau profond, intime ; c'est être capable de gouverner l'état émotionnel de l'autre. Cette aptitude à déterminer des émotions est à rapprocher de ce que l'on appelle en biologie un *zeitgeber* (littéralement un « donneur de temps »), un processus (comme le cycle acadien ou le cycle lunaire) à l'origine de rythmes biologiques. Pour un couple de danseurs, la musique est un *zeitgeber* corporel. S'agissant d'une interaction, l'individu le plus expressif — ou celui dont la personnalité s'avère la plus forte — est généralement celui dont les émotions guident celles de l'autre. Le partenaire dominant parle davantage, tandis que le dominé a tendance à regarder plus souvent le visage de l'autre — situation propice à la transmission de l'affect. De même, la puissance d'un orateur — un homme politique ou un prédicateur, par exemple — a pour effet de dominer les émotions de l'auditoire[6]. C'est ce que veut dire l'expression « mettre quelqu'un dans sa poche ». La domination émotionnelle est au cœur de l'influence.

LES RUDIMENTS DE L'INTELLIGENCE SOCIALE

C'est l'heure de la récréation à l'école maternelle, et une bande de petits garçons court sur la pelouse. Reggie trébuche, se fait mal au genou et se met à pleurer, mais les autres enfants continuent leur course, sauf Roger, qui s'arrête. Tandis que Reggie cesse peu à peu de sangloter, Roger se frotte le genou et déclare : « Moi aussi, je me suis fait mal. »

Selon Thomas Hatch, un collègue de Howard Gardner de l'école Spectrum, fondée sur le concept d'intelligences multiples, Roger possède une intelligence interpersonnelle remarquable[7]. Il est particulièrement habile à reconnaître les sentiments de ses camarades et à se mettre rapidement et souplement au diapason avec eux. Lui seul avait remarqué la chute et la douleur de Reggie, et essayé de le réconforter, même si c'était seulement en se frottant le genou. Ce geste anodin révèle une aptitude psychologique essentielle pour entretenir des rapports étroits, que ce soit dans le mariage, l'amitié ou les affaires. Chez les jeunes enfants, les aptitudes de ce genre sont les bourgeons de talents qui s'épanouiront par la suite.

Le talent de Roger est l'une des quatre aptitudes dans lesquelles

Hatch et Gardner voient les composants de l'intelligence interpersonnelle :

- *L'aptitude à organiser des groupes :* c'est la capacité première du leader ; elle consiste à savoir amorcer et coordonner les efforts d'un réseau d'individus. C'est le talent dont font preuve les metteurs en scène, les chefs militaires et les dirigeants d'entreprise ou d'association.
- *La capacité à négocier des solutions :* c'est le talent du médiateur, celui qui permet de prévenir les conflits ou de les résoudre. Les personnes possédant cette aptitude excellent à négocier des arrangements, à arbitrer les différends ; on les trouve souvent dans les carrières diplomatiques ou juridiques, elles savent servir d'intermédiaires. Ce sont les enfants qui règlent les disputes dans la cour de récréation.
- *La capacité à établir des relations personnelles :* c'est le talent que possède Roger, la capacité à éprouver de l'empathie et à communiquer. Elle facilite les contacts et permet d'identifier les sentiments et les préoccupations des autres pour y répondre de manière appropriée — c'est tout l'art des relations personnelles. Ceux qui la possèdent sont de bons coéquipiers, des amis sûrs, des époux sur qui on peut compter et des associés sérieux ; ils deviennent d'excellents vendeurs, gestionnaires ou professeurs. Les enfants comme Roger s'entendent bien avec quasiment tout le monde, jouent volontiers avec les autres et y prennent plaisir. Ils savent en général déchiffrer les émotions et sont les préférés de leurs camarades.
- *La capacité d'analyse sociale :* c'est le fait de savoir percevoir les sentiments, les motivations et les préoccupations des autres. Cette compréhension permet une plus grande intimité et procure un sentiment de sympathie. Dans sa forme supérieure, cette aptitude fait les bons conseillers ou psychothérapeutes — et, associée à un talent littéraire, les bons romanciers ou auteurs dramatiques.

Conjointement, ces aptitudes forment l'étoffe même du raffinement dans les relations humaines, les ingrédients indispensables du charme, de la réussite sociale, et même du charisme. Cette forme d'intelligence sociale permet de nouer des relations harmonieuses, de déchiffrer avec finesse les sentiments et les réactions d'autrui, de diriger et d'organiser avec habileté, de prévenir et de surmonter les dissensions qui ne manquent pas d'apparaître dans toute activité humaine. Ceux qui la possèdent sont des leaders-nés, capables d'exprimer le sentiment collectif et de le formuler de manière à guider un groupe vers la réalisation de ses buts. Ce sont des gens avec qui on se plaît, car ils sont émotionnellement stimulants : ils mettent les gens de bonne humeur et font dire : « C'est un plaisir de fréquenter quelqu'un comme lui. »

Ces aptitudes interpersonnelles s'appuient sur d'autres formes d'intelligence émotionnelle. Ainsi, les individus qui brillent en société savent bien contrôler l'expression de leurs émotions, sont sensibles aux réactions des autres et peuvent donc régler avec précision leur comportement social de façon à obtenir l'effet désiré. En ce sens, ce sont de bons acteurs.

Cependant, si ces aptitudes interpersonnelles ne sont pas équilibrées par un sens intelligent de ses propres besoins et sentiments, et de comment les satisfaire, elles risquent de conduire à une réussite en société tout à fait trompeuse : une popularité acquise au prix de son insatisfaction personnelle. C'est ce que soutient Mark Snyder, un psychologue qui a étudié des gens que leurs talents en société transforment en des sortes de caméléons sociaux, passés maîtres dans l'art de faire bonne impression [8]. Leur credo psychologique est résumé par une remarque de W. H. Auden qui disait que l'image qu'il se faisait de lui-même était « très différente de celle que j'essaie de créer dans l'esprit des autres afin qu'ils puissent m'aimer ». Ce troc est possible dans la mesure où les aptitudes sociales l'emportent sur la capacité de connaître et d'honorer ses propres sentiments ; pour être aimé — ou du moins apprécié — le caméléon social semblera être tout ce que les autres veulent qu'il soit. Selon Snyder, la marque distinctive de cette catégorie de gens est qu'ils font très bonne impression tout en ayant peu de relations stables ou satisfaisantes. Il est naturellement plus sain de rester fidèle à soi-même tout en usant de ses aptitudes sociales avec intégrité.

Les caméléons sociaux n'hésitent pas à dire une chose et à agir autrement si cela leur vaut l'approbation d'autrui. Ils se contentent de vivre avec le décalage qui existe entre leur image publique et leur réalité intérieure. La psychanalyste Helena Deutsch dit d'eux qu'ils ont des personnalités d'emprunt, dont ils changent avec une souplesse remarquable au gré des signaux qu'ils captent de leur entourage. « Chez certaines personnes, m'a expliqué Snyder, le visage public et le visage privé coïncident, tandis que chez d'autres, c'est comme s'il existait seulement un kaléidoscope d'apparences changeantes. Ils font songer à Zelig, le personnage de Woody Allen, qui change constamment selon les personnes avec qui il se trouve. »

Avant de réagir, ces personnes scrutent rapidement leur interlocuteur pour essayer de deviner ce que l'on attend d'elles au lieu de dire simplement ce qu'elles ressentent. Pour se concilier les autres et se faire aimer d'eux, elles sont prêtes à laisser croire aux gens qu'elles n'aiment pas qu'elles sont leurs amies. Et elles se servent de leurs aptitudes sociales pour modeler leurs actions en fonction de ce qu'exigent les situations les plus diverses. Elles se comportent de manière très différente selon les situations, passant, par exemple, d'une sociabilité débordante à la plus grande réserve. Bien sûr, dans la mesure où ces traits de caractère permettent de moduler efficacement l'impression produite sur autrui, elles se débrouillent bien dans certaines professions : le théâtre, le barreau, la vente, la diplomatie et la politique, notamment.

Une autre forme de contrôle de soi, peut-être plus importante encore, sépare ces individus des personnes qui utilisent leurs talents en société de façon plus conforme à leurs véritables sentiments. C'est la capacité d'être en accord avec soi-même, qui permet d'agir conformément à ses valeurs et à ses sentiments profonds, qu'elles qu'en soient les conséquences. Par exemple, une telle authenticité des sentiments peut conduire un individu à provoquer délibérément un affrontement afin de démasquer la duplicité ou de dire la vérité, pour tirer au clair une situation, ce qu'un caméléon social ne tenterait jamais de faire.

COMMENT DEVENIR UN INCOMPÉTENT SOCIAL ?

Cecil était brillant ; il avait étudié les langues étrangères à l'université et était un excellent traducteur. Mais dans certains domaines, il faisait preuve d'une incapacité totale. Il semblait lui manquer certaines aptitudes de base indispensables à la vie en société. Une conversation à bâtons rompus autour d'un café devenait pour lui une épreuve insurmontable et il ne savait pas échanger les politesses les plus élémentaires ; bref, il paraissait incapable d'entretenir les rapports sociaux les plus ordinaires. Son manque d'aisance était particulièrement manifeste en présence de femmes, et Cecil avait donc commencé une psychothérapie, car il se demandait s'il n'avait pas, comme il disait lui-même, des « tendances homosexuelles cachées », même s'il n'avait aucun fantasme sexuel de ce type.

Le fond du problème, avoua-t-il à son thérapeute, était qu'il pensait qu'il n'avait rien d'intéressant à dire. Cela ne faisait qu'aggraver son manque absolu d'aisance sociale. Dans une conversation, sa nervosité le faisait s'esclaffer au mauvais moment, et il restait de marbre lorsque quelqu'un disait quelque chose de vraiment drôle. Sa maladresse remontait à son enfance. Il ne se sentait à l'aise qu'en présence de son frère aîné, qui le tirait parfois d'affaire. Mais, lorsqu'il partit de chez ses parents, son ineptie devint patente ; il était socialement paralysé.

Cette histoire a été racontée par le psychologue Lakin Phillips, pour qui tout le mal proviendrait de ce que, dans son enfance, Cecil n'aurait pas acquis les rudiments nécessaires à la vie en société :

> Qu'aurait-on dû lui apprendre ? À parler de manière directe aux autres quand ils s'adressaient à lui, à aller vers eux et à ne pas toujours attendre qu'on vienne à lui, à entretenir une conversation et à ne pas se contenter de répondre par oui ou par non, à exprimer de la gratitude, à céder aimablement le passage, à attendre que les autres se soient servis avant de se servir lui-même. Et aussi à remercier, à dire « s'il vous plaît », à partager, et toutes ces choses élémentaires que l'on apprend aux enfants dès l'âge de deux ans[9].

On ne saurait dire si la déficience de Cecil était due au fait qu'on avait négligé de lui enseigner les bases de la civilité ou à son incapacité à les apprendre. Quoi qu'il en soit, l'exemple de Cecil est instructif car il souligne le caractère crucial des règles tacites de l'harmonie sociale et des innombrables leçons qu'apprennent les enfants grâce à la synchronie des rapports humains. Quand on ne respecte pas ces règles, cela a pour effet de soulever des vagues, de créer une gêne. La fonction de ces règles est de permettre à ceux qui participent à un échange social de se sentir à l'aise ; la maladresse met mal à l'aise. Les gens qui ne les connaissent pas sont non seulement incapables de la moindre subtilité sociale, mais aussi de bien réagir aux émotions des autres. Ils sèment immanquablement le trouble dans leur sillage.

Nous connaissons tous des Cecil, des personnes dépourvues de la moindre finesse sociale, des gens qui semblent ne pas savoir mettre fin à une conversation ou à un appel téléphonique et qui continuent de parler, aveugles à tous les signes, ceux dont le seul sujet de conversation est eux-mêmes, qui ne manifestent pas le moindre intérêt pour les autres et ignorent les tentatives polies pour changer de sujet ; les importuns et les indiscrets. Tous ces dérapages témoignent d'une absence des éléments indispensables à l'interaction.

Les psychologues ont inventé le terme *dyssémie* (du grec *dys-*, « mauvais », et *semes*, « signal ») pour désigner l'incapacité à apprendre à reconnaître les messages non verbaux. Environ un enfant sur dix rencontre des difficultés dans ce domaine[10]. Celles-ci peuvent être dues à une mauvaise perception de son espace personnel, l'enfant se tenant trop près de son interlocuteur ou répandant ses affaires sur le territoire d'un autre ; à une mauvaise utilisation ou interprétation du langage du corps et des expressions faciales (l'enfant évite, par exemple, d'établir un contact visuel) ; ou encore à un sens défectueux de la prosodie, la qualité émotionnelle de la parole, de sorte qu'ils parlent d'une voix trop criarde ou trop monocorde.

Un grand nombre de recherches se sont attachées à repérer les enfants qui montrent des signes de déficience sociale, des enfants dont la maladresse fait qu'ils sont ignorés ou rejetés par leurs camarades. Si on laisse de côté les enfants qui sont repoussés parce qu'ils sont brutaux, les enfants que leurs camarades évitent ont en général du mal à maîtriser des interactions face à face, surtout les règles tacites qui les régissent. Lorsqu'un enfant parle mal, on suppose qu'il n'est pas très intelligent ou n'a pas reçu une bonne éducation ; mais s'il maîtrise mal les règles non verbales d'interaction, les gens — surtout ses camarades — le trouveront « bizarre » et l'éviteront. C'est le cas des enfants qui ne savent pas se mêler facilement aux jeux des autres, ou qui, lorsqu'ils les touchent, les mettent mal à l'aise au lieu de renforcer leurs sentiments de camaraderie. Ces enfants n'ont pas réussi à maîtriser le langage silencieux des émotions et envoient involontairement des « messages » qui créent un malaise.

Comme le dit Stephen Nowicki, le psychologue qui a étudié les aptitudes non verbales des enfants, « ceux qui sont incapables de déchiffrer ou d'exprimer convenablement des émotions se sentent sans cesse frustrés. Au fond, ils ne comprennent pas ce qui se passe. Cette forme de communication est sous-jacente à tout ce que vous faites ; vous ne pouvez empêcher votre visage ou vos gestes d'exprimer vos sentiments, ni dissimuler le ton de votre voix. Si vous n'envoyez pas le bon message, vous vous apercevez que les gens réagissent bizarrement ou vous repoussent et vous ne savez pas pourquoi. Lorsqu'on pense se montrer enjoué, mais qu'en réalité on a l'air excité ou fâché, on constate que les autres enfants se fâchent avec vous, et on n'en comprend pas la raison. Ces enfants finissent par avoir l'impression qu'ils ne peuvent pas influer sur la manière dont les gens les traitent, que leurs actions sont sans effet sur ce qui leur arrive. Ils se sentent alors impuissants, déprimés et apathiques ».

Non seulement ces enfants se sentent socialement isolés, mais ils ont en outre des difficultés à l'école. Bien sûr, la salle de classe est une scène sociale autant qu'un lieu d'étude ; l'enfant socialement maladroit risque de mal interpréter son maître, ou un de ses camarades, et de mal réagir. L'anxiété et la confusion résultantes pourront elles-mêmes nuire à son aptitude à apprendre. En effet, comme l'ont montré des tests de sensibilité non verbale effectués sur des enfants, ceux qui interprètent mal les signes psychologiques obtiennent en général des résultats scolaires inférieurs à ceux que leur QI permettrait d'espérer [11].

« ON TE DÉTESTE » : LA MISE AU BAN

Peut-être est-ce dans ce moment particulièrement dramatique de la vie d'un enfant où celui-ci hésite à se joindre à un jeu que le manque d'intelligence dans les rapports avec les autres est le plus douloureux et le plus manifeste. C'est un moment de péril, car on voit alors publiquement si l'enfant est aimé ou non, s'il fait partie du groupe ou non. Pour cette raison, ce moment décisif a été étudié de près par les spécialistes du développement de l'enfant, et ces travaux ont révélé un net contraste entre les stratégies d'approche adoptées par les enfants appréciés de leurs camarades et les « proscrits ». Les résultats montrent combien il est essentiel, pour vivre en société, de savoir remarquer et interpréter les émotions d'autrui, et de pouvoir y répondre. Il est poignant de voir un enfant exclu par les autres, désireux de se joindre à eux mais évincé ; ce drame est hélas universel. Même les enfants les plus appréciés de leurs camarades sont parfois rejetés : une étude effectuée sur des élèves de cours élémentaire a montré que, dans 26 % des cas, ceux-ci sont repoussés quand ils essaient de se joindre à un groupe d'enfants déjà occupés à jouer.

Les jeunes enfants expriment avec une franchise brutale le jugement psychologique qui sous-tend le rejet. En témoigne le dialogue suivant entre des enfants de quatre ans[12]. Linda veut se joindre à Barbara, Nancy et Bill, qui jouent avec des animaux en bois et des cubes. Elle les observe pendant une minute, puis fait un mouvement d'approche : elle s'assoit à côté de Barbara et commence à s'amuser avec les animaux. Barbara se tourne vers elle et lui dit :

— Tu ne peux pas jouer !

— Si, je peux, proteste Linda. Moi aussi je peux avoir des animaux.

— Non, tu ne peux pas, affirme Barbara sans ménagement. Aujourd'hui on ne t'aime pas.

Lorsque Bill prend la défense de Linda, Nancy attaque à son tour :

— On la déteste aujourd'hui.

Parce qu'ils courent le risque de s'entendre dire, ouvertement ou non : « On te déteste », tous les enfants font preuve de prudence quand il s'agit d'aborder un groupe. Bien sûr, cette anxiété n'est sans doute pas très différente de celle qu'on éprouve lorsque, invité à une réception chez des inconnus, on hésite à se joindre à un cercle d'amis en train de bavarder joyeusement. Parce que cet instant où il se trouve à la lisière d'un groupe est très important pour l'enfant, il est aussi, comme le dit un chercheur, « très significatif et révèle rapidement des différences d'aptitude dans les rapports sociaux [13] ».

D'ordinaire, les nouveaux venus se contentent d'observer pendant un moment, puis se mêlent aux autres, d'abord timidement et, petit à petit, avec plus d'assurance. Le fait qu'un enfant finisse par se faire accepter ou non dépend avant tout de sa capacité plus ou moins grande à entrer dans le cadre de référence du groupe, à sentir quelle manière de jouer est dans le ton et quelle manière ne l'est pas.

Les deux péchés cardinaux qui conduisent presque toujours à un rejet sont le fait de vouloir prendre trop tôt la direction du jeu et le fait de sortir du cadre de référence. Mais c'est précisément ce que tentent de faire les enfants impopulaires : ils cherchent à s'imposer au groupe, en essayant de changer de jeu trop brutalement ou trop tôt, en donnant leur opinion ou simplement en contestant le point de vue des autres — tout cela, semble-t-il, dans le but d'attirer l'attention. Contrairement à leur attente, la réaction de leurs camarades est de les ignorer ou de les rejeter. Par contre, les enfants qui savent se faire aimer prennent le temps d'observer le groupe afin de comprendre ce qui s'y passe avant d'en approcher, puis ils montrent qu'ils en acceptent les règles ; ils attendent que leur position au sein du groupe soit confirmée pour émettre des suggestions.

Revenons à Roger, le garçon de quatre ans chez qui Thomas Hatch avait décelé une grande intelligence interpersonnelle [14]. Pour s'introduire dans un groupe, la tactique de Roger consistait à commencer par observer, puis à imiter ce que faisait un autre enfant, avant de parler avec lui et de se joindre complètement au jeu — une stratégie gagnante. L'habileté de Roger était manifeste, par exemple, quand Warren et lui jouaient à mettre des « bombes » (en fait des cailloux) dans leurs chaussettes. Warren demandait à Roger s'il voulait être dans un hélicoptère ou un avion. Avant de choisir, Roger lui demandait : « Et toi, tu es dans un hélicoptère ? »

Cette prévenance apparemment anodine témoigne d'une sensibilité aux préoccupations de l'autre et de la capacité d'agir de manière à maintenir le lien. Hatch commente : « Roger sonde son camarade pour entretenir la cohésion de leur relation et celle de leur jeu. J'ai vu un grand nombre d'autres enfants qui, au propre comme au figuré, grimpent dans leur hélicoptère ou leur avion et s'envolent chacun de son côté. »

LE GÉNIE ÉMOTIONNEL : UNE ÉTUDE DE CAS

Si la marque distinctive de l'habileté sociale est le fait de savoir apaiser les émotions perturbatrices chez autrui, alors la capacité à gérer la fureur de quelqu'un est sa plus haute expression. Ce que l'on sait des mécanismes d'autorégulation de la colère et de la contagion émotionnelle suggère qu'une stratégie efficace consiste à distraire la personne en colère, à manifester de l'empathie pour ses émotions et son point de vue, puis à lui faire adopter un autre point de vue, associé à des émotions plus positives — une sorte de judo psychologique.

Rien ne saurait mieux illustrer cet art d'influer sur les émotions d'autrui que l'histoire racontée par un vieil ami, feu Terry Dobson, qui, dans les années cinquante, fut l'un des premiers Américains à étudier l'aïkido[15]. Un jour, alors qu'il se trouvait au Japon, il rentrait chez lui en train quand un colosse ivre, d'humeur belliqueuse, grimpa à bord. En titubant, l'homme commença à terroriser les passagers : hurlant des injures, il lança un coup de poing à une femme qui tenait un bébé, l'envoyant sur les genoux d'un couple de personnes âgées, qui se levèrent d'un bond et se réfugièrent avec les autres à l'autre bout du wagon. Après avoir distribué d'autres coups (qui ratèrent leur but), l'ivrogne empoigna la colonne métallique au centre du wagon en vociférant et essaya de l'arracher.

C'est alors que Terry, qui, grâce à ses huit heures d'aïkido quotidiennes, était au mieux de sa forme, se sentit obligé d'intervenir. Il se souvint cependant des paroles de son professeur : « L'aïkido est l'art de la réconciliation. Qui éprouve l'envie de se battre est coupé de l'univers. Qui essaie de dominer les gens a déjà perdu. Nous apprenons à résoudre les conflits, non à les provoquer. »

Lorsqu'il avait commencé à travailler avec son professeur, Terry s'était en effet engagé à ne jamais chercher à se bagarrer et à n'utiliser sa connaissance des arts martiaux que pour se défendre. L'occasion lui était offerte de mettre à l'épreuve son savoir-faire dans un cas manifestement légitime. Alors que tous les autres passagers étaient pétrifiés sur leur siège, Terry se leva posément.

— Ah ! Un étranger ! Je vais te donner une bonne leçon à la japonaise ! rugit l'ivrogne en s'apprêtant à fondre sur Terry.

Mais à ce moment-là, quelqu'un lança un cri joyeux : « Hé ! »

Le ton de la voix était enjoué comme celui de quelqu'un qui retrouve un vieil ami. Surpris, l'ivrogne se tourna et vit un petit homme de plus de soixante-dix ans en kimono. Le vieux monsieur levait vers lui un visage épanoui et il lui faisait signe d'approcher avec la main.

L'énergumène se dirigea vers lui et lança, agressif :

— Qu'est-ce que tu me veux ?

Terry se tenait prêt à l'assommer au moindre geste violent.

— Qu'es-tu en train de boire ? interrogea le vieil homme, le regard rayonnant.

— Du saké, mais mêle-toi de ce qui te regarde ! beugla l'ivrogne.

— Oh ! c'est merveilleux, absolument merveilleux, reprit le monsieur d'une voix chaleureuse. Moi aussi, j'adore le saké. Chaque soir, ma femme et moi nous en faisons chauffer une petite bouteille que nous buvons dans le jardin, assis sur un banc en bois...

Il poursuivit, évoquant le plaqueminier qui poussait à côté, les richesses de ce petit jardin et le plaisir de son petit saké du soir.

Tandis qu'il l'écoutait, le visage de l'ouvrier commença à se radoucir, ses poings se desserrèrent.

— Ouais... moi aussi, j'aime beaucoup les plaqueminiers, dit-il d'une voix qui s'apaisait.

— Ah !... continua le vieux monsieur, et je suis sûr que tu as une excellente épouse.

— Non, répondit l'autre. Elle est morte...

Et en sanglotant, il lui raconta comment il avait perdu sa femme, son foyer, son travail, et combien il avait honte de lui.

Lorsque le train s'arrêta à sa station, Terry, en sortant du wagon, entendit le vieil homme inviter l'ivrogne à lui raconter ses malheurs et vit ce dernier affalé sur la banquette, la tête appuyée sur les genoux du monsieur.

Voilà le génie émotionnel.

Troisième partie

L'INTELLIGENCE ÉMOTIONNELLE APPLIQUÉE

9

Ennemis intimes

L'amour et le travail, fit un jour remarquer Sigmund Freud à son disciple Erik Erikson, sont les capacités jumelles qui caractérisent la maturité. Si tel est le cas, cette étape de la vie répond de moins en moins à cette définition ; les statistiques sur le mariage et le divorce le prouvent et montrent que l'intelligence émotionnelle fait plus cruellement défaut que jamais.

Prenons le taux de divorces. Le nombre annuel de divorces s'est plus ou moins stabilisé. Mais il existe une autre façon de calculer ce taux qui suggère une augmentation alarmante de la *probabilité* du divorce. Globalement, le taux a cessé de grimper, mais le risque de divorce se concentre sur les jeunes mariés.

Le phénomène devient apparent si l'on compare les taux de divorces selon l'année de mariage. Dix pour cent des mariages conclus aux États-Unis en 1890 se sont terminés par un divorce. Le taux passe à 18 % pour les couples formés en 1920, à 30 % pour les Américains mariés en 1950. Pour les mariages conclus en 1970, le risque était de 50 %, et il atteint un atterrant 67 % pour les couples formés dans les années quatre-vingt-dix [1] ! Si cette estimation est juste, seulement trois personnes sur dix récemment mariées peuvent espérer rester avec leur conjoint.

On peut soutenir que cette augmentation est due en grande partie moins à une baisse de l'intelligence émotionnelle qu'à une diminution des pressions sociales — désapprobation ou dépendance économique des femmes — qui empêchaient les couples, même les plus mal assortis, de se séparer. Mais si ces pressions sociales ne suffisent plus à cimenter les couples, alors les forces émotionnelles en jeu entre les hommes et les femmes sont d'autant plus importantes à la survie de leur union.

Ces liens entre mari et femme — et les points faibles émotionnels qui peuvent en provoquer la rupture — ont été particulièrement bien étudiés ces dernières années. Rien n'a peut-être mieux permis de comprendre ce qui unit ou détruit un couple que les mesures physiologiques sophistiquées grâce auxquelles on peut suivre à la trace l'évolution des nuances psychologiques qui marquent les échanges entre conjoints. Les scientifiques sont maintenant capables de détecter les poussées d'adrénaline ou les élévations brutales de la tension du mari et d'observer les micro-émotions, fugitives mais éloquentes, qui transparaissent sur le visage de son épouse. Ces mesures physiologiques révèlent le substrat biologique caché des difficultés conjugales, un niveau de réalité psychologique capital que, d'ordinaire, les conjoints eux-mêmes perçoivent peu ou pas du tout. Ces résultats mettent à nu les forces émotionnelles qui soudent ou dissolvent une relation. Les points de rupture ont leur origine première dans les différences entre le monde émotionnel des filles et celui des garçons.

LES CONCEPTIONS MASCULINE ET FÉMININE DU COUPLE SE FORMENT DANS L'ENFANCE

Un jour où je m'apprêtai à entrer dans un restaurant, je vis un jeune homme sortir d'un pas décidé, le visage figé en une expression dure et renfrognée. Une jeune femme courait sur ses talons et lui martelait désespérément le dos en criant : « Salaud ! Reviens et sois gentil avec moi ! » Cette supplique poignante, impossible, contradictoire est typique de ce qui est souvent à l'œuvre dans un couple à la dérive. Elle veut interagir, lui s'en va. Les conseillers conjugaux savent bien que lorsqu'un couple fait appel à eux, il joue déjà à ce jeu d'avances et de reculades, lui se plaignant de ses exigences « déraisonnables » et de ses scènes, elle se lamentant de son indifférence vis-à-vis de ce qu'elle dit.

Cette fin de partie conjugale reflète le fait qu'il existe bel et bien deux réalités émotionnelles dans le couple, celle de l'homme et celle de la femme. Bien qu'elle puisse être en partie biologique, on peut aussi rechercher l'origine de ces différences émotionnelles dans l'enfance et dans les univers émotionnels séparés dans lesquels vivent garçons et filles pendant qu'ils grandissent. Il existe de très nombreux travaux sur ces mondes séparés, dont les barrières ne sont pas seulement renforcées par la préférence des garçons et des filles pour des jeux différents, mais aussi parce que les enfants ont peur que l'on se moque d'eux parce qu'ils ont un « amoureux » ou une « petite amie[2] ». Une étude a montré que la plupart des enfants de trois ans déclarent que la moitié de leurs amis sont du sexe opposé ; à cinq ans, la proportion n'est plus que de 20 % ; et à sept ans, presque tous affirment ne pas avoir d'amis de l'autre sexe[3]. Ces univers sociaux séparés ne se croisent guère jusqu'au moment où les adolescents commencent à se fréquenter.

Entre-temps, les garçons et les filles apprennent à gérer leurs émotions de manière totalement différente. En règle générale, les parents abordent plus volontiers les questions liées aux émotions — à l'exception de la colère — avec leurs filles qu'avec leurs fils[4]. Lorsque les parents racontent des histoires à leurs enfants quand ils sont tout petits, ils expliquent davantage les émotions aux filles qu'aux garçons ; ils font plus souvent appel à des mots à forte charge affective quand ils parlent à leurs filles. Lorsque les mères jouent avec leur bébé, elles expriment des émotions plus variées si ce sont des filles, et, plus tard, discutent plus en détail avec elles de leur état affectif qu'elles ne le font avec les garçons — bien qu'avec ceux-ci, elles s'attardent davantage sur les causes et les effets d'émotions comme la colère (souvent pour les mettre en garde).

Selon Leslie Brody et Judith Hall, qui ont récapitulé les recherches sur les différences émotionnelles entre les sexes, parce que les filles apprennent plus tôt que les garçons à manier le langage parlé, elles savent mieux exprimer leurs sentiments et sont plus habiles à employer les mots pour analyser leurs réactions émotionnelles et en maîtriser certaines, comme le désir de se battre. En revanche, remarquent-elles, « les garçons, qui n'accordent pas autant d'attention à l'expression verbale des sentiments, deviennent plus souvent inconscients de leur état affectif et de celui des autres[5] ».

À dix ans, à peu près le même pourcentage de filles et de garçons se montrent ouvertement agressifs et recherchent l'affrontement quand ils sont en colère. Vers treize ans, une différence significative apparaît entre les deux sexes. Les filles deviennent plus expertes que les garçons dans des tactiques d'agression sophistiquées comme l'ostracisme, les racontars et les vengeances indirectes. De manière générale, les garçons continuent à rechercher l'affrontement direct et ignorent ces stratégies moins explicites[6]. C'est un des aspects par lesquels les garçons — et plus tard, les hommes — se montrent moins habiles que les filles à naviguer dans les méandres de la vie affective.

Lorsque des filles jouent ensemble, elles le font par petits groupes d'intimes, avec la volonté de minimiser les conflits et de privilégier la coopération, alors que les garçons jouent en groupes plus importants dans lesquels l'accent est mis sur la compétition. La différence est visible, par exemple, lorsqu'un jeu s'interrompt parce que l'un des participants s'est fait mal. Si c'est un garçon, ses camarades attendent de lui qu'il quitte le terrain et cesse de pleurer afin que la partie puisse continuer. Quand la même chose se produit chez les filles, le jeu s'arrête et toutes les filles se rassemblent pour venir en aide à celle qui pleure. Cette différence de comportement illustre bien l'une des différences essentielles entre les deux sexes selon Carol Gilligan : les garçons sont fiers de leur indépendance et de leur côté « dur à cuire », tandis que les filles considèrent qu'elles appartiennent à un réseau de relations. Les garçons se sentent menacés par tout ce qui risque de mettre en péril leur indépendance, tandis que les filles craignent davantage une rupture de leurs liens. Comme Deborah Tannen l'a souligné dans son ouvrage *You Just Don't Understand*, cette différence de perspective signifie qu'hommes et femmes abordent une conversation avec des attentes différentes, les hommes se contentant de parler de « choses », alors que les femmes cherchent une relation émotionnelle.

En bref, ces contrastes dans l'éducation des émotions favorisent des aptitudes très dissemblables, les filles devenant « expertes à déchiffrer les signaux psychologiques verbaux et non verbaux, à exprimer et à communiquer leurs sentiments », les garçons tendant à « minimiser les émotions liées à la vulnérabilité, à la culpabilité, à la peur et à la peine[7] ». La littérature scientifique offre des preuves très convaincantes de cette différence d'attitude. Des centaines d'études ont montré, notamment, que les femmes manifestent en général plus d'empathie que les hommes, du moins si on la mesure par la capacité de déchiffrer les sentiments non dits des autres à partir de l'expression de leur visage, du ton de leur voix et d'autres signaux non verbaux. De même, il est généralement plus facile de lire les sentiments d'une femme sur son visage que ceux d'un homme. Alors que les petits garçons et les petites filles ont des visages tout aussi expressifs, à partir de l'école primaire cette expressivité diminue chez les premiers et augmente chez les secondes. Peut-être ce phénomène reflète-t-il une autre différence essentielle : en moyenne, les femmes ont des émotions plus intenses et plus changeantes que les hommes — en ce sens, elles *sont* plus « émotionnelles » qu'eux[8].

Tout cela signifie qu'en règle générale les femmes abordent le mariage préparées à être les gestionnaires des émotions, tandis que les hommes ne comprennent pas bien l'importance de cette tâche pour la bonne marche du couple. Comme l'a en effet montré une étude portant sur 264 couples, pour les femmes, l'élément essentiel pour qu'une relation soit satisfaisante est qu'il y ait une « bonne communication » au sein du couple[9]. Ted Huston, un psychologue qui étudie les couples en profondeur, fait cette remarque : « Pour les épouses, intimité signifie discuter, surtout du couple lui-même. De manière générale, les hommes ne comprennent pas ce qu'elles veulent d'eux. Ils déclarent : "J'ai envie de faire des tas de choses avec elle, et elle, elle veut parler." » Pendant qu'ils font la cour, a constaté Huston, les hommes sont tout à fait disposés à discuter avec leur future épouse pour satisfaire son désir d'intimité. Mais, après le mariage, avec le temps, les hommes — surtout dans les couples plutôt « traditionnels » — passent de moins en moins de temps à parler de la sorte avec leur femme et trouvent une sensation de proximité en s'adonnant avec elle à des activités comme le jardinage plutôt qu'en discutant.

Le silence croissant des maris pourrait être dû en partie au fait qu'ils sont en général un peu naïfs quant à l'état de leur couple, alors que les femmes sentent mieux ce qui ne va pas. Dans une étude, les hommes avaient une vision plus rose de tout ce qui concernait leur couple : sexualité, finances, rapports avec les beaux-parents, qualité de leur écoute mutuelle, importance qu'ils accordent aux défauts de l'autre [10]. En général, les épouses expriment plus librement leurs doléances que leurs maris, surtout dans les couples en difficulté. Si l'on combine le regard optimiste que les hommes portent sur le mariage et leur aversion pour les conflits affectifs, on comprend pourquoi les femmes se plaignent si souvent de ce que leur mari se défile dès qu'il s'agit de discuter des problèmes du couple. (Il s'agit là naturellement d'une généralisation, et cette différence de comportement n'est pas toujours vraie. Un ami psychiatre se plaignait à moi que sa femme rechignait à discuter avec lui des questions émotionnelles et qu'il lui incombait toujours de les amener sur le tapis.)

Le manque d'empressement des hommes pour aborder les problèmes conjugaux est sans aucun doute aggravé par leur incompétence à lire les émotions sur les visages. Ainsi, les femmes sont plus sensibles à une expression de tristesse sur le visage d'un homme que ne le sont les hommes sur celui d'une femme [11]. Il faut donc qu'une femme soit très triste pour qu'un homme y prête simplement attention, et plus encore pour qu'il l'interroge sur la cause de son chagrin.

Qu'implique cette différence émotionnelle des sexes quant à la manière dont les couples font face aux conflits et aux désaccords qui naissent inévitablement dans toute relation intime ? En réalité, ce ne sont pas des questions spécifiques comme la fréquence des rapports sexuels, l'éducation des enfants ou les finances du ménage, qui font qu'un mariage marche ou non. C'est plutôt la *manière* dont les époux débattent de ces questions sensibles qui est déterminante pour le destin d'un mariage. Le seul fait de se mettre d'accord sur la façon de gérer les désaccords est essentiel à la survie conjugale ; les hommes et les femmes doivent surmonter les différences innées entre les sexes lorsque les émotions commencent à tanguer. Faute de quoi, les couples sont vulnérables aux failles émotionnelles qui peuvent finir par les désagréger. Comme nous allons le voir, ces failles risquent d'autant plus de surgir si l'intelligence émotionnelle de l'un des conjoints, ou des deux, présente certaines déficiences.

LES LIGNES DE FAILLE CONJUGALES

FRED : — Es-tu allée chercher mes affaires au pressing ?
INGRID (d'un ton moqueur) : — « Es-tu allée chercher mes affaires au pressing ? » Tu me prends pour ta bonne ?
FRED : — Sûrement pas ! Si tu étais la bonne, tu saurais au moins laver le linge.

Si ce dialogue était tiré d'une sitcom, on pourrait le trouver amusant. Mais cet échange caustique a réellement eu lieu entre deux conjoints dont on ne sera pas surpris d'apprendre qu'ils divorcèrent quelques années après [12]. La scène s'est déroulée dans le laboratoire du psychologue John Gottman, qui a sans doute effectué l'analyse la plus détaillée jamais entreprise de la « glu émotionnelle » qui unit les couples et des sentiments corrosifs susceptibles de les détruire [13]. Dans son laboratoire, les conversations entre conjoints sont filmées sur vidéo, puis soumises pendant des heures à une microanalyse destinée à mettre au jour le courant sous-jacent des émotions. Cette cartographie des lignes de faille qui peuvent conduire un couple au divorce confirme le rôle décisif de l'intelligence émotionnelle dans la survie de celui-ci.

Au cours des vingt dernières années, Gottman a suivi pas à pas les hauts et les bas de plus de deux cents couples, certains de jeunes mariés, d'autres avec des dizaines d'années d'existence. Il a cartographié l'écologie émotionnelle du mariage avec une telle précision que dans une de ses études il a pu prédire dans 94 % des cas — une précision inouïe — lesquels des couples étudiés divorceraient dans les trois ans (celui de Fred et d'Ingrid faisait partie de ceux-là).

La puissance de l'analyse de Gottman résulte de la minutie de sa méthode et de ses investigations. Pendant que les conjoints discutent, des détecteurs enregistrent leurs plus légères variations physiologiques ; une analyse seconde par seconde de leurs expressions faciales (grâce au système mis au point par Paul Elkman) permet de déceler les nuances de sentiment les plus subtiles et les plus fugitives. Après la séance, chaque conjoint visionne séparément le film de la conversation et décrit ses pensées secrètes aux moments les plus passionnés de celle-ci. On obtient ainsi une sorte de radiographie émotionnelle du couple.

Selon Gottman, les critiques acerbes sont l'un des premiers signes que le couple est en danger. Dans un couple sain, mari et femme n'hésitent pas à exprimer leurs doléances. Mais trop souvent, sous le coup de la colère, les critiques prennent une tournure destructrice, comme par exemple lorsqu'un des époux décrie le caractère de l'autre. Voici un exemple : Pamela et sa fille sont parties acheter des chaussures pendant que Tom, son mari, se rendait dans une librairie. Ils doivent se retrouver devant le bureau de poste une heure plus tard, puis aller au cinéma. Pamela est à l'heure, mais pas de Tom à l'horizon. « Où a-t-il pu passer ? Le film commence dans dix minutes, se plaint-elle à sa fille. Comme d'habitude, il fiche tout en l'air. »

Lorsque Tom arrive dix minutes plus tard, heureux d'avoir rencontré un ami à l'improviste et s'excusant de son retard, Pamela se répand en sarcasmes : « Il n'y pas de quoi. Cela nous a permis de parler de ton étonnante aptitude à bousiller le moindre projet. Comment peut-on être à ce point égocentrique et insensible ! »

Les reproches de Pamela sont plus que des reproches : c'est une condamnation sans appel du caractère, une critique de la personne, et non de ses actes. Tom s'est excusé, mais sa faute lui vaut de se faire stigmatiser par Pamela. La majorité des couples connaissent de temps à autre de tels moments de friction, où les doléances se transforment en attaques personnelles. Mais ces critiques personnelles sévères ont un effet émotionnel corrosif bien plus important que des critiques raisonnables. Et ces attaques ont d'autant plus de chances de se produire qu'un mari ou une femme a le sentiment, peut-être à juste titre, que ses plaintes restent ignorées.

Les différences entre les plaintes et les reproches personnels sont simples. Lorsqu'elle se plaint à son mari, la femme énonce spécifiquement ce qui la contrarie et met en cause l'*action* de son époux — et non sa personnalité — en exprimant les sentiments que cette action a suscités en elle : « Quand tu oublies de prendre mes vêtements au pressing, j'ai l'impression que tu ne penses pas à moi. » C'est l'intelligence émotionnelle qui parle, avec assurance, sans agressivité ni passivité. Lorsqu'en revanche l'épouse émet un reproche personnel, elle profite d'un grief particulier pour lancer une attaque générale contre son mari : « Être à ce point égoïste et sans égards ! Ça prouve bien que je ne peux vraiment pas compter sur toi pour faire les choses comme il faut. » Le destinataire d'une critique de ce genre se sent honteux, mal aimé, blâmé et coupable, et cela risque plus de provoquer une réaction de défense que d'améliorer la situation.

Encore plus si la critique est chargée de mépris, une émotion particulièrement destructrice. Le mépris accompagne souvent la colère ; habituellement, il n'est pas exprimé seulement par les paroles, mais aussi par le ton de la voix et l'expression furieuse du visage. Sa forme la plus courante, bien sûr, est la raillerie ou l'insulte — « pauvre type », « garce », « minable ». Mais tout aussi blessant est le langage du corps qui traduit le mépris, en particulier le rictus ou la lèvre retroussée, qui sont les signes faciaux universels du dégoût, ou un roulement des yeux signifiant « mon pauvre vieux ! ».

Le mouvement facial caractéristique du mépris est une contraction du muscle des fossettes, celui qui tire la commissure des lèvres vers l'extérieur (généralement du côté gauche), tandis qu'on lève les yeux au ciel. Lorsqu'un des conjoints prend cette expression, l'autre enregistre une brusque augmentaton de deux ou trois battements par minute de son rythme cardiaque. Ce dialogue affectif silencieux n'est pas sans conséquences ; comme l'a constaté Gottman, quand un mari manifeste régulièrement du mépris envers son épouse, celle-ci est davantage prédisposée à divers problèmes de santé — grippes et rhumes fréquents, infections urinaires, mycoses, ou troubles gastro-intestinaux. Et lorsque le visage d'une femme exprime le dégoût, cousin germain du mépris, quatre fois au moins durant une conversation d'un quart d'heure, c'est le signe que le couple risque fort de se séparer dans les quatre ans.

Il va de soi qu'une manifestation de mépris ou de dégoût occasionnelle ne suffit pas à détruire un couple. Ce genre de salves émotionnelles sont plutôt des facteurs de risque cardiaque comme le tabac ou un taux élevé de cholestérol : plus le feu est nourri et prolongé, plus le risque est grand. Sur la route qui mène au divorce, l'un de ces facteurs annonce le suivant en une douloureuse escalade. Quand ils deviennent routiniers, le mépris, les critiques ou l'aversion sont des signes de danger, car ils indiquent que le mari ou la femme a prononcé en silence un jugement sans appel contre son conjoint. Dans son for intérieur, celui-ci fait l'objet d'une condamnation permanente. Une telle pensée hostile ou négative se traduit naturellement par des attaques qui placent le conjoint sur la défensive — ou le poussent à riposter.

Les deux options de la réaction « fuir ou se battre » sont celles dont dispose le conjoint objet de l'attaque. La plus courante reste la contre-offensive lancée sous le coup de la colère, qui aboutit généralement à un échange stérile d'invectives. Cependant, l'autre option, la fuite, peut avoir parfois des effets plus pernicieux, en particulier lorsqu'elle consiste à se retrancher derrière un silence de marbre.

Le mur du silence est la défense ultime ; l'individu se retire de la discussion en répondant par une expression impassible et le silence. Cette stratégie communique une impression forte et troublante, un mélange de froideur, de supériorité et de dégoût. On la constate surtout dans les couples qui « battent de l'aile » ; dans 85 % des cas, c'est le mari qui s'enferme dans le mutisme en réaction aux critiques méprisantes de son épouse[14]. Quand elle devient habituelle, cette attitude est dévastatrice pour le couple ; elle supprime toute possibilité de régler les désaccords.

PENSÉES TOXIQUES

Les enfants font du bruit et dérangent Martin, leur père. Celui-ci se tourne vers Mélanie, sa femme, et dit d'un ton cinglant :

— Ne crois-tu pas que les petits devraient se calmer ?

En fait, il pense : « Elle est trop coulante avec eux. »

En réaction à l'irritation de son mari, Mélanie prend la mouche. Son visage se crispe, ses sourcils se froncent et elle réplique :

— Ils s'amusent. De toute façon, ils ne vont pas tarder à aller se coucher.

Elle pense : « Voilà que ça recommence. Il se plaint tout le temps. »

Maintenant, Martin est visiblement furieux. Il se penche en avant, les poings serrés, et rétorque, agacé :

— Il faut que je les mette au lit moi-même tout de suite ?

Il pense : « Elle me contrarie toujours. Il va falloir que je m'occupe de ça tout seul. »

Mélanie, soudain effrayée par la colère de Martin, dit d'un ton plus doux :

— Non, je vais m'en occuper.

Sa pensée : « Il ne se maîtrise plus et risque de faire mal aux enfants. Mieux vaut céder. »

Ces conversations parallèles — l'une exprimée par des mots, l'autre silencieuse — sont citées par Aaron Beck, père de la thérapie cognitivo-comportementale, comme des exemples de pensées qui peuvent empoisonner un couple [15]. L'échange émotionnel réel entre Martin et Mélanie est modulé par leurs pensées, et ces pensées sont à leur tour déterminées par une couche plus profonde, que Beck nomme les « pensées automatiques » — l'arrière-plan de présupposés fugaces sur soi-même et les autres qui est le reflet de nos attitudes émotionnelles les plus profondes. Dans le cas de Mélanie, cette toile de fond est à peu près la suivante : « Il m'intimide sans arrêt avec ses coups de colère. » Pour Martin, la pensée dominante est celle-ci : « Elle n'a pas le droit de me traiter comme ça. » Mélanie a l'impression d'être la « victime innocente » et Martin ressent une « indignation légitime » face à ce qu'il perçoit comme une attitude injuste.

Ce sentiment d'être la victime et cette indignation sont typiques des couples où règne la mésentente, et ils alimentent constamment la colère et la souffrance morale [16]. Les pensées pénibles de ce genre deviennent automatiques ; elles se renforcent d'elles-mêmes, le conjoint qui se sent victime guette constamment tout ce qui dans le comportement de l'autre peut confirmer son sentiment et il ignore ou minimise tout acte de gentillesse qui pourrait remettre en question ou infirmer sa manière de voir.

Ces pensées exercent un effet puissant ; elles déclenchent le système d'alarme neuronal. À partir du moment où elles ont amené les émotions à prendre le dessus, le conjoint est enclin à se remémorer et à ruminer tous les griefs qui lui rappellent comment l'autre le tyrannise et à oublier tout ce qui risquerait de contredire cette impression. Il place son conjoint dans une position d'où il ne peut que sortir perdant. Même lorsqu'il est animé de bonnes intentions, ses actes sont mal interprétés.

Les conjoints qui ne sont pas la proie de ces pensées délétères interprètent avec plus de bienveillance ce qui se passe dans ce type de situation et ils se laissent moins emporter par leurs émotions, ou, s'ils se laissent emporter, ils s'en libèrent plus facilement. Les pensées qui entretiennent ou soulagent la souffrance morale obéissent au schéma de Martin Seligman esquissé au chapitre 6 à propos des attitudes optimistes et pessimistes. Le point de vue pessimiste consiste à considérer que son conjoint possède des travers irrémédiables : « Il est égoïste et égocentrique ; il a été élevé comme ça et ne changera jamais ; il attend que je le serve comme un prince et se fiche de ce que je ressens. » La vision optimiste, en revanche, pourrait être : « Il est pénible en ce moment, mais il sait se montrer attentionné. Peut-être est-il de mauvaise humeur — je me demande s'il n'a pas de problèmes à son travail. » On ne considère pas son conjoint (ou le couple) comme irrémédiablement défectueux et irrécupérable, et on voit dans la mésentente actuelle une passe difficile due à des circonstances susceptibles d'évoluer. La première attitude est une source permanente de souffrances, la seconde est apaisante.

Les conjoints qui adoptent la position pessimiste sont souvent victimes de débordements émotionnels ; ils se mettent en colère, se sentent offensés ou blessés par ce que fait l'autre et le restent. En raison de leur trouble intérieur et de leur attitude pessimiste, ils se montrent souvent critiques et méprisants à l'égard de leur partenaire, ce qui en retour augmente le risque que celui-ci reste sur la défensive et se barricade derrière un mur de silence.

Les plus virulentes de ces pensées toxiques se rencontrent sans doute chez les maris violents. Selon une étude, ces hommes se comportent comme les petits durs qui tyrannisent leurs camarades pendant la récréation ; ils perçoivent des intentions hostiles dans les actions les plus neutres de leur compagne, et cette erreur d'appréciation justifie leur violence à leurs propres yeux (les hommes sexuellement agressifs avec leurs petites amies ont une attitude similaire ; ils portent sur les femmes un regard suspicieux, et ignorent donc leurs protestations[17]). Nous l'avons vu au chapitre 7, ces hommes sont particulièrement sensibles à ce qu'ils perçoivent, de la part de leur épouse, comme une offense, un rejet, ou une attitude humiliante. Voici une situation typique qui suscite des pensées « justifiant » la violence : vous êtes à une réception et remarquez que, depuis une demi-heure, votre femme bavarde et rit avec un homme séduisant. Il semble lui faire la cour. Lorsque ces hommes ont l'impression que leur épouse adopte un comportement de rejet ou de désaffection, ils réagissent avec indignation. Des pensées automatiques comme « Elle va me quitter » déclenchent vraisemblablement une vague d'émotions qui poussent l'individu à réagir de manière impulsive, ou, comme disent les chercheurs, par des « réponses comportementales inadaptées » : ils deviennent violents[18].

COMMENT UN COUPLE S'ENLISE

Ces attitudes négatives ont pour effet de provoquer des crises incessantes, puisqu'elles déclenchent des coups d'État émotionnels plus fréquents et qu'il devient de plus en plus difficile de guérir les blessures affectives ou d'apaiser la colère qui en résulte. Gottman utilise le terme *submersion* pour désigner la prédisposition à ces déchaînements émotionnels récurrents. Les maris ou les femmes sont à tel point exaspérés par la négativité de leur conjoint et emportés par leur réaction qu'ils se laissent envahir par des sentiments violents et incontrôlables. Ils deviennent incapables d'entendre sans déformer ou de réagir avec lucidité ; il leur est difficile d'organiser leur pensée, et ils régressent vers des réactions primitives. Ils veulent seulement en finir, prendre le large ou, parfois, contre-attaquer. La submersion est un coup d'État émotionnel permanent.

Certaines personnes ont un seuil de « submersion » assez élevé ; elles supportent facilement la colère et le mépris, alors que d'autres réagissent au quart de tour lorsque leur conjoint émet la moindre critique à leur endroit. Sur le plan physiologique, la submersion consiste en une élévation du rythme cardiaque[19]. Au repos, celui des femmes est d'environ 82 battements par minute, et celui des hommes de 72 (le rythme dépend principalement de la taille de l'individu). La submersion commence à une dizaine de battements au-dessus de la normale ; si le cœur atteint 100 battements par minute (ce qui se produit facilement dans les moments de colère ou au cours des crises de larmes), l'organisme sécrète de l'adrénaline et d'autres hormones afin d'entretenir l'état d'alarme pendant un certain temps. Le coup d'État émotionnel se caractérise par une brusque augmentation du rythme cardiaque, qui peut être de 10, 20, voire 30 battements supplémentaires par minute. Les muscles se tendent ; la personne a parfois du mal à respirer. Elle est envahie par des sentiments nocifs, emportée malgré elle par la peur et la colère, et il lui semble qu'une « éternité » lui sera nécessaire pour les surmonter. À ce stade, lorsque les émotions ont totalement pris le dessus, elles deviennent si intenses, leur perspective si étroite, qu'il n'y a plus aucun espoir de voir le point de vue de l'autre ou que les choses s'arrangent raisonnablement.

La plupart des couples traversent de temps en temps de telles crises à l'occasion de disputes — c'est tout à fait naturel. Le problème apparaît lorsque l'un des deux conjoints se sent « submergé » presque continuellement. Il a l'impression d'être sans cesse soumis aux pressions de l'autre, il reste en permanence sur ses gardes dans l'attente d'une injustice ou d'une agression psychologique, devient hypervigilant à tout signe d'attaque ou d'insulte et réagit avec excès au moindre de ces signes. Si, lorsqu'un homme se trouve dans cet état, sa femme lui dit : « Chéri, il faut qu'on discute », elle risque fort de susciter une pensée réflexe du genre : « Elle me cherche encore », et donc de provoquer la submersion. La réaction physiologique est de plus en plus longue à disparaître, et des remarques inoffensives risquent d'autant plus d'être mal perçues et de libérer de nouveau le flot d'émotions négatives.

C'est là peut-être le moment le plus dangereux pour un couple, un point de non-retour pour la relation entre les époux. Le conjoint « submergé » en arrive à penser constamment le pire de l'autre et à porter un regard négatif sur tout ce qu'il fait. La question la plus anodine donne lieu à des batailles rangées ; les sentiments sont continuellement heurtés. Avec le temps, on en vient à considérer tous les problèmes du couple comme insolubles, puisque la submersion sabote la moindre tentative de régler les différends. La discussion devient inutile, et les conjoints s'efforcent chacun de leur côté d'apaiser leurs propres sentiments. Ils commencent à vivre en parallèle, isolés l'un de l'autre, et se sentent seuls dans le mariage. Trop souvent, constate Gottman, le divorce est l'étape suivante.

Dans cette marche vers le divorce, les conséquences tragiques des lacunes en matière d'intelligence émotionnelle sont évidentes. Lorsqu'un couple se laisse enfermer dans le cercle vicieux de la critique et du mépris, des pensées délétères et des sentiments négatifs, lorsque chacun se tient sur la défensive et se dérobe, cela se traduit par une désintégration de la conscience de ses propres émotions, la perte totale de toute maîtrise de soi, de toute empathie et de l'aptitude à apaiser l'autre et soi-même.

LES HOMMES : LE SEXE FAIBLE

Revenons à la différence émotionnelle entre les sexes, différence qui est une cause cachée de la désagrégation des couples. Prenez la découverte suivante : même après trente-cinq ans de mariage, les hommes et les femmes continuent d'envisager de manière fondamentalement différente leurs rapports émotionnels. En règle générale, les scènes de ménage font beaucoup moins peur aux femmes qu'aux hommes. Cette conclusion se fonde sur le témoignage de cent cinquante couples, tous mariés depuis longtemps. Le psychiatre Robert Levenson a constaté que tous les maris trouvent déplaisantes, voire insupportables les querelles avec leur épouse, tandis que les femmes n'y attachent pas beaucoup d'importance[20].

Le seuil au-delà duquel les maris sont sensibles à une attitude négative est moins élevé que chez leur épouse ; la submersion provoquée par les critiques de l'autre est plus fréquente chez les hommes que chez les femmes. Les maris libèrent alors une quantité plus importante d'adrénaline dans leur sang, et cette sécrétion est plus aisément déclenchée par une faible négativité de leur femme. Il leur faut en outre davantage de temps pour revenir à la normale[21]. Il est donc permis de supposer que l'imperturbabilité stoïque à la Clint Eastwood constitue une défense pour ne pas se laisser submerger par ses émotions.

La raison pour laquelle les hommes se retranchent si facilement derrière un mur de silence est qu'ils cherchent à se protéger de ces débordements ; les recherches de Levenson ont montré que lorsqu'ils se referment, leur rythme cardiaque chute de dix battements par minute, procurant ainsi une sensation subjective de soulagement. Mais, paradoxalement, quand les hommes commencent à se refermer, c'est le rythme cardiaque de leur femme qui fait un bond. Ce tango limbique, au cours duquel chaque partenaire cherche un réconfort par des stratégies opposées, conduit à des attitudes très différentes vis-à-vis des conflits émotionnels : les hommes cherchent à les éviter avec autant d'acharnement que les femmes cherchent à les provoquer.

Les hommes se barricadent facilement derrière un mur de silence, mais les femmes ont la critique facile[22]. Cette asymétrie résulte de leur rôle de gestionnaire des émotions. Alors qu'elles s'efforcent de mettre sur le tapis et de résoudre les problèmes émotionnels, les maris répugnent à s'engager dans des discussions qui promettent d'être vives. Face à cette dérobade, la femme augmente le volume de ses plaintes et commence à le critiquer. Comme il réagit en se refermant, elle se sent frustrée et fâchée, et montre du mépris pour souligner l'intensité de sa frustration. En butte aux critiques et au mépris de son épouse, le mari commence à entrer dans le rôle de la victime ou à éprouver de l'indignation. Pour ne pas se laisser submerger, il adopte une attitude toujours plus défensive ou se replie entièrement sur lui-même. Mais souvenons-nous que ce comportement déclenche le processus de submersion chez la femme. C'est l'impasse. Le cycle des querelles de ménage poursuit son escalade et finit par échapper à tout contrôle.

CONSEILS AUX ÉPOUX

Étant donné les graves conséquences des attitudes différentes qu'adoptent les hommes et les femmes vis-à-vis des sentiments négatifs dans leur relation, que peuvent faire les couples pour sauvegarder leur affection mutuelle ? En un mot, comment protéger son ménage ? L'observation du comportement de couples unis permet aux chercheurs de donner des conseils pratiques pour les hommes et pour les femmes.

De manière générale, les hommes et les femmes doivent gérer leurs émotions de façon différente. Aux premiers, il est conseillé de ne pas esquiver le conflit et de prendre conscience du fait que, lorsque leur femme exprime ses griefs, elle le fait peut-être par amour et s'efforce d'assainir et de préserver leur relation (quoique son hostilité puisse fort bien avoir d'autres motifs). Lorsque les griefs s'accumulent, ils gagnent peu à peu en gravité jusqu'à l'explosion ; le seul fait de les exprimer réduit la pression. Les maris doivent comprendre que colère et mécontentement ne sont pas synonymes de critiques personnelles — les émotions que manifeste leur femme ne font que souligner la force de ses sentiments sur la question litigieuse.

Les hommes doivent également se garder de couper court à la discussion en proposant trop tôt une solution pratique au problème ; l'épouse désire avant tout sentir que son mari est attentif à ses doléances et en empathie avec ses *sentiments* sur la question (même s'il n'est pas d'accord avec elle). Il se peut qu'elle perçoive sa proposition d'une solution pratique comme une échappatoire. Les maris capables de rester avec leur femme quand elle est furieuse au lieu d'ignorer ses récriminations lui permettent de se sentir écoutée et respectée. Pour être plus précis, une épouse veut que ses sentiments soient reconnus et respectés, même si son mari n'est pas de son avis. Le plus souvent, lorsqu'elle sent que son point de vue a été entendu et ses sentiments compris, elle se calme.

Quant aux femmes, le conseil est tout à fait parallèle. Puisque les récriminations perturbent leur mari, elles doivent veiller à ne pas l'attaquer, à ne pas lui adresser de critiques personnelles ou lui témoigner du mépris, mais se borner à mettre en cause son comportement. Elles ne doivent pas s'en prendre à son caractère, mais expliquer clairement en quoi telle ou telle action les contrarie. Une attaque personnelle lancée sous le coup de la colère risque fort de mettre leur mari sur la défensive ou de le fermer à la discussion, ce qui est extrêmement frustrant pour elles et ne fera qu'envenimer la situation. Il est également bon que l'épouse inscrive ses doléances dans un contexte plus large et assure son mari de l'amour qu'elle lui témoigne.

LA DISPUTE SALUTAIRE

Mon journal du matin m'offre un bon exemple d'un couple qui n'arrive pas à concilier ses différences. Marlene Lenick s'est disputée avec Michael, son mari. Lui voulait regarder le match, elle, les informations. Comme il s'installait devant la télé, elle lui a dit qu'elle en avait « marre du football », a pris un revolver et tiré sur lui à deux reprises. Elle a été inculpée de coups et blessures et libérée contre une caution de cinquante mille dollars. Michael Lenick s'est bien remis de ses blessures — une balle lui avait effleuré l'abdomen, l'autre avait traversé l'omoplate gauche et le cou[23].

Bien que peu de querelles de ménage soient aussi violentes — et aussi coûteuses —, elles offrent aux conjoints une excellente chance d'exercer leur intelligence émotionnelle. Ainsi, ceux dont l'union est durable ont tendance à ne pas s'éloigner du sujet de désaccord, et chacun permet à l'autre d'exposer son point de vue dès le départ[24]. Mais ces couples vont plus loin, et c'est essentiel, le mari et la femme se montrent mutuellement qu'ils écoutent l'autre. Le sentiment d'être entendu est précisément ce que cherche le conjoint contrarié, et un tel acte d'empathie est de nature à réduire la tension.

Il est remarquable que dans les couples qui finissent par divorcer, aucun des deux conjoints ne tente de résoudre les désaccords. Les efforts ou l'absence d'efforts pour réduire les fractures représentent une différence décisive entre les disputes des couples unis et celles des couples qui finissent par se séparer[25]. Les précautions à prendre pour qu'une discussion ne dégénère pas sont simples : s'en tenir au sujet de la discussion, faire preuve d'empathie et réduire la tension. Il s'agit en quelque sorte d'un thermostat qui empêche que les émotions exprimées ne débordent et n'affectent la capacité des conjoints à se concentrer sur le litige.

Pour qu'un couple reste uni, il est recommandé aux conjoints de ne pas se laisser obnubiler par des questions spécifiques — l'éducation des enfants, l'argent, les travaux domestiques, les rapports sexuels —, qui sont sujets de dispute, mais plutôt de cultiver une intelligence émotionnelle partagée, ce qui accroît les chances d'arranger les choses. Un peu de savoir-faire — essentiellement être capable de se calmer (et de calmer son conjoint), de montrer de l'empathie et d'écouter — permet à un couple de régler plus facilement ses différends. Il rend possible des désaccords salutaires — de « bonnes disputes » — qui renforcent l'union et neutralisent les facteurs négatifs qui, si on les laissait se développer, risqueraient de briser le couple[26].

Naturellement, il est impossible de se défaire de « mauvais plis » émotionnels du jour au lendemain ; cela exige persévérance et vigilance. La mesure dans laquelle les conjoints sont capables de s'amender est en proportion directe de leur volonté d'y parvenir. Beaucoup, voire la plupart, des réactions émotionnelles ont été façonnées dès l'enfance dans nos relations avec nos parents, puis conservées telles quelles dans le mariage. Certaines habitudes psychologiques nous ont donc été inculquées — par exemple, le fait de réagir violemment à ce que nous percevons comme des offenses ou de nous claquemurer au premier signe de désaccord —, même si nous jurons que nous ne nous comportons jamais comme nos parents.

Se calmer

Derrière toute émotion forte se trouve un besoin impérieux d'agir ; il n'y a pas d'intelligence émotionnelle sans une bonne gestion de ses pulsions. Mais cela peut s'avérer difficile dans les relations amoureuses, où les enjeux sont si importants. Les réactions déclenchées touchent à certains de nos besoins — l'amour, le respect — ou de nos peurs — l'abandon, la perte — les plus profonds. Il n'est donc pas étonnant que nous puissions nous comporter dans une querelle de ménage comme si notre survie même était en jeu.

Même ainsi, aucune solution satisfaisante ne peut être trouvée lorsque le mari ou la femme se laisse emporter par ses émotions. L'une des premières choses que les époux doivent apprendre, c'est à maîtriser leurs propres sentiments négatifs. Cela signifie avant tout être capable de se remettre rapidement de la « submersion » provoquée par un débordement émotionnel. Parce que l'on perd alors la capacité d'écouter, de penser et de s'exprimer clairement, le fait de se calmer est un pas essentiel sans lequel il est impossible de s'acheminer vers un règlement du désaccord.

Les personnes réellement désireuses d'aboutir à un résultat peuvent apprendre à surveiller leur rythme cardiaque pendant une discussion agitée et à le comparer à leur pouls normal[27]. Quand il s'élève d'une dizaine de pulsations par minute au-dessus de ce niveau, cela signifie que la submersion a commencé. Il est alors recommandé de s'isoler pendant une vingtaine de minutes pour se calmer avant de reprendre la discussion. Une interruption de cinq minutes peut sembler suffisante, mais le retour progressif à la normale physiologique exige davantage de temps. Comme nous l'avons vu au chapitre 5, l'irritation résiduelle déclenche de nouveaux accès de colère ; une attente plus longue laisse le temps à l'organisme de se remettre de l'excitation précédente.

Pour ceux qui, c'est compréhensible, sont gênés par l'idée de surveiller leur pouls durant une dispute, il est plus simple de convenir que l'un ou l'autre des conjoints pourra demander une « suspension de séance » dès que les premiers signes de submersion font leur apparition. Durant la suspension, on peut pratiquer la relaxation ou l'aérobic (ou appliquer une autre des méthodes décrites au chapitre 5) pour se calmer.

Pacifier son discours intérieur

Puisque la submersion est déclenchée par les jugements négatifs portés sur son conjoint, il importe de les tempérer. Des pensées comme « Je n'en peux plus » ou « Je ne mérite pas qu'on me traite ainsi » sont caractéristiques de celui qui se prend pour une « victime innocente » ou est en proie à une « indignation légitime ». Comme le souligne Aaron Beck, en s'emparant de ces pensées et en les mettant en question — au lieu de se sentir blessé par elles ou de s'emporter —, l'individu commence à s'en libérer[28].

Pour cela il est nécessaire de les surveiller, de comprendre qu'elles ne s'imposent nullement par leur vérité et de faire l'effort de se donner à soi-même les preuves de leur fausseté ou de les mettre en perspective afin de les contester. Ainsi, une femme qui, sous le coup de la colère, pense : « Il se moque de ce que je ressens. Quel égoïste ! », peut mettre en doute cette pensée en se remémorant les moments où son mari s'est montré attentionné. Cela lui permet de réviser ainsi son jugement : « Bon, même si ce qu'il vient de faire est inconsidéré et m'a blessée, il m'a déjà prouvé qu'il sait être attentionné. » Cette dernière formulation ménage la possibilité d'un changement et d'une solution positive, alors que la première ne peut produire que colère et douleur.

Savoir écouter et s'exprimer sans rester sur la défensive

> LUI : — Ne crie pas !
> ELLE : — Bien sûr que je vais crier. Tu n'as pas entendu un traître mot de ce que j'ai dit. Tu ne m'écoutes pas !

L'écoute renforce les couples. Même au plus fort d'une dispute, lorsque les deux conjoints sont en proie à de violentes émotions, l'un ou l'autre, et parfois les deux, peut trouver le moyen d'être attentif, par-delà les manifestations de colère, à un geste d'apaisement. En revanche, les personnes qui finissent par divorcer se laissent emporter par la colère et obnubiler par des détails, et elles sont incapables d'entendre les offres de paix implicites que peut leur faire leur conjoint, et encore moins y répondre. Quand on est sur la défensive, on ignore ou on rejette aussitôt les doléances de l'autre et on y réagit comme à une agression et non comme à une tentative de changer les choses. Certes, ce qui est dit au cours d'une querelle prend souvent la forme de critiques ou est exprimé de manière si négative qu'il devient difficile d'y voir autre chose qu'une attaque.

Même dans le pire des cas, les conjoints peuvent toujours prêter une oreille favorable à ce qu'ils entendent, ignorer les éléments hostiles ou négatifs du discours — ton déplaisant, insultes, critiques méprisantes — afin de rester attentifs au message principal. Pour accomplir cet exploit, les conjoints doivent considérer les propos négatifs de l'autre comme une affirmation implicite de l'importance que revêt pour lui le problème soulevé, comme une tentative d'attirer l'attention. Si la femme crie : « Pour l'amour du ciel ! laisse-moi parler ! », il pourra plus facilement concéder, sans trop se formaliser de son agressivité : « D'accord, dis ce que tu as à dire. »

L'idéal est, bien sûr, d'écouter non seulement sans se tenir sur la défensive, mais aussi de faire preuve d'empathie, d'être attentif aux sentiments cachés *derrière* les paroles. Comme nous l'avons vu au chapitre 7, pour qu'un conjoint témoigne d'une réelle empathie, il doit adapter ses propres réactions émotionnelles jusqu'à ce que sa propre physiologie reflète les sentiments de son partenaire. Sans cette harmonisation physiologique, son sentiment intime de ce que ressent l'autre risque d'être complètement faussé. Il y a nécessairement perte d'empathie lorsque nos propres sentiments sont si violents qu'ils interdisent toute harmonisation physiologique et oblitèrent tout le reste.

La méthode dite du « miroir » utilisée en thérapie de couple, permet de se mettre à l'écoute des sentiments de l'autre. Lorsque l'un des conjoints émet une doléance, l'autre la reformule en ses propres termes, en essayant de saisir non seulement la pensée, mais aussi les sentiments qui lui sont associés. Celui qui « fait le miroir » s'assure auprès de l'autre que sa reformulation est juste. Dans le cas contraire, il recommence jusqu'à ce qu'elle le devienne — ce qui, en pratique, n'est pas aussi simple qu'il y paraît[29]. Le fait d'être « reflété » avec exactitude procure non seulement le sentiment d'être compris, mais encore celui d'être en harmonie. Cela suffit parfois à désamorcer une attaque imminente et empêche les discussions de s'envenimer.

L'art de s'exprimer sans rester sur la défensive consiste avant tout à faire en sorte que les doléances ne se transforment pas en critiques personnelles. Le psychologue Haim Ginott, père de la « communication efficace », affirmait que « XYZ » était la meilleure formulation possible d'une doléance : « Quand tu as fait X, j'ai ressenti Y, et j'aurais préféré que tu fasses Z. » Exemple : « Lorsque tu es arrivé avec une demi-heure de retard à notre rendez-vous, j'étais folle de rage et d'humiliation. J'aurais aimé que tu me passes un coup de fil pour me prévenir » est préférable à « Tu es un salaud égocentrique », qui correspond au mode d'expression le plus courant dans les scènes de ménage. En bref, la communication explicite exclut la rudesse, les menaces aussi bien que les insultes. Elle bannit aussi toute forme d'attitude défensive — excuses, déni de responsabilité, contre-offensive assortie de mépris, etc. Là encore, l'empathie s'avère précieuse.

Enfin, dans le couple comme ailleurs, le respect mutuel et l'amour désarment l'hostilité. Une bonne façon d'apaiser une querelle consiste à faire savoir à son partenaire que l'on est capable de voir les choses de son point de vue, et que celui-ci est compréhensible, même si on ne le partage pas. On peut aussi reconnaître sa responsabilité, ou même s'excuser si l'on s'aperçoit que l'on a tort. Au minimum, légitimer le point de vue de l'autre exige de montrer qu'on écoute et qu'on n'ignore pas les sentiments exprimés par l'autre (« Je vois bien que tu es contrarié[e] »), même si l'on n'est pas d'accord. À d'autres moments, cette légitimation peut prendre la forme de compliments. Il est bon de trouver en l'autre une qualité que l'on apprécie vraiment et d'en faire l'éloge. La légitimation contribue à apaiser son conjoint et permet d'amasser un capital de sentiments positifs.

Mise en pratique

Comme ces attitudes doivent être adoptées au plus fort de l'affrontement, lorsque l'excitation émotionnelle est à son comble, il importe de les connaître parfaitement. La raison en est que le cerveau émotionnel déclenche les réactions routinières apprises dans les moments de colère et d'affliction du passé, réactions devenues par là même dominantes. Les souvenirs et les réactions étant spécifiques à chaque émotion, dans de tels moments il est moins facile de se rappeler et d'adopter des réactions associées aux périodes de calme. Si une réaction affective plus féconde n'est pas habituelle ou bien apprise, il est extrêmement difficile de l'appliquer lorsqu'on est contrarié. Au contraire, si l'on s'y est entraîné au point de la rendre automatique, elle a plus de chances de trouver une expression lors d'une crise émotionnelle. Pour ces raisons, il est nécessaire de mettre à l'essai et de répéter les stratégies décrites plus haut à l'occasion de discussions détendues comme au plus fort de la bataille pour qu'elles puissent devenir des réactions automatiques (ou au moins des réactions secondaires pas trop tardives) dans le répertoire émotionnel. L'antidote à la désintégration des couples consiste pour l'essentiel en un petit apprentissage de l'intelligence émotionnelle.

10

Le management, une affaire de cœur

Melburn McBrown était un patron autoritaire qui intimidait ses collaborateurs. Cela n'aurait rien eu de remarquable s'il avait dirigé un bureau ou une usine. Mais il était pilote de ligne.

Un jour, en 1978, en commençant son approche vers l'aéroport de Portland, dans l'Oregon, il s'aperçut qu'il y avait un problème avec le train d'atterrissage. Il se mit donc à décrire des cercles en altitude tout en s'escrimant avec le mécanisme défectueux.

Pendant ce temps-là, la jauge du carburant se rapprochait dangereusement du niveau zéro. Le copilote redoutait tellement la colère de McBrown qu'il n'a rien dit, alors que la catastrophe devenait inéluctable. L'avion s'est écrasé. Bilan : huit morts.

Le récit de cet accident sert maintenant à la formation des pilotes de ligne en matière de sécurité[1]. Dans 80 % des accidents d'avion, les pilotes commettent des erreurs qui auraient pu être évitées, surtout si l'équipage avait travaillé en meilleure harmonie. Aujourd'hui la formation des pilotes, outre ses aspects techniques, insiste sur l'importance du travail d'équipe, de la coopération, sur la nécessité d'écouter les autres et de dire ce que l'on pense, en d'autres termes, sur le b.a.-ba de l'intelligence sociale.

Le cockpit est une représentation en miniature de toutes les unités de travail. En l'absence d'une sanction aussi dramatique qu'un accident d'avion, les effets destructeurs d'un mauvais moral, de l'intimidation des employés, de l'arrogance de leurs chefs, ou de n'importe quelle autre combinaison de facteurs émotionnels négatifs peuvent passer inaperçus. Mais il est possible de les mesurer par des signes comme une baisse de la productivité, une difficulté croissante à atteindre des objectifs, une répétition d'erreurs et d'incidents, et un exode des employés vers des entreprises où règne une atmosphère plus agréable. Le manque d'intelligence émotionnelle dans le travail a un coût qui peut finir par compromettre l'existence de l'entreprise.

La rentabilité de cette forme d'intelligence est une idée relativement nouvelle dans le monde des affaires, et certains dirigeants d'entreprise ont du mal à l'accepter. Selon une étude effectuée auprès de 250 cadres, la plupart estiment que leur métier demande « de la tête et non du cœur ». Beaucoup craignent que le fait d'éprouver de l'empathie ou de la compassion pour leurs collaborateurs ne soit incompatible avec les objectifs de l'entreprise. Selon l'un d'eux, il est absurde d'être sensible aux sentiments des gens car il devient impossible de les « manipuler ». D'autres affirment que s'ils ne conservent pas leurs distances, ils seront incapables de prendre les décisions « difficiles » qu'exigent les affaires, même si en tout état de cause leurs décisions seront certainement plus humaines[2].

Cette étude a été effectuée dans les années soixante-dix, à une époque où la conjoncture économique était très différente. Selon moi, ces attitudes sont dépassées ; les réalités nouvelles de la concurrence confèrent une grande importance à l'intelligence émotionnelle sur le lieu de travail et sur le marché. Comme le faisait remarquer Shoshona Zuboff, psychologue à la Harvard Business School, « les entreprises ont connu une véritable révolution au cours de ce siècle, et celle-ci a entraîné une transformation correspondante de leur paysage psychologique. La hiérarchie des entreprises a longtemps été marquée par une "domination directoriale" — le chef manipulateur et férocement combatif était récompensé. Mais cette hiérarchie rigide a commencé à s'effondrer dans les années quatre-vingt sous la double pression de la mondialisation de l'économie et des nouvelles technologies de l'information. Le lutteur symbolise ce qu'ont été les entreprises, l'expert en relations humaines représente ce qu'elles seront[3] ».

Certaines des raisons pour lesquelles l'intelligence émotionnelle est importante dans le domaine professionnel sont évidentes : imaginez les conséquences pour une équipe du fait qu'un de ses membres est incapable de maîtriser sa colère ou de percevoir ce que ressentent les autres. Tous les effets délétères de l'agitation intérieure que nous avons examinés au chapitre 6 se manifestent dans le travail. Lorsqu'il est contrarié, l'individu a du mal à se souvenir, à rester attentif, à apprendre ou à prendre des décisions. Comme l'a dit un conseiller en gestion, « le stress rend les gens idiots ».

Imaginez au contraire les conséquences bénéfiques pour le travail des aptitudes de base de l'intelligence émotionnelle : être en harmonie avec les sentiments d'autrui, être capable de régler les désaccords avant qu'ils ne s'aggravent, de travailler en état de fluidité. Diriger, ce n'est pas dominer, c'est savoir persuader les autres de travailler pour atteindre un but commun. Et, en ce qui concerne notre propre carrière, rien n'est peut-être plus important que le fait de savoir quels sont nos sentiments profonds quant à notre travail et quels changements pourraient le rendre plus satisfaisant.

Certaines des raisons moins évidentes pour lesquelles les aptitudes émotionnelles deviennent chaque jour plus importantes dans la vie professionnelle ont à voir avec les changements radicaux sur le lieu de travail. J'étaierai mon propos en montrant les bénéfices que l'on peut retirer de trois applications différentes de l'intelligence émotionnelle : l'aptitude à exprimer des griefs sous forme de critiques fécondes, la capacité de créer une atmosphère dans laquelle la diversité est un atout plutôt qu'une source de friction, et l'efficacité dans l'utilisation des réseaux.

DE LA CRITIQUE AVANT TOUTE CHOSE

Cet ingénieur chevronné, responsable d'un projet de développement de logiciels, présente les résultats de plusieurs mois de travail à son directeur. Il est entouré par son équipe qui, après des semaines de dur labeur, est fière du résultat. La présentation finie, le directeur se tourne vers l'ingénieur et lui demande d'un ton sarcastique : « Vous rêvez ou quoi ? Votre cahier des charges ne tient pas la route. Pas question que je donne mon accord. »

Humilié, l'ingénieur ne dit plus un mot jusqu'à la fin de la réunion. Ses collaborateurs émettent quelques remarques décousues — certaines agressives — pour défendre leur travail. Le directeur est appelé ailleurs et la réunion se termine brusquement, laissant un arrière-goût d'amertume et de dépit.

Pendant les deux semaines suivantes, l'ingénieur reste obnubilé par les remarques du directeur. Abattu et déprimé, il est persuadé qu'on ne lui confiera plus jamais de projet important et il songe à démissionner, bien qu'il se plaise dans l'entreprise.

Il demande finalement une entrevue au directeur et lui rappelle la réunion, ses critiques et leur effet démoralisant. Puis il pose une question soigneusement formulée : « Je n'ai pas très bien compris quelle était votre intention. Je présume que votre but n'était pas simplement de me mettre dans l'embarras ; aviez-vous quelque chose d'autre en tête ? »

Le directeur se dit surpris : il était loin d'imaginer que ses remarques, qui n'étaient pour lui qu'une boutade, auraient un tel effet. En fait, il pense que le projet de logiciel est prometteur, mais a besoin d'être retravaillé. Il ne voulait pas du tout dire qu'il était sans valeur. Il n'a tout simplement pas perçu, ajoute-t-il, combien ses paroles avaient été brutales et avaient heurté les sentiments de tout le monde. Et il s'excuse, un peu tard[4].

Tout cela est en fait une question de *feed-back*, d'informations dont les gens ont besoin pour avancer dans la bonne direction. Dans le sens premier qui lui était donné dans la théorie des systèmes, le feed-back était l'échange de données relatives au fonctionnement d'une partie d'un système, étant admis que chaque partie exerce une influence sur toutes les autres et que tout élément déviant de sa route peut être remis dans la bonne voie. Dans une entreprise, chaque individu est une partie du système, et le feed-back joue donc un rôle vital — il permet de savoir si l'on effectue son travail correctement ou s'il a besoin d'être mieux ajusté aux objectifs, amélioré ou orienté dans une direction entièrement différente. Sans feed-back, l'individu avance à l'aveuglette ; il ne sait pas ce que pensent ses supérieurs ou ses collègues, il ignore ce qu'on attend de lui, et les problèmes ne peuvent que s'aggraver avec le temps.

En un sens, la critique est l'une des tâches les plus importantes des dirigeants. C'est pourtant l'une de celles qu'ils appréhendent le plus et à laquelle ils se dérobent le plus souvent. À l'instar de ce directeur sarcastique, trop de dirigeants maîtrisent mal l'art essentiel du feed-back. Cette carence a un coût ; de même que la santé émotionnelle d'un couple dépend de l'aptitude des conjoints à exprimer leurs doléances, l'efficacité, la satisfaction et la productivité des gens dans leur travail dépendent de la manière dont on évoque avec eux les problèmes ennuyeux. En fait, la manière dont les critiques sont formulées et perçues par les gens est en grande partie ce qui fait qu'ils se sentent satisfaits ou non de leur travail, de leurs collègues et de ceux à qui ils doivent rendre des comptes.

Comment ne pas motiver quelqu'un ?

Les vicissitudes émotionnelles de la vie du couple sont également à l'œuvre sur le lieu de travail, où elles prennent des formes similaires. Les critiques prennent la forme d'attaques personnelles au lieu d'être présentées comme des problèmes à résoudre ; elles se traduisent par des accusations *ad hominem* assaisonnées de mépris et de sarcasmes ; elles placent l'individu sur la défensive et le poussent à se dérober à ses responsabilités, et, pour finir, à se retrancher derrière le silence ou à faire de la résistance passive, attitude typique face à un sentiment d'injustice. Selon un consultant, l'une des formes les plus courantes de la critique destructrice consiste à laisser tomber des remarques lapidaires comme : « Vous êtes en train de vous planter », sur un ton péremptoire, sarcastique ou irrité, ce qui ne laisse à la personne aucune possibilité de répondre et ne suggère aucune possibilité d'amélioration. Le destinataire en garde un sentiment d'impuissance et de ressentiment. Du point de vue de l'intelligence émotionnelle, ces critiques témoignent d'une ignorance des sentiments qu'elles susciteront chez l'autre et des effets dévastateurs de ces sentiments sur sa motivation, son ardeur au travail et son assurance.

On a pu mettre en évidence cette dynamique destructrice lors d'une étude sur des dirigeants d'entreprise à qui l'on avait demandé de se souvenir de moments où ils avaient « disjoncté » avec leurs employés et, dans le feu de l'action, les avaient attaqués personnellement[5]. Les effets de ces critiques sont en gros les mêmes que pour les couples : les employés réagissaient le plus souvent en se mettant sur la défensive, en s'excusant ou en niant leurs responsabilités. Ou bien ils se barricadaient, c'est-à-dire qu'ils essayaient d'éviter tout contact avec le supérieur qui les avait engueulés. Si on les avait soumis à l'analyse émotionnelle minutieuse que John Gottman effectuait sur les couples mariés, on aurait sans doute constaté que ces employés avaient l'impression d'être des « victimes innocentes » ou manifestaient une « indignation légitime », attitudes typiques du mari ou de l'épouse qui s'estime injustement accusé(e). Un examen physiologique aurait vraisemblablement révélé le processus de submersion qui renforce de telles attitudes. Et, pourtant, ces réactions ne faisaient que contrarier et provoquer davantage leur supérieur, point de départ d'un cycle qui se termine par l'équivalent du divorce dans le monde du travail, la démission ou le licenciement de l'employé.

Selon une étude effectuée auprès de 108 dirigeants et employés, les critiques maladroites précèdent la disparition de la confiance, les conflits personnels et les disputes en matière de pouvoir et de salaires[6]. Une expérience a démontré l'effet délétère des critiques cinglantes sur les relations de travail. Au cours d'une simulation, on demandait à des volontaires de mettre au point une publicité pour une marque de shampooing. Un autre volontaire (en fait, un complice) était censé porter un jugement sur leur travail. Ce jugement pouvait prendre deux formes : l'une respectueuse et précise ; l'autre critiquait l'incapacité profonde de l'individu et était assortie de menaces et de remarques du genre : « Vous ne vous êtes pas foulé ! Pas fichu de faire quoi que ce soit comme il faut » ou « C'est peut-être une question de talent. Faudrait trouver quelqu'un d'autre. »

Comme on pouvait s'y attendre, ceux qui avaient été la cible de ces attaques sont devenus tendus, irrités et hostiles, et ont déclaré qu'ils refusaient de participer au moindre projet avec la personne qui avait émis les critiques. Beaucoup ont affirmé qu'ils préféraient éviter tout contact avec elle. Ces critiques sévères étaient si démoralisantes que ces individus avaient tendance à baisser les bras et, peut-être plus grave encore, disaient qu'ils ne se sentaient plus capables de bien faire. L'attaque personnelle avait porté un coup fatal à leur moral.

Beaucoup de dirigeants ont la critique facile mais sont avares de compliments, et leurs subordonnés ont le sentiment qu'on leur fait des remarques sur leur travail seulement lorsque « ça ne va pas ». En outre, certains dirigeants ne donnent pas le moindre feed-back pendant de longues périodes. « Les problèmes dans le travail d'un employé n'apparaissent pas du jour au lendemain ; ils se développent lentement au fil du temps », note le psychologue J. R. Larson. « Si le patron ne dit pas ce qu'il pense rapidement, sa frustration s'accumule lentement. Un jour il finit par exploser. S'il avait formulé ses critiques plus tôt, l'employé aurait été en mesure de remédier au problème. Trop souvent les gens se mettent à critiquer lorsque les choses s'enveniment, quand ils sont trop en colère pour se contenir. C'est alors que leur critique prend la pire forme possible, un ton sarcastique, ou une longue énumération de tous les reproches qu'ils avaient gardés pour eux, ou des menaces. Ces attaques se retournent toujours contre eux. Elles sont vécues comme un affront et provoquent la colère. C'est la pire manière de s'y prendre pour motiver quelqu'un. »

L'art de la critique

Il existe pourtant une autre façon de faire.

Une critique habile est un des messages les plus utiles qu'un supérieur puisse émettre. Ainsi, le directeur de tout à l'heure aurait pu s'adresser à l'ingénieur de la manière suivante : « Le principal inconvénient à ce stade est que la réalisation de votre projet exige trop de temps et augmente donc considérablement les coûts. J'aimerais que vous réfléchissiez encore, en particulier au planning de développement du logiciel, pour voir s'il est possible de gagner du temps. » Ces suggestions ont l'effet exactement inverse de la critique destructrice : au lieu d'engendrer un sentiment d'impuissance, de colère et de révolte, elles sont une promesse d'amélioration et laissent entrevoir les moyens d'y parvenir.

Une bonne critique insiste sur ce que la personne a accompli et sur ce qu'elle peut encore accomplir. Comme le dit Larson, « taxer quelqu'un de stupidité ou d'incompétence, c'est ne rien avoir compris. Vous l'obligez à se défendre, et il ne peut plus entendre vos suggestions d'amélioration ». Ce conseil est exactement le même que l'on donne aux époux sur la façon d'exprimer leurs griefs.

Quant à la motivation, lorsque les gens sont persuadés que leurs échecs sont dus à une incapacité irrémédiable, ils perdent espoir et ne font plus d'efforts. La croyance de base qui conduit à l'optimisme est, souvenons-nous, que les revers ou les échecs résultent de circonstances que nous pouvons modifier.

Harry Levinson, un psychanalyste devenu consultant, donne les conseils suivants sur l'art de la critique, indissociable de celui de la louange :

- *Restez précis.* Choisissez un incident révélateur, un problème clé à résoudre, comme l'incapacité d'effectuer correctement certaines tâches. Les gens se démoralisent si on leur dit simplement qu'ils font mal « quelque chose », sans leur donner les moyens d'y remédier. Soyez donc précis, expliquez à la personne ce qu'elle a bien fait, ce qu'elle a mal fait, et comment elle peut faire mieux. Ne tournez pas autour du pot, évitez d'être évasif ou de biaiser ; cela brouille le vrai message. Ce conseil s'apparente à celui donné aux couples : exposez précisément le problème, ce qui ne va pas ou le sentiment que cela suscite en vous, et ce qui peut être changé.

« La précision, remarque Levinson, est aussi importante dans la louange que dans la critique. Je n'irai pas jusqu'à affirmer qu'un vague compliment est sans effet, mais son effet est limité et il ne permet de tirer aucune leçon[7]. »

- *Proposez une solution.* La critique, comme tout feed-back utile, doit indiquer un moyen de régler le problème. Faute de quoi le destinataire se sentira frustré, démoralisé et démotivé. La critique doit ouvrir la porte à des possibilités et à des options dont l'individu n'avait pas conscience, ou simplement le sensibiliser à des insuffisances dont il doit s'occuper —, mais elle doit comporter des suggestions sur la façon de régler ces problèmes.
- *Soyez présent.* La critique, comme la louange, est pleinement efficace lorsqu'elle est faite « entre quatre yeux ». Les personnes qui ont du mal à critiquer ou à complimenter ont tendance à se faciliter la tâche en le faisant à distance, par exemple par l'intermédiaire d'une note de service. Mais cela rend la communication trop impersonnelle, et prive le destinataire de tout moyen de réponse ou de clarification.

• *Soyez sensible*. Il faut faire preuve d'empathie, sentir l'impact de ce que l'on dit et de la manière dont on le dit. Les dirigeants peu empathiques, souligne Levinson, sont plus enclins à émettre des critiques blessantes, et surtout à dénigrer leurs employés. En définitive, ces critiques ont un effet destructeur ; au lieu de préparer une action correctrice, elles produisent un contrecoup : l'individu éprouve du ressentiment et de l'amertume, il se met sur la défensive et prend ses distances.

Levinson prodigue également des conseils au destinataire des critiques. L'un est de considérer la critique comme une information précieuse qui lui permettra de s'améliorer, et non comme une attaque personnelle. Une autre est de veiller à ne pas adopter une attitude défensive et d'assumer ses responsabilités. Si l'expérience est trop éprouvante, il vaut mieux demander le report de la discussion, le temps de « digérer » les remarques et de se calmer un peu. Enfin, il conseille de voir dans la critique l'opportunité de travailler ensemble à la résolution du problème. Tous ces conseils sages font écho aux suggestions données aux couples mariés pour exprimer et accepter les doléances sans nuire irréversiblement à leur relation. Ce qui est vrai pour la vie conjugale vaut pour la vie professionnelle.

COMMENT ASSUMER LA DIVERSITÉ

Sylvia Skeeter, la trentaine, ancien officier dans l'armée, était chef de rang d'un restaurant de la chaîne Denny's à Columbia, en Caroline du Sud. Un après-midi où il n'y avait pas grand monde, un groupe de Noirs — un pasteur, un vicaire et deux chanteurs de *gospel* de passage — entra pour déjeuner et resta un long moment à attendre pendant que les serveuses les ignoraient. « Les mains sur les hanches, elles leur lançaient des regards méprisants, puis repartaient discuter entre elles, comme s'ils n'avaient pas été là », se souvient Skeeter.

Indignée, elle admonesta les serveuses et se plaignit auprès du gérant, qui excusa leur comportement en déclarant : « Elles ont été élevées comme ça. Je n'y peux rien. » Skeeter démissionna sur-le-champ ; elle aussi est noire.

S'il s'était agi d'un incident isolé, il aurait pu passer inaperçu. Mais Sylvia Skeeter faisait partie des centaines d'individus à avoir témoigné de l'attitude raciste du personnel de la chaîne Denny's. Au terme d'un procès intenté contre la firme au nom de milliers de Noirs victimes de semblables affronts, Denny's fut contraint de verser cinquante-quatre millions de dollars.

Parmi les plaignants se trouvaient sept agents noirs des services secrets qui avaient attendu une heure leur petit déjeuner tandis qu'à une table voisine leurs collègues blancs étaient servis immédiatement. Il y avait aussi une jeune fille noire de Floride ; paralysée des deux jambes, elle avait attendu deux heures dans son fauteuil roulant qu'on voulût bien lui apporter son repas. Selon la plaignante, cette discrimination était due à la conviction largement répandue au sein de la chaîne Denny's — en particulier parmi les directeurs régionaux et les gérants — que la clientèle noire nuisait aux affaires. Aujourd'hui, grâce au procès et à la publicité qui l'a entouré, la chaîne Denny's fait amende honorable auprès de la communauté noire. Tous les employés, et en particulier les directeurs, doivent suivre des séminaires sur les avantages que représente une clientèle multiraciale.

Désormais, ces séminaires font partie intégrante de la formation dispensée dans le cadre des entreprises américaines. Leurs dirigeants ont compris que, même si les membres de leur personnel ont des préjugés racistes, ils doivent apprendre à se comporter comme s'ils n'en avaient pas. Pour des raisons de respect de la personne humaine, bien sûr, mais aussi pour des raisons pragmatiques. L'une est le changement de composition de leur force de travail : les Blancs, qui en constituaient l'élément majoritaire, sont devenus une minorité. Une étude effectuée auprès de plusieurs centaines d'entreprises américaines a montré que plus des trois quarts des personnes récemment embauchées étaient des gens de couleur, évolution démographique qui transparaît aussi dans la composition de la clientèle [8]. Une autre raison tient à la nécessité croissante pour les multinationales d'employer du personnel qui non seulement laisse de côté tout préjugé et apprécie la diversité des cultures (et des marchés), mais aussi transforme cette attitude en un avantage compétitif. Une troisième motivation est le caractère potentiellement fécond de la diversité, en termes d'augmentation de la créativité collective et de l'esprit d'entreprise.

Tout cela signifie que la culture d'entreprise doit évoluer dans le sens de la tolérance, même si les préjugés individuels demeurent. Comment y parvenir ? La triste vérité est que les stages de « formation à la diversité » d'une journée ou d'un week-end ne suffisent pas à ébranler les préjugés raciaux, quels qu'ils soient. Lorsque les formations de ce genre sont inappropriées — en faisant naître de fausses espérances, ou tout simplement en créant une atmosphère de conflit et non de compréhension mutuelle —, elles ont pour effet d'exacerber les tensions en attirant davantage l'attention sur les différences raciales. Pour apprécier ce qu'il est *possible* de faire, il faut commencer par comprendre quelle est la nature profonde du préjugé.

L'origine des préjugés

Le psychiatre Dr Vamik Volkan se souvient de ce qu'était la vie d'une famille turque à Chypre, à l'époque où Turcs et Grecs se disputaient l'île. Quand il était petit, il avait entendu dire que les popes grecs faisaient un nœud à leur ceinture chaque fois qu'ils étranglaient un enfant turc, et il se rappelle du ton méprisant avec lequel on lui disait que leurs voisins grecs mangeaient du porc, animal que les siens considéraient impropre à la consommation. Aujourd'hui Volkan étudie les conflits ethniques, et il se sert de ses souvenirs d'enfance pour montrer comment les haines entre les groupes sont entretenues au fil des ans, chaque nouvelle génération en étant imprégnée [9]. Psychologiquement, le prix de la fidélité à un groupe est l'antipathie vouée à un autre, surtout lorsque les deux ont un long passé d'inimitié.

Les préjugés sont un apprentissage émotionnel qui a lieu très tôt, ce qui les rend particulièrement difficiles à éliminer, même chez des adultes qui pensent qu'ils sont sans fondement. « Les émotions associées au préjugé se forment dans l'enfance, tandis que les croyances qui les justifient viennent plus tard, explique le psychologue Thomas Pettigrew, qui étudie la question depuis des décennies. Il se peut qu'ensuite on veuille se défaire de ses préjugés, mais il est beaucoup plus facile de modifier ses convictions intellectuelles que ses sentiments profonds. Par exemple, beaucoup de gens du sud des États-Unis m'ont confié que, alors qu'ils n'ont plus aucun préjugé contre les Noirs, ils ont un léger mouvement de recul avant de leur serrer la main. Ces sensations sont des restes de ce qu'ils ont appris quand ils étaient enfants [10]. »

La puissance des stéréotypes qui sous-tendent les préjugés provient en partie d'une dynamique générale de l'esprit par laquelle les stéréotypes de toute sorte ont tendance à se confimer eux-mêmes [11]. Les gens se souviennent plus aisément de ce qui renforce le stéréotype et ne tiennent pas compte de ce qui le met en question. Celui qui, au cours d'une réception, rencontre un Anglais extraverti et chaleureux, l'opposé du Britannique froid et réservé, pourra se dire qu'il est tombé sur l'exception qui confirme la règle ou que l'Anglais en question était pris de boisson.

La ténacité de préjugés subtils pourrait expliquer pourquoi, alors que depuis une quarantaine d'années les Blancs se montrent de plus en plus tolérants avec les Noirs, persistent des formes de parti pris plus insidieuses. Les gens dénoncent les attitudes racistes tout en manifestant par leur comportement des préjugés voilés [12]. Lorsqu'on les interroge, ils affirment ne pas avoir d'*a priori* raciaux, mais, dans les situations ambiguës, ils continuent de se comporter sans objectivité, tout en se justifiant par un raisonnement apparemment objectif. Ainsi, un Blanc à la tête d'une entreprise rejettera la candidature d'un Noir en arguant non pas de sa race, mais de l'insuffisance de ses compétences et de son expérience, et engagera à sa place un candidat blanc aux références équivalentes. Ou bien il donnera des tuyaux utiles à un vendeur blanc, mais négligera de le faire pour son collègue noir ou « latino ».

Ne tolérer aucune intolérance

S'il n'est pas facile d'éliminer les préjugés ancrés depuis longtemps dans l'esprit des gens, il est plus aisé de leur faire adopter vis-à-vis d'eux une attitude différente. Chez Denny's, par exemple, les serveuses et les gérants qui avaient une attitude de discrimination contre les Noirs étaient rarement, voire jamais, admonestés. Au contraire, il semble que certains dirigeants de la firme les y aient encouragés, tacitement au moins, allant jusqu'à conseiller, par exemple, de demander aux seuls clients noirs de régler à l'avance le prix de leur repas, de leur refuser les repas d'anniversaire gratuits annoncés à grand renfort de publicité, de fermer le restaurant ou de faire comme s'il l'était lorsqu'un groupe de clients noirs approchait. Comme le dit John P. Relman, l'un des avocats qui a poursuivi la firme en justice : « La direction de Denny's fermait les yeux sur les agissements du personnel. Leur attitude a sans doute libéré les inhibitions des gestionnaires locaux, leur permettant ainsi de donner libre cours à leurs pulsions racistes[13]. »

Mais ce que nous savons des origines des préjugés et de la façon de lutter efficacement contre eux laisse penser que l'attitude consistant à ignorer les comportements racistes favorise précisément la discrimination. Dans ce contexte, ne rien faire est en soi un acte grave, c'est laisser le virus du préjugé se répandre librement. Au lieu d'organiser des séminaires, il vaut mieux modifier catégoriquement les valeurs auxquelles adhère le groupe, en adoptant, des échelons supérieurs à la base, une position ferme contre tout acte de discrimination. Cela ne supprimera peut-être pas les préjugés, mais les actes de discrimination pourront être réprimés si le climat général évolue. Comme l'a dit un cadre d'IBM : « Nous ne tolérons aucune humiliation et aucun affront ; le respect de l'individu est au centre de la culture d'IBM[14]. »

Si la recherche sur les préjugés a quelque chose à nous apprendre, c'est bien qu'il faut toujours s'élever contre les attitudes humiliantes ou tracassières, même les plus anodines. Une étude a montré que lorsque les membres d'un groupe font des insinuations racistes, les autres sont incités à les imiter. Le simple fait de dénoncer les préjugés ou de les désapprouver crée une atmosphère qui les décourage, alors qu'en se taisant on les excuse[15]. Les personnes jouissant d'une position d'autorité jouent un rôle décisif en la matière, en ne condamnant pas les actes inspirés par des préjugés, on les avalise tacitement. En revanche, si l'on réagit par des remontrances, on exprime avec force que ces actes ne sont pas anodins, mais entraînent des conséquences — négatives — bien réelles.

Ici encore l'intelligence émotionnelle s'avère précieuse, surtout en ce qu'elle permet de s'élever contre un préjugé, non seulement au bon moment, mais d'une manière efficace. Les remarques sur ces questions doivent être formulées avec finesse comme toute critique pertinente, de façon que l'interlocuteur les entende sans se sentir attaqué. Si tout le monde se comportait ainsi spontanément, ou apprenait à le faire, les incidents de ce type deviendraient sans doute plus rares.

Pour résumer, il est plus facile de lutter contre l'expression des préjugés que de s'attaquer à eux directement ; les stéréotypes quand ils évoluent le font très lentement. Se borner à réunir les membres de différents groupes ne contribue pas à réduire l'intolérance, comme en témoignent les cas d'intégration forcée dans les écoles où l'hostilité entre les groupes augmente au lieu de décroître. Il est plus réaliste de modifier les *normes* d'un groupe relatives à l'expression des préjugés ou aux vexations. Il importe d'entretenir dans la conscience collective l'idée que le sectarisme et le harcèlement sont inacceptables et intolérables. Cependant, espérer qu'une telle démarche extirpe les préjugés profondément enracinés reste un vœu pieux.

Néanmoins, puisque les préjugés sont un type d'apprentissage émotionnel, on peut réapprendre, même si cela exige du temps. Si des personnes de cultures différentes entretiennent une atmosphère de camaraderie et font des efforts quotidiens vers un but commun, le résultat sera sans doute positif. Lorsque des groupes ne se mélangent pas socialement et forment des clans hostiles, cela a pour effet d'intensifier les stéréotypes négatifs. Mais lorsque les gens œuvrent en commun sur un pied d'égalité pour réaliser un objectif commun, comme dans des équipes sportives ou des groupes musicaux, leurs stéréotypes s'effritent — et cela peut se produire spontanément sur le lieu de travail, lorsque les gens collaborent pendant des années [16].

Mais se limiter à lutter contre les préjugés sur le lieu de travail, c'est méconnaître une possibilité plus féconde : tirer parti de la créativité et de l'esprit d'entreprise dont font preuve des équipes culturellement diversifiées. Comme nous allons le voir, une équipe comprenant des individus aux talents et aux points de vue variés a plus de chances d'aboutir à des solutions meilleures, créatives et efficaces, que des personnes travaillant en isolement.

SAGESSE ORGANISATIONNELLE ET QI DE GROUPE

À la fin de ce siècle, un tiers de la main-d'œuvre américaine sera composée de « travailleurs de la connaissance », des gens dont la productivité consiste en une vulgarisation de l'information — qu'il s'agisse d'analystes financiers, d'écrivains ou d'informaticiens. Peter Drucker, connaisseur éminent du monde des affaires, a forgé l'expression « travailleurs de la connaissance » et souligne que, le savoir-faire de ces personnes étant hautement spécialisé, leur productivité dépend de leur coordination avec l'équipe dont ils font partie ; les écrivains ne sont pas des éditeurs, et les informaticiens ne sont pas des distributeurs de logiciels. Les gens ont toujours travaillé en tandem, fait remarquer Drucker, mais avec la spécialisation de la connaissance, « l'unité de travail est maintenant l'équipe plutôt que l'individu [17] ». Cela laisse penser que dans les années à venir l'intelligence émotionnelle sera de plus en plus valorisée dans le monde du travail.

La forme de travail d'équipe la plus rudimentaire est sans doute la réunion, cet aspect incontournable du métier de cadre, qu'elle ait lieu dans une salle de conférences, par téléphone ou dans un bureau. La réunion de plusieurs personnes dans une même pièce n'est que la manière la plus évidente et, si l'on peut dire, la plus surannée, de partager un même travail. Les réseaux et le courrier électroniques, les téléconférences, les équipes de travail, les réseaux informels, etc. commencent à faire figure de nouvelles entités fonctionnelles dans les organisations. Si la hiérarchie explicite, telle qu'elle est représentée par un organigramme, forme le squelette de l'entreprise, ces points de contact entre les individus en constituent le système nerveux.

Chaque fois que des gens se rassemblent pour collaborer, que ce soit dans une réunion de planification entre cadres dirigeants ou au sein d'une équipe fabriquant un certain produit, on peut affirmer dans un sens très réel qu'ils possèdent un QI collectif, à savoir la somme totale des talents et des savoir-faire de tous les participants. Et la valeur de leur travail commun est déterminée par le niveau de ce QI collectif. Il s'avère que l'élément le plus important de cette intelligence du groupe n'est pas la moyenne des QI individuels, au sens conventionnel du terme, mais dépend de l'intelligence émotionnelle. La clé d'un QI collectif élevé est l'harmonie sociale. C'est cette capacité à s'harmoniser qui, toutes choses étant égales par ailleurs, rendra un groupe particulièrement talentueux, productif et couronnera de succès ses efforts, alors qu'un autre groupe, dont les membres possèdent des talents et un savoir-faire égaux à d'autres égards, obtiendra des résultats médiocres.

L'idée qu'il existe une intelligence de groupe est due à Robert Sternberg, psychologue à Yale, et à Wendy Williams, une de ses thésardes, qui cherchaient à comprendre pourquoi certains groupes sont plus efficaces que d'autres[18]. Lorsque plusieurs personnes travaillent en équipe, chacune apporte certains talents — par exemple des facilités d'expression, de la créativité, de l'empathie ou des compétences techniques. Un groupe ne peut être plus « intelligent » que la somme de ses capacités individuelles, mais il peut l'être moins si son fonctionnement interne ne permet pas à ses membres de partager leurs talents. Ce principe a été formulé par Sternberg et Williams lorsqu'ils ont étudié des groupes auxquels ils avaient donné pour tâche de concevoir une campagne publicitaire pour un édulcorant fictif destiné à remplacer le sucre.

Première surprise, les individus *trop* impatients de participer au projet nuisaient au bon fonctionnement du groupe et en diminuaient l'efficacité ; ils cherchaient à imposer leurs points de vue ou à dominer les autres. Il leur manquait apparemment un aspect essentiel de l'intelligence sociale, à savoir la capacité de trouver la juste mesure en matière de concessions mutuelles. Autre entrave au fonctionnement du groupe, la présence de poids morts, c'est-à-dire de membres qui ne participaient pas au travail commun.

Le facteur le plus important pour l'excellence du groupe était la capacité de ses membres à créer un état d'harmonie interne leur permettant de donner toute la mesure de leur talent. La performance globale des équipes harmonieuses était améliorée par la présence d'un membre particulièrement talentueux ; les groupes qui connaissaient des frictions avaient plus de mal à tirer avantage d'une telle présence. Dans les groupes où les échanges affectifs et personnels étaient réduits — en raison de rivalités, de ressentiments, ou encore de manifestations de peur ou de colère —, les individus ne peuvent donner le meilleur d'eux-mêmes. L'harmonie permet au contraire au groupe de tirer le meilleur parti des capacités de ses membres les plus créatifs et talentueux.

Alors que la leçon de cette expérience est tout à fait claire pour les équipes de travail, elle a des implications bien plus générales pour quiconque travaille au sein d'une organisation. De nombreuses tâches que les gens accomplissent dans leur métier dépendent de leur capacité de faire appel à un réseau informel de collègues, chacune pouvant requérir l'intervention de membres différents du réseau. Cela permet en effet de créer des groupes *ad hoc*, dont la composition offre la meilleure palette de talents et de compétences. L'aptitude des membres du groupe à tirer parti d'un réseau — en fait, à le transformer en une équipe temporaire *ad hoc* — est un facteur décisif de succès dans le travail.

Prenons l'exemple d'une étude effectuée sur les meilleurs éléments du laboratoire Bell près de Princeton, l'un des réservoirs de matière grise les plus connus de la planète. Les ingénieurs et les scientifiques qui y travaillent ont tous des QI extrêmement élevés. Parmi eux, certains deviennent des « cracks » tandis que d'autres n'obtiennent que des résultats dans la moyenne. La différence entre les cracks et les autres ne tient pas à leur QI universitaire, mais à leur QI émotionnel. Ils réussissent mieux à se motiver et à transformer leurs reseaux informels en équipes de travail *ad hoc*.

On a étudié les cracks d'une division du laboratoire chargée de concevoir et de réaliser les commutateurs électroniques qui commandent les systèmes de téléphone — un travail d'ingénieur éléctronicien extrêmement complexe et délicat[19]. Cette tâche dépassant les capacités d'un seul individu, elle est prise en charge par des équipes allant de 5 à 150 ingénieurs. Aucun ne possède les connaissances suffisantes pour accomplir seul ce travail ; celui-ci exige une mise en commun des compétences. Afin de découvrir pourquoi certains ingénieurs avaient une productivité au-dessus de la normale, Robert Kelley et Janet Caplan ont demandé aux directeurs du laboratoire et aux ingénieurs de désigner ceux qui formaient le dessus du panier.

Lorsqu'ils comparèrent les cracks avec les autres, la constatation la plus étonnante de prime abord était la similitude apparente des deux groupes. « Après avoir effectué des mesures très diverses, des tests d'intelligence ordinaires aux "inventaires de personnalité ", nous avons relevé peu de différences significatives dans les capacités des ingénieurs », ont écrit Kelley et Caplan dans la *Harvard Business Review*. « Telles qu'elles sont cultivées, les aptitudes théoriques ne permettent guère de prédire la productivité sur le tas », pas plus que le QI.

Après des entretiens approfondis, des différences essentielles sont apparues dans les stratégies de travail personnelles et interpersonnelles des ingénieurs. L'une des plus importantes s'avéra être la relation entretenue avec un réseau d'individus essentiels. Les meilleurs travaillent avec plus de facilité parce qu'ils consacrent du temps à cultiver de bonnes relations avec des gens dont ils pourront avoir besoin dans des moments critiques. Ils se donnent ainsi les moyens de créer instantanément une équipe *ad hoc* pour résoudre un problème ou surmonter une crise. Écoutons Kelley et Caplan : « Un des ingénieurs qui ne faisait pas partie des cracks a raconté que lorsqu'il butait sur un problème technique, il perdait un temps précieux à appeler divers spécialistes et à attendre en vain leurs réponses. En revanche, les cracks connaissent rarement ce type de situations parce qu'ils constituent des réseaux efficaces avant d'en avoir besoin. Quand ils demandent conseil à quelqu'un, ils obtiennent presque toujours une réponse rapide. »

Ces réseaux informels sont particulièrement utiles en cas de problèmes inattendus. « L'organisation officielle est conçue pour venir à bout des problèmes aisément prévisibles », remarque une étude sur ces réseaux. « C'est lorsque surgit un pépin que l'organisation informelle entre en lice. Ce réseau complexe de liens sociaux se tisse chaque fois que des collègues communiquent et forme avec le temps une structure étonnamment stable. D'une grande souplesse, les réseaux informels opèrent en diagonale et en ellipse, enjambant les barrières pour que le travail s'accomplisse [20]. »

L'analyse de ces réseaux montre que ce n'est pas parce que des gens travaillent ensemble jour après jour qu'ils se font confiance à propos de questions importantes (comme le désir de changer d'emploi ou les sentiments envers ses supérieurs ou ses collègues), ni qu'ils se tourneront les uns vers les autres en cas de crise. Une analyse détaillée des réseaux informels montre qu'il en existe au moins trois catégories : les réseaux de communication (qui s'adresse à qui), les réseaux d'expertise (à qui demander conseil) et les réseaux de confiance. Si l'on est un nœud important d'un réseau de compétences, cela veut dire que l'on a une réputation d'excellence technique, et cela conduit souvent à une promotion. Mais il n'y a pratiquement aucun rapport entre le fait d'être un expert et celui d'être considéré comme quelqu'un à qui l'on peut confier ses secrets, ses doutes et ses faiblesses. Un petit chef peut être expert dans son domaine, mais jouir d'une confiance si limitée qu'elle minera sa capacité de diriger et l'exclura des réseaux informels. Les meilleurs éléments d'une organisation sont bien souvent ceux qui sont étroitement connectés à tous les réseaux, qu'ils soient de communication, d'expertise ou de confiance.

Outre la maîtrise de ces réseaux essentiels, le savoir-faire organisationnel des cracks du laboratoire Bell prend d'autres formes, notamment l'aptitude à coordonner efficacement leurs efforts lorsqu'ils travaillent en équipe, la capacité de voir les choses du point de vue des autres — collègues ou clients —, une aptitude à promouvoir la coopération tout en évitant les conflits, leur rôle de premier plan dans l'obtention d'un consensus, leurs talents de persuasion. Toutes ces qualités découlent de l'intelligence sociale, mais les cracks font encore preuve d'une autre aptitude : ils savent prendre des initiatives, ils sont assez motivés pour assumer des responsabilités dépassant leurs attributions et s'autogérer, c'est-à-dire qu'ils sont capables d'organiser leur temps et de remplir leurs obligations professionnelles. Tous ces talents sont, comme on le voit, autant de facettes de l'intelligence émotionnelle.

Tout laisse penser que ce qui est vrai au laboratoire Bell le sera un jour dans toutes les entreprises, l'intelligence émotionnelle va devenir de plus en plus importante dans le travail d'équipe, pour coopérer, pour aider les gens à apprendre ensemble à travailler plus efficacement. Le capital intellectuel et les services fondés sur le savoir jouent un rôle de plus en plus important dans les entreprises. En améliorant la manière dont les individus travaillent ensemble, on contribue à augmenter le capital de matière grise et on peut obtenir un avantage concurrentiel décisif. Pour prospérer, si ce n'est pour survivre, les entreprises feraient bien de cultiver leur intelligence émotionnelle collective.

11

Esprit et médecine

— Qui vous a appris tout cela, docteur ?
La réponse vint immédiatement.
— La misère.

Albert Camus, *La Peste*

Une légère douleur à l'aine m'a incité à consulter mon médecin. Tout était normal, mais un examen a révélé des traces de sang dans mes urines.

« Je veux que vous alliez à l'hôpital pour des analyses complémentaires... fonction rénale, cytologie... », déclara-t-il d'un ton professionnel.

Je ne sais plus ce qu'il dit ensuite. Lorsque j'ai entendu le mot « cytologie », mon esprit s'est brouillé. Cytologie. Cancer.

J'ai un souvenir imprécis de ses explications — quand et où je devais faire ces analyses. Ce n'était pourtant pas compliqué, mais il a dû s'y reprendre en trois ou quatre fois. Cytologie — mon esprit n'arrivait pas à se détacher de ce mot. Ce simple mot me laissait comme l'impression d'avoir été passé à tabac.

Pourquoi ma réaction avait-elle été aussi violente ? Mon médecin s'était simplement montré consciencieux et compétent ; il prenait seulement toutes les précautions d'usage avant de rendre son diagnostic. La probabilité d'un cancer était infime. Mais ces raisonnements ne m'étaient d'aucune utilité. Au pays de la maladie, les émotions règnent en maître et la peur se niche dans la première pensée venue. Si nous sommes si fragiles psychologiquement quand nous sommes malades, c'est parce que notre bien-être mental est en partie fondé sur l'illusion de notre invulnérabilité. La maladie — surtout quand elle est grave — brise cette illusion, contredisant la prémisse selon laquelle notre monde personnel est sûr. Brusquement, nous nous sentons faibles, impuissants, vulnérables.

Le problème est que les médecins, occupés par l'état physique de leurs malades, ignorent trop souvent leurs réactions affectives. Cette indifférence à la dimension psychologique de la maladie fait fi des résultats nombreux prouvant que l'état émotionnel de l'individu peut influer considérablement sur sa vulnérabilité à la maladie et sur le processus de guérison. Dans la pratique, la médecine moderne manque trop souvent d'intelligence émotionnelle.

Le patient s'attend à être rassuré, réconforté, consolé lors de ses entrevues avec les infirmières ou le médecin ; si elles se passent mal, elles le plongent dans le désespoir. Mais le personnel soignant est souvent pressé ou indifférent à sa détresse. Il y a certes des infirmières compatissantes et des médecins qui prennent le temps de rassurer et d'informer tout en prodiguant les soins nécessaires. Mais, dans l'avenir, les contraintes institutionnelles risquent chaque fois plus de rendre le personnel médical aveugle à la vulnérabilité des patients, ou de lui laisser le sentiment de ne pas avoir le temps de faire quoi que ce soit. Face aux dures réalités d'un système médical placé sous la férule des gestionnaires, les choses semblent aller en s'aggravant.

Outre l'argument humanitaire qui devrait pousser les médecins à *prendre soin* autant qu'à *prodiguer des soins*, d'autres raisons imposent de considérer que la réalité psychologique et sociale des malades n'est pas étrangère au domaine médical. On peut désormais affirmer sur des bases scientifiques qu'on peut améliorer l'efficacité *médicale*, tant au stade de la prévention qu'à celui du traitement, en soignant les gens physiquement *et* émotionnellement. Pas dans tous les cas, ni pour toutes les maladies, cela va de soi, mais si l'on considère les données réunies à partir de centaines de cas, on constate en moyenne une augmentation suffisante de l'efficacité des soins pour qu'une action sur l'état *émotionnel* du patient fasse partie intégrante de la pratique médicale dans tous les cas de maladies graves.

Historiquement, la médecine moderne s'est donné pour mission de traiter la maladie, mais elle en a négligé l'aspect affectif — le vécu de la maladie par les patients. En acceptant cette conception, ces derniers participent à la conspiration silencieuse qui consiste à ignorer comment ils réagissent émotionnellement à leur problème médical, ou à considérer que leur réaction est sans rapport avec leur problème médical. Cette attitude est renforcée par un modèle médical qui rejette entièrement l'idée que le mental puisse avoir une quelconque influence sur le corps.

À l'autre extrémité, il existe une idéologie tout aussi stérile selon laquelle on peut se guérir soi-même des maladies, même les plus pernicieuses, tout simplement en adoptant un état d'esprit optimiste, en pensant de manière positive ou en se considérant comme responsable de sa maladie. Cette rhétorique a pour effet d'entretenir la confusion et l'erreur quant au degré d'influence du psychique sur la maladie, et, peut-être plus grave encore, d'inciter parfois les gens à se sentir coupables d'être malades, comme s'il s'agissait d'un signe de défaillance morale ou spirituelle.

La vérité se trouve quelque part entre ces deux extrêmes. En démêlant l'écheveau des données scientifiques, mon dessein est de clarifier ces contradictions et d'évaluer plus justement l'influence exercée par nos émotions — et notre intelligence émotionnelle — sur la santé et la maladie.

L'ESPRIT DU CORPS : COMMENT LES ÉMOTIONS INFLUENT SUR LA SANTÉ

En 1974, une découverte effectuée à l'université de Rochester a redessiné la carte biologique du corps : le psychologue Robert Adler a découvert que, comme le cerveau, le système immunitaire est capable d'apprendre. Ce fut un choc ; jusque-là, la conception dominante était que seuls le cerveau et le système nerveux pouvaient modifier leur comportement en fonction de l'expérience. La découverte d'Adler a suscité des recherches qui ont mis au jour d'innombrables modes de communication entre le système nerveux central et le système immunitaire, c'est-à-dire les voies biologiques qui font que l'esprit, les émotions et le corps ne sont pas séparés, mais inextricablement mêlés.

L'expérience d'Adler consistait à donner à des rats de laboratoire un médicament supprimant artificiellement les lymphocytes T — ceux qui sont chargés de lutter contre la maladie — dans le sang. Cette substance était administrée aux rats avec de l'eau sucrée à la saccharine. Adler a découvert que si on donnait simplement aux rats la solution de saccharine sans le médicament suppresseur, le nombre de lymphocytes T diminuait quand même — au point que les rats tombaient malades et mouraient. Leur système immunitaire avait appris à supprimer les lymphocytes en réaction à l'eau sucrée. Selon les conceptions scientifiques de l'époque, cela ne pouvait pas se produire.

Comme le dit Francisco Varela, un chercheur en neurobiologie à l'École polytechnique, le système immunitaire est le « cerveau du corps ». C'est lui qui lui permet de définir sa propre identité, de savoir distinguer le « soi » du « non-soi [1] ». Les cellules immunitaires circulent dans le sang à travers tout le corps et sont donc en contact avec pratiquement toutes les autres cellules. Elles laissent en paix les cellules qu'elles reconnaissent, mais attaquent celles qu'elles ne reconnaissent pas. Ces attaques nous protègent contre les virus, les microbes et le cancer, ou, si les cellules immunitaires n'arrivent pas à reconnaître certaines cellules du corps, provoquent des maladies auto-immunes comme les allergies ou le lupus. Avant la découverte heureuse d'Adler, tous les anatomistes, tous les médecins et tous les biologistes croyaient que le cerveau (ainsi que ses prolongements *via* le système nerveux central) et le système immunitaire étaient deux entités séparées, incapables d'influer l'une sur l'autre. Aucune voie ne reliait les centres du cerveau chargés de surveiller ce que mangeaient les rats et les régions de la moelle osseuse qui produisent les lympocytes T. C'est du moins ce que l'on pensait depuis un siècle.

Depuis la modeste découverte d'Adler, une vision nouvelle des liens entre le système nerveux et le système immunitaire s'est imposée. La psycho-neuro-immunologie (PNI) est devenue une discipline médicale de pointe. Le terme même implique la reconnaissance de ces liens : *psycho*, l'« esprit », *neuro*, désignant le système neuroendocrinien (qui englobe le système nerveux et les systèmes hormonaux) et *immunologie*, par référence au système immunitaire.

Les chercheurs ont découvert que les messagers chimiques qui opèrent essentiellement dans le cerveau et le système immunitaire sont particulièrement abondants dans les aires qui commandent les émotions[2]. Les preuves les plus convaincantes de l'existence d'une voie physique directe permettant aux émotions d'exercer une influence directe sur le système immunitaire a été fournie par David Felten, un collègue d'Adler. Celui-ci a commencé par remarquer que les émotions ont un effet important sur le système nerveux végétatif, qui régit toutes les fonctions organiques inconscientes — sécrétion d'insuline, tension artérielle, etc. Felten a ensuite découvert un point de rencontre où le système nerveux végétatif communique directement avec les lymphocytes et les macrophages, les cellules du système immunitaire[3].

Grâce à des examens au microscope électronique, ils ont découvert des contacts semblables à des synapses où des terminaisons du système végétatif touchent directement ces cellules immunitaires. Ce point de contact physique permet aux cellules nerveuses de libérer des neurotransmetteurs qui régulent les cellules immunitaires et, en fait, échangent avec elles des signaux. Cette découverte est révolutionnaire. Personne n'avait imaginé que les cellules immunitaires pouvaient être les destinataires d'impulsions nerveuses.

Afin d'évaluer l'importance de ces terminaisons nerveuses dans le fonctionnement du système immunitaire, Felter accomplit un pas de plus. Dans des expériences sur des animaux, il sectionne certains nerfs qui relient les ganglions lympathiques et la rate — où les cellules immunitaires sont emmagasinées ou produites —, puis attaque le système immunitaire avec des virus. Il en résulte une énorme diminution de la réaction immunitaire. Il en conclut qu'en l'absence de ces terminaisons nerveuses le système immunitaire ne réagissait pas comme il le devait. Bref, non seulement le système nerveux est relié au système immunitaire, mais il joue un rôle essentiel dans son fonctionnement.

Une voie essentielle qui relie les émotions et le système immunitaire est constituée par les hormones sécrétées en cas de stress. Les catécholamines (épinéphrine et norépinéphrine, appelées aussi adrénaline et noradrénaline), le cortisol, la prolactine et les opiacés naturels bêta-endorphine et enképhaline sont tous libérés en cas de stress. Chaque hormone a un effet important sur les cellules immunitaires. Les relations s'avèrent complexes, mais l'influence principale est la suivante : lorsque ces hormones affluent dans l'organisme, elles inhibent la fonction des cellules immunitaires. Le stress supprime la résistance immunitaire, au moins temporairement, sans doute dans le but d'économiser l'énergie afin d'affronter en priorité la situation d'urgence immédiate, nécessité plus pressante du point de vue de la survie. Mais si le stress est intense et constant, la suppression peut devenir durable[4].

Chaque jour on découvre de nouvelles connexions entre le cerveau, le système cardio-vasculaire et le système immunitaire — alors qu'il y a peu de temps encore l'idée même de leur existence paraissait invraisemblable[5].

LES ÉMOTIONS TOXIQUES : DONNÉES CLINIQUES

En dépit de toutes ces données, de nombreux médecins, voire la plupart d'entre eux, ont du mal à admettre que les émotions jouent un rôle clinique aussi considérable. La raison en est que, si de nombreuses études ont montré que le stress et les émotions négatives affaiblissent la réponse immunitaire, il n'est pas toujours évident que l'amplitude de ces changements soit suffisante pour modifier significativement l'état clinique du sujet.

Néanmoins, les praticiens sont chaque jour plus nombreux à reconnaître l'importance des émotions en médecine. Ainsi, le Dr Camran Nezhat, un éminent chirurgien spécialiste de la laparoscopie gynécologique, affirme : « Si une femme devant subir une opération panique et me dit qu'elle ne veut pas être opérée, j'annule l'intervention. » Il explique : « Tous les chirurgiens savent que les personnes qui sont terrorisées par une opération y réagissent extrêmement mal. Elles saignent trop, sont davantage sujettes aux infections et aux complications, et mettent plus longtemps à se rétablir. Tout se passe beaucoup mieux lorsque les gens sont calmes. »

La raison en est simple : la panique et l'angoisse augmentent la tension, et les veines distendues par la pression saignent plus abondamment lorsqu'elles sont coupées par le scalpel du chirurgien. Un saignement excessif est une des complications les plus ennuyeuses d'une opération, et il peut parfois entraîner la mort.

Outre les constatations de ce genre, l'importance clinique des émotions est de plus en plus évidente. Les données les plus convaincantes sont peut-être celles fournies par une analyse de grande envergure combinant les résultats de 101 études portant en tout sur plusieurs milliers d'hommes et de femmes. Elle confirme que les émotions négatives nuisent à la santé — dans une certaine mesure[6]. Chez les personnes qui connaissent une anxiété chronique, de longues périodes de tristesse, qui sont constamment sous tension, agressives ou font preuve d'une méfiance ou d'un cynisme excessif, le risque de maladie est *deux* fois plus important — notamment l'asthme, l'arthrite, les maux de tête, les ulcères de l'estomac et les maladies cardiaques (tous représentatifs de grandes catégories de manifestations pathologiques). En cela, les émotions négatives constituent un facteur de risque analogue au tabagisme ou à un taux de cholestérol élevé pour les maladies cardio-vasculaires ; en d'autres termes, elles représentent une lourde menace pour la santé.

Il s'agit là certes d'une corrélation statistique générale, et celle-ci n'implique en aucun cas que les personnes en proie à des états chroniques de ce genre tomberont nécessairement malades. Mais les faits tendant à démontrer l'influence puissante des émotions sur la santé sont bien plus variés que ne l'indique l'étude générale en question. Un examen plus détaillé des données relatives à des émotions négatives spécifiques — surtout la colère, l'anxiété et la dépression — fait apparaître plus clairement comment s'exercent leurs effets sur le plan médical, même si les mécanismes biologiques sous-jacents restent mal compris[7].

Lorsque la colère devient suicidaire

> Il y a quelque temps, explique l'homme, une aile de voiture froissée l'avait entraîné dans des complications à n'en plus finir. Après un volumineux échange de courrier avec son assureur, après des réparations insatisfaisantes chez divers carrossiers, il

> en était pour huit cent dollars de sa poche. Et il n'était même pas dans son tort. Tout cela l'agaçait tellement qu'il avait pris sa voiture en horreur, et avait fini par la vendre. Des années après, il pâlissait d'indignation en évoquant le souvenir de l'épisode.

Ce récit provient d'une étude sur la colère chez des individus cardiaques effectuée à l'université de Stanford. Tous les sujets de l'étude avaient déjà eu une crise cardiaque, et la question était de savoir si la colère avait pu avoir un impact sur leur cœur. Celui-ci était manifeste : pendant que les sujets racontaient les incidents qui les avaient mis en rage, le pompage du sang par le cœur perdait 5 % de son efficacité [8]. Chez certains, cette diminution atteignait 7 %, voire davantage — ce que les cardiologues considèrent comme un signe d'ischémie myorcardiale, c'est-à-dire une réduction dangereuse de l'apport de sang au cœur.

Cette baisse d'efficacité du pompage n'était pas produite par d'autres sentiments négatifs, comme l'anxiété, ni par l'exercice physique ; la colère semble être l'émotion qui fait le plus de mal au cœur. Lorsqu'ils faisaient le récit de ces incidents contrariants, les patients affirmaient qu'ils étaient deux fois moins en colère que sur le coup ; leur cœur avait donc dû être mis à plus rude épreuve encore.

Cette étude, parmi beaucoup d'autres, tend à prouver l'effet néfaste de la colère sur le cœur [9]. La vieille idée selon laquelle les personnes constamment sous pression sont plus sujettes aux maladies cardiaques est fausse, mais elle a entraîné une autre découverte, c'est l'hostilité qui met les gens en danger.

Une grande partie des données sur l'hostilité proviennent des recherches entreprises par le Dr Redford Williams à l'université de Duke [10]. Par exemple, Williams a montré que les médecins dont la forte hostilité était révélée par des tests qu'ils avaient passés lorsqu'ils se trouvaient encore à la faculté de médecine avaient sept fois moins de chances de passer le cap de la cinquantaine que les autres ; un tempérament colérique prédisposait davantage à une mort précoce que d'autres facteurs de risque comme le tabac, l'hypertension ou un mauvais taux de cholestérol. Les découvertes du Dr John Barefoot à l'université de Caroline du Nord, montrent que chez les cardiaques soumis à une angiographie — l'insertion d'un tube dans l'artère coronaire afin d'évaluer l'importance des lésions — les résultats d'un test d'hostilité sont en corrélation avec l'étendue et la gravité de la maladie.

Bien entendu, personne n'affirme que la colère suffit à provoquer cette maladie ; elle ne représente qu'un facteur parmi d'autres. Comme me l'a expliqué Peter Kaufman, le directeur du département de médecine comportementale de l'Institut national américain d'études sur le cœur, les poumons et le sang, « il nous est encore impossible de déterminer si la colère et l'hostilité jouent un rôle causal dans l'apparition de la maladie coronaire, si elles l'aggravent quand celle-ci s'est déjà déclarée, ou les deux choses à la fois. Il n'en reste pas moins que lorsqu'un garçon ou une fille de vingt ans se met facilement en colère, chaque crise met le cœur à rude épreuve en augmentant le rythme cardiaque et la tension. Quand cela se répète souvent, il peut en résulter des dommages », principalement parce que les turbulences du sang qui circule dans l'artère coronaire à chaque pulsation du cœur « peuvent provoquer de minuscules déchirures du vaisseau, sur lesquelles se forme de la plaque. Si le rythme cardiaque et la tension sont plus élevés que la normale en raison de l'irritabilité de l'individu, après une trentaine d'années, il peut en résulter une accumulation accélérée de plaques, et par conséquent une affection de l'artère coronaire [11] ».

Lorsque la maladie cardiaque se développe, les mécanismes déclenchés par la colère nuisent à l'efficacité même du cœur, comme le montrent les effets des souvenirs déplaisants chez les cardiaques. La colère est donc particulièrement néfaste pour les personnes souffrant déjà du cœur. Ainsi, une étude portant sur 1 012 hommes et femmes ayant déjà eu une crise cardiaque et suivis ensuite pendant huit ans a révélé que le risque d'en subir une seconde était plus élevé chez ceux qui au départ étaient les plus hostiles et agressifs [12]. Des résultats similaires ont été obtenus dans une autre étude de 929 hommes suivis pendant dix ans après une première crise [13]. Chez les plus irritables, le risque de mourir d'un arrêt du cœur était trois fois plus important que chez les sujets au tempérament plus calme. Il était cinq fois plus important lorsque leur taux de cholestérol était élevé.

Selon les auteurs de cette dernière étude, il se peut que ce ne soit pas la colère seule qui soit un facteur de risque cardiaque, mais plutôt une forte émotivité négative, quelle qu'elle soit, dont l'effet est de provoquer régulièrement des poussées d'hormones de stress. Mais, dans l'ensemble, ce sont les effets de la colère sur le cœur qui sont le mieux établis scientifiquement. Au cours d'une étude effectuée par l'École de médecine de Harvard, on a demandé à plus de mille cinq cents personnes, hommes et femmes, de décrire l'état affectif dans lequel elles se trouvaient pendant les heures précédant leur crise cardiaque. Le risque d'arrêt cardiaque après un coup de colère était plus de deux fois plus élevé chez les personnes déjà atteintes d'une maladie cardiaque ; la période à risque durait deux heures [14].

Cela ne veut pas dire que l'on doit réfréner sa colère quand elle est justifiée. Bien au contraire, on a tout lieu de croire que si l'on tente de l'étouffer complètement dans l'excitation du moment, cela a pour conséquence d'exacerber l'agitation physique et peut provoquer une poussée de tension [15]. Cependant, comme nous l'avons vu au chapitre 5, donner libre cours à sa colère systématiquement, c'est l'alimenter, au risque d'en faire une réaction habituelle en cas de contrariété. Williams résout ce paradoxe en concluant que le fait d'exprimer ou non sa colère est moins important que son caractère chronique ou non. Prendre la mouche de temps en temps n'est pas dangereux pour la santé ; le problème se pose lorsque l'agressivité devient permanente au point de définir une attitude personnelle systématiquement hostile — caractérisée par des sentiments de défiance, du cynisme et une propension au sarcasme, au dénigrement et aux accès de fureur [16].

Heureusement, l'agressivité chronique n'est pas synonyme de mort ; c'est une mauvaise habitude dont on peut se défaire. À Stanford, on apprend aux patients ayant eu une crise cardiaque à assouplir les attitudes qui les rendent irritables. Le risque d'une deuxième crise s'est avéré inférieur de 44 % par rapport aux patients qui n'avaient pas suivi cet apprentissage [17]. Un autre programme mis au point par Williams a permis d'obtenir des résultats équivalents [18]. Comme celui de Stanford, il inculque les bases de l'intelligence émotionnelle, en accordant une attention particulière aux premiers signes de la colère, à la capacité de la maîtriser une fois qu'elle a éclaté et à l'empathie. On incite les patients à noter par écrit leurs pensées cyniques ou hostiles quand elles leur viennent à l'esprit. Si ces pensées persistent, on leur apprend à les court-circuiter en se disant (ou en pensant) : « Assez ! » Au lieu de s'y complaire, on les encourage à adopter une attitude plus raisonnable dans les moments pénibles — par exemple, si un ascenseur tarde à venir, trouver à cela une explication bienveillante au lieu de s'emporter contre un hypothétique utilisateur négligent. En cas de désaccord avec quelqu'un, ils apprennent à voir les choses dans la perspective de l'autre. L'empathie est un bon remède contre la colère.

Comme me l'a dit Williams, « l'antidote de l'agressivité, c'est la confiance. Tout ce qu'il faut, c'est être motivé. Lorsque les gens comprennent que leur agressivité peut les conduire à la tombe plus vite qu'ils ne pensent, ils sont prêts à essayer. »

Le stress : une anxiété disproportionnée et déplacée

> Je me sens en permance anxieux et tendu. Ça a commencé à la fac. J'étais un bon élève, toujours ponctuel, et je me demandais constamment si mes notes étaient bonnes et si mes camarades et mes professeurs m'appréciaient. Mes parents me poussaient sans cesse à bien travailler en classe et à servir d'exemple. [...] Je pense que toutes ces tensions ont eu raison de moi : mes problèmes sont apparus en deuxième année. Depuis, je dois faire très attention à ne pas boire trop de café et à ne pas manger trop épicé. J'ai remarqué que, lorsque je suis contrarié, mon estomac se déchaîne, et, comme je me fais presque toujours du souci pour quelque chose, j'ai toujours mal au cœur [19].

De toutes les émotions, l'anxiété — l'inquiétude pénible causée par les pressions de la vie — est peut-être celle dont les rapports avec la maladie et la guérison ont été le mieux prouvés scientifiquement. Lorsqu'elle nous prépare à faire face au danger (fonction sans doute utile au cours de l'évolution), elle est utile. Mais dans la vie moderne l'anxiété est le plus souvent déplacée et hors de proportion avec sa cause, elle se manifeste dans des situations dont nous devons nous accommoder ou que nous avons imaginées et qui ne représentent pas un réel danger. Des accès d'anxiété répétés sont symptomatiques de fortes tensions. La femme chez qui une inquiétude permanente déclenche des troubles gastro-intestinaux illustre parfaitement le processus par lequel l'anxiété et le stress exacerbent les troubles physiques.

Dans une analyse des nombreux travaux sur le lien entre stress et maladie, le psychologue Bruce McEwen énumère un ensemble varié d'effets : altération de la fonction immunitaire pouvant aboutir à une accélération de la diffusion de métastases ; augmentation de la vulnérabilité aux infections virales ; exacerbation de la formation de plaques à l'origine de l'athérosclérose et de caillots de sang conduisant à l'infarctus du myocarde ; accélération de l'apparition du diabète précoce et de l'évolution du diabète tardif ; et aggravation ou déclenchement des crises d'asthme[20]. Le stress peut également entraîner une ulcération de l'appareil digestif, provoquant l'apparition de symptômes de colite ulcéreuse et de maladie intestinale inflammatoire. Le cerveau lui-même est soumis aux effets à long terme d'une tension permanente — lésions de l'hippocampe, par exemple, et donc altération de la mémoire. « Il apparaît de plus en plus clairement, dit McEwen, que, dans l'ensemble, le système nerveux est soumis au travail d'usure des expériences pénibles[21]. »

L'effet de l'anxiété sur la santé a été mis en évidence de manière particulièrement probante par des études sur des maladies infectieuses comme le rhume, la grippe et l'herpès. Nous sommes en permanence exposés aux virus qui en sont responsables, mais normalement notre système immunitaire les refoule ; en revanche, en cas de stress, ces défenses cèdent plus souvent. Dans des expériences pour évaluer directement la robustesse du système immunitaire, on a constaté que la tension et l'anxiété l'affaiblissent, mais, la plupart du temps, ces résultats ne permettent pas de déterminer avec certitude si cet affaiblissement peut avoir des conséquences cliniques, autrement dit, s'il est suffisant pour ouvrir les portes à la maladie[22]. C'est pour cette raison que, pour évaluer les liens entre le stress, l'anxiété et la vulnérabilité aux maladies physiques on se sert d'études prospectives : on part de sujets sains et on surveille d'abord l'augmentation de l'anxiété, puis l'affaiblissement du système immunitaire et l'apparition de la maladie.

Dans l'une des plus probantes de ces études, le psychologue Sheldon Cohen de l'université Carnegie-Mellon, en collaboration avec une équipe britannique spécialiste du rhume, commençait par évaluer le degré de stress des sujets, puis les exposait systématiquement au virus du rhume. Tous les gens ainsi exposés ne s'enrhumaient pas ; un système immunitaire robuste est capable de résister au virus — et le fait régulièrement. Cohen a constaté que plus la vie des gens était stressante, plus ils risquaient d'attraper le virus. Vingt-sept pour cent des sujets peu stressés s'enrhumaient contre 47 % des plus stressés, preuve manifeste que le stress affaiblit le système immunitaire[23]. (Bien que ces résultats confirment ce que l'on savait déjà plus ou moins, ils ont fait date en raison de leur rigueur scientifique.)

De même, on a demandé à des couples mariés de tenir pendant trois mois une liste quotidienne des tracas et des événements pénibles qui les affectaient — comme les querelles de ménage — et ils présentaient tous la même tendance : trois ou quatre jours après avoir subi des contrariétés particulièrement graves, ils attrapaient un rhume ou une infection des voies respiratoires supérieures. Ce décalage correspond précisément à la période d'incubation de nombreux virus du rhume, et on peut donc en conclure que les soucis et les contrariétés nous rendent particulièrement vulnérables[24].

Le même lien existe avec les virus de l'herpès, responsables des « boutons de fièvre » sur les lèvres ou de lésions génitales. Après que la personne a été exposée au virus, celui-ci reste latent dans l'organisme et se manifeste par des poussées épisodiques. L'activité du virus de l'herpès peut être suivie en mesurant la concentration de ses anticorps dans le sang. Par ce moyen, on a pu constater une réactivation du virus chez des étudiants en médecine au moment de leurs examens de fin d'année, chez des femmes récemment séparées et des personnes constamment sous pression parce qu'elles doivent s'occuper d'un parent atteint de la maladie d'Alzheimer[25].

L'anxiété n'a pas pour seul effet d'affaiblir la réaction immunitaire ; d'autres recherches ont mis en évidence des effets cardiovasculaires. L'agressivité chronique et les accès de colère répétés semblent augmenter considérablement le risque de maladie cardiaque chez l'homme, mais l'anxiété et la peur constituent sans doute les émotions les plus néfastes pour les femmes. Dans une recherche menée à Stanford sur plus de mille hommes et femmes ayant eu une crise cardiaque, les femmes qui ont une seconde crise sont les plus inquiètes et anxieuses. Bien souvent, cette inquiétude se manifeste par de graves phobies ; après leur première crise, les patientes cessent de conduire, quittent leur travail ou évitent de sortir de chez elles[26].

Les effets physiques insidieux de la tension mentale et de l'anxiété — engendrées par des métiers astreignants ou des vies éprouvantes comme celle d'une mère obligée d'élever seule ses enfants tout en travaillant — se manifestent à un niveau anatomique très fin. Ainsi, le psychologue Stephen Manuck a soumis trente volontaires à une épreuve rude et angoissante tout en surveillant la concentration dans leur sang d'une substance sécrétée par les hématoblastes appelée « adénosine triphosphate », ou ATP, qui peut provoquer des changements dans les vaisseaux sanguins, eux-mêmes susceptibles d'entraîner des crises cardiaques ou des attaques. Lorsque les volontaires se trouvaient dans un état de stress intense, leur taux d'ATP, leur rythme cardiaque et leur tension s'élevaient brusquement.

Comme on pouvait s'y attendre, les risques de maladie semblent être plus importants chez les gens soumis à de fortes contraintes dans leur métier, sur lesquelles ils n'ont pas de prise (cela explique que les chauffeurs de bus, par exemple, font de l'hypertension). Ainsi, dans une étude portant sur 569 patients atteints d'un cancer de l'intestin et un groupe témoin équivalent, ceux qui affirmaient avoir subi au cours des dix années précédentes une détérioration de leurs conditions de travail présentaient un risque de cancer cinq fois et demie plus important que les autres[27].

Les techniques de relaxation — qui contrecarrent les manifestations physiologiques du stress — sont utilisées pour atténuer les symptômes d'une grande variété de maladies chroniques favorisées par l'anxiété, notamment les maladies cardio-vasculaires, certains types de diabète, l'arthrite, l'asthme, les troubles gastro-intestinaux, et les douleurs chroniques, pour n'en citer que quelques-unes. Dans la mesure où tout état pathologique est aggravé par le stress et l'anxiété, aider les patients à se détendre et à maîtriser leurs émotions aboutit souvent à une amélioration[28].

Les effets de la dépression sur la santé

> On lui avait diagnostiqué un cancer du sein avec métastases, un retour de la tumeur dont elle pensait avoir été débarrassée des années plus tôt par une opération réussie. Son médecin ne pouvait plus parler de guérison, et la chimiothérapie, au mieux, ne lui procurerait que quelques mois de sursis. Elle était naturellement très déprimée — à tel point que chaque fois qu'elle allait chez son cancérologue, elle finissait toujours par éclater en sanglots. La réaction de son médecin était toujours la même : il lui demandait de quitter son cabinet immédiatement.

Si on laisse de côté la brutalité froide de la réaction, cela avait-il la moindre importance d'un point de vue médical que le médecin refuse de faire face à la tristesse de sa patiente ? Lorsqu'une maladie est devenue à ce point virulente, il semble peu probable que la moindre émotion puisse exercer un effet appréciable sur sa progression. Si l'état dépressif de cette femme a certainement assombri ses derniers mois, rien ne permet encore de déterminer avec certitude si la mélancolie influe sur l'évolution d'un cancer[29]. Mais, en dehors du cancer, un certain nombre d'études suggèrent que la dépression joue un rôle dans de nombreuses autres maladies, et en particulier les aggravent lorsque celles-ci se sont déclarées. Il y a de plus en plus de raisons de penser que, dans les cas de maladies graves où les patients sont déprimés, il est médicalement payant de traiter aussi l'état dépressif.

Le traitement de la dépression chez les malades est compliqué par le fait que ses symptômes, notamment la perte d'appétit et la léthargie, sont facilement confondus avec ceux de la maladie, surtout si les médecins sont mal formés au diagnostic psychiatrique. Cette inaptitude à diagnostiquer la dépression risque en soi d'aggraver le problème, puisque celle-ci peut passer inaperçue, et donc ne pas être traitée, ce qui augmente le risque d'une issue fatale dans les cas de maladie grave.

Ainsi, sur 100 patients ayant subi des greffes de moelle osseuse, 12 parmi les 13 qui étaient déprimés sont morts dans l'année suivant la greffe, alors que 34 des 87 autres étaient encore vivants deux ans après[30]. Et, chez des patients sous dialyse rénale, ceux qui sont profondément déprimés courent un risque plus important de mourir avant deux ans. La dépression permet de prédire le décès plus sûrement que les symptômes physiques[31]. Ici, le lien entre l'état émotionnel et l'état physique n'est pas biologique mais comportemental, les patients dépressifs suivent moins bien les prescriptions médicales — par exemple, ils ne respectent pas leur régime.

Les maladies cardiaques semblent elles aussi être exacerbées par la dépression. Comme l'a montré une étude portant sur 2 832 hommes et femmes pendant douze ans, ceux qui éprouvent un sentiment de désespoir et d'impuissance ont un taux de mortalité supérieur à la normale[32]. Chez les 3 % de patients gravement déprimés, ce taux était quatre fois plus élevé.

La dépression constitue un facteur de risque particulièrement important chez les personnes ayant survécu à une première crise cardiaque[33]. Une étude portant sur des patients de l'hôpital de Montréal montre que le risque de décès au cours des six mois suivants était bien plus élevé chez les dépressifs. Chez les patients les plus déprimés — 1 sur 8 —, le taux de mortalité était cinq fois plus élevé, un facteur de risque aussi grave qu'un dysfonctionnement du ventricule gauche ou des antécédents cardiaques. Parmi les mécanismes pouvant expliquer pourquoi la dépression augmente à ce point les risques, on peut citer ses effets sur la variabilité du rythme cardiaque, qui rendent plus probables des arythmies fatales.

On a constaté également que la dépression ralentit la guérison des fractures de la hanche. Dans une étude portant sur des femmes âgées souffrant de telles fractures, des milliers d'entre elles ont fait l'objet d'un examen psychiatrique lors de leur admission à l'hôpital. Celles qui étaient déprimées à leur arrivée restaient hospitalisées en moyenne huit jours de plus que les autres, et elles avaient trois fois moins de chances de pouvoir marcher à nouveau. Cependant, les patientes déprimées qui recevaient une assistance psychiatrique en même temps que les soins médicaux avaient moins besoin de rééducation pour recommencer à marcher et étaient moins réhospitalisées que les autres dans les trois mois qui suivaient leur retour à la maison.

Une étude effectuée sur des patients en très mauvaise santé, souffrant souvent de plusieurs maladies à la fois, a montré que

1 sur 6 était gravement déprimé. Lorsqu'ils recevaient un traitement psychiatrique, le nombre annuel de jours de congé maladie chutait de 79 à 51 pour les plus déprimés, et de 62 à 18 pour ceux atteints de dépression légère [34].

LES SENTIMENTS POSITIFS ET LEURS EFFETS SALUTAIRES

Les effets dommageables de la colère, de l'anxiété et de la dépression ont été abondamment prouvés. Quand elles sont chroniques, la colère et l'anxiété exposent l'individu à un ensemble de maladies. Et si la dépression n'accroît pas nécessairement le risque de maladie, elle semble, par contre, freiner la guérison et augmenter le taux de mortalité, surtout chez les personnes les plus fragiles.

Mais si la détresse émotionnelle est toxique, son contraire peut s'avérer tonique, du moins jusqu'à un certain point. Cela ne veut pas dire que les émotions positives guérissent, ou que le rire et la joie suffisent à modifier l'évolution d'une maladie grave. L'avantage procuré par les émotions positives est subtil, mais en se fondant sur des études effectuées sur un grand nombre de sujets, il est possible de le mettre en évidence dans la masse des facteurs complexes qui affectent le cours de la maladie.

Le coût du pessimisme et les avantages de l'optimisme

Comme dans le cas de la dépression, le pessimisme a un coût médical — et l'optimisme un effet bénéfique. On a, par exemple, évalué le degré d'optimisme ou de pessimisme de 112 hommes ayant eu une crise cardiaque. Huit ans plus tard, 21 des 25 plus pessimistes, contre seulement 6 des 25 plus optimistes étaient décédés. L'attitude mentale prédisait mieux la survie que les facteurs de risque strictement médicaux comme la gravité des lésions cardiaques, l'état des artères, le taux de cholestérol et la tension. D'autres études de patients ayant subi un pontage ont montré que les plus optimistes se rétablissent plus vite et souffrent moins de complications [35].

Comme son proche parent, l'optimisme, l'espoir possède un

pouvoir curatif. Les personnes qui ne perdent pas espoir résistent mieux aux épreuves, y compris à la maladie. Une étude sur des sujets paralysés à la suite de blessures à la colonne vertébrale montre que ceux qui entretiennent le plus d'espérance retrouvent une plus grande mobilité physique que les autres atteints de lésions similaires. L'effet de l'espoir est particulièrement clair dans ce type de paralysie, car elle frappe généralement des hommes dans la fleur de l'âge, et ce, de manière irréversible. Leur manière d'y réagir émotionnellement détermine le degré auquel ils seront capables de retrouver une certaine autonomie physique et sociale[36].

Les effets d'une attitude optimiste ou pessimiste peuvent s'expliquer de diverses façons. Selon une théorie, le pessimisme conduirait à la dépression, qui à son tour affecterait la résistance du système immunitaire aux tumeurs et à l'infection, mais cette hypothèse n'a pas encore été vérifiée. Il se pourrait aussi que les pessimistes ne prennent pas soin d'eux-mêmes ; certaines études montrent que les pessimistes fument et boivent davantage, font peu d'exercice et, de manière générale, négligent leur santé. Enfin, peut-être découvrira-t-on un jour que la physiologie de l'espérance possède une utilité biologique dans la lutte de l'organisme contre la maladie.

Santé et amitié

On peut ajouter à la liste des facteurs de risque psychologique le poids du silence, et à celle des facteurs protecteurs, les liens affectifs. Des études effectuées pendant plus de vingt ans sur près de trente-huit mille personnes révèlent que l'isolement social — le fait de n'avoir personne avec qui partager ses sentiments intimes ou entretenir des rapports étroits multiplie par deux le risque de maladie ou de mort[37]. L'isolement « influe autant sur le taux de mortalité que le tabac, l'hypertension, le cholestérol, l'obésité ou le manque d'exercice physique », conclut un rapport publié dans la revue *Science* en 1987. En effet, le fait de fumer ne multiplie le risque de mortalité que par 1,6, alors que l'isolement social le multiplie par 2[38].

L'isolement est plus préjudiciable aux hommes qu'aux femmes

Chez les hommes isolés, le risque de décès est deux à trois fois plus important que chez les hommes entretenant des liens sociaux solides, alors que le rapport n'est que de 1,5 à 1 chez les femmes. Cette différence est peut-être due au fait que les relations entre femmes sont souvent plus étroites sur le plan émotionnel que celles des hommes et qu'en conséquence des liens moins nombreux suffisent.

Bien sûr, la solitude et l'isolement sont deux choses différentes ; bien des gens vivent seuls ou voient peu d'amis et sont heureux et en bonne santé. Le risque pour la santé vient plutôt du sentiment subjectif que l'on est coupé des autres et que l'on n'a personne vers qui se tourner. Cette constatation est particulièrement inquiétante en ces temps où l'habitude de regarder la télévision en solitaire et la disparition de traditions sociales dans les villes modernes engendrent un isolement croissant. Cela confère une valeur d'autant plus grande aux associations d'entraide, comme les Alcooliques anonymes, qui permettent de combler le vide laissé par l'effritement de la vie communautaire.

Le pouvoir de l'isolement en tant que facteur de mortalité et le potentiel curatif des liens intimes sont manifestes dans une étude portant sur une centaine de patients ayant subi des greffes de moelle osseuse[39]. Parmi ceux qui ont le sentiment de bénéficier du soutien affectif de leur conjoint, de leur famille ou de leurs amis, 54 % sont encore vivants deux ans après leur greffe, contre 20 % seulement chez les autres. De même, les personnes âgées ayant eu une crise cardiaque, mais bénéficiant du soutien affectif de deux personnes ou plus, ont au moins deux fois plus de chances de survivre au-delà d'un an que les personnes privées de cet appui moral[40].

Le témoignage le plus éloquent de la puissance curative des liens affectifs est sans doute fourni par une étude suédoise de 1993[41]. Un examen médical gratuit fut proposé à tous les habitants mâles de Göteborg nés en 1933. Sept ans plus tard, on recontacta les 752 hommes qui s'étaient présentés ; parmi ceux-ci, 41 étaient décédés dans l'intervalle.

Le taux de mortalité était trois fois plus élevé chez les sujets qui avaient déclaré être stressés que chez ceux qui menaient une vie paisible. Le stress des premiers était dû à des facteurs variés comme des ennuis d'argent, la perte de leur emploi, des procès ou des divorces. S'ils avaient eu au moins trois soucis de ce type pendant l'année précédant l'examen, cela permettait de prédire le décès dans les sept années suivantes plus efficacement que les indicateurs habituels — tension artérielle, concentrations en triglycérides ou taux de cholestérol.

Cependant, parmi les hommes qui avaient déclaré avoir un réseau de proches sur qui compter — épouse, amis intimes, etc. —, les niveaux élevés de stress n'ont entraîné *aucune* augmentation du taux de mortalité. Le simple fait d'avoir des gens vers qui se tourner, à qui parler, pouvant offrir consolation, aide et conseils, les protégeait contre l'effet létal des rigueurs de l'existence.

La qualité et le nombre des relations semblent contribuer de manière décisive à amortir le stress. Les relations négatives prélèvent leur propre tribut sur la santé. Les scènes de ménage, par exemple, ont un impact négatif sur le système immunitaire[42]. Une étude sur des colocataires étudiants a montré que plus ils éprouvent de l'antipathie l'un pour l'autre, plus ils souffrent de rhume et de grippe. Le psychologue John Cacioppo, qui a effectué ces recherches, m'a affirmé : « La relation qui tient le plus de place dans votre vie, celle avec les gens que vous voyez du matin au soir, est aussi la plus importante pour votre santé[43]. »

Le pouvoir curatif du soutien émotionnel

Dans *Les Aventures de Robin des Bois*, Robin conseille un jour à un de ses jeunes compagnons : « Confie-nous tes tourments et parle en toute liberté. Un flot de paroles soulage le cœur de ses chagrins ; c'est comme ouvrir la vanne lorsque le barrage du moulin est trop plein. » La sagesse populaire voit juste, confier ses peines est un bon remède. La validité du conseil de Robin a été confirmée scientifiquement par le psychologue James Pennebaker ; il a montré dans une série d'expériences que le fait de parler de ses soucis est bénéfique pour la santé[44]. Sa méthode est remarquablement simple : il demande aux sujets d'évoquer par écrit durant quinze à vingt minutes, pendant cinq ou six jours, des choses comme « l'expérience la plus traumatisante de votre vie » ou ce qui les tracasse le plus à ce moment-là. Ils ne sont pas tenus de raconter ce qu'ils ont écrit.

L'effet de cette confession est frappant : amélioration de la fonction immunitaire, espacement significatif des visites chez le médecin dans les six mois suivants, diminution des absences au travail et, même, amélioration de la fonction enzymatique du foie. En outre, ceux dont les écrits révélaient un trouble profond obtenaient la plus forte amélioration de leur fonction immunitaire. La meilleure manière de se libérer était la suivante : commencer par exprimer toute sa tristesse, son anxiété, sa colère — ou tout sentiment négatif éveillé par la question posée —, puis, les jours suivants, tisser une histoire donnant une signification au trouble.

Bien sûr, ce processus ressemble à ce qui se passe lors d'une psychothérapie, où le sujet analyse ce qui le perturbe. En fait, les résultats de Pennebaker semblent expliquer pourquoi d'autres études montrent que les patients qui suivent une psychothérapie en complément d'une intervention chirurgicale ou d'un traitement médical se portent souvent mieux, physiquement, que ceux ayant seulement fait l'objet d'un traitement médical[45].

La démonstration la plus frappante des pouvoirs cliniques du soutien émotionnel est sans doute fournie par des groupes de femmes souffrant de cancer avancé du sein. Après un premier traitement, comportant souvent une intervention chirurgicale, le cancer était réapparu avec des métastases. Cliniquement parlant, ces femmes étaient condamnées à plus ou moins brève échéance. Le Dr David Spiegel, qui a conduit cette étude à l'École de médecine de Stanford, a été aussi stupéfait par ses découvertes que le monde médical : les femmes qui participaient chaque semaine à des réunions de discussion avec les autres survivaient *deux fois plus longtemps* que celles qui affrontaient seules leur maladie[46].

Toutes recevaient le même traitement médical ; la seule différence était que les premières avaient la possibilité, au cours de leurs réunions, de s'épancher auprès d'autres femmes qui comprenaient leur peur, leur douleur et leur colère. C'était souvent la seule occasion qu'elles avaient d'ouvrir leur cœur, car leurs proches redoutaient de parler avec elles de leur maladie et de son issue imminente. Les patientes qui participaient à ces réunions bénéficièrent, en moyenne, d'un sursis de trente-sept mois ; celles qui n'y participaient pas ne survécurent que dix-neuf mois — aucun traitement médical n'aurait pu procurer un tel sursis. Comme me l'a affirmé le Dr Jimmie Holland, chef du département d'oncologie psychiatrique à l'hôpital du Memorial Sloan-Kettering, un centre new-yorkais de traitement du cancer : « Tous les cancéreux devraient participer à des groupes de ce genre. » Si un nouveau médicament avait été en cause, les laboratoires pharmaceutiques se seraient battus pour le produire.

INTRODUIRE L'INTELLIGENCE ÉMOTIONNELLE DANS LA PRATIQUE MÉDICALE

Le jour où une analyse de routine a mis en évidence des traces de sang dans mon urine, mon médecin m'a prescrit un examen au cours duquel on devait m'injecter un produit radioactif. J'étais allongé sur une table tandis qu'un appareil de radiographie suivait la progression du produit à travers mes reins et ma vessie. Un de mes amis médecins m'avait accompagné. Il était assis dans la pièce pendant que l'appareil radio ronronnait, changeait d'angle et se déclenchait automatiquement au-dessus de moi.

L'opération a duré une heure et demie. À la fin, un urologue est entré en trombe, s'est présenté rapidement puis a disparu pour examiner les radios. Il n'est pas revenu me communiquer les résultats.

En sortant, mon ami et moi sommes tombés sur lui. Comme j'étais un peu ébranlé et étourdi par la séance, je n'ai pas eu la présence d'esprit de lui poser la question qui me tracassait, mais mon ami l'a fait à ma place :

— Docteur, dit-il, le père de mon ami est mort d'un cancer de la vessie. Il voudrait savoir si les radios vous ont permis de déceler des signes de cancer.

— Rien à signaler, lâcha-t-il pour toute réponse, pressé de se rendre à son prochain rendez-vous.

Chaque jour, à travers le monde, des milliers de personnes se trouvent dans l'incapacité de poser à leur médecin les questions qui les tracassent. Une enquête a montré que tout patient dans une salle d'attente a au moins trois questions à poser à son praticien.

En sortant, seule une et demie, en moyenne, a reçu une réponse[47]. Cela montre bien que la pratique médicale actuelle ne répond pas aux besoins psychologiques des patients. Les questions restées sans réponse alimentent l'incertitude, la peur et la propension à tout voir en noir. Les patients hésitent à suivre des traitements dont ils ne comprennent pas pleinement la nature et la fonction.

Il existe bien des manières dont la médecine peut élargir sa mission afin de prendre en considération les réalités émotionnelles de la maladie. Pour commencer, on pourrait fournir aux patients une information plus complète, indispensable aux décisions qu'ils doivent prendre concernant leur traitement. Certains services offrent maintenant à leurs patients des publications médicales sur leur maladie pour qu'ils puissent mieux dialoguer avec leur médecin et prendre avec lui des décisions en connaissance de cause[48]. Une autre façon d'aborder le problème consiste à apprendre aux patients à mieux interroger leur médecin pour que celui-ci puisse répondre à toutes les questions qui les préoccupent[49].

La période qui précède une intervention chirurgicale ou des examens pénibles ou douloureux est chargée d'angoisse et se prête donc à la prise en compte de la dimension émotionnelle de la maladie. Dans certains hôpitaux, avant l'opération, on apprend aux patients à calmer leur appréhension et à atténuer leur malaise, on répond à leurs questions bien avant, on leur apprend certaines techniques de relaxation et leur explique à l'avance comment se déroulera leur convalescence. Résultat : les patients mettent deux ou trois jours de moins à se rétablir[50].

Pendant l'hospitalisation, les patients se sentent souvent seuls et désarmés. Aujourd'hui, dans certains hôpitaux, les chambres sont conçues pour que les membres de leur famille puissent rester avec eux, préparer leurs repas et s'occuper d'eux comme à la maison, pratique nouvelle pour nous mais courante dans les pays du tiers monde[51].

La relaxation permet non seulement aux patients de mieux supporter la souffrance, mais aussi de maîtriser les émotions susceptibles de faire apparaître ou d'exacerber les symptômes. La Stress Reduction Clinic de Jon Kabat-Zinn au centre médical de l'université du Massachusetts est un modèle dans ce domaine. Les patients y suivent un cours de yoga de dix semaines, qui insiste sur la nécessité d'être attentif à l'enchaînement de ses émotions et s'accompagne d'une séance quotidienne de relaxation profonde. Un enregistrement vidéo du cours est mis à la disposition des patients d'autres hôpitaux, spectacle infiniment préférable aux feuilletons télévisés habituels[52].

La relaxation et le yoga sont aussi au cœur du programme novateur de traitement des maladies cardiaques mis au point par le Dr Dean Ornish[53]. Après un an de ce traitement, qui comprend un régime pauvre en matières grasses, chez les patients dont l'état obligeait à envisager un pontage coronaire, le processus d'obturation de l'artère s'est inversé. Ornish m'a affirmé que l'apprentissage de la relaxation est l'une des parties les plus importantes du programme. Comme Kabat-Zinn, il tire parti de ce que le Dr Herbert Benson a appelé la « réaction de relaxation », l'inverse physiologique du stress qui est la source des problèmes de santé les plus variés.

Enfin, il importe de mentionner les améliorations que l'on peut attendre de l'attitude empathique de médecins et d'infirmières à l'unisson avec leurs patients, sachant écouter et se faire entendre. Il faut favoriser une « pratique médicale centrée sur les relations humaines ». Cela serait d'autant plus facile à mettre en œuvre si l'enseignement de la médecine comportait l'apprentissage de certains aspects essentiels de l'intelligence émotionnelle, en particulier la conscience de soi, l'empathie et l'art de savoir écouter[54].

VERS UNE MÉDECINE À L'ÉCOUTE DES PATIENTS

Tout cela serait un premier pas. Mais si la médecine doit élargir sa vision pour englober l'importance des émotions, deux implications importantes des découvertes scientifiques doivent être prises en considération :

1. *Aider les gens à mieux maîtriser leurs sentiments négatifs — colère, anxiété, dépression, pessimisme et isolement — c'est contribuer à prévenir la maladie*. Puisque les faits montrent que les émotions négatives, lorsqu'elles deviennent chroniques, sont aussi toxiques que le tabac, le fait d'aider les gens à mieux les

dominer peut s'avérer aussi payant d'un point de vue médical que d'aider les gros fumeurs à s'arrêter. Une possibilité, susceptible d'avoir des effets considérables sur la santé publique, serait d'inculquer les bases de l'intelligence émotionnelle aux enfants afin qu'elles deviennent des habitudes de comportement. Autre stratégie rentable : apprendre aux individus atteignant l'âge de la retraite à mieux gérer leur vie émotionnelle, le bien-être psychologique étant l'un des facteurs qui déterminent si une personne âgée déclinera rapidement ou au contraire se maintiendra en bonne santé. Un autre groupe cible est ce qu'on appelle les populations à risques — indigents, mères célibataires, habitants des zones à forte délinquance, etc. —, qui vivent continuellement sous tension et pourraient améliorer leur santé si on les aidait à mieux supporter le fardeau émotionnel imposé par le stress.

2. *Lorsqu'on veille à satisfaire les besoins psychologiques des patients en même temps que leurs besoins purement médicaux, beaucoup en retirent des bénéfices appréciables.* Le réconfort et la consolation rendent les soins plus humains, mais il est possible d'aller plus loin. L'attention que l'on doit accorder à l'état émotionnel des malades est trop souvent négligée par la pratique médicale actuelle, souvent aveugle à ces nécessités psychologiques. Les données prouvant l'utilité médicale qu'il y a à répondre aux besoins émotionnels des patients et les liens entre le centre émotionnel du cerveau et le système immunitaire sont de plus en plus nombreuses. Pourtant, l'importance clinique des émotions est encore refusée par beaucoup de médecins. Ceux-ci rejettent ces preuves en contestant leur valeur, en les qualifiant d'anecdotiques, de marginales ou, plus grave encore, d'exagérations provenant de quelques chercheurs désireux de se mettre en avant.

Bien que de plus en plus de patients aspirent à une médecine plus humaine, celle-ci est en péril. Il reste certes des médecins et des infirmières dévoués qui font preuve de compassion et de sensibilité à l'égard de leurs malades. Mais, en raison de l'évolution de la culture médicale elle-même, chaque jour soumise davantage à des impératifs de rendement, ce genre d'attitude se fait de plus en plus rare.

Une médecine humaine pourrait en outre présenter des avantages financiers. On commence à s'apercevoir qu'en répondant à la détresse émotionnelle du patient, on réalise des économies — surtout dans la mesure où cela empêche ou retarde l'apparition de la maladie, ou aide les patients à guérir plus vite. Une étude effectuée à l'École de médecine de Mt. Sinai et à l'université du Nord-Ouest porte sur des personnes âgées souffrant d'une fracture de la hanche. Les patients dépressifs qui ont suivi une psychothérapie en plus des soins orthopédiques habituels sont sortis de l'hôpital deux jours plus tôt que les autres, soit une économie totale de 97 361 dollars pour une centaine de personnes [55].

Enfin, d'un point de vue éthique, une conception plus humaine de la pratique médicale semble être un impératif. Après la publication d'un rapport démontrant que la dépression multiplie par cinq les risques de décès chez les patients cardiaques, un éditorial du *Journal of the American Medical Association* affirmait : « Lorsque les facteurs psychologiques comme la dépression et l'isolement social permettent d'identifier parmi les patients atteints d'une maladie coronaire ceux qui courent le plus de risques, il est contraire à l'éthique de ne pas tenter de réduire ces facteurs [56]. »

La découverte des liens entre les émotions et la santé signifie avant tout ceci : la pratique médicale qui s'attache à combattre les maladies graves ou chroniques, mais néglige les *sentiments* des patients, n'est désormais plus adaptée aux réalités. Il est temps que la médecine tire méthodiquement parti de ces découvertes. Ce qui reste encore l'exception doit devenir la règle si l'on veut qu'une médecine plus attentive soit à la portée de tous. Celle-ci serait à tout le moins plus humaine. Et, pour certains, elle accélérerait le cours de la guérison. Comme l'a dit un patient dans une lettre ouverte à son chirurgien, « la compassion, c'est plus que du réconfort, c'est un bon médicament [57] ».

Quatrième partie

POSSIBILITÉS

12

Le creuset de la famille

C'est une discrète tragédie familiale. Carl et Ann sont en train de montrer à leur fille Leslie, cinq ans à peine, comment jouer à un jeu vidéo. Leslie commence à jouer, mais ses parents, impatients de l'« aider », semblent tout faire pour l'en empêcher. Des ordres contradictoires fusent des deux côtés.

— À droite, à droite — voilà. Arrête, arrête ! recommande Ann avec insistance, de plus en plus tendue et anxieuse.

Leslie, tout en se mordant la lèvre et en fixant l'écran les yeux écarquillés, s'efforce de suivre les directives.

— Fais attention, tu n'es pas dans l'alignement... plus à gauche ! À gauche ! ordonne Carl avec brusquerie.

En même temps, Ann lève les yeux au ciel et crie :

— Stop ! Stop !

Incapable de satisfaire son père et sa mère, Leslie grimace et cligne des paupières tandis que ses yeux se voilent de larmes. Ses parents commencent à se chamailler, indifférents à sa détresse.

— Elle bouge pourtant le *joy-stick* comme il faut ! tonne Ann, exaspérée.

Les larmes roulent sur les joues de l'enfant, mais ni son père ni sa mère ne semble s'en apercevoir ou s'en soucier. Elle lève la main pour s'essuyer les yeux, mais Carl lui lance d'un ton cassant :

— Ne lâche pas le manche... Tu dois te préparer à tirer. Reprends le manche !

Et sa mère aboie :

— Très bien, un peu plus à droite !

Maintenant, Leslie sanglote doucement, seule avec son angoisse.

Les enfants tirent des leçons importantes de tels épisodes. De cet échange pénible, Leslie a fort bien pu conclure que ni ses parents ni personne ne se soucie de ses sentiments[1]. Lorsque des épisodes de ce genre se répètent au cours de l'enfance, ils communiquent certains des messages émotionnels les plus importants de l'enfance, des leçons qui décident parfois du cours entier de la vie de l'individu. C'est dans notre famille que nous recevons notre première éducation émotionnelle ; dans l'intimité de ce creuset, nous nous forgeons une opinion de nous-mêmes, nous apprenons à deviner comment les autres réagiront à nos sentiments, à réfléchir à ces sentiments et à choisir entre nos différentes réactions possibles, à interpréter et à exprimer nos espoirs et nos craintes. Cette éducation émotionnelle ne s'opère pas uniquement à travers ce que disent et font les parents avec leurs enfants, mais aussi par l'exemple qu'ils leur donnent en maîtrisant plus ou moins bien leurs propres émotions et leurs échanges avec leur conjoint. Certains parents sont de bons professeurs ès émotions, d'autres épouvantables.

Des centaines d'études ont montré que la façon dont les parents traitent leurs enfants — leur sévérité ou leur compréhension, leur indifférence ou leur affection, etc. — a des conséquences profondes et durables pour leur vie émotionnelle. L'avantage d'avoir des parents émotionnellement intelligents n'a été mis en évidence que récemment. La manière dont le père et la mère expriment leurs sentiments réciproques en plus des rapports directs qu'ils entretiennent avec leurs enfants laisse des empreintes profondes sur ces derniers, élèves sagaces, sensibles à leurs échanges affectifs les plus subtils. Lorsque Carole Hooven et John Gottman ont analysé de manière poussée les relations entre parents et leurs effets sur les enfants, ils ont constaté que les couples les plus intelligents sur le plan émotionnel étaient aussi les mieux à même d'aider leurs enfants à surmonter les fluctuations de leurs émotions[2].

Les familles furent étudiées une première fois lorsque l'enfant venait d'avoir cinq ans, puis de nouveau lorsque celui-ci avait atteint neuf ans. Les chercheurs observaient les parents lorsqu'ils discutaient entre eux, et aussi lorsqu'ils tentaient d'initier leur enfant à un nouveau jeu vidéo — interaction apparemment anodine, mais très révélatrice des échanges émotionnels entre parents et enfant.

Certains parents se comportent comme Ann et Carl : autoritaires, haussant le ton avec irritation ou mépris, perdant patience face à la maladresse de l'enfant, allant même jusqu'à le traiter d'« idiot » — bref, tombant dans le piège du mépris et du dégoût qui détruit un couple. D'autres, au contraire, se montraient patients et aidaient l'enfant à comprendre le jeu à sa façon sans chercher à lui imposer leur volonté. La séance de jeu vidéo était un baromètre précis du style émotionnel des parents.

Les trois styles d'incompétence émotionnelle les plus fréquents chez les parents étaient les suivants :

- *Ignorer purement et simplement les sentiments de l'enfant*. Ces parents voient dans la détresse émotionnelle de leur enfant quelque chose d'insignifiant ou de gênant qui finira bien par passer tout seul. Ils ne saisissent pas cette occasion pour se rapprocher de lui ou l'aider à mieux maîtriser ses émotions.
- *Laisser faire*. Ces parents voient bien ce que ressent leur enfant, mais ils estiment qu'il faut le laisser s'exprimer à sa manière — même s'il le fait en donnant des coups. Comme les parents précédents, il est rare qu'ils interviennent pour lui montrer qu'il existe d'autres façons de réagir. Ils tentent de l'apaiser en lui promettant, par exemple, une récompense... ou une punition.
- *Être méprisant et ne pas respecter ce que ressent l'enfant*. En règle générale, ces parents sont toujours insatisfaits, durs dans la critique et dans la punition. Ils peuvent, par exemple, interdire à l'enfant toute manifestation de colère et le punir au moindre signe d'irritation. Ils se fâchent lorsque celui-ci tente de se justifier : « Je t'interdis de me répondre ! »

Enfin, certains parents profitent de la contrariété qu'éprouve leur enfant pour lui apprendre à dominer ses émotions. Ils prennent ses sentiments assez au sérieux pour essayer de comprendre exactement ce qui ne va pas (« Es-tu en colère parce que ton frère t'a vexé ? ») et l'aider à trouver une manière positive de résoudre le problème (« Au lieu de le battre, pourquoi ne t'amuses-tu pas de ton côté avec tes jouets ? Tu recommenceras à jouer avec lui quand tu en auras envie »).

Pour être de bons mentors, les parents doivent eux-mêmes bien maîtriser les rudiments de l'intelligence émotionnelle. Par exemple, l'une des premières choses à apprendre à un enfant est de savoir faire le tri entre ses sentiments ; un père qui ne comprend pas bien lui-même ce qu'est la tristesse sera incapable d'aider son fils à faire la différence entre le chagrin inspiré par une perte, la tristesse provoquée par un film bouleversant ou celle suscitée par un malheur survenu à un être cher. Au-delà de cette distinction, il est des intuitions plus sophistiquées, comme, par exemple, la colère qui éclate souvent lorsqu'on a été blessé.

Au fur et à mesure que l'enfant grandit, les leçons émotionnelles qu'il est prêt à recevoir — et a besoin de recevoir — changent. Comme nous l'avons vu au chapitre 7, l'empathie s'apprend dès la prime enfance, lorsque les parents sont à l'unisson avec les émotions du bébé. Bien que certains aspects de l'intelligence émotionnelle s'aiguisent au fil des années au contact des camarades, les parents jouent un rôle essentiel dans l'apprentissage de ses divers aspects : reconnaître et maîtriser ses émotions, témoigner de l'empathie, gérer les sentiments qui se manifestent dans les relations avec les autres.

L'impact sur les enfants de cet aspect de l'éducation parentale est très profond[3]. Les chercheurs cités plus haut ont constaté que lorsque les parents sont émotionnellement intelligents, leurs enfants s'entendent mieux avec eux, sont plus affectueux à leur égard et plus détendus en leur présence. En outre, ces enfants réussissent plus facilement à maîtriser leurs émotions, à se calmer lorsque quelque chose les bouleverse, et ils sont moins souvent contrariés. Ils semblent également plus détendus d'un point de vue *biologique* : leur taux d'hormones de stress et d'autres indicateurs de perturbations émotionnelles sont moins élevés (tendance qui, si elle perdure au fil des années promet un bon état de santé, comme nous l'avons vu au chapitre 11). D'autres bénéfices sont d'ordre social : ces enfants sont plus appréciés et aimés de leurs camarades, et jugés plus sociables par leurs professeurs. Selon leurs parents et leurs maîtres, ils ont moins de problèmes comportementaux, ils sont moins brutaux et agressifs, par exemple. Il y a enfin les avantages cognitifs : ces enfants sont plus attentifs et meilleurs élèves. À QI égal, les enfants de cinq ans dont les parents sont de bons mentors obtiennent de meilleures notes en mathématiques et en lecture quand ils atteignent le cours élémentaire (argument de poids pour inculquer l'intelligence émotionnelle à ses enfants). Ainsi, les bénéfices pour les enfants dont les parents sont émotionnellement compétents ne se limitent pas à tous les aspects de l'intelligence émotionnelle mais englobent tous les domaines de l'existence.

LE BON DÉPART : UNE QUESTION DE CŒUR

L'influence des parents sur la compétence émotionnelle commence dès le berceau. L'éminent pédiatre T. Berry Brazelton se sert d'un test simple pour évaluer, dès huit mois, l'attitude générale de l'enfant face à la vie. Il lui présente deux cubes et lui montre comment il veut qu'il les assemble. Selon Brazelton, un bébé optimiste, qui a confiance dans ses propres capacités :

> ... saisira un cube, le portera à sa bouche, se frottera les cheveux avec et le jettera par terre pour voir si vous le ramassez pour le lui redonner. Si vous vous exécutez, il fera finalement ce que vous lui avez demandé — assembler les deux cubes. Puis, il vous regardera d'un œil pétillant qui signifie : « Dis-moi que je suis fort [4] ! »

Ces bébés ont reçu une bonne dose d'approbation et d'encouragement ; ils pensent pouvoir surmonter les difficultés que leur réserve l'existence. Au contraire, les bébés élevés dans des foyers où règne une atmosphère indifférente ou chaotique abordent le même petit travail d'une manière qui montre qu'ils s'attendent à échouer. Non pas qu'ils échouent à assembler les cubes ; ils comprennent les instructions et sont capables de les appliquer. Mais, même quand ils y parviennent, rapporte Brazelton, ils prennent un air de chien battu, une attitude qui signifie : « Je ne suis pas à la hauteur. Regarde, je ne l'ai pas bien fait. » Ces enfants risquent d'aborder la vie avec une attitude défaitiste ; ils n'attendront ni encouragements ni marques d'intérêt de leurs professeurs, ne prendront aucun plaisir à leurs études et finiront peut-être par les abandonner.

La différence entre ces deux attitudes — confiante et optimiste chez les uns, défaitiste chez les autres — commence à se dessiner dès les premières années. Les parents, affirme Brazelton, « doivent comprendre à quel point leurs actions peuvent contribuer à faire naître la confiance, la curiosité, le plaisir d'apprendre et la connaissance des limites à ne pas franchir », autant de facteurs de réussite. Ce conseil est étayé par un ensemble de plus en plus important de résultats montrant que la réussite scolaire dépend étroitement de traits de caractère qui se forment avant l'âge scolaire. Ainsi, comme nous l'avons vu au chapitre 6, la capacité des enfants de quatre ans à se maîtriser quand on leur présente des bonbons permet de prédire qu'ils obtiendront de meilleurs résultats aux examens d'entrée dans l'enseignement supérieur, quatorze ans plus tard.

Les premières années de la vie sont le meilleur moment pour inculquer aux enfants les ingrédients de l'intelligence émotionnelle, bien que celle-ci continue à se former au cours des années d'école. Les capacités émotionnelles que les enfants acquièrent par la suite se développent à partir de celles forgées au départ. Et ces premières acquisitions sont à la base de tout apprentissage. Un rapport du Centre national pour l'enfance indique que ce n'est pas tant, par exemple, la capacité d'apprendre à lire précocement que des aspects émotionnels et sociaux qui permettent de prédire la réussite scolaire — confiance en soi, curiosité, savoir quelle sorte de comportement les autres attendent de vous et comment dominer les pulsions qui poussent à mal se conduire, aptitude à attendre, à persévérer dans la voie choisie, à rechercher l'aide des professeurs et à exprimer ses besoins tout en sachant s'entendre avec les autres enfants[5].

Selon ce rapport, un ou plusieurs de ces aspects de l'intelligence émotionnelle font défaut aux enfants qui échouent à l'école, et ce, qu'ils aient ou non des difficultés d'ordre cognitif, comme, par exemple, du mal à apprendre. Le problème est de taille ; l'enfant qui redouble prend du retard par rapport à ses camarades, puis se décourage et devient de plus en plus amer et turbulent.

L'aptitude scolaire d'un enfant dépend du plus fondamental des savoir : *comment apprendre*. Le rapport énumère sept composants essentiels de ce savoir — tous liés à l'intelligence émotionnelle[6] :

1. *La confiance.* Le sentiment de maîtriser pleinement son corps, son comportement et le monde extérieur, la conviction que l'on a plus de chances de réussir que d'échouer dans ce que l'on entreprend et que les adultes vous aideront et vous conseilleront.

2. *La curiosité.* Le sentiment que la découverte est une bonne chose et procure du plaisir.

3. *L'intentionnalité.* Le désir et la capacité de produire un effet et de faire en sorte que cela se produise. Ceci est relié au sentiment de compétence et d'efficacité.

4. *La maîtrise de soi.* L'aptitude à moduler et à maîtriser ses propres actions de manière appropriée à son âge ; un sentiment de contrôle intérieur.

5. *La capacité d'entretenir des relations.* L'aptitude à se lier avec les autres, fondée sur le sentiment d'être compris par eux et de les comprendre.

6. *L'aptitude à communiquer.* Le désir et la capacité d'échanger des idées, des concepts et de partager ses sentiments avec autrui au moyen de mots. Ceci est relié à un sentiment de confiance dans les autres et à un plaisir d'être lié aux autres, y compris les adultes.

7. *La coopérativité.* C'est la capacité de trouver un juste équilibre entre ses besoins et ceux des autres dans les activités de groupe.

Le fait qu'un enfant entre à l'école maternelle en possession de ces aptitudes dépend en grande partie de l'attention que ses parents — et son entourage — lui auront prodiguée dans sa période préscolaire. Pour qu'il prenne un bon départ dans la vie, il faut qu'il ait reçu les marques d'affection appropriées.

L'ACQUISITION DES BASES DE L'INTELLIGENCE ÉMOTIONNELLE

Supposons qu'un enfant de deux mois se réveille à trois heures du matin et se mette à pleurer. Sa mère le prend dans ses bras et l'allaite pendant la demi-heure qui suit en le regardant avec tendresse et en lui disant qu'elle est contente de le voir, même en pleine nuit. Le bébé, heureux de l'amour de sa mère, se rendort tranquillement.

Supposons maintenant que la mère ait eu du mal à trouver le sommeil après s'être disputée avec son mari et qu'elle soit tendue et irritée. Le bébé se crispe au moment même où sa mère le prend d'un geste brusque et lui intime de se calmer. Pendant qu'il boit son biberon, la maman regarde devant elle d'un œil froid en pensant à la querelle de la veille. Plus elle ressasse l'épisode, plus elle s'agite. Le bébé, percevant cette tension, se met à gigoter, se raidit et s'arrête de boire. « Tu n'en veux plus ? dit la mère. C'est que tu n'as pas faim. » Sans plus de ménagements, elle repose l'enfant dans son berceau et quitte la pièce l'air furieux en le laissant pleurer jusqu'à ce qu'il se rendorme, vaincu par la fatigue.

Selon le Centre national pour l'enfance, ces deux scénarios sont typiques d'attitudes qui, si elles deviennent habituelles, font naître chez l'enfant des sentiments très différents sur lui-même et ses proches [7]. Le premier bébé est en train d'apprendre qu'il peut compter sur les autres pour comprendre ses besoins et les satisfaire, et aussi qu'il peut parvenir à obtenir leur aide. Le second est en train de découvrir que personne ne se soucie vraiment de lui, qu'il ne peut compter sur personne et que ses efforts pour obtenir un réconfort sont voués à l'échec. Il va de soi que la plupart des bébés ont au moins goûté à ces deux types de relations. Mais selon lequel de ces comportements est habituel, les parents inculquent à l'enfant des attitudes psychologiques différentes — quant à sa propre sécurité, quant à son efficacité, quant à la confiance qu'il peut accorder aux autres. Pour Erik Erikson, il en résulte que l'enfant en vient à éprouver une « confiance ou une méfiance fondamentale ».

Cet apprentissage émotionnel commence dès les premiers instants de la vie, et il se poursuit pendant toute l'enfance. Le moindre petit échange entre parents et enfant a un substrat émotionnel, et, en recevant les mêmes messages pendant des années, l'enfant forme le noyau de son attitude psychologique et de son intelligence émotionnelle. Quand une fillette qui peine sur un puzzle demande à sa mère de l'aider, elle reçoit des messages très différents selon que cette dernière accepte avec un plaisir évident ou lui répond sèchement : « Ne me dérange pas, j'ai un travail important à terminer. » Lorsque de tels échanges deviennent typiques des rapports entre parents et enfant, ils déterminent ce que celui-ci attendra de ses relations avec les autres sur le plan émotionnel, attitude mentale qui, pour le meilleur ou pour le pire, affectera son comportement dans tous les domaines de l'existence.

Les risques sont, bien sûr, les plus grands pour les enfants dont les parents se comportent de manière manifestement inappropriée — immatures, drogués, dépressifs ou coléreux, ou tout simplement désœuvrés ou menant une vie désordonnée. Il y a fort peu de chances que ces parents s'occupent convenablement de leurs enfants et, *a fortiori*, soient à l'écoute de leurs besoins affectifs. Certaines études l'ont montré, le manque d'attention peut être plus dévastateur que les mauvais traitements[8]. Selon une enquête sur les enfants maltraités, ceux dont on ne s'occupait pas du tout s'en tiraient le plus mal, ils étaient les plus angoissés, inattentifs et apathiques, alternativement agressifs et repliés sur eux-mêmes. Soixante-cinq pour cent d'entre eux redoublaient.

Pendant les trois premières années de la vie, le cerveau de l'enfant atteint les deux tiers de sa taille définitive et gagne en complexité plus rapidement qu'à toute autre période. Durant ces trois années, des formes essentielles d'apprentissage ont lieu plus aisément que par la suite — avant tout celles liées à l'affectivité. Des tensions graves risquent alors de détériorer les centres d'apprentissage du cerveau (et donc d'affaiblir l'intelligence). Bien que, comme nous le verrons, les expériences vécues ultérieurement puissent dans une certaine mesure y remédier, l'impact de cet apprentissage précoce est profond. Comme le conclut un rapport, la leçon essentielle des quatre premières années est lourde de conséquences durables du point de vue affectif :

> L'enfant qui est incapable de se concentrer, soupçonneux plutôt que confiant, triste ou irritable plutôt qu'optimiste, destructeur plutôt que respectueux, qui est en proie à l'anxiété, à des fantasmes angoissants et qui, de manière générale, n'est pas content de lui, a peu de chances d'exploiter toutes les possibilités que lui offre le monde[9].

COMMENT ÉLEVER UNE PETITE BRUTE

Des études à long terme, comme celle effectuée dans le nord de l'État de New York sur 870 sujets suivis de huit à trente ans, en disent long sur les effets qu'exerce au cours de toute la vie une mauvaise éducation émotionnelle des enfants et, en particulier, sur la façon dont elle contribue à les rendre agressifs [10]. Les enfants bagarreurs — les plus prompts à se battre et à recourir à la force pour obtenir ce qu'ils veulent — étaient aussi, le plus souvent, ceux qui abandonnaient l'école et qui, à trente ans, avaient le passé de délinquance et de violence le plus chargé. En outre, ils transmettaient, semble-t-il, leur tendance à la violence à leurs enfants, qui, à l'école primaire, devenaient des fauteurs de troubles comme leurs parents.

La manière dont l'agressivité est transmise d'une génération à l'autre est riche en enseignements. Quels que soient les penchants héréditaires, une fois devenus adultes, les perturbateurs se comportaient de telle sorte que leur vie de famille était une école de violence. Lorsqu'ils étaient enfants, leurs parents les punissaient selon leur humeur du moment et avec une implacable sévérité ; adultes, ils agissaient de même. Cela était vrai pour les pères comme pour les mères. Et s'ils punissaient durement leurs enfants, d'ordinaire, ils ne s'occupaient guère d'eux, et, de fait, les ignoraient la plupart du temps. Simultanément, ils leur donnaient un exemple vivant d'agressivité, modèle que les enfants reproduisaient à l'école et sur le terrain de jeux, et auquel ils se conformaient toute leur vie. Ces parents n'étaient pas nécessairement des gens abjects, et ils souhaitaient vraisemblablement que leurs enfants réussissent le mieux possible ; ils les élevaient tout simplement à la manière dont leurs parents les avaient eux-mêmes élevés.

Conformément à ce modèle de violence, les enfants étaient punis de manière arbitraire ; lorsque leurs parents étaient de mauvaise humeur, il y avait du grabuge à la maison. Le châtiment n'était pas tant infligé à cause de ce que l'enfant avait fait qu'en fonction de l'humeur des parents à ce moment-là. Voilà une bonne recette pour faire naître chez l'enfant un sentiment d'inutilité et d'impuissance, et lui donner le sentiment que le monde est rempli de menaces. Si l'on tient compte des antécédents familiaux, l'attitude agressive et méfiante de ces enfants envers le monde entier s'explique plus aisément, aussi déplorable qu'elle soit. Ce qui est démoralisant, c'est de constater à quel point ces leçons affligeantes s'apprennent tôt, et combien leurs ravages sont considérables sur la vie émotionnelle de l'enfant.

LES MAUVAIS TRAITEMENTS : LA DISPARITION DE L'EMPATHIE

> Dans la mêlée confuse de la garderie, Martin, deux ans et demi, bouscule une petite fille, qui, inexplicablement, fond en larmes. Martin veut la prendre par la main, la fillette se dérobe et Martin lui donne une claque sur le bras.
> Comme elle continue à pleurer, Martin regarde ailleurs et crie de plus en plus fort :
> — Arrête ! arrête !
> Lorsqu'il fait une nouvelle tentative pour la consoler, elle résiste à nouveau. Cette fois Martin montre les dents comme un chien féroce et se met à grogner pour impressionner la fillette.
> Une fois encore, Martin tente de lui donner une petite tape amicale dans le dos, mais celle-ci se transforme rapidement en coups de poing, et Martin frappe plusieurs fois la pauvre petite fille malgré ses cris.

Ce récit témoigne de la façon dont les mauvais traitements — le fait d'être battu de manière répétée, au gré de l'humeur d'un parent — déforme le penchant naturel d'un enfant à l'empathie[11]. La réaction bizarre, presque brutale, de Martin au chagrin de sa petite camarade est typique des enfants qui, comme lui, ont été battus depuis leurs premières années. Elle contraste fortement avec les tentatives sympathiques habituelles chez les tout-petits pour consoler leurs camarades, comme nous l'avons vu au chapitre 7. La réaction violente de Martin reflète sans doute les expériences qu'il a vécues chez lui ; les pleurs suscitent d'abord un geste de consolation péremptoire, mais s'ils continuent, sont suivis de regards, de cris de menace, puis de coups. Le plus troublant est que la forme d'empathie la plus primitive, l'instinct de cesser d'agresser quelqu'un qui souffre, semble déjà faire défaut à Martin. À deux ans et demi, il commence à manifester le comportement d'une brute cruelle et sadique.

Ce remplacement de l'empathie par la méchanceté est typique des enfants qui, au plus jeune âge, sont déjà marqués par les mauvais traitements physiques et psychologiques qu'ils ont subis à la maison. Martin faisait partie d'un groupe de neuf enfants maltraités, âgés de un à trois ans, en observation à la crèche. Leur comportement était comparé à celui de neuf autres petits garçons et petites filles issus eux aussi de foyers pauvres et en difficulté, mais qui n'étaient pas soumis à de mauvais traitements. Les enfants des deux groupes réagissaient de façon nettement différente lorsque l'un d'eux se faisait mal ou pleurait. Sur vingt-trois cas de ce genre, cinq des neuf enfants non maltraités manifestaient de l'intérêt, de la tristesse ou de l'empathie. En revanche, sur les vingt-sept cas où les enfants maltraités auraient pu témoigner d'une réaction similaire, aucun ne l'avait fait ; au contraire, tous avaient exprimé de la peur, de la colère ou même, comme Martin, avaient agressé leur camarade en détresse.

Par exemple, une petite fille du groupe des maltraités avait fait une grimace menaçante et féroce à une autre qui s'était mise à pleurer. Thomas, un an, avait grimacé de frayeur en entendant un enfant pleurer à l'autre bout de la pièce ; il s'était assis, le dos raide, une expression de peur sur le visage, sa tension augmentant au fur et à mesure que les pleurs continuaient comme s'il rassemblait ses forces pour attaquer. Et Kate, vingt-huit mois, elle aussi maltraitée, faisait preuve d'un comportement presque sadique ; elle s'en était prise à Joey, un tout petit enfant, l'avait fait tomber par terre à coups de pied et, alors qu'il était étendu, elle l'avait regardé avec tendresse et avait commencé à lui donner des petites tapes amicales dans le dos, pour finir par le battre de plus en plus fort sans se soucier de ses cris. Elle avait continué à le rouer de coups jusqu'à ce qu'il prenne la fuite à quatre pattes.

De toute évidence, ces enfants traitent les autres comme ils l'ont été eux-mêmes. Et leur dureté n'est qu'une forme extrême de celle que manifestent les enfants que leurs parents critiquent, menacent et punissent sévèrement. Ils ont aussi tendance à ne pas s'occuper de leurs camarades lorsque ceux-ci se font mal ou se mettent à pleurer ; la brutalité de ces enfants maltraités semble représenter la forme exacerbée d'une attitude générale de froideur. En grandissant, ils auront du mal à apprendre, se montreront agressifs et ne seront pas aimés de leurs camarades (ce qui n'a rien d'étonnant dans la mesure où leur dureté à l'âge préscolaire laisse présager de leur attitude future). Ils seront plus enclins à la dépression, et, devenus adultes, risqueront d'avoir maille à partir avec la justice et de sombrer dans la délinquance et la violence [12].

Le manque d'empathie se transmet parfois, voire souvent, d'une génération à l'autre, les parents brutaux ayant été eux-mêmes brutalisés dans leur enfance par leurs parents [13]. La différence est spectaculaire avec l'attitude généralement empathique dont font preuve les enfants que leurs parents élèvent bien et encouragent à manifester de l'intérêt pour les autres et à comprendre l'effet produit sur eux par leur méchanceté. N'ayant jamais été confrontés à cette attitude, les enfants maltraités semblent purement et simplement incapables de l'adopter.

Le plus troublant est sans doute le fait que ces enfants apprennent si tôt à réagir comme leurs parents. Étant donné les corrections qu'ils ont reçues, parfois quotidiennement, les leçons émotionnelles ne sont que trop claires. Souvenons-nous que c'est dans les moments où les passions s'exacerbent ou dans les situations de crise que les centres limbiques du cerveau prennent le pouvoir. Les habitudes acquises par le cerveau émotionnel au cours de périodes extrêmement longues prennent le dessus, pour le meilleur ou pour le pire.

Lorsqu'on voit à quel point le cerveau lui-même est façonné par la brutalité — ou l'amour — dont l'enfant a été l'objet, on comprend que les premières années représentent un créneau unique pour l'apprentissage de l'intelligence émotionnelle. Les enfants battus ont été soumis très tôt à un régime quotidien traumatisant. Pour comprendre l'apprentissage de la vie émotionnelle subi par les enfants maltraités, le paradigme le plus instructif consiste peut-être à voir comment les traumatismes laissent une empreinte durable sur le cerveau et comment ces cicatrices peuvent être effacées.

13

Traumatisme et réapprentissage émotionnel

Som Chit, une réfugiée cambodgienne, rechigna lorsque ses trois fils — âgés de six, neuf et onze ans — lui demandèrent des kalachnikovs en plastique pour jouer à « Purdy », jeu dans lequel Purdy, le méchant, se sert de son arme pour « massacrer » un groupe d'enfants avant de la retourner vers lui-même. Parfois, la partie se termine autrement : ce sont les enfants qui « tuent » Purdy.

Ce jeu est la reconstitution macabre, par certains de ses survivants, du terrible drame qui s'est produit le 17 février 1989 à l'école primaire de Stockton, en Californie. Pendant la récréation du matin, Patrick Purdy — qui avait lui-même fréquenté cette école une vingtaine d'années plus tôt — est entré dans la cour et a ouvert le feu sur les centaines d'enfants occupés à jouer. Il a tiré dans tous les sens pendant sept minutes, puis a pointé l'arme vers sa tête et s'est tué. Lorsque la police est arrivée, elle a trouvé cinq enfants mourants et vingt-neuf autres blessés.

Au cours des mois suivants, les élèves de l'école se sont mis spontanément à jouer à « Purdy », l'un des signes de la marque indélébile que le massacre avait laissée dans leur mémoire. J'ai visité l'école — située près de l'université du Pacifique, dans le quartier où j'ai grandi — cinq mois après la tragédie. Son ombre planait encore sur les lieux même si les traces les plus macabres de la fusillade — impacts des balles, mares de sang — avaient été effacées dès le lendemain.

À ce moment-là, les cicatrices les plus profondes n'étaient plus celles du bâtiment, mais psychiques, et marquaient les élèves et les enseignants, qui tentaient de reprendre leur vie habituelle[1]. Le plus frappant était la façon dont le plus petit détail évoquant le drame, même de loin, ravivait sans cesse son souvenir. Un professeur m'a dit, par exemple, qu'une vague d'effroi avait parcouru l'école à l'approche de la Saint-Patrick, un certain nombre d'enfants étaient persuadés que la fête était destinée à honorer le tueur, Patrick Purdy.

« Chaque fois que nous entendons une ambulance se diriger vers la maison de repos au bout de la rue, toute activité cesse, m'a expliqué un autre professeur. Les enfants écoutent pour voir si elle va s'arrêter ici ou poursuivre sa route. » Pendant plusieurs semaines après le massacre, les élèves étaient terrifiés par les miroirs des toilettes ; selon la rumeur, « Bloody Virgin Mary », un monstre imaginaire, rôdait par là. Quelque temps après la tragédie, une fillette terrorisée se précipita vers Pat Busher, le proviseur, en criant qu'elle entendait des coups de feu. C'était le bruit d'une chaîne métallique qui claquait au vent.

De nombreux enfants étaient constamment sur leurs gardes, comme s'ils craignaient que le drame se reproduisît ; pendant la récréation, certains restaient tout près de la porte de leur classe et refusaient de s'aventurer dans la cour, théâtre de la fusillade. D'autres ne jouaient que par petits groupes pendant que l'un d'eux faisait le guet. Des mois durant, les enfants évitèrent les endroits « maudits » où leurs camarades avaient été tués.

Les souvenirs persistaient également sous forme de cauchemars qui faisaient irruption dans le sommeil des enfants. En plus des cauchemars sur la fusillade elle-même, les enfants faisaient des rêves angoissants qui leur donnaient une sensation de mort imminente. Certains essayaient de dormir les yeux ouverts pour ne pas rêver.

Toutes ces réactions sont bien connues des psychiatres, car ce sont des symptômes caractéristiques du syndrome de stress post-traumatique (PTSD). Le noyau de ce traumatisme, selon Spencer

Eth, psychiatre spécialisé dans le traitement du PTSD chez les enfants, est « le souvenir obsédant de l'acte violent : l'ultime coup de poing, la lame d'un couteau qui pénètre dans un corps, la déflagration d'une arme à feu. Les souvenirs sont des expériences perceptives intenses — la vue, le bruit, l'odeur d'un coup de feu, les cris ou le silence soudain de la victime, le sang éclaboussé, les sirènes de la police ».

Ces impressions terrifiantes deviennent des souvenirs gravés dans les circuits qui commandent les émotions. En effet, ces symptômes indiquent que l'amygdale est suractivée et impose à la conscience le souvenir de l'événement traumatisant. Les souvenirs traumatiques deviennent des détonateurs ultrasensibles, prêts à se déclencher au moindre signe pouvant laisser penser que l'événement redouté est sur le point de se reproduire. Ce phénomène d'hypersensibilisation constitue la marque distinctive de toutes les formes de traumatisme psychologique, dont les mauvais traitements infligés de manière répétée dans l'enfance.

Tout événement traumatisant peut imprimer dans l'amygdale de tels souvenirs détonateurs : un incendie ou un accident d'automobile, une catastrophe naturelle comme un tremblement de terre ou un ouragan, un viol ou une agression. Des centaines de milliers de personnes subissent chaque année des désastres de ce genre, et nombre d'entre elles, si ce n'est la plupart, en subissent les séquelles émotionnelles imprimées dans le cerveau.

Les actes de violence sont plus pernicieux que les catastrophes naturelles. Les victimes de violences ont l'impression d'avoir été intentionnellement choisies comme cibles. Ce sentiment anéantit leur confiance dans les autres, ce qui n'est pas le cas avec les catastrophes naturelles. Soudain, l'univers social est devenu un endroit dangereux où chaque individu représente une menace potentielle.

Les actes cruels impriment dans l'esprit des victimes un schéma qui leur fait considérer avec appréhension tout ce qui présente la moindre similitude avec l'agression elle-même. Un homme qui s'était fait assommer par-derrière était tellement perturbé que même une vieille dame marchant derrière lui le remplissait d'inquiétude[2]. Une femme qui s'était fait agresser dans un ascenseur avait du mal pendant des mois, non seulement à monter dans un ascenseur, mais aussi à prendre le métro ou à entrer dans tout endroit clos qui lui donnait l'impression d'être enfermée. Une fois, elle était sortie en courant de sa banque parce qu'un homme avait porté la main à l'intérieur de son veston comme son agresseur.

L'empreinte laissée par l'horreur dans la mémoire — et l'état d'hypervigilance qui en résulte — peut persister durant toute la vie, comme l'a montré une étude sur les survivants des camps nazis. Cinquante ans après avoir connu toutes les privations, assisté au meurtre de leurs proches et vécu dans une terreur constante, les rescapés étaient toujours hantés par ces souvenirs. Un tiers déclaraient vivre encore dans une crainte quasi permanente. Près des trois quarts disaient que tout ce qui leur rappelait de près ou de loin les persécutions nazies — un uniforme, un coup frappé à la porte, des aboiements de chiens ou de la fumée sortant d'une cheminée — les remplissait d'angoisse. Environ 60 % pensaient à l'Holocauste presque tous les jours, même après un demi-siècle. Chez ceux qui présentaient encore des symptômes, huit sur dix faisaient des cauchemars récurrents. Comme l'a dit l'un d'eux : « Si vous avez connu Auschwitz et ne faites pas de cauchemars, c'est que vous n'êtes pas normal. »

L'HORREUR FIGÉE DANS LE SOUVENIR

Voici le récit d'un ancien de la guerre du Viêt-nam, vingt-quatre ans après avoir vécu un épisode dramatique dans ce lointain pays :

> Je n'arrive pas à me défaire de ce souvenir ! Les images précises reviennent m'assaillir, éveillées par les choses les plus anodines — une porte qui claque, la vue d'une Asiatique, le contact d'une natte en bambou ou l'odeur du porc sauté. La nuit dernière, pour une fois, j'ai bien dormi. Mais, au petit matin, le temps était orageux et il y a eu un éclair et un coup de tonnerre. Je me suis réveillé en sursaut, tremblant de peur. Me revoilà brusquement au Viêt-nam, à mon poste de garde en pleine mousson. Je suis certain que je vais être touché par la prochaine salve et que je vais mourir. Mes mains sont glacées, et pourtant je suis en nage. Je sens que mes cheveux se dressent sur ma tête. Je n'arrive pas à trouver ma respiration et mon cœur bat à tout rompre. Je sens une odeur de soufre humide. J'aperçois soudain les restes de mon copain Troy... renvoyés au camp par les Viêt-cong sur un

> plateau de bambou... Le coup de tonnerre suivant me fait faire un tel bond que je tombe du lit[3].

Cet affreux souvenir, toujours aussi vivant et précis près de plus de vingt ans après les faits, garde le pouvoir d'éveiller chez cet ancien soldat la terreur éprouvée en ce jour fatidique. Le PTSD entraîne un abaissement dangereux du seuil neuronal de déclenchement de l'alarme, qui conduit l'individu à réagir dans des circonstances ordinaires comme s'il s'agissait de situations critiques. Le court-circuitage du néocortex évoqué au chapitre 2 semble jouer un rôle décisif dans la préservation du souvenir traumatique : plus les événements qui ont déclenché le coup d'État de l'amygdale ont été cruels, bouleversants et horribles, plus le souvenir est indélébile. Le substrat neuronal de ces souvenirs semble consister en une profonde modification de la chimie du cerveau, déclenchée par un unique accès de terreur[4]. Bien que la description du PTSD soit généralement fondée sur l'impact d'un événement unique, des conséquences similaires peuvent être produites par des sévices infligés sur de nombreuses années, comme dans le cas d'enfants soumis à des violences sexuelles, physiques et psychologiques.

Les travaux les plus approfondis sur ces modifications de la chimie du cerveau ont été entrepris par le Centre national du PTSD, un réseau de centres de recherches installés dans les hôpitaux qui accueillent les anciens de la guerre du Viêt-nam et d'autres conflits. La majeure partie de nos connaissances sur le PTSD proviennent d'études effectuées sur ces anciens combattants. Mais ce savoir vaut également pour les enfants qui ont souffert un traumatisme psychologique grave comme les élèves de Stockton.

« Les victimes d'un traumatisme terrible risquent de ne plus jamais être biologiquement les mêmes », m'a affirmé le psychiatre Dennis Charney, qui dirige la section de neurologie clinique au Centre national[5]. « Il peut s'agir d'une terreur incessante suscitée par la guerre, de torture, des violences répétées au cours de l'enfance ou d'une expérience unique, comme le fait d'avoir été pris dans un ouragan ou d'avoir failli mourir dans un accident de la route. N'importe quel stress incontrôlable peut avoir le même impact biologique. »

Le mot clé est *incontrôlable*. Si l'individu a l'impression qu'il peut faire quelque chose dans une situation catastrophique, qu'il conserve une certaine maîtrise des événements, il s'en sort bien mieux psychologiquement que quelqu'un qui se sentira tout à fait impuissant. Ce sentiment d'impuissance est ce qui rend un événement subjectivement écrasant. Le Dr John Krystal, patron du laboratoire de psychopharmacologie clinique du Centre, m'a fourni l'explication suivante : « Supposons qu'une personne que l'on agresse avec un couteau sache se défendre et réagisse, alors que, dans la même situation, un autre pensera : "Je suis un homme mort." Le second est celui qui risque le plus, par la suite, de souffrir du PTSD. C'est au moment où l'on a l'impression que sa vie est en danger et que l'*on ne peut rien faire pour y échapper* que commence la modification du cerveau. »

La façon dont ce sentiment d'impuissance déclenche presque systématiquement le PTSD a été mise en évidence par des expériences sur des couples de rats placés dans des cages séparées, à qui l'on fait subir des décharges électriques de faible intensité, mais très stressantes pour un rat. Une manette était installée dans une cage seulement mais permettait de couper le courant dans les deux cages. Pendant des jours et des semaines, les deux animaux reçoivent le même nombre de décharges identiques. À la fin, le rat qui a la possibilité de faire cesser les décharges ne présente pas de signes durables de stress. C'est seulement chez le rat impuissant que se manifestent les changements cérébraux produits par le stress[6]. Pour l'enfant qui a essuyé des coups de feu dans la cour de son école, qui a vu ses camarades mourir dans une mare de sang, ou pour le professeur qui a été incapable de faire cesser le carnage, cette impuissance a dû être quelque chose de très tangible.

LE PTSD EN TANT QUE TROUBLE LIMBIQUE

Des mois se sont écoulés depuis la nuit où un terrible tremblement de terre l'a projetée hors de son lit et où elle a parcouru en hurlant la maison plongée dans l'obscurité à la recherche de son petit garçon de quatre ans. Ils sont restés blottis pendant des heures sous un porche dans le froid de la nuit de Los Angeles, sans nourriture, sans eau ni lumière, tandis que, vague après vague, les répliques du séisme ébranlaient le sol sous leurs pieds. Aujourd'hui, elle s'est en grande partie remise de la peur panique dont elle était la proie tout de suite après le séisme, lorsque le claquement d'une porte suffisait à la faire trembler de peur. Le seul symptôme persistant est l'insomnie, laquelle se manifeste uniquement lorsque son mari est absent — comme le soir du tremblement de terre.

Les principaux symptômes de ce type d'appréhension — y compris sa forme la plus intense, le PTSD — peuvent s'expliquer par les modifications des circuits limbiques, en particulier ceux de l'amygdale[7]. Certains des changements essentiels ont lieu dans le *locus ceruleus*, structure qui gouverne la sécrétion par le cerveau de deux substances nommées *catécholamines* : l'adrénaline et la noradrénaline. Ces substances neurochimiques mobilisent l'organisme en cas de crise ; elles réveillent avec une intensité particulière les souvenirs gravés dans la mémoire. En cas de PTSD, ce système devient hyperactif et sécrète des doses énormes de ces substances en réaction à des situations qui n'ont rien, ou quasiment rien, de menaçant, mais qui évoquent d'une manière ou d'une autre le traumatisme originel — comme dans le cas des enfants de Stockton, qu'une sirène d'ambulance suffisait à terroriser.

Le *locus ceruleus* et l'amygdale sont étroitement liés, et ils le sont aussi à d'autres structures limbiques comme l'hippocampe et l'hypothalamus ; les circuits qui commandent la sécrétion de catécholamines s'étendent jusque dans le cortex. On pense que ces circuits sont à l'origine des symptômes du PTSD — notamment l'angoisse, la peur, l'hypervigilance, la tendance à être facilement contrarié et excité, la promptitude à combattre ou à fuir, et l'existence de souvenirs indélébiles chargés d'émotions intenses[8]. Certaines recherches ont montré que les anciens du Viêt-nam atteints de PTSD possèdent 40 % moins de récepteurs inhibant la sécrétion de catécholamines que leurs compagnons ne souffrant pas de ces troubles — ce qui permet de conclure que leur cerveau a subi des modifications durables, qui ont amoindri le contrôle de cette sécrétion[9].

D'autres changements affectent le circuit reliant le système limbique et l'hypophyse, qui gouverne l'émission de CRF *(corticotropine releasing factor* ou substance libératrice de corticotropine), la principale hormone de stress que l'organisme sécrète pour déclencher la réaction « fuire ou se battre ». Ces modifications provoquent une sécrétion excessive de cette hormone — en particulier dans l'amygdale, l'hippocampe et le *locus ceruleus* —, ce qui a pour effet de mettre le corps en état d'alerte dans des situations où aucun danger n'est présent [10].

Comme me l'a expliqué le psychiatre Charles Nemeroff, « trop de CRF vous pousse à trop en faire. Par exemple, lorsqu'un ancien du Viêt-nam souffrant de PTSD entend pétarader une voiture dans un parking, cela déclenche en lui une sécrétion de CRF. Il est envahi par les mêmes sensations qu'au moment du trauma d'origine ; il transpire, il a peur, il est pris de frissons et de tremblements, et des images liées à l'épisode traumatisant peuvent même resurgir dans son esprit. Chez les personnes qui sécrètent trop de CRF, la réaction d'alarme est excessive. Si vous vous faufilez derrière quelqu'un et frappez dans vos mains, la plupart des gens sursautent la première fois, mais ils ne le font plus à partir de la troisième ou de la quatrième. Les personnes avec trop de CRF ne s'habituent pas ; elles réagissent aussi fortement la quatrième fois que la première [11] ».

Troisième ensemble de modifications, le système cérébral, qui sécrète des endorphines pour calmer la sensation de douleur, devient également hyperactif. Ce circuit neuronal fait lui aussi intervenir l'amygdale, cette fois de concert avec une région du cortex cérébral. Les endorphines sont des substances chimiques sécrétées par le cerveau et de puissants agents analgésiques, comme l'opium et d'autres substances chimiquement apparentées. Lorsque son taux d'endorphines (« la morphine du cerveau ») est élevé, l'individu tolère mieux la douleur — effet observé par les chirurgiens militaires, qui ont constaté que les soldats blessés ont besoin de doses moins fortes d'analgésiques que des civils atteints de blessures pourtant beaucoup moins graves.

Un phénomène analogue semble se produire dans le cas du PTSD [12]. Les changements dus à l'endorphine ajoutent une nouvelle dimension au processus neuronal complexe déclenché par la réexposition au traumatisme, ils *amortissent* certaines sensations.

Cela pourrait expliquer un ensemble de symptômes psychologiques « négatifs » constatés depuis longtemps chez des sujets souffrant de PTSD : l'anhédonie (incapacité à éprouver du plaisir) et l'engourdissement général des émotions, le sentiment d'être coupé de la vie et l'absence d'intérêt pour les sentiments d'autrui. L'entourage de ces personnes peut percevoir cette indifférence comme un manque d'empathie. Un autre effet possible est la dissociation, notamment l'inaptitude à se souvenir des minutes, des heures, voire des jours pendant lesquels a eu lieu l'événement traumatisant.

Les modifications neuronales liées au PTSD semblent aussi rendre l'individu plus sensible à de nouveaux traumatismes. Des études sur les animaux montrent que lorsqu'on les expose jeunes à des stress *légers*, ils sont par la suite beaucoup plus sensibles aux modifications cérébrales d'origine traumatique (ce qui confirme le besoin urgent de traiter les enfants souffrant de PTSD). Cela expliquerait que, ayant vécu la même catastrophe, certaines personnes développent un PTSD et d'autres non ; l'amygdale est en alerte et, lorsque la vie la met en présence d'un danger réel, le signal d'alarme est d'autant plus fort.

Toutes ces modifications neuronales sont des réponses à court terme permettant d'affronter les situations critiques qui les ont provoquées. Lorsqu'on est en danger, il vaut mieux être extrêmement vigilant, physiquement prêt à répondre aux exigences du moment, cuirassé contre la douleur, et — pour l'heure — indifférent à ce qui, autrement, risquerait d'être un événement très perturbateur. Ces avantages immédiats se transforment cependant en inconvénients durables lorsque, du fait des modifications du cerveau, ils deviennent des prédispositions — comme une voiture dont la boîte de vitesses serait bloquée au palier supérieur. Lorsqu'un traumatisme violent abaisse le seuil de réaction de l'amygdale et des autres régions du cerveau auxquelles elle est reliée, cette plus grande promptitude à provoquer une prise de pouvoir par les circuits neuronaux est de nature à transformer toute l'existence en une situation d'urgence permanente, et l'événement le plus innocent risque alors de déclencher une peur incontrôlable.

LE RÉAPPRENTISSAGE ÉMOTIONNEL

Ces souvenirs de traumatismes semblent devenir partie intégrante de la fonction cérébrale en ce sens qu'ils interfèrent avec l'apprentissage ultérieur — en particulier avec le réapprentissage d'une réaction plus normale à ces événements traumatisants. Lorsque la peur est acquise comme dans le cas du PTSD, les mécanismes de l'apprentissage et de la mémoire ont été perturbés ; là encore, parmi toutes les régions du cerveau impliquées, c'est l'amygdale qui joue le rôle clé. Mais, pour vaincre la peur acquise, le néocortex joue un rôle décisif.

Les psychologues nomment *conditionnement à la peur* le processus par lequel la personne en vient à redouter ce qui n'a rien de menaçant en l'associant dans son esprit à quelque chose d'effrayant. Lorsque de telles peurs sont suscitées chez des animaux de laboratoire, observe Charney, elles peuvent persister des années[13]. La région du cerveau où s'opèrent principalement l'apprentissage et la mise en mémoire de cette réaction de peur est le circuit qui relie le thalamus, l'amygdale et le lobe préfrontal — celui responsable du coup d'État neuronal.

D'ordinaire, lorsqu'on conditionne une personne à craindre quelque chose, son appréhension disparaît avec le temps. Cela semble se produire grâce à un réapprentissage naturel qui a lieu lorsque l'individu est de nouveau confronté à l'objet redouté, dans un contexte où celui-ci n'est pas effrayant. Ainsi, un enfant qui a peur des chiens depuis qu'il a été poursuivi par un berger allemand perdra progressivement et naturellement cette peur en côtoyant le berger affectueux du voisin et en jouant avec lui.

Dans le cas du PTSD, le réapprentissage spontané ne se produit pas. Selon Charney, cela pourrait s'expliquer par les modifications du cerveau liées à ces troubles, modifications si importantes que l'amygdale prend le pouvoir chaque fois que se produit un événement qui rappelle vaguement le traumatisme originel et renforce le conditionnement à la peur. En d'autres termes, la cause de la peur n'est à aucun moment envisagée avec calme, l'amygdale n'apprend jamais à réagir de manière plus modérée. L'« extinction de la peur, fait-il remarquer, semble impliquer un processus d'apprentissage actif », qui est perturbé chez les personnes atteintes de PTSD, « avec pour résultat la persistance anormale de souvenirs à forte charge émotionnelle [14] ».

Mais, pour peu que l'individu vive les expériences appropriées, même le PTSD peut disparaître ; les souvenirs douloureux, et les schémas de pensée et de réaction qu'ils déterminent, *peuvent* évoluer avec le temps. Ce réapprentissage, suggère Charney, s'effectue dans le cortex. En fait, la peur d'origine enracinée dans l'amygdale ne s'évanouit pas complètement, mais le cortex préfrontal retire à l'amygdale le pouvoir de commandement qu'elle exerce sur le reste du cerveau.

« La question est : combien de temps faut-il pour se défaire d'une peur apprise ? » s'interroge le psychologue Richard Davidson, qui a montré comment le lobe préfrontal gauche atténue l'état d'alarme. Dans une expérience, on commence par conditionner chez les sujets une aversion pour un bruit violent, Davidson constate que les personnes dont le cortex préfrontal gauche est plus actif surmontent plus rapidement cette peur, ce qui confirme l'importance de la fonction corticale sur ce point [15].

LA RÉEDUCATION DU CERVEAU ÉMOTIONNEL

L'une des découvertes les plus prometteuses sur le PTSD a été faite lors d'une étude sur des survivants de l'Holocauste dont les trois quarts présentent encore des symptômes de PTSD. La découverte est que chez un quart des individus les symptômes ont disparu ; les circonstances ordinaires de leur vie ont d'une manière ou d'une autre éliminé le problème. Le cerveau de ceux qui souffrent toujours des symptômes a manifestement subi les modifications liées à la sécrétion de cachétolamines, typiques du PTSD [16]. Cette constatation et d'autres du même type suggèrent que les transformations en question ne sont pas irréversibles, et que l'on peut effacer les stigmates émotionnels les plus terribles, bref, qu'il est possible de rééduquer les circuits qui régissent les émotions. La bonne nouvelle est donc que l'on peut guérir des traumatismes graves comme ceux à l'origine du PTSD, et que le chemin de cette guérison passe par un réapprentissage.

La guérison émotionnelle peut se produire spontanément — chez les enfants du moins — grâce à des jeux comme « Purdy ». La répétition de ces jeux permet aux enfants de revivre leur traumatisme sans danger. Cela ouvre deux voies vers la guérison : d'une part, l'évocation du souvenir dans un contexte peu angoissant le désensibilise et permet d'y associer un ensemble de réactions non traumatisantes. D'autre part, les enfants peuvent imaginer un dénouement « magique », plus heureux, de la tragédie ; il leur arrive de tuer Purdy, ce qui leur donne le sentiment de maîtriser le traumatisme.

Les jeunes enfants traumatisés par des événements dramatiques jouent souvent à des jeux comme « Purdy ». Lenore Terr, une psychiatre de San Francisco, a été la première à observer ces jeux macabres[17]. Elle a étudié le phénomène chez des enfants californiens qui avaient été kidnappés en 1973, alors qu'ils rentraient chez eux en autocar après un séjour en colonie de vacances et avaient vécu vingt-sept heures d'angoisse.

Cinq ans plus tard, les petites victimes continuaient à revivre l'enlèvement dans leurs jeux. Par exemple, les filles jouaient à kidnapper symboliquement leurs poupées Barbie. L'une, qui avait détesté la sensation sur sa peau de l'urine répandue par les enfants terrorisés qui se blottissaient les uns contre les autres, lavait inlassablement sa poupée. Une autre faisait « voyager » sa poupée, le but du jeu étant de la faire revenir sans encombre. Dans le scénario préféré d'une troisième, la poupée se trouvait coincée dans un trou et suffoquait.

Alors que les adultes traumatisés souffrent parfois d'un engourdissement psychique, effaçant le souvenir ou les émotions liés à la catastrophe, les enfants font face autrement à la situation. Ils recourent au jeu, au fantasme et au rêve éveillé pour se remémorer et repenser l'épreuve subie. Ces répétitions de l'événement traumatisant permettent d'éviter le refoulement de souvenirs douloureux qui peuvent refaire surface sans crier gare. Si le traumatisme n'est pas profond — une visite chez le dentiste, par exemple —, il suffira de le revivre deux ou trois fois, Mais, s'il est grave, l'enfant doit le revivre encore et encore, en un rituel sinistre et monotone.

L'art, qui est un moyen d'expression de l'inconscient, permet d'accéder à l'image figée dans l'amygdale. Le cerveau émotionnel est très sensible aux significations symboliques et à ce que Freud appelait les « processus primaires », c'est-à-dire les messages véhiculés par les métaphores, les contes, les mythes et les arts. On emprunte souvent cette voie pour traiter les enfants traumatisés. L'expression artistique permet parfois aux enfants d'évoquer un moment d'horreur dont ils sont incapables de parler.

Le psychiatre Spencer Eth, spécialisé dans le traitement des enfants traumatisés, raconte l'histoire d'un petit garçon de cinq ans qui avait été enlevé avec sa mère par un ex-amant de celle-ci. L'homme les avait emmenés dans une chambre d'hôtel et avait ordonné à l'enfant de se cacher sous une couverture pendant qu'il battait sa mère à mort. Naturellement, l'enfant avait du mal à confier à Eth ce qu'il avait entendu et vu pendant qu'il était caché. Eth lui demanda donc de faire un dessin — n'importe quel dessin.

Il dessina un coureur automobile avec des yeux énormes, se souvient le psychiatre. Selon lui, ces yeux représentaient les regards téméraires que l'enfant avait jetés au meurtrier. On trouve presque toujours des références cachées de ce genre dans les dessins d'enfants traumatisés. Au début du traitement, Eth demande toujours aux enfants de faire un dessin. Les souvenirs douloureux qui les obsèdent imprègnent leur œuvre comme ils imprègnent leurs pensées. D'ailleurs, le simple fait de dessiner a une valeur thérapeutique ; il amorce le processus de maîtrise du traumatisme.

RÉAPPRENTISSAGE ÉMOTIONNEL ET GUÉRISON

> Irene était allée à un rendez-vous « galant » qui s'était terminé par une tentative de viol. Elle avait réussi à repousser l'agresseur, mais il continuait à la harceler au téléphone ; il la réveillait en pleine nuit pour lui dire des obscénités et la menacer, la traquait et surveillait ses allées et venues. Elle se tourna vers la police, qui refusa de l'aider, car « il ne s'était rien passé ». Quand elle entreprit une thérapie, Irene présentait tous les symptômes du PTSD ; elle ne voyait plus personne et vivait recluse dans sa propre maison.

L'histoire d'Irene est racontée par le psychiatre Judith Lewis Herman, de Harvard, qui a été la première à décrire les étapes successives de la guérison d'un traumatisme. Celles-ci sont au nombre de trois : d'abord, l'établissement d'un sentiment de sécurité ; ensuite, la remémoration précise du traumatisme et le deuil de la perte subie ; enfin, le retour à une vie normale. Il existe, comme nous le verrons, une logique biologique dans cet enchaînement, qui semble refléter la manière dont le cerveau émotionnel redécouvre que la vie n'est pas un état d'urgence permanent.

La première étape — le retour à un sentiment de sécurité — correspond sans doute à la découverte de moyens de calmer les circuits émotionnels hypersensibles pour permettre le réapprentissage[18]. On commence par essayer de faire comprendre au patient que sa nervosité et ses cauchemars, son hypervigilance et ses accès de panique sont des symptômes du PTSD. Cette compréhension rend les symptômes eux-mêmes moins effrayants.

Une autre première étape doit redonner au patient le sentiment qu'il est maître de ce qui lui arrive, le libérer du sentiment d'impuissance dû au traumatisme. Irene, par exemple, avait fait appel à ses amis et à sa famille pour s'interposer entre elle et son agresseur, et avait fini par obtenir l'intervention de la police.

Le sentiment d'insécurité des victimes va plus loin qu'une peur généralisée ; c'est le sentiment intime de ne plus avoir prise sur ce qui leur arrive. Cela se comprend aisément quand on considère que le PTSD facilite la prise de pouvoir par les circuits neuronaux en sensibilisant à l'extrême l'amygdale et les structures qui lui sont liées.

La médication permet de redonner au patient le sentiment qu'il n'est pas le jouet d'alarmes émotionnelles qui lui communiquent une angoisse inexplicable, l'empêchent de dormir ou perturbent son sommeil par des cauchemars. Les pharmacologues espèrent mettre au point un jour le médicament qui combattra spécifiquement les effets neurologiques du PTSD. Pour l'heure, les remèdes existants permettent seulement de combattre certains de ces effets ; il s'agit notamment d'antidépresseurs qui agissent sur la sécrétion de sérotonine, et des bêta-bloquants comme le propanolol, qui inhibent le système nerveux sympathique. Les patients peuvent aussi bénéficier de techniques de relaxation qui atténuent la nervosité. Le calme physiologique permet au circuit émotionnel malmené de redécouvrir que la vie n'est pas une succession de menaces et à l'individu de retrouver en partie le sentiment de sécurité qu'il éprouvait avant le traumatisme.

La seconde étape de la guérison consiste à reprendre et à reconstruire le récit de l'événement traumatisant une fois rétabli le sentiment de sécurité. Le circuit émotionnel acquiert ainsi une compréhension nouvelle, plus réaliste, du souvenir traumatisant, de ses réactions et des facteurs qui les déclenchent. Lorsque le patient reprend le récit des événements traumatisants, dans tous leurs horribles détails, le souvenir commence à se transformer, tant du point de vue de sa signification émotionnelle que de ses effets sur le cerveau émotionnel. Le rythme que doit suivre cette reprise du récit est important ; dans l'idéal, les étapes de ce processus doivent être celles que suivent naturellement les gens qui se remettent du traumatisme sans souffrir du PTSD. Il semble que chez ceux-ci une horloge interne « administre » les souvenirs de l'épisode traumatisant, ces « doses » étant séparées par des semaines ou des mois pendant lesquels la personne ne pense pratiquement pas aux terribles événements [19].

Cette alternance de remémorations et de répits semble permettre un réexamen spontané du traumatisme et un réapprentissage de la réaction émotionnelle. Selon Herman, chez les gens les plus gravement atteints, le fait de reprendre le récit peut parfois susciter des peurs incontrôlables ; auquel cas le thérapeute doit alors ralentir le rythme afin de maintenir les réactions du patient à un niveau supportable qui n'interférera pas avec le réapprentissage.

Le thérapeute encourage le patient à raconter les événements traumatisants de manière aussi intense que possible, en se rappelant tous les détails sordides, comme dans un film d'horreur. Cela ne concerne pas uniquement les détails de ce que le sujet a vu, entendu, senti et ressenti, mais aussi ses propres réactions de terreur, de dégoût, d'écœurement. Le but recherché est d'exprimer verbalement tous les souvenirs pour saisir des éléments qui pourraient avoir été dissociés et échapper ainsi à un rappel conscient. En exprimant verbalement des détails sensoriels et des sentiments, les souvenirs se trouvent sans doute placés sous le contrôle direct du néocortex, ce qui rend les réactions qu'ils éveillent plus compréhensibles, et donc plus faciles à maîtriser. Lorsque le sujet a ainsi revécu les événements et ses émotions du moment, cette fois-ci dans un environnement « sûr » et en compagnie d'un thérapeute en qui il a confiance, le réapprentissage émotionnel est presque terminé. Cela donne une leçon importante au circuit émotionnel : il est possible d'éprouver un sentiment de sécurité et non de terreur, lorsque reviennent les souvenirs du traumatisme.

Le petit garçon qui avait dessiné un personnage avec des yeux énormes après avoir assisté au meurtre de sa mère ne fit plus de dessins après celui-ci ; Spencer Eth, son thérapeute, et lui jouèrent ensemble, ce qui créa entre eux des liens de sympathie. Au début il racontait le meurtre de façon stéréotypée, en reprenant chaque détail exactement de la même manière. Mais, peu à peu, la narration se diversifia et devint plus fluide, l'enfant était moins tendu pendant le récit. En même temps, les cauchemars liés à la tragédie devinrent moins fréquents, ce qui, selon Eth, était le signe d'une certaine « maîtrise du trauma ». Progressivement, leur conversation concerna chaque fois moins les séquelles du traumatisme que les événements de la vie quotidienne du petit garçon. Finalement, lorsque l'emprise du trauma se relâcha plus complètement, l'enfant ne parlait plus que de sa vie de tous les jours.

Herman constate que les patients ont besoin de faire le deuil de la perte provoquée par le trauma — qu'il s'agisse d'une blessure, de la mort d'un proche, de la fin d'une relation, du regret de n'avoir pas fait le nécessaire pour sauver quelqu'un, ou simplement de la confiance perdue en autrui. La tristesse qui s'empare du sujet quand il relate les événements douloureux joue un rôle capital ; elle signifie que, au lieu d'être obnubilé par cet épisode passé, le patient commence à se tourner vers l'avenir, voire à espérer, et à se construire une nouvelle vie, libérée de l'emprise du traumatisme. Tout se passe comme si la terreur constamment revécue était un mauvais sort qu'il est possible de dissiper. Chaque hurlement de sirène ne doit pas nécessairement provoquer la peur, chaque bruit nocturne ne doit pas réveiller immanquablement les vieilles terreurs.

Selon Herman, les symptômes peuvent resurgir occasionnellement, mais certains signes montrent que le traumatisme a été en grande partie effacé, comme par exemple l'atténuation des symptômes physiologiques au point où ils ne sont plus gênants et la capacité de supporter les sentiments associés au souvenir du traumatisme. Le signe le plus important est sans doute le fait que les souvenirs traumatisants ne font plus irruption à l'improviste ; la personne devient capable de les évoquer volontairement — et, peut-être plus important encore, de les écarter — comme des souvenirs ordinaires. Tout cela est le signe d'une nouvelle vie fondée sur des relations solides et avec un système de croyances qui donnent un sens à l'existence même dans un monde où l'injustice est possible[20]. Tout cela montre que la rééducation du cerveau émotionnel a été couronnée de succès.

PSYCHOTHÉRAPIE ET PRATIQUE DE L'INTELLIGENCE ÉMOTIONNELLE

Fort heureusement pour nous, les catastrophes et les traumatismes restent des événements exceptionnels. Mais le circuit capable de donner une telle force aux souvenirs douloureux reste actif dans les périodes plus paisibles de l'existence. Il se peut que les peines plus ordinaires de l'enfance — le manque d'affection parental, le sentiment de rejet, l'abandon, la perte d'un être cher — n'atteignent jamais l'intensité d'un traumatisme, mais elles laissent sans aucun doute leur empreinte sur le cerveau émotionnel et entraînent plus tard des perturbations — et des larmes et des accès de colère — dans les relations intimes. Si le PTSD peut être guéri, il en va de même des cicatrices affectives moins profondes que portent beaucoup d'entre nous. Telle est la tâche de la psychothérapie. Et, de manière générale, c'est en apprenant à maîtriser ces réactions à forte charge affective que l'intelligence émotionnelle entre en jeu.

La relation dynamique entre l'amygdale et le néocortex peut fournir un modèle neuroanatomique de la manière dont la psychothérapie réorganise des schémas psychologiques inadaptés. Comme le dit Joseph LeDoux, qui, nous l'avons vu, a découvert le rôle de l'amygdale dans le déchaînement des émotions, « lorsque notre système émotionnel apprend quelque chose, il semble que nous ne l'oubliions jamais. La thérapie nous apprend uniquement à contrôler le système — elle apprend au néocortex à inhiber l'amygdale. La propension à agir est supprimée, alors que l'émotion de départ perdure sous une forme atténuée ».

Compte tenu de l'architecture cérébrale qui sous-tend le réapprentissage émotionnel, ce qui semble persister, même après une psychothérapie réussie, c'est un vestige de réaction, un résidu de la sensibilité ou de la peur à l'origine du schéma émotionnel perturbateur[21]. Le cortex préfrontal est capable d'affiner ou de freiner la pulsion par laquelle l'amygdale déchaîne les émotions, mais il ne peut pas l'empêcher de réagir. Bien que nous ne soyons pas capables de choisir le moment où éclatent nos émotions, nous pouvons maîtriser leur durée. La capacité de retrouver rapidement son état normal après de tels débordements pourrait bien être un signe de maturité émotionnelle.

Au cours d'une thérapie, ce qui change surtout ce sont les *réactions* du sujet lorsqu'une émotion est déclenchée — mais la susceptibilité au déclenchement d'une émotion ne disparaît pas complètement. Les recherches en psychothérapie entreprises par Lester Luborsky et ses collègues en fournissent la preuve[22]. Ils ont analysé les principaux conflits relationnels qui ont poussé des dizaines de personnes à entreprendre une thérapie, comme, par exemple, le désir d'être accepté ou de nouer une relation intime, la peur de l'échec ou de la dépendance. Ils ont ensuite soigneusement analysé les réactions typiques autodestructrices des patients lorsque ces désirs ou ces craintes étaient exacerbés dans leurs relations personnelles — comme, par exemple, lorsqu'une attitude trop exigeante suscite la colère ou la froideur chez l'autre, ou lorsqu'une attitude d'autodéfense vexe l'autre par son apparence de rebuffade. En pareils cas, les sujets étaient naturellement envahis par des sentiments négatifs — impuissance, tristesse, ressentiment, colère, tension, peur, sentiment de culpabilité et rejet de la faute sur soi-même, etc. Quelle qu'en fût la forme spécifique chez chaque patient, ces sentiments étaient à l'œuvre dans la plupart de ses relations importantes — avec son conjoint ou son amant, un enfant ou un parent, ses collègues de travail et ses supérieurs.

Cependant, au cours d'une thérapie à long terme, deux sortes de changements se produisaient chez ces patients : leur réaction émotionnelle aux événements déclenchants devenait moins pénible, voire calme ou affaiblie, et, par leur comportement, ils réussissaient mieux à obtenir ce qu'ils cherchaient véritablement dans leur relation avec l'autre. En revanche, le désir et la peur sous-jacents, ainsi que la poussée initiale de ces émotions, étaient inchangés. Lorsque la thérapie parvenait à son terme, les relations interpersonnelles rapportées par les patients occasionnaient deux fois moins de réactions émotionnelles négatives qu'au début de la thérapie, et ils obtenaient deux fois plus souvent la réaction qu'ils désiraient chez la personne concernée. Mais leur sensibilité particulière à l'origine de ces besoins n'avaient pas disparu.

Au niveau de la physiologie du cerveau, il se peut que le circuit limbique sonne toujours l'alarme en réaction à des signes annonciateurs d'un événement redouté, mais le cortex préfrontal et les zones connexes ont appris à réagir différemment et plus sainement. Bref, les émotions apprises — ainsi que les habitudes du cœur les plus profondément enracinées dans l'enfance — peuvent être remodelées. L'apprentissage émotionnel dure toute la vie.

14

Tempérament et destinée

Voilà pour le conditionnement des émotions. Qu'en est-il maintenant des réactions innées, celles dont nous avons hérité ? Est-il possible de modifier le comportement de gens qui, par nature, sont susceptibles ou timides ? Nous entrons ici dans la sphère du tempérament, cette toile de fond qui détermine notre caractère profond. Le tempérament est l'ensemble des dispositions qui caractérisent notre vie affective. Chacun de nous emploie une gamme d'émotions particulières ; le tempérament est donné à la naissance, il fait partie du patrimoine génétique que le hasard nous a imparti, et son influence se fait sentir au cours de toute notre vie. Tous les parents savent que, dès sa naissance, un enfant peut être calme et placide ou, au contraire, irritable et difficile. La question est de savoir si cet inné émotionnel peut être modifié par l'expérience. Notre biologie décide-t-elle du destin de nos émotions ? Un enfant timide peut-il devenir un adulte sûr de lui ?

La réponse la plus claire a été donnée par Jerome Kagan, de Harvard, éminent spécialiste de psychologie de l'enfance[1]. Il existe selon lui au moins quatre tempéraments de base — timide, hardi, optimiste et mélancolique —, et chacun correspondrait à un certain schéma d'activité cérébrale. Cependant, il existe d'innombrables nuances de tempérament, chacune fondée sur des différences innées dans le circuit émotionnel ; la facilité avec laquelle une émotion donnée est éveillée, sa durée et son intensité varient d'un individu à l'autre. Les travaux de Kagan portent sur un de ces aspects : celui dont les extrêmes sont la hardiesse et la timidité.

Pendant des années, au Centre d'études du développement de l'enfant de Harvard, Kagan et ses collaborateurs ont relevé les premiers signes de timidité chez des bambins de vingt et un mois. Lorsqu'ils étaient laissés à eux-mêmes, certains jouaient avec les autres sans l'ombre d'une hésitation. D'autres, au contraire, manquaient d'assurance et restaient collés à leur mère. Près de quatre ans plus tard, au jardin d'enfants, aucun des premiers n'était devenu timide, tandis que les deux tiers des autres restaient sur leur réserve.

Kagan a constaté que les adultes timides ont été des enfants très sensibles et craintifs ; dès la naissance, 15 à 20 % d'entre eux sont « inhibés dans leur comportement », affirme-t-il. Dès leurs premières années, ces enfants craignent tout ce qui est inhabituel. Ils font des difficultés pour manger ce qu'ils ne connaissent pas, hésitent à s'approcher d'animaux ou d'endroits inconnus et se montrent timides avec les gens qu'ils ne connaissent pas. Ils ont aussi tendance à se culpabiliser et à éprouver des remords. Leur anxiété les paralyse en société, que ce soit en classe ou sur le terrain de jeux, lorsqu'ils rencontrent des gens pour la première fois et chaque fois que les projecteurs sont braqués sur eux. Devenus adultes, ils « font souvent tapisserie » et ont le trac quand ils doivent prendre la parole en public.

À deux, cinq et sept ans, Tom était un des enfants les plus timorés. À treize ans, lors d'un entretien, il était tendu et mal à l'aise ; il se mordait les lèvres, se tordait les mains tout en conservant un visage impassible et ne se déridait un peu qu'en évoquant sa petite amie. Ses réponses étaient brèves, ses manières empruntées[2]. Jusque vers onze ans, Tom a terriblement souffert de sa timidité ; chaque fois qu'il lui fallait adresser la parole à quelqu'un, il se mettait à transpirer. Il était en outre hanté par des peurs obsédantes : peur que sa maison brûle, peur de plonger dans une piscine, de se trouver seul dans l'obscurité. Il faisait souvent des cauchemars dans lesquels des monstres l'attaquaient. À treize ans, il était devenu moins timide, mais éprouvait toujours de l'anxiété en présence d'autres enfants et craignait surtout de ne pas travailler convenablement à l'école, bien qu'il fît partie des premiers de sa classe. Fils de scientifiques, Tom était tenté d'embrasser la même carrière ; la relative solitude qu'elle implique convenait bien à ses tendances introverties.

Ralph, par contre, a toujours été sûr de lui et ouvert. Toujours détendu et volubile, lors de son entretien à treize ans, il est parfaitement à son aise, ne montre aucun signe de nervosité et s'exprime avec assurance, d'un ton amical, comme si son interlocuteur, de vingt-cinq ans son aîné, était un camarade. Au cours de son enfance, deux choses seulement l'ont effrayé, et brièvement : les chiens, après qu'un molosse eut sauté sur lui quand il avait trois ans, et les voyages en avion, après avoir entendu parler d'un accident à l'âge de sept ans. Sociable et aimé de ses camarades, Ralph ne s'est jamais senti timide.

Les enfants timides semblent être dotés à la naissance de circuits neuronaux qui les rendent sensibles au stress le plus léger — leur cœur bat plus vite que celui des autres bébés dans des situations nouvelles ou inhabituelles. À vingt et un mois, lorsqu'ils n'osent pas se joindre aux autres, leur rythme cardiaque s'accélère sous l'effet de l'anxiété. Cette tendance à l'anxiété semble soustendre leur timidité. C'est peut-être la raison pour laquelle les femmes qui ont été des fillettes particulièrement timides sont plus sujettes que les autres à la peur, aux soucis, aux sentiments de culpabilité et souffrent plus souvent de problèmes liés au stress, comme les migraines ou des troubles intestinaux [3].

LA NEUROCHIMIE DE LA TIMIDITÉ

Selon Kagan, ce qui distingue Tom le timoré et Ralph le hardi c'est l'excitabilité du circuit neuronal centré sur l'amygdale. Chez les individus très timides, comme Tom, ce circuit est très sensible aux excitations. C'est pourquoi ils évitent ce qu'ils ne connaissent pas, redoutent l'incertitude et souffrent d'anxiété. Ceux qui, comme Ralph, ont un seuil d'excitation de l'amygdale beaucoup plus élevé, sont moins craintifs, plus ouverts et recherchent l'inconnu et la nouveauté.

La facilité avec laquelle un petit enfant est irrité ou troublé par les choses ou les gens qu'il ne connaît pas permet de déterminer très tôt le type de schéma neurochimique dont il a hérité. À la naissance, sur cinq bébés, un fait partie des timides, deux possèdent un tempérament hardi.

Kagan a abouti à certaines de ces conclusions en observant des chats très craintifs. Environ un chat domestique sur sept témoigne d'un comportement semblable à celui des enfants très timides : il évite tout ce qui est nouveau (au lieu de manifester la curiosité légendaire des chats), répugne à explorer de nouveaux territoires et ne s'attaque qu'aux plus petits rongeurs. Des observations directes ont permis de constater que, chez ces chats peureux, certaines parties de l'amygdale sont très facilement excitables — par exemple, lorsqu'ils entendent les miaulements menaçants d'un de leurs congénères.

Le caractère craintif de ces chats se manifeste vers l'âge d'un mois, lorsque l'amygdale est suffisamment développée pour prendre le contrôle du circuit cérébral commandant l'approche ou la fuite. Un mois de développement chez les chats équivaut à huit mois chez l'enfant ; or, c'est vers huit ou neuf mois, remarque Kagan, que la peur de l'« inconnu » apparaît chez l'enfant ; si sa mère le laisse dans une pièce en présence d'un étranger, le bébé se met à pleurer. Selon Kagan, il se pourrait que les enfants timides aient hérité de taux élevés de norépinéphrine et d'autres substances chimiques qui excitent l'amygdale.

Signe révélateur de cette sensibilité exacerbée : lorsque des jeunes gens ou des jeunes filles, qui ont été des enfants très timides, sont soumis à des stress comme des odeurs désagréables, leur rythme cardiaque reste élevé bien plus longtemps que chez les autres ; cela voudrait dire que la poussée de norépinéphrine maintient l'amygdale en état d'excitation et, par le biais des circuits neuronaux connexes, continue de stimuler leur système nerveux sympathique [4]. Kagan constate que chez les enfants timides, tous les indicateurs d'activité du système nerveux sympathique témoignent de niveaux excessifs de réactivité — tension plus élevée au repos, forte dilatation de la pupille, taux important de norépinéphrine dans l'urine, etc.

Le silence est un autre signe de timidité. Chaque fois que l'équipe de Kagan a observé des enfants à la garderie, en compagnie d'autres enfants qu'ils ne connaissaient pas, ou en présence d'un membre de l'équipe, les enfants timides parlaient moins que les autres. Ils ne répondaient pas quand on leur adressait la parole et passaient la majeure partie de la journée à regarder les autres jouer. Kagan pense qu'un silence timide face à une nouveauté ou à quelque chose de menaçant est révélateur de l'activité de circuits neuronaux reliant le cerveau antérieur, l'amygdale et les structures voisines qui gouvernent l'expression orale (les mêmes circuits qui nous empêchent de prononcer le moindre mot en cas de stress).

Ces enfants hypersensibles ont tendance à souffrir de troubles liés à l'anxiété, comme des crises de panique, dès la sixième ou la cinquième. Au cours d'une étude portant sur 754 garçons et filles de cet âge, on a constaté que 44 d'entre eux avaient déjà eu au moins un accès de panique ou en avaient présenté certains signes annonciateurs. Ces angoisses étaient généralement déclenchées par les craintes ordinaires de l'adolescence, comme un premier rendez-vous avec une fille ou un examen important, situations auxquelles la plupart des enfants font face sans grands problèmes. Mais les adolescents timides et craintifs montraient des signes de panique comme des palpitations, le souffle court ou une sensation d'étouffement, tout en ayant l'impression que quelque chose d'horrible allait leur arriver, par exemple qu'ils allaient devenir fous ou mourir. Selon les chercheurs, si ces épisodes ne sont pas assez importants pour relever de la « névrose d'angoisse », ils indiquent que ces adolescents sont davantage prédisposés que les autres à souffrir par la suite de ces troubles ; beaucoup d'adultes qui connaissent des accès de panique déclarent que ceux-ci ont commencé à l'adolescence [5].

L'apparition des crises d'angoisse est étroitement liée à la puberté. Les filles chez qui les signes de la puberté ne sont pas encore apparus affirment ne pas avoir de tels accès, mais, parmi celles qui ont passé ce cap, 8 % traversent des moments de panique. Après avoir eu des crises de ce genre, elles en redoutent souvent le retour, appréhension qui les pousse à se dérober devant la vie.

LE TEMPÉRAMENT ENJOUÉ

Dans les années vingt, alors qu'elle était une jeune femme, ma tante June quitta sa ville natale de Kansas City pour se rendre à Shanghai, un voyage périlleux à l'époque pour une femme seule. Là-bas, elle rencontra et épousa un inspecteur de la police coloniale britannique. Lorsque les Japonais s'emparèrent de Shanghai au début de la Seconde Guerre mondiale, ma tante et son mari furent internés dans un camp de prisonniers. Après cinq années terribles dans ce camp, ils avaient littéralement tout perdu. Sans un sou, ils s'installèrent en Colombie britannique.

Je me souviens du jour où, enfant, je rencontrai June pour la première fois. C'était une vieille dame pleine de vie, dont l'existence avait suivi une trajectoire peu ordinaire. Dans ses dernières années, une attaque la laissa en partie paralysée ; après une longue et difficile convalescence, elle réussit à remarcher, avec difficulté. À cette époque — elle avait alors plus de soixante-dix ans —, nous avons fait une excursion, au cours de laquelle elle s'égara. Je l'entendis m'appeler. Elle était tombée et ne parvenait pas à se relever. Au lieu de se plaindre ou de se lamenter, elle riait de sa situation ! Pour tout commentaire, elle lança gaiement : « Bon, en tout cas, ça prouve que je peux encore marcher ! »

Les émotions de certaines personnes semblent graviter spontanément vers le pôle positif ; ces gens sont naturellement optimistes et faciles à vivre, tandis que d'autres sont d'un naturel austère et mélancolique. Cet aspect du tempérament — dont l'enjouement et la mélancolie sont les deux formes opposées — semble lié à l'activité relative des régions préfrontales droite et gauche, les deux pôles supérieurs du cerveau émotionnel. Cette hypothèse résulte en grande partie des travaux du psychologue Richard Davidson. Il a constaté que les personnes chez qui le lobe préfrontal gauche est plus actif que le droit ont un tempérament enjoué ; ils apprécient les autres et ce que la vie leur offre, et surmontent leurs revers comme le faisait ma tante June. Ceux, au contraire, dont le lobe droit est relativement plus actif ont tendance à se montrer négatifs et d'humeur chagrine, et sont plus facilement désarçonnés par les difficultés de l'existence. Ils semblent incapables de se défaire de leurs soucis et de leur état dépressif.

Dans l'une de ses expériences, Davidson compara les sujets dont l'activité du lobe préfrontal gauche était dominante à ceux chez qui le lobe droit était le plus actif. Lors d'un test de personnalité, ces derniers témoignaient d'une attitude négative, évoquant les personnages de Woody Allen — l'alarmiste qui voit des catastrophes dans les choses les plus anodines, trouillard, d'humeur maussade, et méfiant à l'égard d'un monde qu'il imagine plein de difficultés insurmontables et de dangers menaçants. Les premiers portaient sur le monde un regard très différent. Sociables et gais, ils éprouvaient d'ordinaire un sentiment de plaisir, étaient souvent de bonne humeur et avaient confiance en eux-mêmes ; ils prenaient la vie à bras-le-corps et trouvaient qu'elle valait la peine d'être vécue. Leurs résultats aux tests psychologiques montraient qu'ils ne risquaient guère de souffrir de dépression ou d'autres troubles émotionnels[6].

Davidson a constaté que chez les personnes ayant déjà traversé des périodes de dépression clinique l'activité cérébrale est moins intense dans le lobe frontal gauche que dans le droit, si on les compare à celle de personnes n'ayant jamais été déprimées. Il a fait la même constatation chez les sujets déprimés. Selon Davidson, les personnes qui ne se laissent pas aller à la dépression ont appris à augmenter le niveau d'activité de leur lobe préfrontal gauche, hypothèse qui demande encore à être confirmée expérimentalement.

Bien que ses recherches portent sur les 30 % d'individus représentatifs des extrêmes, on peut considérer que chacun de nous tend vers l'un ou l'autre de ces types, et ce, selon Davidson, en fonction de la forme de ses ondes cérébrales. Le contraste entre les tempéraments morose et enjoué se manifeste de bien des manières. Par exemple, au cours d'une expérience on a montré à des individus de courts extraits de film : certains étaient amusants — un gorille prenant un bain, un petit chien en train de jouer —, d'autres bouleversants, comme le film d'une opération chirurgicale. Les individus maussades — ceux dont l'hémisphère droit est plus actif — n'appréciaient qu'à moitié les films drôles, mais ressentaient un trouble et un dégoût extrêmes en voyant la scène de l'opération.

Le groupe des bons vivants ne réagit que faiblement à cette scène, mais avec grand plaisir aux séquences amusantes.

Nous sommes donc apparemment préparés par notre tempérament à faire face à la vie en fonction d'un registre d'émotions négatives ou, au contraire, positives. La tendance à la mélancolie ou à l'optimisme — comme celle à la timidité ou à la hardiesse — apparaît dès la première année de notre existence, ce qui laisse supposer qu'elle aussi est génétiquement déterminée. Comme la majeure partie du cerveau, les lobes frontaux continuent de se développer au cours des premiers mois de la vie, et leur activité ne peut être vraiment mesurée avant le dixième mois. Mais, même chez ces très jeunes enfants, Davidson a pu constater que le niveau d'activité des lobes frontaux permettait de prédire s'ils pleureraient en voyant leur mère quitter la pièce. La corrélation s'avéra presque à 100 % exacte avec les dizaines d'enfants soumis au test ; chez tous ceux qui pleuraient, le cerveau était plus actif du côté droit ; chez ceux qui ne pleuraient pas, il l'était du côté gauche.

Cependant, même si cet aspect fondamental du tempérament est fixé dès la naissance ou presque, ceux d'entre nous qui ont hérité d'un caractère morose ne sont pas pour autant condamnés à broyer du noir et à ronchonner pendant toute leur vie. Les leçons psychologiques de l'enfance peuvent avoir une influence profonde sur le tempérament, en amplifiant ou en atténuant nos prédispositions innées. En raison de l'extraordinaire plasticité du cerveau durant les premières années de la vie, l'expérience a un impact important sur la forme définitive des circuits nerveux. Des observations dues à Kagan montrent clairement quel type d'expérience modifie favorablement le tempérament.

COMMENT DOMPTER L'AMYGDALE SUREXCITÉE

Kagan a mis en évidence un fait encourageant : tous les enfants craintifs ne deviennent pas de grands timides en grandissant, leur destin n'est pas inscrit dans leur tempérament. S'il vit les expériences appropriées, l'enfant réussira à dompter son amygdale hypersensible. C'est l'expérience émotionnelle de l'enfant qui est le facteur déterminant. Pour l'enfant timide, c'est la façon dont le traitent ses parents, et donc la manière dont il apprend à maîtriser son appréhension, qui importe le plus au départ.

Environ un enfant sur trois venu au monde avec une amygdale hypersensible perdra sa timidité avant d'entrer à l'école maternelle[7]. En observant ces enfants dans leur cadre familial, on constate que c'est l'attitude des parents, et de la mère en particulier, qui détermine en grande partie leur évolution. Certaines mères estiment qu'elles doivent éviter à leur bambin la moindre contrariété ; d'autres considèrent qu'il faut l'habituer à affronter des difficultés et le préparer ainsi aux petits combats de l'existence. L'attitude protectrice semble encourager la timidité, sans doute parce qu'elle prive les enfants des occasions d'apprendre à vaincre leur appréhension. La seconde attitude aide apparemment les enfants timorés à devenir plus courageux.

L'observation de bébés de six mois a montré que les « mères poules » prennent leur bébé dans les bras dès qu'il s'agite ou pleure et le gardent plus longtemps que les mères qui tentent d'apprendre à leur petit enfant à se maîtriser.

Une autre différence de comportement maternel se manifeste vers l'âge d'un an : les « mères poules » se montrent plus indulgentes lorsque l'enfant fait quelque chose de potentiellement dangereux, comme porter à sa bouche un objet qu'il risque d'avaler. Les autres mères sont plus énergiques : elles marquent fermement les limites à ne pas dépasser, donnent des ordres directs, empêchent l'enfant de continuer et demandent à être obéies.

Pour quelle raison la fermeté est-elle un bon remède contre la timidité ? Lorsque, fasciné par un objet (jugé dangereux par la mère), un bébé se dirige vers lui, et que sa mère l'interrompt en lui disant : « Ne touche pas à ça ! », il apprend quelque chose. Brusquement, il est obligé de s'adapter à une légère incertitude. Répétée des centaines de fois pendant sa première année, cette épreuve constitue pour lui une répétition continuelle, à petites doses, de la rencontre avec l'inconnu. Or, c'est précisément cette rencontre que l'enfant timoré doit maîtriser, et des doses modérées sont idéales pour son apprentissage. Lorsque la confrontation avec l'inconnu a lieu en présence de parents qui, tout en étant affectueux, ne se précipitent pas pour prendre l'enfant dans leurs bras et le consoler à la moindre contrariété, celui-ci apprend petit à petit à surmonter son trouble tout seul. Vers deux ans, quand ces ex-petits timides sont de nouveau observés par Kagan, ils ne pleurent plus aussitôt qu'un inconnu leur fait les gros yeux ou qu'un expérimentateur leur place un tensiomètre autour du bras.

Kagan conclut : « Il semble qu'en protégeant son petit enfant hypersensible contre tout ce qui pourrait le frustrer et le contrarier, la mère aggrave apparemment son manque d'assurance et aboutit à un résultat opposé à celui recherché[8]. » En d'autres termes, la stratégie protectrice échoue en privant l'enfant timide de la moindre occasion de s'habituer à l'inconnu, et donc de maîtriser son appréhension. Au niveau neurologique, cela signifie sans doute que les circuits préfrontaux ne peuvent apprendre à réagir autrement ; au contraire, leur tendance à déclencher des réactions de crainte incontrôlées est sans doute renforcée par la répétition.

Par contre, comme me l'a dit Kagan, « les parents d'enfants ayant perdu leur timidité à l'âge de l'école maternelle semblent avoir fait légèrement pression sur ceux-ci pour les amener à s'ouvrir davantage. Bien qu'*a priori* la timidité soit un trait de caractère un peu plus difficile à modifier que d'autres — sans doute en raison de son substrat physiologique —, rien n'est immuable ».

Certains enfants craintifs prennent de l'assurance à mesure que l'expérience façonne leur cerveau au cours de l'enfance. Un bon niveau d'intelligence sociale améliore leurs chances de surmonter leur inhibition naturelle. Sens de la coopération, empathie, capacité de bien s'entendre avec les autres et de nouer des amitiés, de donner, de partager et de se montrer prévenant, ces traits caractérisaient un groupe d'enfants, de tempérament manifestement timoré à quatre ans, qui, arrivés à l'âge de dix ans, avaient surmonté leur timidité[9].

Ceux dont le caractère n'avait guère changé en l'espace de ces six années étaient, de manière générale, moins capables de maîtriser leurs émotions ; ils pleuraient et perdaient leurs moyens plus facilement en cas de tension, ne savaient pas adapter leurs émotions aux circonstances et se montraient craintifs, boudeurs ou pleurnichards. Ils réagissaient avec une colère excessive à la moindre frustration, étaient incapables de retarder la satisfaction de leurs désirs, supportaient mal la critique et se montraient méfiants. Quand ils parvenaient à surmonter leurs appréhensions, ces travers étaient naturellement de nature à troubler leurs relations avec les autres enfants.

En revanche, on voit bien pour quelle raison les enfants qui maîtrisent mieux leurs émotions se défont spontanément de leur timidité innée. Plus à l'aise dans leurs rapports avec les autres, ils ont beaucoup plus de chances de vivre avec eux des expériences positives. Même s'ils hésitent, par exemple, à adresser la parole à un nouveau camarade, une fois la glace brisée, ils sont capables de « briller en société ». L'accumulation de ces succès au fil des années a pour effet de donner plus d'assurance aux timides.

Ces progrès sont encourageants ; ils laissent penser que même les dispositions émotionnelles innées peuvent dans une certaine mesure être modifiées. Un enfant qui, en venant au monde, est peureux peut apprendre à accepter l'inconnu plus calmement, voire s'ouvrir à lui. L'extrême timidité — comme tous les traits de caractère — peut bien être une donnée biologique de notre vie émotionnelle, mais en dépit des contraintes génétiques, il existe une possibilité de transformation. Comme les généticiens le font observer, les gènes ne sont pas les seuls à décider de notre comportement ; notre environnement, en particulier notre expérience et ce que nous apprenons dans notre enfance, détermine comment une prédisposition de caractère s'exprimera dans le cours de notre vie. Nos capacités émotionnelles ne sont pas définies une fois pour toutes ; nous pouvons les améliorer grâce à un apprentissage approprié. Les raisons doivent en être recherchées dans la façon dont le cerveau humain parvient à maturité.

LES POSSIBILITÉS OFFERTES PAR L'ENFANCE

Le cerveau humain n'est pas pleinement formé à la naissance. Il continue de se modeler la vie durant, le développement le plus intense ayant lieu pendant l'enfance. Les enfants naissent avec beaucoup plus de neurones que n'en conserve le cerveau parvenu à maturité. Par un processus semblable à l'élagage, il perd les liaisons neuronales les moins utilisées et en établit de solides dans les circuits synaptiques les plus sollicités. En éliminant les synapses superflues, l'élagage améliore le rapport signal/bruit dans le cerveau en supprimant la cause de ce « bruit » parasite. Ce processus est continu et rapide ; les liaisons synaptiques se forment en quelques heures ou quelques jours. L'expérience, en particulier au cours de l'enfance, modèle le cerveau.

La démonstration classique de l'influence de l'expérience sur la croissance du cerveau a été faite par les prix Nobel Torsten Wiesel et David Hubel, tous deux chercheurs en neurologie[10]. Ils ont montré que, dans les premiers mois de leur vie, les chats et les singes traversent une période critique pour le développement des synapses qui transmettent les signaux de l'œil au cortex visuel, où ils sont interprétés. Si un œil est maintenu fermé pendant cette période, le nombre de synapses reliant cet œil au cortex visuel diminue peu à peu, tandis que celles partant de l'œil ouvert se multiplient. Lorsque, à la fin de cette période critique, l'œil fermé est à nouveau ouvert, l'animal est fonctionnellement aveugle de cet œil. Bien que celui-ci ne présente aucune anomalie, les circuits qui le relient au cortex visuel sont trop peu nombreux pour que les signaux transmis puissent être interprétés.

Chez les humains, la période critique correspondante couvre les six premiers mois de la vie. Pendant cette phase, la vision normale stimule la formation de circuits neuronaux de plus en plus complexes entre l'œil et le cortex visuel. Si l'on recouvre d'un pansement l'œil d'un enfant durant cette période, il peut en résulter une perte mesurable de la capacité visuelle de cet œil. Lorsque le pansement est maintenu pendant plusieurs mois, la vision des détails par cet œil est amoindrie.

Une démonstration éloquente de l'impact de l'expérience sur le développement du cerveau a été fournie par des études sur des rats « privilégiés » et des rats « démunis[11] ». Les premiers vivaient par petits groupes dans des cages offrant de nombreuses distractions — échelles, tourniquets, etc. Les cages des « démunis » étaient dépourvues de ces équipements. Au fil des mois, le néocortex des rats privilégiés formait des réseaux synaptiques beaucoup plus complexes que chez les mal lotis. La différence était si nette que leur cerveau devenait plus lourd, et, ce qui n'a rien de surprenant, ils réussissaient bien plus facilement à trouver la sortie d'un labyrinthe que les autres. Des expériences analogues aboutissent aux mêmes constatations chez le singe, et il est certain que le même effet se produit chez les humains.

La psychothérapie — c'est-à-dire le réapprentissage émotionnel systématique — montre bien comment l'expérience peut à la fois modifier les schémas psychologiques et modeler le cerveau. La démonstration la plus spectaculaire est fournie par une étude sur des personnes souffrant de névrose obsessionnelle[12]. L'une des obsessions les plus courantes consiste à se laver sans cesse les mains, parfois plusieurs centaines de fois par jour. Les examens au scanner montrent que l'activité des lobes préfrontaux de ces personnes est supérieure à la normale[13].

Un médicament habituel — la fluoxétine — a été administré à la moitié des patients étudiés ; les autres ont suivi une thérapie comportementale. On a systématiquement empêché ces derniers de se livrer à leur obsession. Les patients obsédés par l'idée de se laver les mains étaient placés devant un lavabo avec interdiction de l'utiliser. En même temps, on leur apprenait à s'interroger sur les peurs et les craintes à l'origine de leur comportement — par exemple, la peur d'attraper une maladie mortelle s'ils ne se lavaient pas. Petit à petit, après plusieurs mois de séances de ce genre, leur obsession diminuait comme sous l'effet du médicament.

Puis la découverte remarquable fut que, chez les patients soumis à la psychothérapie, un examen au scanner révélait une baisse importante d'activité du noyau caudal, une structure essentielle du cerveau émotionnel, comme chez les patients traités à la fluoxétine. Leur expérience avait modifié le fonctionnement de leur cerveau — et supprimé le symptôme — aussi efficacement que la médication !

CHANCES DÉCISIVES

De toutes les espèces, nous sommes celle dont le cerveau met le plus de temps à se développer. Chacune de ses parties se développe à un rythme différent pendant l'enfance, mais l'adolescence constitue une des périodes fondamentales d'élagage. Plusieurs aires essentielles à la vie émotionnelle sont parmi les plus longues à atteindre leur état définitif. Alors que les aires sensorielles parviennent à maturité durant la prime enfance, et le système limbique à la puberté, les lobes frontaux — siège de la maîtrise des émotions, de la compréhension et des réactions appropriées — continuent de se développer tard dans l'adolescence, parfois jusque vers seize ou dix-huit ans [14].

La maîtrise des émotions qui se développe grâce aux expériences répétées de l'enfance et de l'adolescence contribue elle-même à façonner ce circuit. L'enfance offre donc des possibilités uniques pour forger des tendances émotionnelles qui persisteront la vie durant ; les habitudes acquises dans l'enfance s'ancrent dans l'architecture neuronale et sont plus difficiles à modifier par la suite. Étant donné l'importance des lobes préfrontaux pour la maîtrise des émotions, la longue durée du développement de cette région du cerveau pourrait bien signifier que l'expérience de l'enfant au fil des années établit des liaisons durables dans les circuits de commande des émotions. Comme nous l'avons vu, les facteurs critiques sont notamment le sérieux et la sensibilité avec lesquels les parents répondent aux besoins de l'enfant, les occasions et les conseils dont il bénéficie pour apprendre à dominer ses contrariétés et ses pulsions, et la pratique de l'empathie. De même, le fait de négliger l'enfant ou de lui infliger de mauvais traitements, les mauvais rapports avec des parents indifférents ou égocentriques, et une discipline brutale risquent de laisser leur empreinte sur les circuits émotionnels [15].

Dans le domaine des émotions, une des choses les plus importantes, que l'on apprend dans les premiers mois de la vie et que l'on perfectionne pendant toute l'enfance, c'est de savoir se consoler soi-même lorsqu'on a du chagrin. Pour le tout-petit, la consolation vient de celui (ou de celle) qui s'occupe de lui : sa mère l'entend pleurer, le prend dans ses bras et le berce jusqu'à ce qu'il se calme. Selon certains chercheurs, cette harmonisation biologique permet à l'enfant d'apprendre à s'apaiser tout seul [16]. Au cours de la période critique entre dix et dix-huit mois, l'aire orbitofrontale du cortex préfrontal établit à un rythme accéléré des liaisons avec le cerveau limbique qui en feront le système de commande dont dépendra l'apparition ou la disparition du chagrin. Chez le petit enfant qui, chaque fois qu'il est consolé, apprend à se calmer, les liaisons dans ce circuit de contrôle des émotions se renforceraient, et il parviendrait donc plus facilement par la suite à se tranquilliser en cas de contrariété.

Pour apprendre à se consoler, il faut de longues années et des outils psychologiques de plus en plus perfectionnés que le cerveau, en se développant, met à disposition de l'enfant. Souvenons-nous que les lobes frontaux, si essentiels à la maîtrise des pulsions limbiques, atteignent leur plein développement durant l'adolescence [17]. D'autres circuits fondamentaux qui continuent de se mettre en place pendant toute l'enfance sont centrés autour du nerf vague ; à une extrémité, celui-ci gouverne le cœur et d'autres organes ; à l'autre, il transmet les signaux émis par les glandes surrénales à l'amygdale, qui déclenchent la sécrétion de catécholamine et préparent la réaction de combat ou de fuite. Une équipe de l'université de Washington a évalué l'impact de l'éducation sur les enfants et constaté que le fait d'avoir été élevé par des parents émotionnellement intelligents améliorait le fonctionnement du nerf vague.

John Gottman, le psychologue qui a dirigé ces recherches explique : « Les parents modifient la tonicité vagale de leurs enfants [une mesure de l'excitabilité du nerf vague] en éduquant leurs émotions ; en parlant de leurs sentiments et en leur expliquant comment les comprendre, en sachant ne pas se montrer critiques et ne pas s'ériger en juges, en les aidant à résoudre leurs problèmes psychologiques, en leur expliquant qu'il existe d'autres réactions possibles que la violence ou le repli sur soi. » Lorsque les parents s'acquittent convenablement de cette tâche, les enfants sont plus à même de supprimer l'activité vagale qui stimule l'amygdale — d'où une amélioration du comportement.

Il va sans dire que chaque aspect de l'intelligence émotionnelle s'acquiert au cours d'une période décisive de l'enfance, qui s'étend sur plusieurs années. Au cours de chacune de ces périodes on peut aider l'enfant à adopter des habitudes psychologiques bénéfiques. Lorsque l'occasion est manquée, il devient plus difficile d'apporter par la suite les correctifs nécessaires. L'envergure de ce modelage et de cet élagage des circuits neuronaux pourrait expliquer pourquoi les épreuves et les traumatismes psychologiques précoces exercent des effets aussi durables à l'âge adulte. Cela explique peut-être aussi que la psychothérapie est souvent lente à modifier les attitudes acquises et que, comme nous l'avons vu, même après la thérapie, ces attitudes peuvent persister en tant que tendances sous-jacentes, masquées par des idées et des réactions nouvelles.

Il ne fait aucun doute que le cerveau conserve sa plasticité la vie durant, même si elle est moins spectaculaire que dans l'enfance. Tout apprentissage entraîne une modification du cerveau, un renforcement de liaisons synaptiques. Les changements qui se produisent chez les patients souffrant d'une névrose obsessionnelle montrent que, pour peu qu'on persiste dans ses efforts, les habitudes psychologiques peuvent toujours être transformées, même au niveau neuronal. Ce qui se produit dans le cerveau en cas de stress post-traumatique (PTSD) — et aussi pendant une psychothérapie — est analogue aux effets produits, pour le meilleur ou pour le pire, par toutes les expériences émotionnelles répétées ou intenses.

En matière d'émotions, les leçons les plus efficaces sont données par les parents. Les habitudes psychologiques inculquées par eux sont très différentes selon que, en harmonie avec leur enfant, ils comprennent et répondent à ses besoins, ou, au contraire, les ignorent, quand ils ne cherchent pas à le corriger par des cris et des coups selon leur humeur du moment. En un sens, la psychothérapie ressemble à des travaux pratiques destinés à réparer les erreurs ou les manquements passés. Mais pourquoi ne pas faire notre possible pour la rendre inutile, en donnant aux enfants l'éducation et les conseils qui leur permettront d'acquérir dès le départ les bases de l'intelligence émotionnelle ?

Cinquième partie

LES RUDIMENTS DE L'INTELLIGENCE ÉMOTIONNELLE

15

Le prix de l'ignorance

Tout a commencé par une dispute anodine qui a dégénéré. Ian Moore et Tyrone Sinkler, tous deux élèves d'un lycée de Brooklyn, se sont fâchés avec un camarade, Khalil Sumpter, âgé de quinze ans. Ils se sont mis à le harceler et à le menacer.

Craignant d'être battu, Khalil a apporté un revolver au lycée et, sous les yeux d'un surveillant, a tué les deux garçons.

Cette histoire terrible montre une fois de plus à quel point il est urgent d'apprendre aux jeunes à maîtriser leurs émotions, à régler paisiblement leurs différends et, tout simplement, à bien s'entendre avec les autres. Longtemps obnubilés par les mauvaises notes en maths et en lecture de leurs élèves, les enseignants comprennent aujourd'hui qu'il existe un autre point faible plus inquiétant : la méconnaissance des bases de l'intelligence émotionnelle[1]. Mais tandis que des efforts louables sont entrepris pour améliorer le niveau scolaire, rien n'est fait pour remédier à cette déficience alarmante. Comme l'a dit un professeur de Brooklyn, l'importance particulière accordée actuellement aux disciplines traditionnelles montre que « nous nous soucions davantage de la façon dont les enfants lisent et écrivent que de savoir s'ils seront vivants la semaine prochaine ».

On peut voir des signes de cette carence dans des incidents comme celui relaté plus haut, qui sont de plus en plus fréquents dans les écoles d'Amérique et d'Europe. Ce ne sont pas des événements isolés ; l'augmentation des troubles de l'adolescence et de l'enfance aux États-Unis — chef de file dans ce domaine — ressort de statistiques comme les suivantes [2].

En 1990, les États-Unis ont connu le taux de criminalité juvénile le plus élevé depuis vingt ans ; le nombre des adolescents arrêtés pour viol a doublé, celui des adolescents arrêtés pour meurtre quadruplé, et ce, en grande partie en raison de l'utilisation de plus en plus répandue d'armes à feu [3]. Au cours des vingt dernières années, les suicides d'adolescents ont triplé, comme le nombre d'enfants de moins de quatorze ans victimes de meurtres [4].

De plus en plus d'adolescentes sont enceintes. En 1993, le nombre d'enfants nés de filles de dix à quatorze ans avait augmenté régulièrement depuis cinq ans tout comme la proportion de grossesses non voulues chez les adolescentes et les pressions exercées sur elles pour avoir des rapports sexuels. Le taux de maladies vénériennes chez les adolescents a triplé en trente ans [5].

Ces statistiques sont inquiétantes, mais celles concernant la jeunesse noire américaine sont carrément atterrantes : tous les chiffres sont bien supérieurs, parfois le double, parfois le triple. Ainsi, l'usage de l'héroïne et de la cocaïne chez les jeunes Blancs a été multiplié par 3 entre 1970 et 1990 ; chez les jeunes Noirs, il l'a été par *15* [6].

De toutes les maladies, les maladies mentales occupent le premier rang chez les adolescents. Environ un adolescent sur trois présente des symptômes de dépression, grave ou légère ; pour les filles, ce taux double à la puberté. Chez elles, la fréquence des troubles de l'appétit a grimpé en flèche [7].

Enfin, à moins que les choses changent, les chances qu'ont les enfants de fonder un jour un foyer stable deviennent de plus en plus minces. Comme nous l'avons vu au chapitre 9, alors que, dans les années soixante-dix et quatre-vingt, le taux de divorce était voisin de 50 %, deux tiers des mariages conclus dans les années quatre-vingt-dix sont voués à l'échec.

UN MALAISE AFFECTIF

Ces statistiques alarmantes sont symptomatiques d'un malaise profond. Au-delà de ces chiffres, les difficultés actuelles des enfants transparaissent à des niveaux plus subtils, dans des problèmes quotidiens qui n'ont pas encore dégénéré en crise ouverte. Peut-être les données les plus significatives — une mesure directe de la chute des capacités émotionnelles — proviennent-elles d'un sondage national sur les enfants américains de sept à seize ans, dont on a comparé l'état affectif au milieu des années soixante-dix et à la fin des années quatre-vingt en se fondant sur les appréciations des parents et des professeurs[8]. La détérioration a été constante. Aucun point particulier ne l'emporte ; tous les indicateurs ont simplement continué à évoluer dans la mauvaise direction. Voici comment se manifeste cette dégradation :

- *Repli sur soi et problèmes relationnels :* tendance à la solitude, au secret, à la mauvaise humeur, manque d'énergie, sentiment d'être malheureux, trop grande dépendance.
- *Anxiété et dépression :* isolement, peurs et soucis multiples, obsession de la perfection, sentiment de ne pas être aimé, nervosité, tristesse et dépression.
- *Manque de concentration et problèmes liés à l'utilisation de la pensée :* incapacité de concentrer son attention ou de rester assis tranquillement, tendance à rêvasser, à agir sans réfléchir, nervosité nuisant à la concentration, mauvais résultats scolaires, incapacité de détacher son esprit de ses pensées.
- *Délinquance et agressivité :* tendance à traîner en bande, à mentir et à tromper, à se disputer, à attirer l'attention sur soi, méchanceté, destruction de la propriété des autres, désobéissance à la maison et à l'école, entêtement et humeur changeante, propension à trop parler, à tourmenter les autres, irritabilité.

Si, isolément, aucun de ces problèmes n'est tragique, conjointement, ils témoignent d'un changement profond, d'un dérèglement de l'esprit des enfants, révélateur d'une ignorance profonde des bases de l'intelligence émotionnelle. Ce malaise semble être le tribut que la vie moderne prélève sur tous les jeunes. Les Américains se croient les plus touchés par les problèmes de ce genre, mais des études effectuées ailleurs montrent qu'ils atteignent d'autres pays aussi gravement que les États-Unis, si ce n'est plus. Ainsi, dans les années quatre-vingt, aux Pays-Bas, en Chine et en Allemagne, professeurs et parents estimaient que les enfants étaient aussi perturbés que les petits Américains en 1976. Dans d'autres pays, les enfants vont encore plus mal qu'aux États-Unis, notamment en Australie, en France et en Thaïlande. Mais cela pourrait ne pas rester vrai longtemps. Les courants puissants qui poussent l'intelligence émotionnelle sur la pente descendante semblent s'accélérer aux États-Unis par comparaison avec beaucoup d'autres nations développées[9].

Aucun enfant, riche ou pauvre, n'est à l'abri ; ces problèmes sont universels et surgissent dans tous les groupes raciaux, ethniques, dans toutes les couches de la société, Ainsi, alors que, en matière de capacités émotionnelles, les enfants des milieux défavorisés obtiennent les plus mauvais résultats, le *taux* de détérioration de ces capacités n'est pas plus important chez eux que chez les enfants de familles aisées : partout, elles ont décliné régulièrement au fil des années. Simultanément, le nombre d'enfants ayant reçu l'aide d'un psychologue a triplé (peut-être un bon signe, montrant que cette aide est plus largement disponible), tandis que celui des enfants dont les problèmes émotionnels justifieraient une telle aide mais ne l'ayant pas reçue a presque doublé (un mauvais signe) — 9 % en 1976, 18 % en 1989.

Urie Bronfenbrenner, l'éminent psychologue de l'enfance de l'université Cornell, qui a effectué une étude comparative internationale sur le bien-être des enfants, déclare : « En l'absence de systèmes de soutien efficaces, les pressions extérieures deviennent si fortes que même les familles unies se désagrègent. L'agitation, l'instabilité et la précarité de la vie quotidienne règnent dans tous les secteurs de la société, y compris les milieux aisés et instruits. C'est l'avenir de la génération suivante qui est en jeu, surtout celui des garçons, qui, durant leur développement, sont particulièrement vulnérables aux effets dévastateurs du divorce, de la pauvreté et du chômage. La situation des familles et des enfants américains n'a jamais été aussi désespérée. [...] Nous sommes en train de retirer à des millions d'enfants tout caractère moral et toute aptitude à maîtriser leur existence [10]. »

Ce phénomène est mondial. En poussant à la réduction des coûts salariaux, la concurrence internationale soumet la famille à des pressions économiques considérables. Les problèmes financiers contraignent le père et la mère à travailler et à laisser leurs enfants à eux-mêmes, avec la télévision pour seul baby-sitter ; de plus en plus d'enfants vivent dans la pauvreté, la famille monoparentale est monnaie courante, les tout-petits sont chaque jour plus nombreux à être laissés dans des garderies mal gérées. Même lorsque les parents sont animés des meilleures intentions, tout cela aboutit à réduire la fréquence des petits échanges innombrables et féconds entre eux et leurs enfants, échanges qui permettent à l'intelligence émotionnelle de se développer.

Si la famille n'est plus capable de préparer les enfants à la vie, que devons-nous faire ? Un examen plus attentif des mécanismes à l'origine de problèmes spécifiques va nous montrer comment le développement insuffisant de certains aspects de l'intelligence émotionnelle ou sociale est source de graves difficultés — et comment des mesures correctrices ou préventives peuvent permettre à un plus grand nombre d'enfants de rester sur la bonne voie.

L'AGRESSIVITÉ MAÎTRISÉE

Lorsque j'étais en cours préparatoire, la « terreur » de l'école s'appelait Jimmy, un garçon du cours moyen. C'est lui qui nous volait notre argent de poche, prenait notre bicyclette, nous tapait dessus dès qu'il nous adressait la parole. C'était le prototype de la petite brute ; il se battait à la moindre provocation, ou même sans motif du tout. Nous avions tous peur de Jimmy — et gardions nos distances. Tout le monde le détestait et personne ne jouait avec lui. Quand il déambulait dans la cour de récréation, c'était comme si un garde du corps invisible écartait tous les autres enfants de son chemin.

Les enfants comme Jimmy sont manifestement perturbés. Mais,

et c'est peut-être moins évident, l'agressivité chez l'enfant laisse aussi augurer de troubles émotionnels et autres dans le futur. À seize ans, Jimmy a été mis en prison à la suite d'une agression.

Comme l'ont montré de nombreuses études, des garçons comme Jimmy restent agressifs toute leur vie [11]. Nous avons vu que, en règle générale, ces enfants ont été tantôt négligés, tantôt punis arbitrairement par leurs parents, et cela, comme on pouvait s'y attendre, les a rendus paranoïaques ou violents.

Tous les enfants soumis à un tel traitement ne deviennent pas des petites brutes ; certains se replient sur eux-mêmes et réagissent avec excès aux taquineries ou à ce qu'ils perçoivent comme des offenses ou des injustices. Mais tous ont en commun le même défaut : ils voient des affronts là où il n'y en a pas et de l'hostilité partout. Cela les amène à interpréter à tort comme des agressions des actes anodins — lorsque, par exemple, un camarade les bouscule par mégarde — et à réagir par l'attaque. Ce qui, bien entendu, incite les autres enfants à les éviter et accroît leur isolement. Ils sont extrêmement sensibles aux injustices, se considèrent comme des victimes et peuvent énumérer toute une liste de cas où ils ont été accusés à tort, surtout par leurs professeurs. Autre trait de caractère de ces enfants : lorsqu'ils sont emportés par la colère, la violence est la seule réaction qui leur vient à l'esprit.

On a pu observer directement cette mauvaise interprétation des intentions d'autrui au cours d'une expérience dans laquelle des « petits durs » assistaient à la projection d'un film en compagnie d'un enfant plus pacifique. Un de ces films montrait un garçon qui, bousculé par un autre, laissait tomber ses livres, provoquant les rires de ses camarades ; il se mettait en colère et essayait de casser la figure à l'un des rieurs. Lorsque les deux jeunes spectateurs discutaient ensuite de la scène, le petit dur donnait toujours raison au garçon qui avait réagi ainsi. Plus éloquent encore, quand il lui fallait dire lequel était le plus agressif, il considérait que c'était celui qui avait bousculé l'autre et que la colère de ce dernier était justifiée [12].

Ce jugement témoigne d'un grave défaut de perception chez les individus agressifs ; leur attitude se fonde sur le postulat que les autres sont hostiles ou menaçants, et ils négligent la réalité des faits. Dès qu'ils perçoivent une menace, ils passent à l'acte sans réfléchir. Lorsque, par exemple, un garçon agressif joue aux dames et que son adversaire déplace un pion avant son tour, il y voit une tricherie et ne se demande même pas si ce n'était pas une simple faute d'attention. Il présume la malveillance et non l'innocence ; sa réaction est systématiquement hostile. À cette perception réflexe se mêle une réaction agressive tout aussi automatique ; au lieu, par exemple, de faire remarquer à son adversaire qu'il a commis une erreur, il l'accusera immédiatement de tricher, se mettra à crier et lui donnera un coup. Et plus ces enfants se comportent ainsi, plus l'agression devient pour eux automatique, et plus leur répertoire de réactions alternatives — politesse, plaisanterie — s'appauvrit.

Ces enfants sont émotionnellement vulnérables en ce sens que le seuil au-delà duquel ils se froissent est très faible ; ils s'emportent plus souvent et pour des prétextes plus nombreux. Lorsqu'ils sont fâchés, leur pensée se brouille, de sorte qu'ils voient de l'hostilité dans les actes les plus innocents et, retombant dans l'ornière, réagissent avec violence [13].

Cette tendance à percevoir systématiquement de l'hostilité se manifeste dès le plus jeune âge. La plupart des enfants, surtout les garçons, sont bruyants lorsqu'ils sont à l'école maternelle et en cours préparatoire, mais, contrairement aux petits durs, ils acquièrent un minimum de maîtrise d'eux-mêmes à l'âge du cours élémentaire. Tandis que les autres apprennent à négocier et à trouver des compromis pour régler leurs différends, les petits durs recourent de plus en plus à la force. Ils en paient le prix : lorsqu'ils jouent pour la première fois avec eux, après deux ou trois heures seulement, les autres enfants déclarent qu'ils ne les aiment pas [14].

D'après des études sur des enfants que l'on a suivis dans certains cas de la maternelle à l'adolescence, la moitié de ceux qui, petits, étaient des éléments perturbateurs, incapables de s'entendre avec les autres, désobéissaient à leurs parents et refusaient l'autorité de leurs maîtres, devenaient des adolescents délinquants [15]. Bien sûr, tous les enfants agressifs ne sont pas destinés à devenir des criminels, mais ce sont eux qui courent le plus grand risque.

La dérive vers la délinquance se manifeste très tôt. Lorsque des élèves d'une école maternelle de Montréal ont été classés selon leur agressivité et leur propension à semer le trouble, ceux qui, à cinq ans, arrivaient en tête manifestaient déjà des signes évidents d'une tendance à la délinquance cinq et huit années plus tard. Ils admettaient à peu près trois fois plus souvent que les autres avoir battu quelqu'un qui ne leur avait rien fait, volé à l'étalage, utilisé une arme au cours d'une querelle et s'être soûlés — et tout cela avant quatorze ans [16].

Le chemin typique menant à la violence et à la délinquance commence par les enfants agressifs et rebelles en cours préparatoire et cours élémentaire [17]. En règle générale, dès les premières années d'école, leur incapacité à maîtriser leurs pulsions contribue à faire d'eux de mauvais élèves, considérés par les autres, et par eux-mêmes, comme des « ânes » — jugement confirmé par leur aiguillage vers des classes de rattrapage (et, bien que certains puissent être « hyperactifs » ou avoir des difficultés à apprendre, ce n'est pas le cas de tous). Les enfants qui, en entrant à l'école, savent déjà ce qu'est la « coercition » — autrement dit, la brutalité — sont jugés irrécupérables par leurs professeurs, trop occupés par ailleurs à faire régner l'ordre dans leur classe. Le mépris des règles dont témoignent naturellement ces enfants les amène à gaspiller du temps qu'ils pourraient consacrer à l'étude ; leur échec scolaire annoncé est généralement évident dès le cours élémentaire. Si les garçons engagés sur la voie de la délinquance ont d'ordinaire un QI inférieur à celui de leurs camarades, leur impulsivité est plus directement en cause ; à dix ans, celle-ci est un indicateur trois fois plus sûr de leur future délinquance que le QI [18].

Au cours moyen, ces garçons — désormais considérés comme des durs ou simplement comme des enfants « difficiles » — sont rejetés par leurs pairs, incapables de se faire des amis et devenus les « lanternes rouges » de leur classe. Se sentant isolés, ils se mettent à fréquenter d'autres réprouvés. Du cours moyen à la troisième, ils passent le plus clair de leur temps à défier les règles ; ils manquent les cours, boivent de l'alcool et se droguent, l'augmentation la plus forte de ces tendances ayant lieu vers la cinquième ou la quatrième. Au cours de ces premières années du secondaire, ils sont rejoints par d'autres inadaptés, attirés par leur attitude de bravade ; ce sont souvent des enfants qui ont été livrés à eux-mêmes et ont commencé à traîner dans les rues dès l'école primaire. Dans les années de lycée, le groupe de ces réprouvés abandonne généralement les études et dérive vers la délinquance — vols à l'étalage, petits cambriolages et revente de drogue.

(Une nette différence apparaît dans cette évolution entre les garçons et les filles. Selon une étude sur les filles « mal notées » au cours moyen — elles s'attirent des ennuis avec leurs professeurs et contreviennent aux règles, mais ne sont pas impopulaires auprès de leurs camarades —, 40 % d'entre elles ont un enfant à la fin de leurs études secondaires, soit trois fois plus que la moyenne des filles de leur école[19]. En d'autres termes, les adolescentes rebelles ne deviennent pas violentes, elles tombent enceintes.)

Il va de soi que la voie qui mène à la violence et à la criminalité n'est pas unique et que de nombreux autres facteurs pèsent sur la destinée de l'enfant : le fait, par exemple, d'être nés dans un quartier mal famé où ils sont davantage tentés par la délinquance et la violence, dans une famille désunie ou en difficulté, dans un milieu pauvre. Mais aucun de ces facteurs ne conduit nécessairement à une vie marquée par la violence. Toutes choses étant égales par ailleurs, les forces psychologiques à l'œuvre chez les enfants agressifs augmentent considérablement la probabilité qu'ils deviennent un jour des malfaiteurs. Comme le dit Gerald Patterson, un psychologue qui a suivi de près le parcours de centaines de jeunes garçons jusqu'à l'âge adulte, « les actes antisociaux d'un enfant de cinq ans pourraient bien être les prototypes de ceux que commettra l'adolescent délinquant[20] ».

L'ÉCOLE DES PETITS DURS

Si les enfants agressifs ne se défont pas de leur tournure d'esprit, ils vont à peu près certainement au-devant d'ennuis. Selon une étude sur les jeunes gens condamnés pour actes de violence et sur les élèves du secondaire agressifs, les deux groupes partagent le même état d'esprit ; lorsqu'ils ont maille à partir avec quelqu'un, ils y voient immédiatement un antagonisme et concluent sur-le-champ à l'hostilité de l'autre, sans chercher à en savoir davantage. De plus, les conséquences possibles d'une solution violente — une bagarre, le plus souvent — ne leur effleurent jamais l'esprit. Leur attitude agressive est justifiée à leurs yeux par des convictions comme celles-ci : « On peut très bien taper sur quelqu'un lorsqu'on voit rouge », « Si on se dégonfle, tout le monde pensera qu'on est une poule mouillée » et « Une trempe n'a jamais fait de mal à personne[21] ».

Mais une aide psychologique au bon moment peut transformer ces attitudes et empêcher un enfant de dériver vers la délinquance. Plusieurs programmes d'éducation expérimentaux ont permis avec succès à des enfants agressifs d'apprendre à maîtriser leurs tendances antisociales avant que celles-ci leur occasionnent de graves ennuis. Un de ces programmes, à l'université de Duke, est suivi par des élèves du primaire, rebelles et fauteurs de troubles, au rythme de deux séances hebdomadaires de quarante minutes durant une période de six à douze mois. On leur démontre, par exemple, que certains signes qu'ils perçoivent comme hostiles sont en réalité neutres ou amicaux. Ils apprennent à adopter le point de vue des autres enfants pour comprendre comment ceux-ci les considèrent et ce qu'ils peuvent penser et éprouver dans les situations qui les ont mis en fureur. On leur apprend aussi à maîtriser leur colère en mettant en scène des situations au cours desquelles, par exemple, on les taquine afin de les faire enrager. Un des moyens essentiels de cette maîtrise consiste à observer ses réactions — à prendre conscience de ses sensations corporelles telles que l'afflux de sang au visage ou une tension musculaire, lorsque la colère monte — et à considérer ces sensations comme le signe qu'il faut s'arrêter et réfléchir à l'attitude à adopter au lieu d'attaquer impulsivement.

Le psychologue John Lochman, qui a été l'un des créateurs du programme, m'a dit : « Ils évoquent des situations dans lesquelles ils se sont trouvés récemment — lorsque, par exemple, ils ont cru qu'un camarade a fait exprès de les bousculer dans le couloir du lycée. Ils discutent de leurs réactions. L'un a déclaré qu'il s'est contenté de regarder le garçon qui l'a bousculé et lui a dit avant de s'éloigner de faire attention à l'avenir. Cela lui a permis de se contrôler sans entamer son amour-propre ni déclencher une bagarre. »

Beaucoup de garçons agressifs sont attirés par ce procédé, car ils s'en veulent de se mettre en colère aussi facilement et sont donc disposés à apprendre à se maîtriser. Il est clair que, dans le feu de l'action, des réactions calmes, comme s'en aller ou compter jusqu'à dix avant d'agir, ne sont pas automatiques. Les garçons s'entraînent à les adopter dans des jeux de rôles — ils montent, par exemple, dans un bus où d'autres garçons leur envoient des quolibets. Ils peuvent ainsi mettre à l'épreuve des réactions amicales qui ménagent leur dignité tout en leur évitant de se battre, de crier ou de perdre la face.

Trois ans après qu'ils eurent suivi cette formation, Lochman a comparé ces garçons à d'autres qui n'en avaient pas bénéficié. Devenus adolescents, les premiers sont beaucoup moins turbulents en classe, ont une meilleure opinion d'eux-mêmes et, en moyenne, boivent et se droguent beaucoup moins que les seconds. Et plus ils ont suivi le programme longtemps, moins ils sont agressifs.

PRÉVENIR LA DÉPRESSION

> Dana, seize ans, s'est apparemment toujours bien entendue avec tout le monde. Mais maintenant, brusquement, elle ne peut plus avoir des rapports normaux avec les autres filles et, ce qui la trouble davantage, elle n'arrive pas à garder ses petits amis, alors même qu'elle couche avec eux. Morose et constamment fatiguée, Dana a perdu l'appétit, l'envie de se distraire ; elle se sent désespérée, incapable d'échapper à son humeur dépressive, et pense au suicide.
>
> La chute dans la dépression a été déclenchée par sa dernière rupture. Elle ne peut pas sortir avec un garçon, affirme-t-elle, sans coucher avec lui tout de suite — alors même que cela la contrarie — et ne sait pas mettre fin à une relation amoureuse, même si elle est insatisfaisante. Elle couche avec les garçons, alors que la seule chose qu'elle désire vraiment, c'est mieux les connaître.
>
> Elle vient d'entrer dans une nouvelle école, et elle rêve d'aller vers les autres filles. Ainsi, elle n'ose pas engager la conversation et attend qu'on lui adresse la parole. Elle se sent incapable de s'ouvrir, et ne sait pas quoi dire en dehors de : « Salut, ça va[22] ? »

Dana a suivi un programme expérimental de psychothérapie à l'université de Columbia. Son traitement visait avant tout à lui apprendre à mieux gérer ses relations, à nouer une amitié, à se sentir plus en confiance avec les autres adolescentes, et aussi à mieux conduire ses relations sexuelles, à cultiver l'intimité et à exprimer ses sentiments. Il s'agissait au fond d'un cours de rattrapage sur les aspects les plus fondamentaux de l'intelligence émotionnelle. Le traitement a réussi, et sa dépression a fini par disparaître.

Chez les jeunes, les problèmes relationnels sont souvent à l'origine de la dépression. Ils concernent aussi bien les relations avec les parents qu'avec les camarades. Les enfants et les adolescents déprimés sont souvent incapables ou peu désireux de parler de leur tristesse. Ils ne parviennent pas à identifier avec précision leurs sentiments et sont donc irritables, nerveux, grincheux — surtout avec leurs parents. Ceux-ci ont d'autant plus de mal à les aider. C'est le cercle vicieux des disputes et de la désaffection.

Un regard neuf sur les causes de dépression chez les jeunes révèle des déficits dans deux domaines de l'intelligence émotionnelle : d'une part, l'incapacité à nouer et à entretenir de bonnes relations avec les autres ; d'autre part, une façon d'interpréter les revers qui favorisent la dépression. Si, pour partie, la tendance à la dépression est presque certainement imputable à l'hérédité, cette tendance semble aussi due à des habitudes de pensée pessimistes, réformables, qui prédisposent les enfants à se déprimer en réaction aux contrariétés — mauvaises notes, disputes avec leurs parents, mise en quarantaine par les autres. Quelle qu'en soit l'origine, tout semble montrer que la prédisposition à la dépression est de plus en plus répandue chez les jeunes.

L'AUGMENTATION DU NOMBRE DES DÉPRESSIONS, EFFET DE LA MODERNITÉ

Le XXe siècle aura été celui de l'anxiété, mais il semble que nous entrions maintenant dans l'ère de la mélancolie. Les statistiques internationales révèlent une véritable épidémie de dépression qui se répand au même rythme que le mode de vie moderne. Depuis le début du siècle, chaque génération court davantage de risques que les précédentes de souffrir une dépression profonde — non pas la simple tristesse, mais une apathie paralysante, un abattement, un apitoiement sur soi-même et un sentiment d'impuissance accablante[23]. Et celle-ci se manifeste de plus en plus tôt. La dépression chez les enfants, naguère pratiquement inconnue (ou, du moins, méconnue) apparaît comme une caractéristique du monde moderne.

Bien que la probabilité de sombrer dans la dépression augmente avec l'âge, c'est chez les jeunes que les taux présentent le plus fort accroissement. Pour les personnes nées après 1955, la probabilité de souffrir d'une dépression grave à un moment ou à un autre de leur vie est, dans beaucoup de pays, au moins trois fois plus forte que pour leurs grands-parents. Chez les Américains nés avant 1905, le taux était de 1 % ; chez ceux nés après 1955, à vingt-quatre ans, 6 % ont déjà traversé une période de dépression. Chez les Américains nés entre 1945 et 1954, le risque d'être atteint de dépression avant trente-quatre ans est dix fois supérieur à ce qu'il était chez ceux nés entre 1905 et 1914[24]. Et, à chaque génération, la première crise de dépression a tendance à survenir de plus en plus tôt.

Selon une étude à l'échelle planétaire portant sur plus de trente-neuf mille personnes, les mêmes tendances apparaissent à Porto Rico, au Canada, en Italie, en Allemagne, en France, à Taiwan, au Liban et en Nouvelle-Zélande. À Beyrouth, l'augmentation du nombre de dépressions a suivi de près l'évolution des événements politiques, avec des montées en flèche pendant les périodes de guerre civile. En Allemagne, 4 % des personnes nées avant 1914 avaient déjà souffert de dépression à l'âge de trente-cinq ans ; pour celles nées pendant la décennie précédant 1944, la proportion passe à 14 %. Partout dans le monde, les générations qui ont atteint leur majorité en période de troubles présentent des taux de dépression plus élevés, bien que la tendance générale à l'augmentation soit indépendante des événements politiques.

L'abaissement de l'âge de la première dépression semble également être un phénomène mondial. Lorsque j'ai demandé à des spécialistes quelles en étaient, selon eux, les raisons, ils ont proposé diverses théories.

Le Dr Frederick Goodwin, alors directeur de l'Institut national américain de la santé mentale, a émis cette hypothèse : « Il y a eu un terrible effritement de la famille nucléaire — doublement du taux de divorce, diminution considérable du temps dont disposent les parents pour se consacrer à leurs enfants et mobilité plus grande. Aucun enfant ne grandit désormais en connaissant sa famille élargie. La perte de ces points de repère augmente la prédisposition à la dépression. »

Le Dr David Kupfer, patron de la section psychiatrie de l'École de médecine de l'université de Pittsburgh, souligne une autre tendance : « Avec l'extension de l'industrialisation après la Seconde Guerre mondiale, on peut dire que le foyer s'est vidé. Les parents sont de plus en plus indifférents aux besoins de leurs enfants. Ce phénomène n'est pas une cause directe de dépression, mais il crée une vulnérabilité. Les facteurs de stress précoces risquent d'affecter le développement nerveux, ce qui peut conduire à la dépression lorsque l'individu est soumis à de fortes tensions, même après des décennies. »

Martin Seligman, psychologue à l'université de Pennsylvanie, suggère : « Depuis trente ou quarante ans, nous avons assisté à une montée de l'individualisme et à une diminution de la foi religieuse et du soutien procuré par la communauté et la famille élargie. Il en résulte un affaiblissement des facteurs susceptibles d'amortir le choc des revers et des échecs. Si vous avez tendance à considérer qu'un échec est quelque chose de durable et à l'amplifier au point d'empoisonner tous les aspects de votre existence, vous risquez de garder d'une déconvenue momentanée un sentiment permanent d'impuissance. Si, en revanche, vous élargissez votre perspective — par exemple, en croyant en Dieu ou en une vie future —, lorsque vous perdez votre emploi, vous n'y voyez qu'un revers passager. »

Quelle qu'en soit la cause, la dépression des jeunes est un problème urgent. Aux États-Unis, les estimations concernant le nombre d'enfants et d'adolescents déprimés varient beaucoup, contrairement à celles relatives à la vulnérabilité sur toute la durée de vie. Selon des études épidémiologiques fondées sur les critères officiels de diagnostic de la dépression, la proportion de garçons et de filles entre dix et treize ans souffrant d'une dépression profonde au cours d'une année donnée atteint 8 ou 9 %, bien que, d'après d'autres études, le pourcentage soit inférieur de moitié (de 2 % selon certaines). Des statistiques montrent que, pour les filles, le pourcentage double presque à la puberté ; entre quatorze et seize ans, 16 % d'entre elles traversent une période de dépression, alors que le pourcentage reste inchangé pour les garçons[25].

L'ÉVOLUTION DE LA DÉPRESSION CHEZ LES JEUNES

La nécessité de *prévenir* la dépression, et non pas seulement de la soigner, ressort clairement d'une découverte alarmante. Des accès de dépression, même bénins, chez l'enfant laissent augurer des crises de dépression plus graves par la suite[26]. Cette constatation remet en question l'ancien postulat selon lequel la dépression chez l'enfant est sans conséquences à long terme, puisque celui-ci est censé « s'en sortir en grandissant ». Il va de soi que les enfants connaissent de temps en temps des périodes de tristesse ; l'enfance et l'adolescence, comme l'âge adulte, sont marquées par des déceptions et des pertes plus ou moins douloureuses, et par le chagrin qui les accompagne. Le besoin de prévention ne concerne pas ces peines inévitables, mais la spirale de la mélancolie qui emporte certains enfants et les conduit à l'irascibilité, au repli sur soi et au désespoir.

Selon les données recueillies par la psychologue Maria Kovacs, parmi les enfants dont la dépression était assez profonde pour justifier un traitement, les trois quarts ont connu par la suite d'autres accès de dépression profonde[27]. Dans certains cas, Kovacs a suivi des jeunes dépressifs de huit ans jusqu'à vingt-quatre ans.

Les périodes de profonde dépression duraient onze mois en moyenne, mais chez un enfant sur six, elles se prolongeaient jusqu'à dix-huit mois. La dépression légère, qui frappait certains enfants dès cinq ans, les privait moins de leurs capacités mais durait beaucoup plus longtemps — quatre ans en moyenne. Et comme l'a constaté Kovacs, un état dépressif léger risque de s'intensifier en dépression profonde et celle-ci peut devenir récurrente. Lorsque les enfants dépressifs atteignent l'adolescence ou l'âge adulte, ils souffrent de dépression ou de psychose maniaco-dépressive une année sur trois en moyenne.

Les conséquences ne se résument pas à la souffrance causée par la dépression elle-même. Kovacs m'a affirmé : « Les enfants s'initient à l'art de vivre en société dans leurs relations avec leur entourage — ils apprennent, par exemple, à obtenir ce qu'ils veulent en voyant comment s'y prennent les autres, puis en essayant à leur tour. Mais les enfants déprimés sont souvent rejetés par leurs camarades, les autres ne jouent pas beaucoup avec eux [28]. »

La tristesse qu'ils éprouvent les conduit à éviter de nouer de nouvelles relations ou à regarder ailleurs quand un autre essaie d'engager la conversation avec eux — attitude qui peut être prise pour une rebuffade ; l'enfant déprimé finit par être délaissé par ses pairs. Cette lacune les prive de ce qu'ils auraient normalement dû apprendre sur le terrain de jeux, et, dans leur initiation aux rudiments de l'intelligence émotionnelle et sociale, ils accumulent ainsi un retard qu'il leur faudra rattraper ensuite [29]. Comparés aux enfants non dépressifs, on a constaté que les enfants déprimés sont moins à l'aise en société, moins appréciés et aimés des autres, qu'ils ont moins d'amis et des rapports plus difficiles avec leurs camarades.

Autre conséquence néfaste, ils travaillent moins bien en classe ; la dépression nuit à leur mémoire et à leur concentration, et ils ont donc plus de mal à rester attentifs et à retenir ce qu'ils apprennent. Un enfant qui ne prend plaisir à rien a du mal à rassembler son énergie pour comprendre les questions difficiles, sans parler de connaître l'expérience du « flux ». Plus longtemps les enfants suivis par Kovacs souffraient de dépression, plus leurs notes baissaient et moins ils réussissaient à leurs examens. En fait, il y avait une corrélation directe entre la durée de leur dépression et leur moyenne, avec une baisse continue de leurs notes au cours de la période dépressive. Ces mauvais résultats scolaires aggravaient bien entendu leur état. « Imaginez, dit Kovacs, que vous soyez déjà déprimé et que vous commenciez à avoir de mauvaises notes. Alors, vous resterez chez vous tout seul au lieu d'aller jouer avec les autres enfants. »

LES MODES DE PENSÉE GÉNÉRATEURS DE DÉPRESSION

Comme chez les adultes, le fait de considérer les revers avec pessimisme semble renforcer le désespoir et le sentiment d'impuissance qui est au cœur de la dépression infantile. On le sait depuis longtemps, les personnes *déjà* déprimées broient du noir. Mais on sait depuis peu que les enfants les plus enclins à la mélancolie ont tendance à adopter une attitude pessimiste *avant* de sombrer dans la dépression. Cette constatation laisse entrevoir une possibilité de les immuniser contre une telle attitude à titre préventif.

Confirmation en a été donnée par la manière dont les enfants évaluent leur capacité de maîtriser le cours de leur vie — celle, par exemple, de faire en sorte que les choses aillent mieux. On soumet aux enfants des affirmations comme les suivantes : « Quand j'ai des problèmes à la maison, je réussis mieux que mes camarades à les résoudre » et « Quand je travaille dur, j'obtiens de bonnes notes ». Ceux qui déclarent qu'aucune ne s'applique à leur cas n'ont guère le sentiment de pouvoir changer les choses ; or, ce sentiment d'impuissance est particulièrement vif chez les enfants les plus déprimés [30].

Dans une étude révélatrice, on a observé des élèves de cours moyen et de sixième dans les jours qui suivaient la réception de leur bulletin scolaire. Nous savons tous que ces bulletins sont l'une des plus grandes sources de joie ou de désespoir de l'enfance. Mais les chercheurs ont constaté que l'attitude des enfants lorsqu'ils obtiennent une note plus mauvaise qu'ils n'espéraient est lourde de conséquences. Ceux pour qui cette mauvaise note est imputable à une insuffisance personnelle (« Je suis stupide ») se sentent plus déprimés que ceux qui estiment pouvoir y remédier (« Si je potasse mes maths, j'aurai une meilleure note [31] »).

Des chercheurs ont observé un groupe d'élèves des cours élementaire et moyen rejetés par leurs camarades, et déterminé lesquels l'étaient encore l'année suivante. La façon dont ils s'expliquaient ce rejet semblait en rapport étroit avec leurs tendances dépressives. Ceux qui estimaient que ce rejet était dû à un défaut personnel s'enfonçaient davantage dans la dépression. En revanche, les optimistes qui pensaient pouvoir améliorer la situation n'étaient pas particulièrement déprimés par leur blackboulage continuel [32]. Et dans une étude d'enfants entrant en sixième, ceux qui avaient une attitude pessimiste réagissaient au stress scolaire en se déprimant [33].

La preuve la plus directe qu'une attitude pessimiste prédispose fortement les enfants à la dépression a été fournie par une étude sur cinq ans d'élèves suivis à partir du cours élémentaire[34]. L'indicateur le plus sûr d'une tendance future à la dépression est cette attitude pessimiste couplée avec un choc important — divorce des parents ou décès dans la famille — qui perturbe l'enfant et rend sans doute ses parents moins capables d'en amortir les effets. Au fur et à mesure que les enfants franchissent les étapes de l'école primaire, une évolution significative se produit dans leur manière d'envisager les événements heureux et malheureux de leur existence ; ils en attribuent de plus en plus la cause à leurs traits de caractère : « J'ai de bonnes notes parce que je suis intelligent », ou : « Je n'ai pas beaucoup d'amis parce que je ne suis pas drôle. » Cette évolution semble se dessiner progressivement entre la deuxième année du cours élémentaire et la deuxième du cours moyen. Les enfants qui adoptent une attitude pessimiste et attribuent leurs revers à leurs défauts personnels commencent alors à être déprimés par leurs échecs. Qui plus est, la dépression elle-même semble renforcer leur pessimisme, de sorte que, même après leurs périodes de dépression, il leur reste pour ainsi dire une cicatrice émotionnelle, un ensemble de convictions alimentées par la dépression et figées dans leur esprit — celles de ne pouvoir bien travailler à l'école, d'être peu sympathiques et impuissants à se défaire de leur humeur maussade. Ces idées fixes prédisposent fortement l'enfant à des accès ultérieurs de dépression.

SUS À LA DÉPRESSION !

Fort heureusement, nous avons de bonnes raisons de penser que l'on peut diminuer le risque de dépression en apprenant aux enfants à porter un regard plus positif sur leurs difficultés*. Dans

* Chez les enfants, contrairement aux adultes, la médication ne semble pas représenter une alternative à la thérapie ou à l'éducation préventive ; ils ne métabolisent pas les médicaments comme les adultes. Comme l'ont montré des études rigoureusement contrôlées, les antidépresseurs tricycliques, souvent efficaces chez l'adulte, ne produisent pas de meilleurs résultats chez les enfants qu'un placebo. Quant à certains remèdes nouveaux, soit leur effet n'a pas été testé sur les enfants, soit ils semblent présenter de graves dangers.

une étude effectuée dans un lycée de l'Oregon, un élève sur quatre souffrait d'une faible dépression, assimilable à la tristesse ordinaire[35]. Certains traversaient peut-être les premières semaines ou les premiers mois de ce qui allait devenir une dépression véritable.

Dans un cours du soir d'un genre particulier, soixante-quinze de ces élèves légèrement déprimés ont appris à combattre les schémas de pensée associés à la dépression, à se faire des amis plus facilement, à mieux s'entendre avec leurs parents et à s'engager davantage dans les activités sociales qui leur plaisaient. À la fin d'un programme de huit semaines, 55 % d'entre eux étaient sortis de leur état dépressif, contre 25 % seulement de ceux qui n'avaient pas participé à ces cours du soir. Un an plus tard, 25 % des élèves de ce groupe témoin avaient fini par sombrer dans une dépression profonde, contre 14 % de ceux qui avaient suivi le programme de prévention. Bien qu'il n'y ait eu que huit séances, ces cours semblaient avoir réduit le risque de moitié[36].

Des constatations tout aussi prometteuses ont été effectuées à la suite de cours du soir hebdomadaires donnés à des enfants de dix à treize ans en conflit avec leurs parents et présentant certains signes de dépression. Ils s'y initiaient à quelques-unes des compétences de base de l'intelligence émotionnelle : régler les différends, penser avant d'agir et, peut-être le plus important, traquer les pensées pessimistes associées à la dépression — par exemple, prendre la résolution de travailler davantage après avoir obtenu des résultats médiocres à un examen au lieu de se dire : « Je manque tout simplement d'intelligence. »

« Dans ces cours, les enfants apprennent que les sentiments comme l'anxiété, la tristesse et la colère ne nous envahissent pas sans que nous exercions sur eux un certain contrôle, et que nous pouvons les modifier par nos pensées », souligne Martin Seligman, l'un des promoteurs de ce programme. Comme la lutte contre les pensées déprimantes empêche l'apparition de la tristesse, ajoute Seligman, « elle procure un soulagement instantané et devient une habitude ».

Là encore ces cours spéciaux réduisirent de moitié les taux de dépression — et cet effet perdura dans certains cas pendant deux ans. Un an après la fin des cours, 8 % seulement de ceux qui les avaient suivis étaient dépressifs, contre 29 % des enfants d'un groupe témoin. Et deux ans après, 20 % environ des participants donnaient des signes de dépression légère, contre 44 % dans le groupe témoin.

L'apprentissage de ces rudiments de l'intelligence émotionnelle s'avère particulièrement utile au moment du grand tournant de l'adolescence. Seligman affirme : « Ces enfants semblent mieux supporter les angoisses liées à la crainte d'être rejeté si habituelles à cet âge. Ils l'ont appris à un moment particulièrement propice à l'apparition de la dépression, juste après le cap de la dixième année. Et la leçon paraît non seulement durable mais même gagner en force au fil des années, ce qui donne à penser que ces jeunes l'appliquent dans leur vie quotidienne. »

D'autres spécialistes de la dépression infantile approuvent ces programmes d'éducation. « Si l'on veut vraiment être efficace dans le traitement de troubles mentaux comme la dépression, il faut agir avant que les enfants en soient atteints, commente Kovacs. La vaccination psychologique est la vraie solution. »

TROUBLES ALIMENTAIRES

À la fin des années soixante, à l'époque où j'étudiais la psychologie clinique, j'avais parmi mes connaissances deux femmes qui souffraient de troubles alimentaires, bien que je ne m'en sois rendu compte que longtemps après. L'une d'elles, une amie de longue date, terminait brillamment ses études de mathématiques à Harvard ; l'autre était bibliothécaire au MIT. La mathématicienne, quoique d'une maigreur squelettique, ne mangeait rien ; elle trouvait la nourriture « répugnante ». La seconde avait une silhouette enveloppée et se gavait de crèmes glacées et de gâteaux, puis — comme elle me le confia un jour avec gêne — elle se rendait dans sa salle de bains et se faisait vomir. Aujourd'hui, la mathématicienne serait cataloguée comme anorexique et la bibliothécaire comme boulimique.

À l'époque, ces termes n'étaient guère employés. Les psychologues commençaient seulement à aborder le problème. Hilda Bruch, une pionnière du domaine, a publié en 1969 un article remarquable sur les troubles alimentaires[37]. Perplexe face à des cas de femmes qui se privaient de nourriture au point d'en mourir, Bruch émit l'hypothèse qu'une des causes de ces comportements morbides était l'incapacité de reconnaître les besoins de l'organisme — en particulier, la faim — et de les satisfaire. Depuis lors, les études scientifiques sur la question se sont multipliées, en même temps que les hypothèses relatives à l'origine de ces troubles — par exemple, le désir de rester jeune à tout prix en s'imposant des critères inaccessibles de beauté féminine ou le poids de mères envahissantes culpabilisant sans cesse leur fille.

La plupart de ces hypothèses souffrent d'un grave défaut : il s'agit d'extrapolations d'observations effectuées en cours de thérapie. D'un point de vue scientifique, les études de groupes importants de personnes sur plusieurs années, en vue de déterminer chez qui ce genre de troubles finissent par apparaître, sont bien plus fécondes. Ces études permettent d'établir des comparaisons claires, comme par exemple si le fait d'avoir des parents dominateurs prédispose une fille à souffrir de troubles alimentaires. Elles permettent en outre de circonscrire l'ensemble des conditions qui provoquent l'apparition de ces troubles et de les distinguer d'autres conditions que l'on risque de prendre pour des causes, mais que l'on retrouve en fait aussi souvent chez les personnes normales.

Une telle étude, effectuée sur plus de neuf cents filles entre la cinquième et la seconde, a montré que les carences émotionnelles — en particulier une incapacité à identifier différents sentiments négatifs et à les maîtriser — sont des facteurs déterminants des troubles alimentaires[38]. Dès la seconde, soixante et une élèves de ce collège d'un faubourg aisé de Minneapolis présentaient déjà des symptômes graves d'anorexie ou de boulimie. Plus les troubles étaient importants, plus elles réagissaient aux difficultés, aux revers et aux petits ennuis de l'existence par des sentiments négatifs intenses qu'elles ne parvenaient pas à contrôler, et moins elles avaient conscience de ce qu'elles ressentaient exactement. Lorsque ces deux tendances psychologiques sont associées à une insatisfaction vis-à-vis de son propre corps, l'anorexie ou la boulimie en résultent. On a constaté, en revanche, que les parents dominateurs jouent un rôle secondaire. (Comme Bruch elle-même en a fait la remarque, les théories fondées sur une vision rétrospective peuvent être inexactes ; ainsi, il se peut que les parents adoptent une attitude autoritaire *en réaction* au comportement morbide de leur enfant vis-à-vis de la nourriture, dans une tentative désespérée de l'aider.) Les explications ordinaires évoquant la peur de la sexualité, l'apparition précoce de la puberté et le manque d'amour-propre s'avèrent également dépourvues de pertinence.

L'enchaînement causal mis en évidence par cette étude prospective est plutôt le suivant : on trouve à l'origine le fait, pour les petites filles, de vivre dans une société où une minceur anormale est érigée en critère de la beauté féminine. Longtemps avant l'adolescence, les filles sont déjà embarrassées par leur poids. Ainsi, une fillette de six ans éclata en sanglots lorsque sa mère lui dit d'aller nager, affirmant qu'elle avait l'air grosse en maillot de bain. En réalité, affirme le pédiatre qui rapporte cette histoire, son poids était normal pour sa taille [39]. Selon une étude portant sur 271 préadolescentes, la moitié des filles pensaient être trop grosses, alors qu'elles pesaient un poids normal. L'étude de Minneapolis a cependant révélé que cette obsession n'est pas en elle-même suffisante pour expliquer l'apparition des troubles de l'appétit.

Certains obèses sont incapables de faire la différence entre un sentiment de frayeur, la colère et la faim, et les considèrent en bloc comme révélateurs du besoin de manger, ce qui les conduit à se suralimenter chaque fois qu'ils se sentent contrariés [40]. Quelque chose de similaire semble se produire chez ces filles. La psychologue Gloria Leon, qui les a étudiées, remarque qu'elles « sont peu conscientes de leurs sensations et des signaux émis par leur corps. C'est l'indice le plus sûr qu'elles développeront des troubles de l'appétit dans les deux années suivantes. La plupart des enfants apprennent à faire la distinction entre leurs sensations, à dire s'ils ressentent de l'ennui, de la colère, s'ils sont déprimés ou s'ils ont faim — ce qui est le b.a.-ba de l'intelligence émotionnelle. Mais ces filles ont du mal à distinguer entre leurs sensations les plus fondamentales. Si elles se disputent avec leur petit ami, elles sont incapables de dire si elles sont en colère, contrariées ou déprimées — elles ressentent seulement un désordre affectif diffus auquel elles ne savent pas remédier. Pour en venir à bout, elles se rabattent sur la nourriture, et cela devient chez elles une habitude profondément enracinée ».

Lorsque cette habitude entre en conflit avec l'obligation qui pèse sur elles de rester minces, toutes les conditions sont réunies pour l'apparition des troubles alimentaires. « Au départ, elles commencent par se livrer à des orgies de nourriture, explique Gloria Leon. Mais, pour garder la ligne, elles en viennent souvent à se faire vomir et à utiliser des laxatifs, ou à pratiquer un exercice physique intense pour perdre le poids qu'elles prennent en se suralimentant. Une autre façon de lutter contre leur confusion affective consiste à ne plus manger du tout — au moins ont-elles ainsi l'impression de maîtriser un peu mieux leurs sentiments contradictoires. »

En raison de ce manque de conscience intérieure associé à une aptitude insuffisante à gérer les rapports sociaux, lorsqu'elles sont contrariées par leurs amis ou leurs parents, ces filles se montrent incapables d'améliorer leurs rapports avec eux ou d'apaiser leur propre chagrin. La contrariété déclenche leur boulimie ou leur anorexie. Pour les soigner efficacement, Gloria Leon estime qu'il est nécessaire de leur inculquer les rudiments de l'intelligence émotionnelle qui leur font défaut. « Les cliniciens constatent, m'a-t-elle dit, que si l'on comble ce manque la thérapie réussit mieux. Ces filles ont besoin d'apprendre à reconnaître leurs sensations, à se calmer lorsqu'elles sont contrariées et à mieux gérer leurs relations avec les autres, sans compter sur leurs mauvaises habitudes alimentaires pour y parvenir. »

ISOLEMENT ET ABANDON DES ÉTUDES

La scène se déroule à l'école primaire : Jason, le seul ami de Ben, vient de lui annoncer qu'il ne jouera pas avec lui à l'heure du déjeuner, mais avec Chad, un autre garçon. Déçu et la tête basse, Ben se met à pleurer. Après avoir séché ses larmes, il se dirige vers la table de Chad et de Jason.

— Je te déteste, crie-t-il à ce dernier.

— Pourquoi ? demande Jason.

— Parce que tu m'as menti, répond Ben sur un ton accusateur. Tu m'as dit toute cette semaine que tu jouerais avec moi et tu m'as menti.

Ben part ensuite d'un air digne s'asseoir à une table vide, sanglotant doucement. Jason et Chad le rejoignent et essaient de lui parler, mais Ben se bouche les oreilles, déterminé à les ignorer, et sort en courant de la salle à manger pour aller se cacher derrière le local à poubelles de l'école. Un groupe de filles qui a assisté à la scène tente d'intervenir. Elles vont voir Ben et lui disent que Jason veut bien jouer avec lui aussi. Mais Ben ne veut rien entendre et leur demande de le laisser tranquille. Boudant et sanglotant, il panse ses blessures, intraitable dans sa solitude[41].

Les épisodes de ce genre sont certes douloureux ; à un moment ou à un autre de notre enfance ou de notre adolescence, nous avons presque tous eu le sentiment d'être rejeté ou de ne pas avoir d'amis. Mais le plus important dans la réaction de Ben est son refus de répondre aux avances de Jason, attitude qui prolonge son douloureux isolement alors qu'il peut y mettre fin. Cette incapacité à capter des signaux essentiels est typique des enfants « impopulaires » ; comme nous l'avons vu au chapitre 8, ils sont généralement peu habiles à déchiffrer les signaux non verbaux et, quand ils le font, ils disposent souvent d'un répertoire limité de réactions.

Ces enfants abandonnent souvent leurs études — entre deux et huit fois plus que leurs camarades. Ainsi, selon une enquête, 25 % des élèves impopulaires à l'école primaire arrêtent leurs études avant la fin du lycée, contre une moyenne générale de 8 %[42]. Il ne faut pas s'en étonner : imaginons l'épreuve que subissent ces enfants qui passent trente heures par semaine dans un lieu où ils se sentent rejetés.

Les futurs parias présentent au départ deux traits psychologiques. Nous l'avons vu, l'un est une propension à se mettre en colère et à voir de l'hostilité là où il n'y en a pas. La seconde consiste à se montrer timide et anxieux dans ses relations avec autrui. Mais c'est leur gaucherie qui est la principale cause de leur rejet.

Celle-ci transparaît particulièrement dans leurs signaux non verbaux. On a demandé à des élèves d'école primaire peu appréciés de leurs camarades de faire des grimaces correspondant à des sentiments comme la colère ou le dégoût ; leurs mimiques étaient bien moins évocatrices que celles de leurs camarades « populaires ». Quand on demanda à des enfants d'une école maternelle d'expliquer comment ils procédaient pour devenir amis avec un autre ou éviter une dispute, les enfants « mal aimés » proposaient des moyens qui allaient à l'encontre du but recherché (quand on leur demandait ce qu'il fallait faire lorsqu'un autre enfant voulait le même jouet qu'eux, ils répondaient, par exemple, « lui donner un coup de poing ») ou sollicitaient vaguement l'aide d'un adulte. Et lorsqu'on a demandé à des adolescents de simuler la tristesse, la colère ou l'espièglerie au cours d'un jeu de rôles, l'interprétation des plus « mal aimés » était la moins convaincante. Il ne faut donc pas s'étonner que ces enfants aient du mal à se faire des amis ; leur manque de savoir-faire se traduit dans la réalité. Au lieu de chercher de nouveaux moyens pour nouer des relations amicales, ils persistent dans leurs erreurs ou se comportent de manière encore plus maladroite[43].

Ces enfants sont perdants à la loterie de l'amitié car il leur manque le plus important : ils ne savent pas faire en sorte que l'on se sente bien avec eux, et les autres ont l'impression qu'ils ne s'amuseront pas en leur compagnie. En observant ces enfants jouer, on a constaté, par exemple, qu'ils ont beaucoup plus tendance que les autres à tricher, à bouder, à se montrer mauvais perdants, à pavoiser ou à se vanter quand ils gagnent. Bien sûr, la plupart des enfants n'aiment pas perdre, mais, gagnants ou perdants, ils sont capables de se contenir afin de ne pas froisser leur adversaire.

Les enfants qui manquent de sensibilité dans leurs rapports avec les autres — parce qu'ils ont du mal à déchiffrer leurs sentiments et à y répondre — finissent par devenir des parias. Les exclus conservent leur statut tout au long de leur scolarité. Cela peut avoir de graves conséquences pour l'individu lorsqu'il atteint l'âge adulte. Tout d'abord, c'est dans l'intimité des amitiés et le tumulte du terrain de jeu que l'enfant aiguise l'intuition et le talent dont il fera preuve par la suite dans ses rapports sociaux. Les enfants exclus de ces écoles de la vie sont inévitablement désavantagés.

En deuxième lieu, les enfants rejetés affirment être en proie à une grande anxiété et à de nombreux soucis, et se sentir déprimés et solitaires. Il s'avère en fait que la popularité dont jouit un élève du cours élémentaire permet de prévoir plus sûrement les troubles mentaux dont il risque de souffrir à dix-huit ans que tout autre facteur, qu'il s'agisse des évaluations des professeurs, des résultats scolaires, du QI et même des résultats obtenus aux tests psychologiques [44]. Enfin, nous l'avons vu, dans les dernières étapes de la vie, les personnes qui ont peu d'amis et sont isolées tombent plus souvent malades et meurent plus tôt que les autres.

Comme le souligne le psychanalyste Harry Stack Sullivan, c'est avec nos premiers amis que nous apprenons à gérer nos relations intimes — à nous accommoder des différences et à partager nos sentiments les plus profonds. Mais les enfants rejetés ont deux fois moins de chances que les autres d'avoir un « meilleur ami » pendant les années décisives de l'école primaire, et ils risquent donc de rater cette occasion essentielle de développer leur intelligence émotionnelle [45]. Un seul ami peut tout changer — même si les autres vous tournent le dos (et même si cette amitié n'est pas des plus solides).

COMMENT APPRENDRE À SE FAIRE DES AMIS

En dépit de leur maladresse, tout espoir n'est pas perdu pour ces petits parias. Le psychologue Steven Asher a conçu à leur intention des « cours de rattrapage sur l'art de cultiver l'amitié [46] ». Il réunit des élèves d'école primaire, les moins appréciés par leurs camarades de classe, et, en six séances, il leur montre comment « rendre les jeux plus amusants » en étant « amicaux, drôles et gentils ». Afin d'éviter tout stigmate, il affirme aux enfants qu'ils sont des « conseillers ».

Il les habitue à adopter les comportements caractéristiques des enfants « populaires ». Il les incite, par exemple, au lieu de se bagarrer, à faire des propositions et à trouver des compromis lorsqu'ils ne sont pas d'accord sur les règles du jeu, à ne pas oublier de parler à son compagnon de jeu et lui poser des questions, à l'écouter et à l'observer pour voir comment il se débrouille, et aussi à lui dire des choses aimables quand il réussit, à lui sourire et à lui proposer son aide, à lui faire des suggestions et à l'encourager. Ils mettent en pratique ces règles de civilité en jouant au Mikado, et Asher les félicite ensuite pour leur savoir-faire. Ce petit cours sur l'art de bien s'entendre avec les autres a eu un effet remarquable : un an plus tard, tous ces enfants jouissaient d'une bonne réputation auprès de leurs camarades. Aucun n'était idolâtré, mais aucun n'était plus rejeté.

Des résultats similaires ont été obtenus par le psychologue Stephen Nowicki[47]. Il a appris à des petits parias à déchiffrer les sentiments des autres enfants et à y répondre de manière appropriée. Par exemple, il les filme pendant qu'ils s'efforcent d'exprimer des sentiments comme le bonheur et la tristesse, et leur apprend à améliorer leur expressivité. Les enfants appliquent ensuite leur nouveau savoir-faire avec un enfant dont ils aimeraient bien devenir l'ami.

Ces programmes permettent d'augmenter la popularité des enfants rejetés dans 50 à 60 % des cas. Tels qu'ils sont conçus pour l'instant, les résultats sont plus probants avec des enfants de cours élémentaire ou de cours moyen qu'avec ceux des classes supérieures, et plus utiles pour les enfants maladroits que pour les enfants agressifs. Mais tout cela est affaire de mise au point ; l'essentiel est que, après une initiation aux rudiments de l'intelligence émotionnelle et un peu de pratique, beaucoup sinon la plupart des enfants rejetés réussissent à se faire des amis.

L'ALCOOL ET LA DROGUE EN TANT QU'AUTOMÉDICATION

Les étudiants du campus local avaient l'habitude de boire de la bière jusqu'à « tomber dans les pommes ». Une de leurs techniques consistait à attacher un entonnoir à un tuyau d'arrosage de façon à pouvoir avaler une canette de bière en une dizaine de secondes. Les excès de ce genre n'ont rien d'exceptionnel. Selon un sondage, deux étudiants américains sur cinq « descendent » sept bières ou plus à la fois, et 11 % se qualifient eux-mêmes de « gros buveurs ». On pourrait aussi bien dire « alcooliques[48] ». Environ la moitié des étudiants et presque 40 % des étudiantes prennent au moins deux « cuites » par mois[49].

Alors qu'aux États-Unis l'usage des drogues chez les jeunes est allé en diminuant au cours des années quatre-vingt, la consommation d'alccol augmente régulièrement, et les buveurs sont de plus en plus jeunes. D'après une enquête de 1993, 35 % des étudiantes boivent beaucoup, alors qu'elles étaient à peine 10 % en 1977. Cela entraîne d'autres risques : 90 % des viols signalés sur les campus universitaires ont lieu lorsque soit l'agresseur, soit la victime — ou les deux — ont bu[50]. Toujours aux États-Unis, les accidents liés à l'alcool représentent la principale cause de décès chez les jeunes de quinze à vingt-quatre ans[51].

Il semble que l'initiation à la drogue et à l'alcool soit un rite de passage chez les adolescents, mais pour certains cette première fois est le début d'un terrible engrenage. Dans la plupart des cas, l'origine de la dépendance à l'alcool et à la drogue remonte à l'adolescence, même si un petit nombre de ceux qui « essaient » deviennent alcooliques ou drogués. En quittant le lycée ou le collège, plus de 90 % des élèves ont goûté à l'alcool, mais seuls 14 % deviennent alcooliques ; sur les millions d'Américains qui ont touché à la cocaïne, moins de 5 % en deviennent dépendants[52]. Qu'est-ce qui pousse certains à continuer ?

Il est sûr que le fait de vivre dans des quartiers à forte criminalité, où l'on vend du crack au coin de la rue et où le trafiquant est un modèle de réussite économique, incite à l'usage de la drogue. Certains finissent par être toxicomanes en devenant des revendeurs occasionnels, d'autres tout simplement en raison de la facilité avec laquelle ils peuvent se procurer de la drogue, ou de la culture ambiante qui présente celle-ci sous un jour séduisant — facteur qui augmente le risque quel que soit le milieu, même (et peut-être surtout) dans les couches aisées. Mais la question demeure : de tous les jeunes exposés à ces pièges et à ces pressions, et qui « essaient », lesquels sont les plus susceptibles de devenir toxicomanes ?

Selon une théorie récente, chez ceux qui deviennent toxicomanes, l'alcool ou la drogue fait en quelque sorte office de médicament. C'est pour eux un moyen de calmer leur angoisse, leur colère ou de sortir momentanément de leur dépression. À l'occasion de leurs premières expériences, ils ont découvert que cet expédient les soulageait de leurs tourments et ils ont recommencé. Ainsi, sur plusieurs centaines d'élèves de cinquième et de quatrième suivis pendant deux ans, c'est chez ceux qui affirmaient être émotionnellement perturbés que l'on relevait ensuite le plus grand nombre de toxicomanes[53]. Cela expliquerait que tant de jeunes essaient la drogue et l'alcool sans en devenir dépendants, alors que d'autres le sont presque tout de suite. Les plus prédisposés à cette dépendance semblent trouver dans la drogue ou l'alcool un moyen instantané d'apaiser des sentiments qui les tourmentaient depuis des années.

Comme le dit le psychologue Ralph Turner, « pour les individus biologiquement prédisposés, le premier verre ou la première dose de drogue procure un immense réconfort que les autres sont loin d'éprouver. Beaucoup d'anciens drogués m'ont dit : "Lorsque j'ai pris ma première dose, pour la première fois je me suis senti normal." Cela les stabilise physiologiquement, du moins à court terme[54] ». Bien entendu, c'est un pacte avec le diable : on paie un bien-être momentané par la destruction progressive de sa vie.

Certains schémas psychologiques semblent prédisposer l'individu à chercher refuge dans une substance plutôt que dans une autre. Ainsi, deux voies conduisent à l'alcoolisme. L'une est celle empruntée par ceux qui, enfants, étaient nerveux et anxieux, et découvrent à l'adolescence l'effet calmant de l'alcool. Ce sont très souvent des enfants — généralement des garçons — dont les parents s'étaient tournés vers la boisson pour calmer leur nervosité. Ils se caractérisent biologiquement par une sécrétion insuffisante d'acide gamma-amino-butirique (GABA), un neurotransmetteur qui commande l'anxiété — le manque de GABA se traduit par une tension nerveuse élevée. Une étude a montré que les fils d'alcooliques souffrent d'un déficit de GABA et sont très angoissés, et que, lorsqu'ils boivent, leur taux de GABA augmente tandis que leur anxiété diminue[55]. Ces fils d'alcooliques boivent pour soulager leur tension et trouvent dans l'alcool un apaisement qu'ils ne semblent pas pouvoir obtenir autrement. Certaines personnes sont peut-être prédisposées à abuser de sédatifs pour la même raison.

Selon une étude neuropsychologique sur des fils d'alcooliques qui, à douze ans, présentaient des signes d'anxiété (par exemple, une élévation du rythme cardiaque en réaction au stress) et d'impulsivité, le fonctionnement des lobes frontaux était anormal[56]. Par conséquent, les régions du cerveau qui auraient dû contribuer à calmer leur anxiété ou à maîtriser leur impulsivité leur étaient d'un moins grand secours que chez les autres. En outre, du fait que les lobes préfrontaux commandent également la mémoire active — qui permet d'avoir en tête les conséquences de diverses actions possibles lorsqu'on prend une décision —, cette carence risquait de faciliter leur dérive vers l'alcoolisme en leur faisant oublier ses effets à long terme.

Le désir impérieux de trouver le calme semble être un indicateur psychologique d'une prédisposition génétique à l'alcoolisme. Selon une étude portant sur mille trois cents personnes ayant des alcooliques dans leur famille, les enfants les plus prédisposés à le devenir eux-mêmes sont ceux qui affirment être constamment anxieux. Les chercheurs pensent que, chez ces sujets, l'alcoolisme fait office d'« automédication contre les symptômes de l'anxiété[57] ».

L'autre voie conduisant à l'alcoolisme a pour point de départ l'agitation, l'impulsivité et l'ennui. Les petits enfants qui présentent cette tendance sont remuants, grincheux et difficiles ; à l'âge de l'école primaire, ils ont la « bougeotte », sont hyperactifs et s'attirent des ennuis, propension qui, nous l'avons vu, peut les pousser à rechercher la compagnie de marginaux et les conduit parfois à la délinquance ou à devenir des « asociaux ». Dans le domaine émotionnel, ils — ce sont en majorité des garçons — se plaignent avant tout de leur agitation intérieure ; leur impulsivité débridée constitue leur principale faiblesse ; leur réaction habituelle à l'ennui — dont ils sont souvent la proie — consiste en une recherche impulsive du risque et de l'excitation. Devenus adultes, les sujets manifestant cette tendance, qui semble associée au déficit de deux autres neurotransmetteurs : la sérotonine et la monoamine oxydase (MAO), découvrent que l'alcool calme leur agitation. Et leur horreur de la monotonie les pousse à recommencer ; couplé à leur impulsivité générale, ce goût de l'aventure les prédispose à prendre, en plus de l'alcool, toutes les drogues qui leur tombent sous la main[58].

Alors que la dépression pousse certaines personnes à boire, les effets métaboliques de l'alcool ne font souvent que l'aggraver après une courte rémission. Ceux qui se tournent vers l'alcool comme palliatif de leurs troubles psychologiques le font bien plus souvent pour calmer leur anxiété que pour lutter contre la dépression. Les déprimés recourent plus volontiers à des stimulants comme la cocaïne, antidote spécifique de l'état dépressif. Une étude a montré que chez plus de la moitié des cocaïnomanes en cure de désintoxication une dépression grave aurait été diagnostiquée avant qu'ils deviennent dépendants de cette drogue, et que, plus leur dépression était profonde, plus leur dépendance était grande[59].

La colère chronique peut entraîner une autre prédisposition. Une étude menée sur plus de quatre cents héroïnomanes (et autres toxicomanes dépendants d'opiacés) en cure de désintoxication a révélé que, chez eux, le schéma psychologique le plus frappant était une incapacité à maîtriser leur colère et une tendance à prendre facilement la mouche. Certains déclaraient eux-mêmes que les opiacés les aidaient à se détendre et à se sentir normaux[60].

Bien que la prédisposition à la toxicomanie ou à l'alcoolisme ait bien souvent un substrat physiologique cérébral, il est possible de venir à bout des sentiments qui poussent l'individu à se « soigner » en buvant ou en se droguant sans recourir à une médication — des méthodes comme celles des Alcooliques anonymes l'ont prouvé depuis des décennies. En acquérant la capacité de maîtriser ces sentiments — de calmer son anxiété, de sortir de sa dépression ou d'apaiser sa colère —, on supprime le besoin de drogue ou d'alcool. Des programmes de traitement enseignent comment y parvenir. Il serait infiniment préférable, cependant, que ces aptitudes soient apprises plus tôt, avant que le besoin s'en fasse sentir.

ASSEZ DE « GUERRES » ! UN MOYEN PRÉVENTIF SIMPLE ET RADICAL

Depuis une dizaine d'années, on a fait la « guerre » tour à tour contre la grossesse chez les adolescentes, l'échec scolaire, la drogue et, plus récemment, la violence. Le défaut majeur de ces campagnes est qu'elles viennent trop tard, après que le problème visé a atteint des proportions épidémiques et est devenu partie intégrante de la vie des jeunes. Ce sont des interventions de dernière minute, lorsque le mal est déjà déclaré. Au lieu de se lancer dans des guerres de ce genre, nous devons suivre la logique de la prévention et inculquer à nos enfants le savoir-faire qui leur permettra d'assumer leur vie et d'éviter les problèmes que nous connaissons[61].

En mettant l'accent sur l'insuffisance de leur intelligence émotionnelle et sociale, mon intention n'est pas de nier le rôle d'autres facteurs comme le fait de grandir dans une famille où règnent la désunion, la violence ou le chaos, dans des quartiers défavorisés où la délinquance et la drogue sont banalisées. Il va de soi que la pauvreté produit un choc psychologique sur les enfants ; à cinq ans, les moins bien lotis sont déjà plus craintifs, plus anxieux et plus tristes que ceux issus de familles aisées et ont davantage de troubles du comportement comme des crises de rage fréquentes et une propension à détruire les choses, tendances qui perdurent à l'adolescence. En outre, la pression de la pauvreté ronge la vie de la famille : les parents sont moins chaleureux et plus brutaux — punitions sévères, cris, menaces physiques —, les mères (souvent célibataires et sans travail) plus déprimées[62].

Mais les aptitudes émotionnelles ont un rôle à jouer en dépit et au-delà du contexte familial et des contraintes économiques — elles peuvent déterminer de manière décisive si un enfant ou un adolescent sera détruit par les épreuves ou, au contraire, trouvera la force pour les affronter. Des études à long terme portant sur des centaines d'enfants pauvres dont les parents sont violents ou mentalement dérangés montrent que ceux qui parviennent à surmonter ces handicaps possèdent en général les aptitudes émotionnelles essentielles, notamment un sens social, une confiance en soi, de la persévérance et de l'optimisme, une capacité de se remettre rapidement de ses contrariétés et, un caractère accommodant[63].

Cependant, l'immense majorité des enfants affrontent ces difficultés sans posséder de tels atouts. Beaucoup de ces aptitudes sont certes innées, distribuées par la loterie génétique, mais, comme nous l'avons vu au chapitre 14, même le tempérament peut être modifié. L'une des possibilités d'intervention est, bien entendu, l'action politique et économique : la lutte contre la pauvreté et les autres facteurs sociaux à l'origine de ces problèmes. Mais, outre ces stratégies (qui semblent descendre de plus en plus bas dans l'échelle des priorités), il est possible d'aider autrement ces enfants à se débattre contre leurs difficultés.

Prenons le cas des troubles psychologiques, dont à peu près un Américain sur deux souffre au cours de son existence. Selon une étude effectuée sur un échantillon de 8 098 personnes, représentatif de la population nationale, 48 % des Américains connaissent au moins un incident psychiatrique au cours de leur vie[64]. Les 14 % les plus touchés sont atteints au moins de trois troubles différents en même temps. Ce dernier groupe représente 60 % de tous les cas psychiatriques existant à un moment donné aux États-Unis, et 90 % des cas les plus graves. Ces troubles requièrent des soins intensifs, mais la meilleure façon d'aborder le problème serait, quand c'est possible, de prévenir leur apparition. Il est sûr que tous les troubles ne peuvent être prévenus — mais certains, voire beaucoup, le peuvent. Le sociologue Ronald Kessler, auteur de cette étude, m'a affirmé : « Il faut intervenir très tôt. Je songe à cette élève de sixième qui souffre d'une phobie sociale et avait commencé à boire pour calmer son anxiété. À l'approche de la trentaine, lorsque nous l'avons rencontrée, elle était devenue alcoolique, toxicomane et dépressive. La grande question est celle-ci : ne pouvait-on rien faire pour enrayer cet engrenage ? »

La même question se pose, naturellement, à propos de la violence et de la plupart des dangers qui menacent la jeunesse. Les programmes éducatifs visant à prévenir tel ou tel problème spécifique — la drogue ou la violence, par exemple — se sont multipliés depuis une dizaine d'années et sont devenus une véritable industrie. Mais beaucoup d'entre eux — y compris les plus populaires — sont inefficaces. Au désespoir des éducateurs, certains semblent même accroître les risques d'apparition des problèmes qu'ils sont censés prévenir, surtout en ce qui concerne la drogue et la sexualité chez les adolescents.

Il ne suffit pas d'informer

Les violences sexuelles subies par les enfants sont un cas instructif. Depuis 1993, deux cent mille cas environ sont signalés chaque année aux États-Unis, avec une augmentation annuelle de l'ordre de 10 %. Bien que les estimations varient, la plupart des experts admettent que 20 à 30 % des filles et à peu près 10 à 20 % des garçons sont victimes de violences sexuelles avant dix-sept ans (les chiffres varient selon, notamment, la définition donnée au terme « violences sexuelles[65] »). Le profil psychologique des enfants vulnérables à ce genre de violences n'est pas spécifique, mais la plupart se sentent sans défense et marginalisés par ce qu'ils ont subi.

Beaucoup d'écoles ont mis en place des programmes de prévention contre les violences sexuelles. Mais dans la plupart des cas ceux-ci se contentent de dispenser une information ponctuelle sur les violences — par exemple en apprenant aux enfants à faire la différence entre les contacts physiques acceptables et ceux qui ne le sont pas, en les avertissant des dangers et en les encourageant à signaler les incidents. Une enquête portant sur deux mille enfants a malheureusement montré que ce type d'information ne les aidait pratiquement pas à éviter ces violences — et produisait parfois l'effet inverse[66]. En outre, les enfants ayant reçu une telle information étaient *deux fois* moins enclins à signaler les agressions.

En revanche, lorsqu'ils reçoivent une formation plus complète, qui vise aussi à développer l'intelligence émotionnelle et sociale, les enfants se défendent mieux ; ils deviennent capables d'exiger qu'on les laisse tranquilles, de crier et de se débattre, de menacer l'agresseur et de le dénoncer si nécessaire. Cette capacité de signaler les violences subies joue un rôle préventif considérable : un pédophile peut molester des centaines d'enfants. Selon une étude, à quarante ans, un pédophile aura en moyenne agressé un enfant par mois depuis l'adolescence. Dans un cas, un chauffeur de car et un professeur d'informatique d'un collège ont agressé près de trois cents enfants par an sans jamais être inquiétés ; l'affaire a éclaté lorsqu'un des garçons violentés a agressé sa sœur[67].

Les enfants ayant suivi une formation globale dénoncent leur agresseur trois fois plus souvent que ceux qui n'ont reçu qu'une information minimale. À quoi est due cette différence ? Ces formations n'étaient pas ponctuelles, mais dispensées à différents niveaux et à plusieurs reprises au cours de la scolarité, dans le cadre de l'éducation sexuelle et sanitaire. Les parents étaient aussi impliqués (les enfants dont les parents se montraient coopératifs étaient les mieux préparés à résister aux agressions).

Par ailleurs, le développement de l'intelligence émotionnelle et sociale a joué un rôle déterminant. Il ne suffit pas qu'un enfant sache reconnaître un attouchement sexuel, il doit être capable de *percevoir* si une situation est menaçante bien avant que les attouchements ne commencent. L'enfant doit non seulement être attentif et alerte, mais aussi suffisamment sûr de soi lorsque quelque chose ne va pas pour agir en conséquence, même quand l'agresseur essaie de le convaincre qu'il n'a rien à craindre. Il doit en outre savoir prendre la bonne décision face au danger, par exemple, en s'enfuyant ou en menaçant de dénoncer l'agresseur. Pour toutes ces raisons, les meilleurs programmes éducatifs sont ceux qui apprennent à l'enfant à faire valoir ce qu'il veut, à affirmer ses droits au lieu de rester passif, à savoir en quoi consiste son intégrité et à la protéger.

Les bons programmes complètent donc l'information de base sur les violences sexuelles par un apprentissage des rudiments de l'intelligence émotionnelle et sociale. Ils montrent aux enfants comment ils peuvent résoudre les conflits interpersonnels d'une manière positive, ils leur apprennent à avoir confiance en soi, à réagir en cas de danger et leur font comprendre que les professeurs et les parents sont là pour les aider. Et, si le pire arrive, ils sont capables d'en parler.

Les éléments essentiels

Ces constatations ont permis de préciser ce que doit être un bon programme de prévention. Dans le cadre d'un projet de recherche parrainé par la fondation W. T. Grant, un groupe de spécialistes s'est penché sur la question et a identifié les facteurs qui expliquent la réussite de certains programmes[68]. Selon ces chercheurs, les aptitudes qui doivent être développées sont en gros les éléments fondamentaux de l'intelligence émotionnelle (on en trouvera la liste détaillée dans l'appendice D[69]).

Parmi ces aptitudes, citons la conscience de soi, l'identification, l'expression et la maîtrise de ses sentiments, le contrôle de ses pulsions, la capacité de retarder la satisfaction de ses désirs, la capacité de supporter le stress et de calmer son anxiété. La maîtrise des pulsions repose avant tout sur la capacité de distinguer les sentiments des actions ; l'enfant apprend à prendre des décisions appropriées en commençant par contrôler la pulsion qui le pousse à agir, puis en inventoriant les actions possibles et leurs conséquences avant de passer à l'acte. Ces aptitudes sont pour la plupart interpersonnelles : savoir déchiffrer les signaux non verbaux, savoir écouter, être capable de résister aux influences négatives, savoir adopter le point de vue des autres et comprendre quels comportements sont acceptables dans une situation donnée.

Ce sont des aptitudes essentielles dont on a besoin dans la vie, et elles permettent de prévenir en partie les problèmes évoqués dans ce chapitre. Le choix de ces problèmes est arbitraire, nous aurions pu aussi bien parler des filles mères ou du suicide des jeunes.

Les causes de ces problèmes sont certes complexes et impliquent à des degrés divers l'hérédité, la famille, la pauvreté et la culture de la rue. Aucune forme d'intervention, y compris l'éducation psychologique, ne peut prétendre en venir à bout toute seule. Mais dans la mesure où l'absence d'intelligence émotionnelle accroît les risques encourus par l'enfant — et nous avons vu à quel point cela est vrai —, nous devons accorder une attention particulière à l'action psychologique, non pas à l'exclusion de tout autre moyen, mais conjointement. La question qui se pose maintenant est de savoir en quoi consiste l'éducation des émotions ?

16

L'éducation émotionnelle

Le principal espoir d'une nation repose sur l'éducation appropriée de sa jeunesse.
Érasme

Voici une manière originale de faire l'appel. Une quinzaine d'élèves de cours moyen sont assis par terre ; au lieu de répondre « Présent », ils annoncent un chiffre selon leur humeur. « Un » signifie « déprimé », « dix » que le moral est au plus haut.

Aujourd'hui ils sont tous en pleine forme.

— Jessica ?

— Dix. Super. C'est vendredi !

— Patrick ?

— Neuf. Excité, un peu nerveux.

— Nicole ?

— Dix. Tranquille, contente.

Ainsi commence un cours sur la « connaissance de soi » (*Self Science*) au Nueva Learning Center, une école privée de San Francisco, dont le programme de développement de l'intelligence émotionnelle est un modèle du genre.

Le cours traite des émotions, qu'elles soient spontanées ou suscitées par les rapports avec les autres. Le sujet exige que le maître et les élèves soient particulièrement attentifs à la toile de fond émotionnelle de la vie, ce qui est rarement le cas dans la plupart des écoles modernes. Cette méthode implique que les tensions et les traumatismes de la vie des enfants soient étudiés au jour le jour. Les maîtres abordent des questions concrètes : le rejet, l'envie, les disputes qui dégénèrent en bagarre dans la cour de récréation. Comme le dit la directrice de l'école, Karen Stone McCown, « la vie émotionnelle de l'enfant influe considérablement sur ses études. Il faut être fort en émotions comme on est fort en maths et en lecture [1] ».

Ce programme est une innovation radicale ; c'est l'une des premières applications d'une idée qui est à l'ordre du jour dans toutes les écoles des États-Unis. Pour désigner les cours de ce genre, on parle tantôt de « développement social », tantôt d'« aptitude à la vie » ou d'« apprentissage émotionnel et social ». Parfois, en référence aux intelligences multiples de Howard Gardner, on parle d'« intelligences personnelles ». Tous ces programmes ont pour but de favoriser le développement de l'intelligence émotionnelle et sociale des enfants dans le cadre de l'enseignement traditionnel — et pas seulement pour venir en aide à ceux qui perdent pied ou sont « perturbés ».

L'éducation émotionnelle plonge ses racines dans le mouvement d'« éducation affective » des années soixante. On estimait alors que, en matière de psychologie et de motivation, l'enfant apprend d'autant mieux qu'il met immédiatement en application ce qu'il a appris. L'éducation émotionnelle renverse cette façon de faire, au lieu d'utiliser l'émotion pour éduquer elle éduque les émotions elles-mêmes.

Nombre de ces cours ont pour origine des programmes de prévention de problèmes particuliers : l'usage du tabac chez les adolescents, la toxicomanie, le problème des filles mères, l'échec scolaire et, plus récemment, la violence chez les jeunes. Comme nous l'avons vu au chapitre précédent, l'enquête de la fondation W. T. Grant sur les programmes de prévention a montré qu'ils étaient bien plus efficaces lorsqu'ils visaient à inculquer les rudiments de l'intelligence émotionnelle et sociale — contrôle des pulsions, maîtrise de la colère et recherche de solutions originales aux problèmes relationnels. Cette constatation a donné le jour à une génération nouvelle d'interventions.

Nous avons vu que les interventions destinées à combler tel ou tel déficit de l'intelligence émotionnelle et sociale pour traiter l'agressivité ou la dépression peuvent très efficacement protéger les enfants. Dans la plupart des cas, ces interventions étaient des projets expérimentaux conçus par des chercheurs. Il est désormais indispensable que tous les professeurs mettent à profit les leçons de ces programmes spécialisés et les appliquent à titre préventif à l'ensemble de la population scolaire.

La prévention la plus élaborée et la plus efficace implique une information sur des problèmes tels que le sida et la drogue au moment où les jeunes commencent à y être confrontés. Mais son principal objet est le développement de la qualité de base dont dépend la résolution de tous ces dilemmes : l'intelligence émotionnelle.

Cette nouvelle tentative d'introduire l'intelligence émotionnelle dans les écoles élève les émotions et les rapports sociaux au rang de sujet d'étude. On ne considère plus ces aspects essentiels de la vie de l'enfant comme des intrus pouvant mener l'élève « à problèmes » devant le conseil de discipline ou chez le proviseur.

Au premier abord, ces cours peuvent sembler peu animés, et moins encore offrir une solution aux problèmes dramatiques qui y sont abordés. Cela tient en grande partie au fait que, comme lorsque les enfants sont convenablement élevés par leurs parents, les leçons prodiguées sont subtiles mais éloquentes, dispensées au cours de longues années. C'est ainsi que s'opère l'apprentissage émotionnel ; les expériences se répètent, le cerveau les traduit sous forme de liaisons renforcées, d'habitudes neuronales qui jouent dans les moments de tension, de déception, de chagrin. Bien que le quotidien de cette éducation émotionnelle puisse paraître banal, notre avenir dépend plus que jamais de ses fruits : des êtres humains dignes de ce nom.

APPRENDRE À COOPÉRER

Comparez cette scène extraite d'un cours sur la connaissance de soi avec vos souvenirs de l'école.

Un groupe d'élèves de cours élémentaire s'apprête à jouer au

« jeu des carrés », dans lequel les enfants forment des équipes pour assembler une série de puzzles de forme carrée. La difficulté est la suivante : les équipes doivent travailler en silence et sans échanger de signes.

Jo-An Varga, le professeur, divise la classe en trois groupes, chacun à une table. Trois élèves jouent le rôle d'observateurs et notent sur une feuille d'évaluation qui est le leader, qui fait le pitre, qui perturbe les autres, etc.

Les élèves dispersent les pièces sur la table et se mettent à l'ouvrage. Presque tout de suite, il est clair qu'une des équipes est particulièrement efficace, elle complète les puzzles en quelques minutes. Dans le deuxième groupe, chacun travaille de son côté sur un puzzle sans aboutir à rien. Puis ils se mettent à collaborer pour assembler le premier carré et continuent d'œuvrer ensemble jusqu'à ce que tous les puzzles soient résolus.

Pendant ce temps le troisième groupe n'a réussi à compléter qu'un seul carré, qui d'ailleurs ressemble à un trapèze. Sean, Fairlie et Rahman ne sont pas encore parvenus à coordonner leurs efforts. Ils sont énervés, balaient frénétiquement les pièces du regard, puis les posent près des carrés à moitié assemblés en essayant sans succès toutes les possibilités.

La tension se relâche un peu lorsque Rahman prend deux pièces et les place devant ses yeux comme un masque ; ses partenaires pouffent de rire. Cet instant s'avère décisif.

Jo-An Varga prodigue des encouragements : « Ceux qui ont fini peuvent donner des indications à ceux qui sont encore au travail. »

Dagan s'approche tranquillement de la table et désigne deux pièces qui dépassent du carré : « Il faut les déplacer », suggère-t-il. Très concentré, Rahman comprend soudain ce qu'il faut faire, et les deux pièces ne tardent pas à s'emboîter dans le premier puzzle, suivies des autres. Lorsque la dernière est en place, tout le monde applaudit.

UN SUJET DE DÉSACCORD

Ensuite, les élèves discutent ensemble de ce qu'ils ont appris. Le débat est animé. Rahman et Tucker, l'observateur de son groupe, ne sont pas d'accord sur la règle qui interdit aux participants d'échanger des signes. Tucker porte un T-shirt où est écrit : « Sois responsable », devise qui souligne sa fonction officielle.

— On peut quand même tendre une pièce à un de ses partenaires. Ce n'est pas un signe.

— Bien sûr que si, insiste Rahman, véhément.

Varga remarque que le ton monte. Instant critique, échange spontané où les esprits s'échauffent. C'est là que les leçons apprises servent à quelque chose et le moment de tirer de nouveaux enseignements. Et, comme le sait tout bon professeur, elles s'impriment durablement dans la mémoire des élèves. Varga s'approche de la table.

— Ce n'est pas un reproche — vous avez très bien coopéré —, mais Tucker, essaie de t'exprimer sur un ton moins critique, conseille-t-elle.

D'une voix plus calme, Tucker dit à Rahman :

— Tu peux très bien placer sans faire de signe une pièce là où tu penses qu'elle s'emboîte ou en tendre une à un de tes partenaires s'il en besoin. Tu la proposes, et c'est tout.

Rahman répond d'un ton agacé :

— Si je m'étais gratté la tête (il joint le geste à la parole), tu aurais dit : « Pas de signes ! »

Manifestement, l'irritation de Rahman n'est pas seulement provoquée par cette dispute. Il regarde tout le temps la feuille d'évaluation de Tucker, car c'est elle qui est à l'origine de la tension entre les deux garçons — bien qu'ils n'en aient pas encore parlé. En face de la question : « Qui perturbe le groupe ? », Tucker a en effet inscrit le nom de Rahman.

Varga, remarquant que Rahman lorgne vers la mention infamante, s'adresse à Tucker et hasarde :

— Il pense que tu as porté sur lui une appréciation négative : « Perturbe le groupe ». Qu'entends-tu par là ?

— Je n'ai pas voulu dire que c'était une perturbation *grave*, répond Tucker, plus conciliant.

Rahman n'a pas l'air convaincu, mais sa voix est aussi plus douce :

— Je pense que tu exagères un peu, si tu veux mon avis.

Varga propose un point de vue plus positif :

— Tucker pense sans doute que lorsqu'on essaie de détendre l'atmosphère à un moment difficile, c'est aussi une perturbation.

Rahman proteste tout en adoptant un point de vue plus neutre :

— Mais faire une grimace quand tout le monde se concentre, c'est aussi « perturber ».

S'adressant à Tucker, Varga essaie d'amener la discussion sur le terrain psychologique :

— Tu voulais être constructif, n'est-ce pas ? Tu ne voulais pas dire qu'il perturbait les autres dans le mauvais sens du terme. Mais tu l'as dit d'une telle manière que le message n'est pas bien passé. Rahman a besoin que tu fasses attention à ses sentiments et que tu les acceptes. Il pense que des mots négatifs, comme *perturbateur*, sont injustes. Il n'aime pas être traité de perturbateur.

Puis elle ajoute à l'intention de Rahman :

— J'apprécie ton assurance quand tu parles avec Tucker. Tu ne l'as pas attaqué. Ce n'est pas agréable de se voir traité de « perturbateur ». Quand tu t'es fait un masque avec les pièces du puzzle, j'ai eu l'impression que vous étiez énervés et que tu voulais détendre l'atmosphère. Mais Tucker a appelé cela de la perturbation car il n'a pas compris cela, c'est bien ça ?

Les deux garçons acquiescent d'un signe de tête tandis que leurs camarades achèvent de ranger les puzzles. Le petit mélodrame touche à sa fin.

— Ça va mieux ? demande Tucker. Tu es toujours fâché ?

— Ça va mieux, répond Rahman d'une voix plus douce, qui estime à présent avoir été écouté et compris.

Tucker sourit lui aussi. Les autres ont déjà quitté la classe, et ils sortent tous les deux en courant.

AUTOPSIE D'UN CONFLIT ÉVITÉ

Tandis que la classe suivante s'installe, Varga analyse ce qui vient de se passer. Ce que les garçons ont appris sur la façon de régler les conflits leur a permis de ne pas envenimer la discussion. Lorsqu'une discussion dégénère en conflit, affirme Varga, c'est que les participants « ne communiquent pas, tirent les mauvaises conclusions et lancent des affirmations péremptoires, ce qui les rend difficilement acceptables par l'autre ».

Dans son cours, les élèves apprennent que le but n'est pas d'éviter tout différend, mais de résoudre les désaccords avant qu'ils dégénèrent. Cette leçon a manifestement joué dans la façon dont Tucker et Rahman ont réglé le problème. Ainsi, tous deux ont fait des efforts pour exprimer leur point de vue sans envenimer le conflit. Dès le cours élémentaire, les élèves apprennent à s'exprimer avec assurance (ce qui est différent de l'agressivité et de la passivité). On les encourage à s'exprimer franchement, mais sans agresser leur interlocuteur. Alors qu'au début de leur dispute les deux garçons évitaient de se regarder, petit à petit ils ont commencé à montrer des signes d'« attention active » — à se faire face, à établir un contact visuel et à émettre des signaux silencieux montrant à l'autre qu'il était écouté.

Grâce à l'application de ces préceptes et avec l'aide des professeurs, l'« assurance » et l'« attention active » ne sont plus pour ces enfants des mots vides de sens — ce sont des manières de réagir qu'ils adoptent spontanément lorsque le besoin s'en fait sentir.

Il est difficile de maîtriser ses émotions parce que le savoir-faire requis doit être acquis dans des moments où l'individu est précisément le moins capable d'enregistrer des informations nouvelles et d'apprendre de nouvelles habitudes de réaction — c'est-à-dire quand il est contrarié. L'assistance d'un tiers s'avère alors utile. « Pour être capable de s'observer lorsqu'on est triste ou fâché, que l'on soit adulte ou enfant, il faut de l'aide, affirme Varga. Le cœur bat à tout rompre, les mains sont moites, on est agité et il faut tout faire pour rester attentif tout en conservant son sang-froid afin de ne pas crier ou s'enfermer dans un silence défensif. »

Quand on connaît la fougue d'un garçon de dix ans, le plus remarquable dans l'attitude de Tucker et de Rahman est peut-être qu'ils se sont efforcés d'affirmer leur point de vue sans reproches, sans insultes, sans cris, sans se bagarrer et sans couper court brutalement à la discussion. Ce qui aurait pu devenir une bataille rangée leur a permis au contraire d'avancer dans l'art de résoudre un différend. En d'autres circonstances, le résultat aurait pu être très différent. Les jeunes en viennent souvent aux mains — quand ils ne vont pas plus loin — pour moins que cela.

LES SOUCIS QUOTIDIENS

Lors de l'appel qui précède les cours de connaissance de soi, les appréciations des élèves sur leur humeur du moment ne sont pas toujours positives. Lorsque l'un d'eux annonce une note très basse — un, deux, ou trois, ce qui veut dire qu'il « n'a pas le moral » —, on lui demande s'il souhaite dire ce qui ne va pas (mais on ne le force jamais à en parler s'il n'en a pas envie). Il peut alors raconter ses soucis et peut-être trouver le moyen de s'en débarrasser.

Les soucis des enfants varient selon leur âge. Dans les petites classes, ils sont souvent dus à des taquineries, des peurs ou au sentiment d'être exclu. Vers la sixième, de nouveaux sujets d'inquiétude apparaissent — tristesse de ne pas avoir été invité à sortir par un garçon (ou une fille), d'être tenu à l'écart, comportement immature de ses amis, ou d'autres problèmes habituels à cet âge (« Les grands en ont après moi », « Mes amis fument et ils insistent pour que j'essaie »).

Voilà le genre de soucis qui occupent la vie d'un enfant et que parfois il exprime à l'extérieur de la classe — pendant le déjeuner, dans le bus scolaire ou à la maison. Mais le plus souvent, il les garde pour lui et les rumine dans son lit, n'ayant personne avec qui en parler. Dans les cours de connaissance de soi, ils sont abordés directement.

Ces discussions favorisent la connaissance de soi car elles permettent à l'enfant de mieux se comprendre lui-même et ses relations avec les autres. Bien que chaque cours soit consacré à un sujet particulier, la souplesse est de rigueur, et toutes les discussions, comme celle entre Rahman et Tucker, sont une occasion d'avancer. Les questions soulevées par les élèves sont des cas pratiques auxquels leurs camarades et le maître peuvent appliquer les leçons du moment — comme par exemple les manières de résoudre un conflit.

LE B.A.-BA DE L'INTELLIGENCE ÉMOTIONNELLE

Créés il y a une vingtaine d'années, les cours sur la connaissance de soi font maintenant figure de modèle en matière d'éducation de l'intelligence émotionnelle. Comme me l'a expliqué Karen Stone McCown, la directrice du Nueva Learning Center, les cours sont parfois très sophistiqués : « Lorsque nous abordons le problème de la colère, nous faisons comprendre aux enfants que c'est presque toujours une réaction secondaire et qu'il faut rechercher ce qui se cache derrière : Es-tu froissé ? jaloux ? Les élèves apprennent que nous avons toujours le choix entre diverses manières de réagir à une émotion, et que plus nous en connaissons de différentes, plus notre vie s'enrichit. »

La liste des sujets correspond presque exactement à celle des éléments constitutifs de l'intelligence émotionnelle, dont les principaux jouent un rôle primordial pour empêcher les enfants de tomber dans les pièges de l'existence (on en trouvera une liste exhaustive dans l'appendice E[2]). On trouve parmi ces sujets la conscience de soi, dans le sens où elle implique d'identifier ses émotions, de se donner un vocabulaire permettant de les exprimer, et de percevoir les liens entre pensées, émotions et réactions ; de savoir si une décision est gouvernée par la pensée ou le sentiment ; d'envisager les conséquences de divers choix ; et d'appliquer tout cela à des décisions concernant, par exemple, la drogue, le tabac et la sexualité. La conscience de soi exige aussi que l'on reconnaisse ses forces et ses faiblesses, que l'on porte sur soi-même un regard positif mais réaliste (évitant ainsi de tomber dans le piège d'une réaction d'amour-propre).

On accorde aussi beaucoup d'importance à la maîtrise des émotions : à la nécessité de prendre conscience de ce que cache un sentiment (par exemple, la blessure émotionnelle qui provoque la colère), et d'apprendre à dominer son anxiété, son irritation et sa tristesse. Il est aussi primordial d'assumer la responsabilité de ses décisions et de ses actions, et de respecter ses engagements.

L'empathie doit jouer un rôle de premier plan dans les rapports avec les autres : comprendre ce qu'ils ressentent et savoir adopter leur point de vue, respecter leur manière de voir. Les relations interpersonnelles font l'objet d'une grande attention ; les élèves apprennent à écouter et à poser des questions pertinentes, à distinguer ce qu'un autre dit ou fait de leurs propres réactions et jugements, à se montrer assuré dans ses propos sans se mettre en colère ni rester passif. Ils s'initient à l'art de la coopération, de résoudre les conflits et de négocier des compromis.

Ces cours ne sont pas notés ; la vie elle-même est le test ultime. Mais à la fin de la quatrième, lorsque les élèves sont sur le point de quitter le Nueva Learning Center pour entrer au lycée, ils passent une épreuve orale qui prend la forme d'un dialogue socratique. On leur pose des questions comme : « Que conseillerais-tu à un ami taquiné par un camarade ou que d'autres poussent à se droguer ? » ou bien : « Comment réagir sainement au stress, à la colère et à la peur ? »

S'il vivait de nos jours, Aristote, qui attachait tant d'importance à la maîtrise des émotions, aurait certainement apprécié.

L'INTELLIGENCE ÉMOTIONNELLE DANS LES QUARTIERS DÉFAVORISÉS

Les sceptiques se demanderont à juste titre si des cours de ce genre peuvent porter leurs fruits dans un cadre moins privilégié, ou si cela n'est possible que dans des petites écoles comme le Nueva Learning Center, où les enfants sont, à certains égards, particulièrement doués. Bref, est-il possible de développer l'intelligence émotionnelle là où c'est peut-être le plus nécessaire, dans le chaos des écoles publiques des quartiers pauvres ? La réponse nous sera donnée par une visite à l'école Augusta Lewis Troup de New Haven, qui est aussi éloignée de l'école Nueva Learning, socialement et économiquement parlant, qu'elle l'est géographiquement.

Le désir d'apprendre y est aussi vif. C'est l'une des deux écoles de la région où l'accent est mis sur les sciences ; les élèves peuvent poser des questions sur la physique de l'espace interstellaire grâce à une liaison satellite avec le centre de la NASA à Houston ou faire de la musique sur ordinateur. Mais, en dépit de ces possibilités, en raison de l'exode des Blancs vers les faubourgs de New Haven et les écoles privées, l'école compte 95 % d'élèves noirs ou hispaniques.

L'école se trouve à quelques pas de l'université de Yale dans un quartier ouvrier délabré dont la population active, dans les années cinquante, comptait vingt mille personnes employées dans les usines voisines. Aujourd'hui, elles ne sont plus que trois mille, ce qui donne la mesure de la dégradation économique du quartier. Comme beaucoup d'autres villes industrielles de Nouvelle-Angleterre, New Haven a sombré dans la pauvreté, la drogue et la violence.

C'est pour répondre à ce cauchemar urbain que, dans les années quatre-vingt, un groupe de psychologues et d'éducateurs de Yale a mis sur pied le Programme de formation à la vie sociale (*Social Competence Program*), un ensemble de cours semblables à ceux du Nueva Learning Center. Mais à la Troup Middle School, l'approche des problèmes est plus directe. Quand on explique aux élèves de quatrième comment éviter des maladies comme le sida, il ne s'agit pas d'un exercice théorique. Le pourcentage de femmes séropositives à New Haven est le plus élevé des États-Unis, et certains élèves de l'école ont une mère sidéenne ou le sont eux-mêmes. La plupart sont confrontés à tous les problèmes des quartiers pauvres ; la situation familiale de beaucoup d'entre eux est si détériorée, quand elle n'est pas désespérée, que, certains jours, il leur est impossible de venir à l'école.

Comme aux abords de toutes les écoles de New Haven, le visiteur est accueilli par le petit panneau de signalisation jaune, mais celui-ci porte la mention « drogue interdite ». À la porte se tient Mary Ellen Collins, une sorte de médiatrice aux fonctions multiples, chargée de régler les problèmes éventuels, et notamment d'aider les professeurs à surmonter les difficultés inhérentes au programme de formation aux rapports sociaux.

« J'ai enseigné dans cette école pendant vingt ans, me déclare-t-elle en m'accueillant. Regardez ce quartier ! Comment voulez-vous que nous nous contentions d'enseigner les matières habituelles ? Prenez le cas des élèves qui ont le sida et dont la mère est malade. Je ne suis pas certaine qu'ils oseraient en parler au cours d'une discussion sur le sujet, mais quand ils savent qu'un professeur prêtera l'oreille à leurs problèmes psychologiques, et non pas seulement scolaires, ils s'en ouvrent plus volontiers. »

Au troisième étage du vieux bâtiment en brique rouge, trois fois par semaine Joyce Andrews apprend à ses élèves de cours moyen l'art de vivre en société. Comme tous ses collègues, elle a suivi un stage de formation, mais sa volubilité suggère que les mots pour le dire lui viennent naturellement.

Ce jour-là, le cours porte sur la connaissance des émotions : la capacité de nommer ses émotions, et donc de les distinguer les unes des autres, l'un des aspects fondamentaux de l'intelligence émotionnelle. La veille, elle avait demandé à ses élèves de découper la photo d'un visage dans un magazine, d'identifier l'émotion qu'il exprimait et d'expliquer comment ils étaient parvenus à cette conclusion. Après avoir ramassé les copies, Andrews écrit au tableau les sentiments reconnus par les dix-huit élèves présents ce jour-là — tristesse, anxiété, excitation, bonheur, etc. — et engage avec eux un échange rapide de commentaires. Les élèves lèvent le doigt et, impatients d'exprimer leur avis, essaient de capter son regard pour qu'elle leur donne la parole.

Elle ajoute « Frustration » à la liste inscrite sur le tableau et demande :

— Lesquels d'entre vous se sont déjà sentis frustrés ?

Toutes les mains se lèvent.

— Comment vous sentez-vous dans ces moments-là ?

Les réponses fusent : « Fatigué », « Troublé », « Je n'arrive pas à me concentrer », « Anxieux ».

En inscrivant « Exaspération », Joyce ajoute :

— Je connais ce sentiment — quand un professeur se sent-il exaspéré ?

— Quand tout le monde parle dans la classe, suggère une fille en souriant.

Andrews distribue ensuite des feuilles ronéotypées, qui représentent des visages de filles et de garçons exprimant l'une des six émotions de base — joie, tristesse, colère, surprise, peur, dégoût —, avec, en vis-à-vis, une description de l'activité des muscles faciaux qui sous-tend l'émotion en question. Par exemple, PEUR :

- La bouche est ouverte et les commissures des lèvres sont tirées vers le bas.

- Les yeux sont écarquillés et leurs coins intérieurs remontent.
- Les sourcils sont levés et se rejoignent.
- Des rides marquent le milieu du front[3].

Les élèves examinent la feuille ; ils essaient d'imiter les expressions de peur, de colère, de surprise ou de dégoût, et leurs visages s'animent. Cette leçon s'inspire directement des travaux de Paul Ekman sur l'expression faciale des émotions ; on la retrouve telle quelle dans le cours d'introduction à la psychologie de la plupart des lycées américains, mais rarement, voire jamais, dans les écoles primaires. Son objet — associer une émotion, un nom et une expression — semble si évident que la leçon peut paraître superflue. Elle permet pourtant de combler des lacunes très fréquentes dans ce domaine. N'oublions pas que les enfants agressifs se mettent en colère et deviennent violents parce qu'ils prennent à tort des signes et des expressions neutres pour des marques d'hostilité, et que les filles souffrant de troubles alimentaires sont incapables de distinguer la colère, l'anxiété et la faim.

COMMENT DÉVELOPPER L'INTELLIGENCE ÉMOTIONNELLE DANS LE CADRE DE L'ENSEIGNEMENT TRADITIONNEL

Les programmes sont déjà surchargés, et certains professeurs hésitent à rogner sur le temps consacré aux matières de base pour créer un nouveau cours. La tendance est donc à intégrer l'éducation émotionnelle aux disciplines déjà enseignées, car celle-ci s'inscrit naturellement dans la lecture et l'écriture, les sciences, les sciences humaines et les cours d'hygiène, ainsi que dans d'autres matières traditionnelles. Dans les écoles de New Haven la « préparation à la vie » fait l'objet d'un cours séparé dans certaines classes, mais dans d'autres la formation à la vie sociale se mêle, par exemple, à l'apprentissage de la lecture ou de l'hygiène, parfois même aux mathématiques — notamment en ce qui concerne le développement de l'aptitude à se concentrer, à se motiver pour l'étude et à maîtriser ses pulsions afin de mieux travailler.

L'éducation émotionnelle et sociale ne constitue pas un cours à part, mais fait partie implicitement de l'ensemble de l'activité scolaire. Le Programme de développement de l'enfant mis au point par le psychologue Eric Schaps illustre cette façon d'aborder le problème. Ce programme, d'abord appliqué à Oakland en Californie, est actuellement à l'essai dans plusieurs écoles américaines, le plus souvent situées dans des quartiers défavorisés[4].

Ce programme offre un ensemble d'outils directement utilisables dans les cours habituels. Ainsi, on raconte aux élèves du cours moyen une histoire dans laquelle la grenouille, impatiente de jouer avec le crapaud, son camarade qui est en train d'hiberner, lui joue un tour pour qu'il se réveille plus tôt. L'histoire sert de point de départ à une discussion sur l'amitié et permet de discuter de questions comme : « Qu'éprouve-t-on quand on a été abusé ? » Une suite d'histoires permet d'aborder des sujets comme la conscience de soi, les exigences de l'amitié, l'effet psychologique des taquineries et le partage de ses sentiments avec ses camarades. Les histoires deviennent de plus en plus élaborées au fur et à mesure que les élèves franchissent les étapes du cours primaire, puis du premier cycle du secondaire, et elles offrent aux professeurs l'occasion d'aborder des sujets comme l'empathie, l'affection, la capacité de se mettre à la place des autres.

Une autre façon d'intégrer l'éducation des émotions à la vie de l'école consiste à aider les professeurs à repenser la manière de punir les élèves lorsqu'ils sont indisciplinés. Cela permet de remédier à certaines insuffisances émotionnelles — contrôle des pulsions, capacité d'expliquer ses sentiments, de résoudre les conflits — et de montrer qu'il existe de meilleures façons d'apprendre la discipline aux enfants. Ainsi, lorsque des élèves de maternelle se bousculent pour arriver les premiers au réfectoire, la maîtresse pourra leur proposer de deviner un chiffre et laisser la priorité au gagnant. Les élèves apprennent ainsi qu'il est possible de régler de petites disputes de façon équitable et impartiale, et, à un niveau plus profond, que la négociation permet d'aboutir à un accord. Les enfants peuvent ensuite appliquer cet enseignement au règlement d'autres différends et le message véhiculé est donc plus positif que le « Ça suffit ! » habituel.

LES ÉTAPES DU DÉVELOPPEMENT ÉMOTIONNEL

« Alice et Lynn ne veulent pas jouer avec moi. »

C'est une élève du cours élémentaire de l'école primaire John Muir à Seattle qui se plaint. Elle a déposé un message anonyme dans la « boîte aux lettres » de sa classe — une boîte en carton réservée à cet usage —, dans laquelle les élèves font part de leurs doléances et de leurs problèmes afin que tout le monde puisse en discuter et tenter de trouver une solution. Le nom du plaignant reste caché ; la maîtresse insiste sur le fait que tous les enfants ont les mêmes problèmes et qu'ils doivent apprendre à les résoudre ensemble. En parlant de leur sentiment de rejet et de ce qu'ils peuvent faire pour s'intégrer, ils ont ainsi la possibilité de trouver et d'appliquer de nouvelles solutions à leurs difficultés, et de comprendre que le conflit n'est pas le seul moyen de régler un désaccord.

La boîte aux lettres permet une grande souplesse dans le choix des questions et des problèmes qui feront l'objet de la leçon du jour, un programme trop rigide risquerait d'être déphasé par rapport aux réalités changeantes de l'enfance. À mesure que les enfants grandissent, leurs préoccupations se transforment. Pour rester efficace, le programme doit suivre de près le développement de l'enfant, s'adapter à sa compréhension et à ses nouveaux problèmes.

À quel âge doit-on commencer ? Certains affirment qu'il n'est jamais trop tôt. Selon le pédiatre T. Berry Brazelton, beaucoup de parents devraient suivre une formation les préparant à assurer cette forme d'éducation dès le plus jeune âge. On a tout lieu de croire que les programmes préscolaires devraient insister plus systématiquement sur le développement de l'intelligence émotionnelle et sociale. Comme nous l'avons vu au chapitre 12, le désir d'apprendre de l'enfant dépend dans une large mesure de l'acquisition des bases de l'intelligence émotionnelle. Les années préscolaires sont décisives à cet égard, et tout laisse à penser que de tels programmes, convenablement mis en œuvre (une condition essentielle), exercent des effets bénéfiques sur le plan affectif et social qui restent perceptibles à l'âge adulte — moins de problèmes de drogue, de délinquance, mariages plus réussis, meilleure préparation à la vie active[5].

Les interventions de ce genre sont le plus efficaces lorsqu'elles suivent étroitement le développement émotionnel[6]. Comme en témoignent leurs cris, les bébés éprouvent des émotions intenses dès leur naissance. Leur cerveau est cependant loin d'être parvenu à maturité ; c'est seulement lorsque leur système nerveux atteint son plein développement — processus qui se poursuit durant toute l'enfance et le début de l'adolescence — que leurs émotions prennent leur forme achevée. Le répertoire d'émotions dont dispose un nouveau-né est primitif par rapport à celui d'un enfant de cinq ans, qui, lui-même, semble simple en comparaison de celui d'un adolescent. Les adultes attendent trop souvent de leurs enfants une maturité émotionnelle supérieure à celle de leur âge et oublient que le moment où chaque émotion apparaît est préprogrammé. Un fanfaron de quatre ans risque de se faire gronder par ses parents, alors que la conscience de soi, condition de l'humilité, n'apparaît que vers cinq ans.

L'évolution émotionnelle accompagne d'autres formes de développement, en particulier celui de la cognition, et la maturation cérébrale et biologique. Nous l'avons vu, l'empathie et la maîtrise des émotions se manifestent dès la prime enfance. Au jardin d'enfants, on constate une maturation accélérée des « émotions sociales » comme l'insécurité et l'humilité, la jalousie et l'envie, l'amour-propre et la confiance, qui exigent toutes que l'enfant soit capable de se comparer aux autres. À cinq ans, lorsque l'enfant entre dans l'univers social plus vaste de l'école, il pénètre du même coup dans le monde des comparaisons. Celles-ci ne sont pas uniquement suscitées par le changement de milieu extérieur, mais aussi par l'émergence d'une nouvelle capacité cognitive : l'aptitude à comparer ses qualités propres à celles des autres — qu'il s'agisse de popularité ou d'adresse au skateboard. C'est à cet âge, par exemple, qu'un enfant commencera à se croire « idiot » par rapport à sa sœur aînée, première de la classe.

Le psychiatre David Hamburg a évalué les mérites des divers programmes d'éducation émotionnelle et considère que les années de transition qui suivent l'entrée à l'école primaire, puis dans le secondaire représentent deux moments cruciaux [7]. Selon Hamburg, de six à onze ans « l'école constitue une expérience difficile et déterminante qui influencera fortement l'adolescence et la suite. Le sentiment qu'a l'enfant de sa valeur personnelle dépend pour beaucoup de sa réussite scolaire. L'échec engendre des attitudes autodestructrices dont les effets néfastes peuvent se faire sentir durant toute une vie ». Selon Hamburg, la capacité « de différer la satisfaction de ses désirs, de se montrer socialement responsable, de rester maître de ses émotions et d'être optimiste » est indispensable pour tirer parti de ses études [8].

La puberté — une période de bouleversement physiologique et intellectuel est une autre étape cruciale de l'éducation émotionnelle et sociale. Hamburg fait en effet remarquer que « c'est entre dix et quinze ans que la plupart des jeunes sont exposés à la tentation de la sexualité, de l'alcool, de la drogue et du tabac [9] ».

L'entrée au lycée marque la fin de l'enfance, et c'est en soi une formidable épreuve émotionnelle. Abstraction faite de tout autre problème, lorsque les élèves s'initient à ce nouveau mode de vie scolaire, presque tous doutent d'eux-mêmes et se referment ; la perception qu'ils ont de leur propre personne est brouillée. Leur « amour-propre social », en particulier, se développe brusquement. C'est à ce moment, souligne Hamburg, qu'il est primordial de renforcer l'aptitude des jeunes à nouer des relations étroites, à surmonter les crises de l'amitié et d'encourager leur assurance.

Lorsque, à la veille de l'adolescence, les enfants entrent au lycée, remarque Hamburg, ceux dont l'intelligence émotionnelle s'est développée se distinguent des autres ; ils sont moins perturbés par les pressions de leur entourage, par les exigences plus grandes de l'enseignement secondaire et succombent moins à la tentation de se droguer et de fumer. Ils ont acquis la maîtrise des capacités émotionnelles qui, au moins à court terme, les protégeront contre les troubles et les pressions qu'ils sont sur le point d'affronter.

LA BONNE LEÇON AU BON MOMENT

En identifiant les étapes du développement des émotions, les psychologues peuvent dire quels enseignements sont appropriés à chaque étape, quels déficits durables risquent de marquer ceux qui n'ont pas maîtrisé la bonne aptitude au bon moment, et quelles expériences correctrices sont susceptibles de combler ces lacunes.

Dans les écoles de New Haven, par exemple, on apprend aux élèves des petites classes à être attentifs à leurs réactions, à entretenir de bonnes relations avec les autres et à prendre des décisions. À l'école maternelle, les enfants s'assoient en cercle et lancent un dé dont chaque face porte un mot comme « triste » ou « excité ». À tour de rôle, ils expliquent comment ils se sentent lorsqu'ils sont dans cet état ; cet exercice leur apprend à nommer les émotions et leur permet de ressentir davantage d'empathie quand les autres éprouvent les mêmes émotions qu'eux.

En cours moyen, les relations de l'enfant avec son entourage prennent une grande importance, et on lui enseigne donc ce qui permet d'entretenir l'amitié : l'empathie, le contrôle des pulsions et la maîtrise de la colère. Les cours où les élèves essaient de découvrir les émotions exprimées par des visages sont essentiellement un apprentissage de l'empathie. Pour faciliter le contrôle des pulsions, une affichette placée bien en vue énumère les six étapes suivantes :

Feu rouge	1. Marque un temps d'arrêt, calme-toi et réfléchis avant d'agir.
Feu orange	2. Expose le problème et explique comment tu te sens.
	3. Donne-toi un but positif.
	4. Imagine un grand nombre de solutions.
	5 Pense aux conséquences possibles.
Feu vert	6. Passe à l'action en appliquant le meilleur plan.

L'enfant doit marquer un temps d'arrêt chaque fois qu'il est, par exemple, sur le point d'en frapper un autre ou de se vexer ou encore de fondre en larmes. Cela permet à l'enfant d'adopter une attitude plus mesurée en suivant un ensemble de conseils concrets. Et, quand le contrôle des pulsions désordonnées est devenu une habitude, on est mieux armé pour affronter l'adolescence et l'âge adulte.

En sixième, les leçons ont plus directement trait aux tentations liées à la sexualité, à la drogue et à l'alcool auxquelles l'enfant commence à être soumis. En troisième, lorsque l'adolescent se trouve confronté à des réalités sociales plus ambiguës, on insiste davantage sur l'aptitude à comprendre différents points de vue. « Si un garçon est furieux parce qu'il voit sa petite amie parler avec un autre, dit l'un des professeurs de New Haven, nous l'encourageons à se mettre à leur place au lieu de chercher querelle. »

LE DÉVELOPPEMENT DE L'INTELLIGENCE ÉMOTIONNELLE EN TANT QUE MOYEN PRÉVENTIF

Certains de ces programmes éducatifs ont été conçus pour remédier à un problème spécifique, souvent celui de la violence. L'un des programmes qui suscitent le plus d'engouement est celui de résolution créative des conflits (*Resolving Conflict Creatively Program*). Il s'agit avant tout de résoudre les querelles entre élèves risquant de dégénérer en incidents, comme celui qui provoqua la mort de Ian Moore et de Tyrone Sinkler à la Jefferson High School.

Pour Linda Lantieri, inventeur de ce programme et directrice du centre new-yorkais chargé de son application, sa mission ne se borne pas à prévenir les rixes. « Le programme, dit-elle, montre aux élèves que de nombreuses possibilités existent pour régler leurs conflits. Nous faisons ressortir l'inutilité de la violence tout en suggérant des attitudes de remplacement. Les gamins apprennent à défendre leurs droits sans recourir à la force. Les aptitudes que nous les aidons à développer leur seront utiles leur vie durant[10]. »

Un des exercices consiste à imaginer une décision concrète, même modeste, qui aurait pu permettre de résoudre un conflit dans lequel ils ont été impliqués. Dans un autre exercice, les élèves mettent en scène une situation où une fille est gênée dans son travail par sa sœur cadette dont le magnétophone marche à tue-tête. La classe doit se « remuer » les méninges pour trouver des solutions satisfaisantes.

Le succès de ce programme tient entre autres au fait que ces leçons servent à résoudre des conflits qui apparaissent non seulement en classe, mais aussi dans la cour de récréation et à la cafétéria, où les esprits s'échauffent plus facilement. À cette fin, certains élèves reçoivent une formation de médiateurs, rôle qu'ils peuvent jouer dès les dernières années de l'école primaire. Lorsqu'un conflit surgit, les parties ont la possibilité de se tourner vers un médiateur. Les médiateurs ont appris à intervenir en cas de disputes, de menaces, d'incidents raciaux, etc.

On leur a appris à s'exprimer de manière que les protagonistes soient convaincus de leur impartialité. Ils s'assoient avec eux et les amènent à s'écouter mutuellement sans s'interrompre ni s'insulter. Ils les aident à exposer calmement leur point de vue, puis à reprendre ce qu'a dit leur adversaire afin de lui montrer qu'ils l'ont compris. Puis, ils essaient d'imaginer ensemble des solutions acceptables pour tous ; l'accord fait souvent l'objet d'un document signé.

Les élèves apprennent surtout à considérer les désaccords sous des angles différents. Comme le dit Angel Perez, un médiateur formé dès l'école primaire, le programme « a transformé ma façon de penser. Avant, j'estimais que, lorsqu'on me cherchait, je ne pouvais que riposter. Maintenant, je pense de manière plus positive. Quand quelqu'un me fait du mal, je n'essaie pas de lui rendre la pareille : je tente de résoudre le problème. » Et il a fait passer ce message dans sa communauté.

À l'origine, le programme de résolution créative des conflits visait à prévenir la violence, mais Linda Lantieri estime que sa vocation est plus vaste. Selon elle, le savoir-faire nécessaire pour parer à la violence est inséparable des autres aspects de l'intelligence émotionnelle. Une grande partie de l'apprentissage concerne les bases de l'intelligence émotionnelle, comme la capacité de reconnaître tout un registre d'émotions, de les nommer et d'éprouver de l'empathie. Linda Lantieri est aussi fière de l'augmentation de l'« affection entre les élèves » que de la diminution de leur tendance à s'insulter et à se battre.

En s'efforçant d'aider des jeunes engagés sur le chemin de la violence et de la délinquance, un groupe de psychologues a attribué une importance similaire à l'éducation de l'intelligence émotionnelle. Comme nous l'avons vu au chapitre 15, des dizaines d'études consacrées à ces jeunes identifient les étapes habituelles ; ils sont impulsifs et se mettent facilement en colère dès leurs premières années d'école, puis deviennent des parias à la fin de l'école primaire, pour finalement s'intégrer à une bande et commencer à « faire des coups » au début du secondaire. En arrivant à l'âge adulte, ils sont déjà fichés par la police et prêts à la violence.

Ceux qui cherchent à aider ces jeunes aboutissent toujours à un programme éducatif orienté vers le développement de l'intelligence émotionnelle[11]. C'est ainsi qu'un groupe de chercheurs de l'université de Washington, auquel appartenait Mark Greenberg, a conçu le PATHS (*Parents and Teachers Helping Students*). Certains élèves ont particulièrement besoin de cette éducation, mais elle est dispensée à l'ensemble de la classe afin de ne pas stigmatiser un sous-groupe particulier.

Les leçons s'avèrent utiles pour tous les enfants. L'une d'elles, donnée dans les premières années d'école, concerne le contrôle des pulsions. Lorsque cette maîtrise leur fait défaut, les enfants ont beaucoup de mal à concentrer leur attention et accumulent les retards. Le PATHS comporte cinquante leçons consacrées aux différentes émotions ; il apprend à les identifier et approfondit la connaissance des plus importantes comme la joie et la colère, avant d'en aborder de plus complexes, comme la jalousie, la fierté et la culpabilité. Cette prise de conscience exige d'être attentif à ce que l'on ressent et à ce que ressentent les autres, et — surtout pour les jeunes agressifs — de savoir reconnaître quand quelqu'un est réellement hostile.

Bien sûr, l'une des principales leçons concerne la maîtrise de la colère. Les enfants apprennent tout d'abord que la colère est une émotion normale, mais que, en revanche, certaines réactions sont anormales. L'une des méthodes est semblable à celle du temps d'arrêt utilisée à New Haven. D'autres leçons aident les enfants à nouer des relations amicales, antidote au sentiment de rejet qui les pousse vers la délinquance.

REPENSER L'ÉCOLE

La vie familiale aide chaque fois moins l'enfant à affronter l'existence, et l'école reste le seul lieu où l'on peut faciliter le développement de son intelligence émotionnelle et sociale. Cela ne veut pas dire que l'école peut compenser l'effondrement des institutions sociales. Mais presque tous les enfants vont à l'école (au moins au début), et celle-ci permet de leur dispenser les leçons de vie indispensables dont ils risqueraient de ne jamais bénéficier. L'éducation en ce domaine implique que la vocation des établissements d'enseignement soit élargie ; ils doivent assumer la fonction de socialisation des enfants à la place des familles défaillantes. L'accomplissement de cette lourde tâche exige deux changements majeurs : il faut, d'une part, que les professeurs dépassent leur mission traditionnelle ; d'autre part, que les membres de la communauté s'impliquent davantage dans la vie scolaire.

Le fait qu'il y ait ou non un cours consacré à l'intelligence émotionnelle importe beaucoup moins que la façon dont celle-ci est stimulée. Il n'est peut-être aucune autre matière où la qualité du professeur importe autant, car la façon dont il organise sa classe constitue en soi un modèle, une leçon de maîtrise de l'intelligence émotionnelle. Chaque fois qu'un professeur répond à un élève, vingt ou trente autres reçoivent un enseignement.

Il s'opère une sorte d'autosélection parmi les professeurs attirés par cette forme d'éducation, car tous n'ont pas le tempérament qui convient. Tout d'abord, ils doivent être capables de parler de la vie émotionnelle avec aisance, ce qui n'est pas toujours le cas. Par ailleurs, rien ou presque dans la formation des enseignants ne les prépare à dispenser ce genre d'enseignement. Pour ces raisons, les programmes de développement de l'intelligence émotionnelle prévoient en général une formation de plusieurs semaines destinée aux enseignants.

Nombre de professeurs peuvent hésiter à s'atteler à une tâche si étrangère à leur formation et à leurs habitudes ; mais lorsqu'ils acceptent de tenter l'aventure, la plupart semblent y prendre beaucoup de plaisir. Quand les professeurs des écoles de New Haven ont appris qu'ils allaient suivre une formation de ce type, 31 % ont déclaré qu'ils le feraient à contrecœur. Un an après, 90 % ont affirmé que ces cours leur plaisaient et qu'ils souhaitaient recommencer l'année suivante.

ÉLARGIR LA VOCATION DES ÉCOLES

Outre cette nécessité de former les professeurs, l'éducation émotionnelle élargit les missions habituelles de l'école. L'école se voit chargée de veiller à ce que les enfants apprennent ces leçons indispensables pour leur avenir, ce qui est un retour au rôle traditionnel de l'éducation. Ce dessein ambitieux exige de mettre à profit toutes les occasions qui, en classe ou à l'extérieur, permettent aux élèves de tirer parti de leurs crises personnelles. Cette forme d'éducation porte ses fruits lorsque les leçons dispensées à l'école sont confirmées par l'attitude des parents. Beaucoup de programmes d'initiation aux rudiments de l'intelligence émotionnelle prévoient des cours spéciaux pour expliquer aux parents ce que l'on enseigne à leurs enfants, non seulement pour qu'ils complètent le travail accompli à l'école, mais aussi pour les aider à s'occuper plus efficacement de leur vie émotionnelle.

Les enfants reçoivent ainsi un enseignement cohérent sur le savoir-faire émotionnel. Selon Tom Shriver, directeur du Programme de compétence sociale de New Haven, « quand il y a une prise de bec à la cafétéria, les gamins sont envoyés devant un de leurs camarades médiateurs, qui tente de régler le conflit avec eux en utilisant la technique du changement de perspective qu'ils ont apprise en classe. Les professeurs de gymnastique font également appel à cette technique pour apaiser les différends sur le terrain de sport. Enfin, nous donnons des cours aux parents pour qu'ils utilisent ces méthodes à la maison ».

Grâce à ces différentes interventions, on obtient de meilleurs résultats. Pour cela, il faut coordonner étroitement les actions des enseignants, des parents et de la communauté, et accroître les chances que les leçons apprises ne restent pas lettre morte, mais soient mises en pratique et affinées en affrontant les difficultés de la vie quotidienne.

Cette nouvelle orientation de l'enseignement crée une culture de « campus » qui transforme l'école en une « communauté sociale », un lieu où les élèves ont le sentiment d'être respectés et d'être liés à leurs camarades, aux professeurs et à l'école elle-même[12]. Ainsi, les écoles de New Haven recrutent des membres de la communauté pour s'occuper des élèves dont la vie de famille est, dans le meilleur des cas, chancelante. Des adultes responsables se proposent pour jouer le rôle de tuteurs, des compagnons sûrs pour les élèves qui perdent pied et ne trouvent pas vraiment de soutien chez eux.

Pour résumer, l'éducation de l'intelligence émotionnelle est efficace quand elle commence tôt, quand elle est adaptée à chaque âge et se poursuit pendant toute la scolarité, quand elle se traduit dans les actions combinées de l'école, des parents et de la communauté.

Bien que l'éducation des émotions puisse s'intégrer aisément à la journée scolaire ordinaire, elle implique une transformation importante des programmes. Il serait irréaliste de penser que son introduction dans les écoles ne rencontrera aucun obstacle. Beaucoup de parents estimeront sans doute que le problème est trop personnel pour en confier la résolution à l'institution scolaire, qu'il est préférable de leur laisser le soin de s'en occuper (argument qui a un poids dans la mesure où ils s'attellent effectivement au problème). Des professeurs répugneront peut-être à rogner sur la journée de classe pour consacrer du temps à des sujets apparemment éloignés des disciplines de base, d'autres ne seront pas assez à l'aise avec ces matières pour les enseigner, et tous devront suivre une formation spéciale. Certains enfants opposeront également une résistance, surtout si ces cours sont déphasés par rapport à leurs préoccupations du moment, ou s'ils les perçoivent comme des empiétements sur leur vie privée.

Étant donné ces difficultés, pourquoi faut-il persévérer ?

L'ÉDUCATION DES ÉMOTIONS PERMET-ELLE D'OBTENIR VRAIMENT DES RÉSULTATS PROBANTS ?

Tim Shriver a lu dans le journal local que Lamont, un de ses anciens élèves, a été blessé par balles dans une rue de New Haven et se trouve dans un état critique. « Lamont était l'un des premiers du collège, se souvient Shriver, un grand gaillard souriant apprécié de tous. Il faisait partie d'un club de réflexion que je dirigeais, et il avait appris à résoudre les problèmes grâce à un modèle appelé SOCS. »

SOCS — Situation, Options, Conséquences, Solutions — est une méthode en quatre étapes : on commence par exposer une situation et expliquer les sentiments qu'elle éveille en soi ; puis on réfléchit aux diverses options permettant de résoudre le problème et à leurs conséquences ; enfin, on choisit une option et on l'applique. C'est une version élaborée de la technique du temps d'arrêt. Selon Shriver, Lamont avait le chic pour imaginer des solutions originales à toutes sortes de problèmes.

Par la suite, il semble ne pas avoir pu appliquer ce qu'il avait appris. Un jour, Lamont s'est retrouvé le corps percé de balles et recouvert de pansements. Quand Shriver s'est précipité à l'hôpital, Lamont était à peine capable de parler ; sa mère et sa petite amie étaient à son chevet. Lamont lui a fait signe d'approcher et, lorsque Shriver s'est penché pour écouter, il a murmuré : « Shrive, quand je sortirai d'ici, je me servirai du SOCS. »

Au moment où Lamont allait au lycée, il n'y avait pas de cours d'éducation sociale. Sa vie aurait-elle pris un tour différent s'il avait pu en bénéficier pendant toute sa scolarité comme c'est le cas aujourd'hui ? Sans doute.

Shriver, en tout cas, est de cet avis : « Une chose est claire, pour résoudre les problèmes, il faut s'y attaquer non seulement en classe, mais aussi à la cafétéria, dans la rue, à la maison. » Voici quelques témoignages de professeurs de New Haven. L'une se souvient de la visite d'une ancienne élève qui lui affirma qu'elle serait presque certainement tombée enceinte « si elle n'avait pas appris à défendre ses droits grâce aux cours de "développement social" [13] ». Une autre se rappelle cette élève qui se disputait continuellement avec sa mère ; elle apprit à se calmer et à réfléchir avant de réagir, et un jour sa mère déclara à son professeur qu'à présent elles pouvaient discuter sans que cela « se termine mal ». Une élève de sixième a fait savoir au professeur chargé du cours de « développement social » que sa meilleure amie était enceinte, qu'elle n'avait personne avec qui parler et qu'elle envisageait de se suicider ; elle, elle savait que le professeur lui viendrait en aide.

J'ai assisté en observateur à un de ces cours de développement social et j'ai été le témoin d'un épisode révélateur. Le professeur a demandé un volontaire pour « évoquer un conflit récent réglé de manière pacifique ».

Une fillette enveloppée, d'une douzaine d'années, a levé le doigt : « Des camarades m'ont appris qu'une fille que je croyais être mon amie voulait se battre avec moi et m'attendait à la sortie. »

Au lieu de se mettre en colère et d'affronter la fille en question, elle a adopté une attitude encouragée en classe : elle a cherché à comprendre ce qui se passait. « Je suis allée la trouver et je lui ai demandé pourquoi elle m'en voulait. Elle a affirmé qu'elle n'avait jamais dit qu'elle voulait se battre avec moi. Tout s'est arrangé. »

L'histoire peut paraître anodine. Pourtant, la fillette qui a raconté l'histoire avait été renvoyée d'une autre école pour son comportement violent. Avant, elle commençait par attaquer et posait éventuellement des questions ensuite. Pour elle, le fait d'aborder pacifiquement une adversaire supposée au lieu de l'agresser représentait déjà une victoire sur elle-même, une victoire modeste mais réelle.

Les effets bénéfiques de ces cours ressortent on ne peut plus clairement des chiffres que m'a communiqués le proviseur de l'établissement. Il existe une règle inflexible : les élèves qui se bagarrent sont temporairement exclus. À mesure que ces cours ont été introduits, on a constaté une diminution régulière du nombre d'exclusions. « L'année dernière, affirma le proviseur, il y en a eu 106. Cette année, nous sommes en mars, nous n'en avons eu que 26. »

Voilà des résultats concrets. On peut également se demander combien de temps il faut pour obtenir des résultats. Ces cours ne transforment pas les individus du jour au lendemain. Mais, à mesure que les élèves avancent dans le programme, leur attitude — leur maîtrise des émotions — et l'atmosphère de l'école s'améliorent.

Quelques évaluations objectives ont été faites. Les plus intéressantes comparent les élèves qui suivent ces cours aux autres. Des observateurs indépendants établissent un classement en fonction du comportement des enfants. Une autre méthode consiste à suivre l'évolution des élèves avant et après avoir participé à ces cours en se fondant sur des mesures objectives de leur comportement, comme le nombre de bagarres ou d'exclusions temporaires. Dans l'ensemble, ces évaluations révèlent un effet positif global sur le savoir-faire émotionnel et social des enfants, sur leur comportement à l'école et à l'extérieur, et sur leur aptitude à apprendre (pour de plus amples détails, voir l'appendice F).

CONSCIENCE AFFECTIVE DE SOI

- Augmentation de la capacité de reconnaître et de nommer ses émotions.
- Augmentation de la capacité de comprendre leurs causes.
- Reconnaissance de la différence entre émotions et actions.

MAÎTRISE DES ÉMOTIONS

- Meilleure tolérance de la frustration et maîtrise de la colère.
- Moins d'insultes, de conflits et de perturbations en classe.
- Augmentation de la capacité d'exprimer sa colère sans en venir aux mains.
- Moins d'exclusions temporaires et de renvois.
- Comportement moins agressif ou autodestructeur.
- Sentiments plus positifs sur soi-même, l'école et sa famille.
- Meilleure tolérance du stress.
- Moins de solitude et d'anxiété.

UTILISATION PRODUCTIVE DES ÉMOTIONS

- Comportement plus responsable.
- Capacité supérieure de concentration et d'attention.
- Moins d'impulsivité, plus grande maîtrise de soi.

- Meilleurs résultats aux examens.

EMPATHIE : L'INTERPRÉTATION DES ÉMOTIONS

- Capacité plus grande de se placer du point de vue d'autrui.
- Augmentation de l'empathie et de la sensibilité aux sentiments des autres.
- Meilleure aptitude à écouter les autres.

MAÎTRISE DES RELATIONS

- Meilleure capacité d'analyser et de comprendre les relations avec les autres.
- Meilleure capacité de résoudre les conflits et de négocier des accords.
- Meilleure capacité de résoudre les problèmes relationnels.
- Davantage d'assurance et d'adresse dans la communication.
- Plus grandes popularité et ouverture ; comportement amical et tendance à s'engager davantage avec les autres.
- Davantage recherché par ses camarades.
- Plus concerné et prévenant.
- Comportement plus social et en harmonie avec le groupe.
- Tendance à partager, à coopérer et à être obligeant.
- Attitude moins autoritaire.

Un élément de cette liste mérite une attention particulière : le développement de l'intelligence émotionnelle améliore les résultats *scolaires* des enfants. La constatation n'est pas isolée, elle ressort de toutes les études de ce genre. À une époque où trop d'enfants ont du mal à surmonter les contrariétés, à écouter et à se concentrer, à maîtriser leurs pulsions, à se sentir responsables de leur travail et à s'intéresser à leurs études, tout ce qui est de nature à renforcer ces capacités ne peut que leur être utile. En ce sens, l'intelligence émotionnelle facilite la tâche des enseignants. Même en ces temps où la tendance est à la réduction des budgets et au retour à l'essentiel, on peut soutenir à juste titre que ces programmes éducatifs aident à enrayer le déclin de l'enseignement et permettent à l'école d'accomplir sa principale mission. Ils doivent donc être encouragés.

Ces cours semblent en outre mieux préparer les enfants à la vie. Si tous les enfants n'obtiennent pas les mêmes résultats, le moindre progrès est une note d'espoir. « La marée soulève tous les bateaux, déclare Tim Shriver. Ce ne sont pas seulement les enfants à problèmes, mais tous les enfants qui acquièrent ces aptitudes ; elles les vaccinent contre les périls de la vie. »

CARACTÈRE, MORALITÉ ET DÉMOCRATIE

Il existe un autre mot pour désigner l'intelligence émotionnelle : le *caractère*. Le caractère, écrit le sociologue Amitai Etzioni, est le « muscle psychologique nécessaire à une conduite morale [14] ». Selon le philosophe John Dewey, l'éducation morale est particulièrement efficace quand elle s'appuie sur la réalité, autrement dit, comme le font les programmes de développement de l'intelligence émotionnelle [15].

L'affermissement du caractère conditionne l'existence des sociétés démocratiques. Comment l'intelligence émotionnelle peut-elle y contribuer. Pas de caractère sans autodiscipline ; comme l'ont fait remarquer les philosophes depuis Aristote, la vie vertueuse est fondée sur la maîtrise de soi. Autre clé de voûte du caractère, la capacité de se motiver et de se gouverner, qu'il s'agisse de faire ses devoirs, d'achever un travail ou de se lever le matin. Enfin, comme nous l'avons vu, l'aptitude à différer la satisfaction de ses désirs, à contrôler et à canaliser le besoin d'agir constitue une des marques de l'intelligence émotionnelle, ce que l'on appelle aussi la volonté. « Nous devons être maîtres de nous-mêmes — de nos appétits, de nos passions — pour être justes envers les autres, affirme Thomas Lickona à propos de l'éducation du caractère. Pour cela, la volonté doit placer les émotions sous le contrôle de la raison [16]. »

Savoir surmonter son égocentrisme et ses pulsions est socialement bénéfique : c'est pouvoir se montrer empathique, faire vraiment attention aux autres et se placer de leur point de vue. Nous avons vu que l'empathie est la source de l'affection, de l'altruisme et de la compassion. Quand on change de point de vue, on remet en cause ses *a priori* et cela ne peut que favoriser la tolérance et l'acceptation des différences. Ces aptitudes sont particulièrement nécessaires dans nos sociétés de plus en plus pluralistes ; elles permettent aux gens de vivre ensemble en se respectant mutuellement. Ce sont les bases de la démocratie [17].

L'école, remarque Etzioni, joue un rôle de premier plan dans la formation du caractère en inculquant l'autodiscipline et l'empathie, qui à leur tour rendent possible une authentique adhésion aux valeurs civiques et morales [18]. Il ne suffit pas cependant de faire un cours sur les valeurs ; les enfants ont besoin de les mettre en application, et c'est cela qui se produit lorsqu'ils développent leur intelligence émotionnelle et sociale. En ce sens, le développement de l'intelligence émotionnelle va de pair avec l'éducation du caractère et l'éducation morale et civique.

UN DERNIER MOT

Au moment où j'achève ce livre, je relève dans les journaux divers signes inquiétants. Un article annonce que les armes à feu sont devenues la première cause de mortalité aux États-Unis, avant les accidents de la route. Selon un autre article, le nombre de meurtres a augmenté l'année dernière de 3 % [19]. Un criminologiste affirme que nous connaissons une accalmie avant la « tempête de criminalité » qui devrait se déchaîner au cours des dix prochaines années. Il fonde son argumentation sur le fait que le nombre de crimes commis par des jeunes, parfois de quatorze ou quinze ans, est en augmentation, et que cette tranche d'âge représente la crête d'un mini *baby-boom*. Au cours des dix prochaines années, ces jeunes auront entre dix-huit et vingt-quatre ans, l'âge auquel les criminels commettent le plus de violences au cours de leur carrière. Les signes avant-coureurs se profilent déjà à l'horizon ; selon un troisième article, au cours des années 1988-1992, les statistiques du ministère américain de la Justice révèlent un accroissement de 66 % du nombre de jeunes inculpés de meurtres, de coups et blessures, de vol et de viol, le chiffre étant de 80 % pour le second de ces chefs d'inculpation [20].

Cette génération est la première à disposer facilement non seulement de pistolets, mais aussi d'armes automatiques, tout comme la génération de leurs parents fut la première à avoir largement accès à la drogue. Cela veut dire que la moindre dispute, qui, naguère, se serait terminée à coups de poing, risque de finir par une fusillade. Comme le souligne un autre expert, « ces jeunes sont loin d'exceller dans l'art d'éviter les querelles ».

Bien sûr, cela est dû en partie au fait que, dans notre société, les enfants n'apprennent pas à maîtriser leur colère et à régler les conflits à l'amiable. Ils n'apprennent pas non plus à témoigner de l'empathie, à maîtriser leurs pulsions, ni aucun autre des aspects essentiels de l'intelligence émotionnelle. En laissant leur éducation au hasard, on risque de rater l'occasion offerte par la lente maturation du cerveau pour aider les enfants à devenir émotionnellement sains.

En dépit du grand intérêt qu'elle suscite, l'éducation des émotions reste encore marginale ; la plupart des enseignants, des directeurs d'école et des parents ignorent jusqu'à son existence. Elle n'est mise en œuvre que dans quelques écoles privées ou publiques. Il va de soi qu'aucun programme éducatif, pas même ceux-là, ne permettent de résoudre tous les problèmes. Mais, étant donné la crise que nous-mêmes et nos enfants traversons, et l'espoir qu'offre le développement dirigé de l'intelligence émotionnelle, nous devons nous demander si le moment n'est pas venu de donner à chaque enfant les moyens de conduire sa vie ?

Car si nous ne le faisons pas maintenant, quand le ferons-nous ?

Appendice A

Qu'est-ce qu'une émotion ?

Quelques lignes ne seront pas de trop pour préciser ce que j'entends par *émotion*, terme dont la signification précise est sujet de débat entre psychologues et philosophes depuis plus d'un siècle. Dans son sens le plus littéral, l'*Oxford English Dictionary* définit l'émotion comme « une agitation ou un trouble de l'esprit, du sentiment, de la passion, tout état mental de véhémence ou d'excitation ». Je désigne par *émotion* à la fois un sentiment et les pensées, les états psychologiques et biologiques particuliers, ainsi que la gamme de tendances à l'action qu'il suscite. Il existe des centaines d'émotions, avec leurs combinaisons, variantes et mutations. Leurs nuances sont en fait si nombreuses que nous n'avons pas assez de mots pour les désigner.

Les chercheurs ne sont pas d'accord entre eux pour savoir s'il existe des émotions fondamentales — en quelque sorte, le bleu, le rouge et le jaune des sentiments à partir desquels se forment tous les mélanges. Certains théoriciens classent les émotions en familles de base, mais tous ne s'accordent pas sur leur définition. Voici celles que l'on mentionne le plus souvent, avec quelques-uns de leurs membres :

• *Colère :* fureur, indignation, ressentiment, courroux, exaspération, tracas, acrimonie, animosité, mécontentement, irritabilité, hostilité, et, peut-être à l'extrême, haine et violence pathologiques.

• *Tristesse :* chagrin, affliction, morosité, mélancolie, apitoiement sur soi-même, solitude, abattement, désespoir, et, lorsqu'elle devient pathologique, la dépression profonde.

• *Peur :* anxiété, appréhension, nervosité, inquiétude, consternation, crainte, circonspection, énervement, effroi, terreur, épouvante, et, en tant que pathologie, phobie et panique.

• *Plaisir :* bonheur, joie, soulagement, contentement, félicité, délectation, amusement, fierté, plaisir sensuel, frisson (de joie), ravissement, satisfaction, euphorie, humeur fantaisiste, extase, et, à l'extrême, manie.

• *Amour :* approbation, amitié, confiance, gentillesse, affinité, dévotion, adoration, engouement.

• *Surprise :* choc, ahurissement, stupéfaction, étonnement.

• *Dégoût :* mépris, dédain, répulsion, aversion, répugnance, écœurement.

• *Honte :* sentiment de culpabilité, embarras, contrariété, remords, numiliation, regret, mortification, contrition.

Cette liste ne répond certes pas à tous les problèmes que pose le classement des émotions par catégories. Ainsi, où ranger la jalousie, qui est une variante de la colère mêlée de tristesse et de peur ? Et où placer des vertus comme l'espérance et la foi, le courage et l'indulgence, l'assurance et l'équanimité ? Ou certains des vices ordinaires, des sentiments ou des états comme le doute, la suffisance, la paresse, la torpeur ou l'ennui ? On n'a pas encore répondu clairement à ces questions et le débat reste ouvert.

L'argument selon lequel il existe un petit nombre d'émotions fondamentales est en grande partie fondé sur la découverte qu'a faite Paul Ekman à l'université de San Francisco : les expressions faciales correspondant à quatre émotions (la peur, la colère, la tristesse, le plaisir) sont identifiées par des individus appartenant à des cultures du monde entier, y compris des peuples sans écriture que n'ont pas encore touchés le cinéma et la télévision — ce qui tend à prouver leur universalité. Ekman a montré des photos de visages exprimant ces émotions à des personnes appartenant à des peuples aussi lointains que les Fore de Nouvelle-Guinée, une tribu qui vit encore à l'âge de pierre sur des plateaux reculés, et il a constaté qu'elles sont partout reconnues. Cette universalité des expressions faciales des émotions a peut-être été remarquée d'abord par Darwin, qui y a vu la preuve que les forces de l'évolution ont imprimé ces signaux dans notre système nerveux central.

Dans cette recherche de principes de base, j'ai envisagé les émotions en fonction de leur appartenance à des familles ou des dimensions, suivant en cela Ekman et d'autres, et considéré que les familles principales — colère, tristesse, peur, plaisir, honte, etc. — offraient de bons exemples des nuances infinies de la vie affective. Chacune de ces familles a pour centre un noyau émotionnel fondamental, les émotions apparentées se déployant autour de lui en vagues successives d'innombrables mutations. À la périphérie se trouvent les *humeurs*, qui, techniquement parlant, sont moins vives et durent beaucoup plus longtemps que les émotions proprement dites (s'il est relativement rare d'être en proie à une violente colère un jour entier, il l'est moins d'être d'une humeur irritable, grincheuse, au cours de laquelle de courts accès de colère se déclenchent aisément). Au-delà des humeurs, on en arrive aux *tempéraments*, la propension à susciter une émotion ou une humeur donnée, qui rend les gens mélancoliques, timides ou gais. Au-delà encore de ces dispositions affectives, il y a les *troubles* psychologiques véritables, tels que la dépression clinique ou l'anxiété chronique, l'individu se trouvant alors enfermé dans un état toxique permanent.

Appendice B

Les marques distinctives de l'esprit émotionnel

C'est seulement ces dernières années que s'est dégagé un modèle scientifique de l'esprit émotionnel, qui explique comment la plupart de nos actions sont gouvernées par nos émotions — comment nous pouvons nous montrer si raisonnables à un certain moment et si irrationnels l'instant d'après — et en quel sens on peut dire que les émotions ont leurs raisons et leur logique propres. Les deux meilleures descriptions de l'esprit émotionnel sont celles fournies, indépendamment, par Paul Ekman, directeur du Laboratoire d'interaction humaine de l'université de San Francisco, et par Seymour Epstein, psychologue clinicien à l'université du Massachusetts[1]. Si Ekman et Epstein ont apporté des preuves scientifiques différentes, à eux deux, ils permettent d'établir une liste de base des qualités qui distinguent les émotions du reste de la vie mentale[2].

Une réaction rapide mais hâtive

L'esprit émotionnel est beaucoup plus rapide que l'esprit rationnel ; il entre en action sans marquer le moindre temps d'arrêt pour considérer ce qu'il fait. Sa promptitude exclut la réflexion délibérée et analytique qui est le sceau de l'esprit pensant. Au cours de l'évolution, cette rapidité a vraisemblablement servi la décision la plus élémentaire qui soit : fixer son attention et, après un moment de vigilance, en présence, par exemple, d'un autre animal, déterminer en une fraction de seconde s'il faut le manger ou si l'on risque de se faire manger. Les organismes vivants qui prenaient trop de temps pour réfléchir à des questions de ce genre avaient peu de chances de transmettre leurs gènes à une nombreuse progéniture.

Les actions déclenchées par l'esprit émotionnel s'accompagnent d'un sentiment de certitude particulièrement fort, sous-produit d'une perception simplifiée, économique, qui est parfois absolument déconcertante pour l'esprit rationnel. Lorsque l'excitation est retombée, ou même en pleine action, nous nous prenons à penser : « Pourquoi ai-je fait cela ? » — signe que l'esprit rationnel saisit ce qui se passe, mais beaucoup plus lentement que l'esprit émotionnel.

Comme l'intervalle entre ce qui déclenche une émotion et sa manifestation est pratiquement instantané, le mécanisme qui évalue la perception doit être capable d'agir rapidement, en millième de seconde environ. Cette appréciation de la nécessité d'agir est nécessairement automatique, si rapide qu'elle n'entre jamais dans le champ de la conscience[3]. Nous sommes emportés par des réactions émotionnelles brutales sans comprendre pleinement ce qui se passe.

En s'en remettant aux premières impressions, en réagissant à une image générale ou à ses aspects les plus frappants, ce mode de perception sacrifie la précision à la vitesse. Il saisit les choses d'un seul coup, dans leur ensemble, et réagit sans prendre le temps d'analyser la situation. Cette impression est déterminée par les éléments les plus saillants et l'emporte sur une évaluation soigneuse des détails. Le grand avantage est que l'esprit émotionnel est capable de déchiffrer la réalité des sentiments (il est en colère ; elle ment ; cela le rend triste) en un instant et formule un jugement à l'emporte-pièce qui nous indique de qui il faut se méfier, qui croire, qui a du chagrin. L'esprit émotionnel est le radar qui nous avertit du danger ; si nous (ou nos ancêtres sur l'arbre de l'évolution) avions attendu que l'esprit rationnel émette un tel jugement, non seulement nous aurions pris le risque de nous tromper, mais peut-être aussi de ne pas survivre. Le problème est que ces impressions et ces jugements intuitifs, parce qu'ils sont instantanés, peuvent être erronés ou trompeurs.

Selon Paul Ekman, la rapidité avec laquelle les émotions s'emparent de nous, avant même que nous ayons pris pleinement conscience de leur apparition, est essentielle à leur caractère hautement adaptatif ; elles nous mobilisent pour réagir à des événements pressants sans se poser de questions. En utilisant le système qu'il a mis au point pour déceler les émotions à partir de variations subtiles de l'expression faciale, Ekman parvient à saisir des micro-émotions qui parcourent le visage en moins d'une demi-seconde. Lui et ses collaborateurs ont découvert que l'expression des émotions commence par des mouvements des muscles faciaux qui se produisent quelques millièmes de seconde à peine après l'événement déclenchant. Et les changements physiologiques caractéristiques d'une émotion donnée — par exemple, afflux de sang au visage ou accélération du rythme cardiaque — se produisent également en une fraction de seconde. La réaction est particulièrement rapide dans le cas d'émotions intenses, comme la peur due à une menace soudaine.

Selon Ekman, techniquement parlant, le moment le plus intense d'une émotion ne dure que très peu de temps et se chiffre en secondes plutôt qu'en minutes, en heures ou en jours. Selon lui, il serait malvenu d'un point de vue adaptatif que, compte tenu des circonstances changeantes, une émotion mobilise longtemps le cerveau et le corps. Si les émotions suscitées par un événement donné continuaient de nous dominer après celui-ci, quoi qu'il puisse se passer autour de nous, nos sentiments ne sauraient guider convenablement notre action. Pour qu'une émotion perdure, il faut que le facteur déclenchant perdure lui aussi, comme lorsque la perte d'un être cher provoque un chagrin durable. Quand les sentiments persistent pendant des heures, c'est généralement sous forme atténuée, en tant qu'humeurs. Celles-ci déterminent une tonalité affective, mais elles ne modèlent pas notre façon de percevoir et d'agir avec autant de force que les émotions paroxystiques.

Sentiments premiers, pensées secondes

Parce qu'il faut à l'esprit rationnel plus de temps pour percevoir et réagir qu'à l'esprit émotionnel, la « première impulsion » dans une situation émotionnellement chargée vient du cœur et non de la tête. Mais il existe une autre forme de réaction émotionnelle, plus lente, qui mijote dans nos pensées avant d'aboutir à un sentiment. Cette seconde procédure de déclenchement des émotions est plus délibérée, et nous sommes tout à fait conscients des pensées qu'elle implique. Dans ce type de réaction, l'esprit procède à une évaluation plus complète de la situation ; nos pensées — la cognition — tiennent le premier rôle dans le choix des émotions qui seront éveillées. Nous jaugeons d'abord la situation — « ce chauffeur de taxi est en train de me tromper » ou « ce bébé est adorable » —, et la réaction vient ensuite. Dans cette séquence lente, une pensée précède le sentiment. Des émotions plus compliquées, comme l'embarras ou l'appréhension avant un examen, empruntent cette voie ; il leur faut quelques secondes ou minutes pour s'exprimer — ce sont des émotions produites par des pensées.

Par contre, dans la séquence de réaction rapide, le sentiment semble précéder la pensée ou être concomitant de cette dernière. Cette réaction émotionnelle fulgurante prend le dessus dans les situations d'urgence, comme celles où la survie est en jeu. Tel est le pouvoir de ces décisions rapides : elles mobilisent l'individu en un instant pour faire face à des circonstances critiques. Nos émotions les plus intenses sont des réactions involontaires ; nous ne pouvons décider du moment de leur jaillissement. L'amour, écrivait Stendhal, est comme une fièvre qui va et vient indépendamment de la volonté. L'amour mais aussi la colère et la peur s'abattent sur nous ; au lieu de résulter d'un choix, ils semblent s'imposer à nous. C'est pour cette raison qu'ils fournissent un alibi. « Le fait que *nous ne puissions choisir les émotions que nous éprouvons*[4] », fait remarquer Ekman, permet aux gens de justifier leurs actions en disant qu'ils se trouvaient sous leur emprise.

Tout comme il existe des processus de production des émotions rapides et lents, il existe des émotions qui apparaissent sur commande. Les sentiments feints, les artifices utilisés des comédiens, tels que la tristesse suscitée par des souvenirs douloureux rappelés intentionnellement, en sont un exemple. Mais les acteurs ont simplement appris à mieux utiliser le mode volontaire de production des émotions, celui qui fait appel à la pensée. Il est difficile de changer les émotions particulières éveillées par telle ou telle pensée, mais nous avons bien souvent la possibilité de choisir sur quoi fixer notre pensée. De même qu'un fantasme sexuel conduit à une excitation, des souvenirs heureux nous rendent joyeux et des pensées mélancoliques nous font nous refermer.

Mais, en règle générale, l'esprit rationnel ne décide pas quelles émotions nous « devons » ressentir. Nos sentiments s'imposent plutôt à nous comme un fait accompli. Ce que l'esprit rationnel est généralement à même de contrôler, c'est le cours de nos réactions. À quelques exceptions près, nous ne décidons pas du moment où nous nous mettons en colère, où nous sommes tristes, etc.

Une réalité enfantine et symbolique

La logique de l'esprit émotionnel est *associative* ; elle considère que les éléments qui symbolisent une réalité, ou le souvenir de celle-ci, équivalent à la réalité elle-même. C'est pourquoi les comparaisons, les métaphores et les images parlent directement à l'esprit émotionnel, comme le font les arts — la littérature, la poésie, le chant, le théâtre, l'opéra, le cinéma. Les grands maîtres spirituels, comme Bouddha et Jésus, ont touché le cœur de leurs disciples en parlant le langage des émotions, en enseignant par paraboles, en racontant des fables et des histoires. Les symboles et les rites religieux n'ont en effet guère de sens du point de vue rationnel ; ils n'en ont un que dans le langage du cœur.

Cette logique du cœur est bien décrite par le concept freudien de « processus primaire » de la pensée ; c'est la logique de la religion et de la poésie, de la psychose et des enfants, du rêve et du mythe (comme le dit Joseph Campbell, « les rêves sont des mythes personnels, les mythes, des rêves partagés »). Le processus primaire est la clé qui permet de comprendre le sens d'œuvres comme l'*Ulysse* de James Joyce : dans ce processus, de vagues associations déterminent le cours du récit ; un objet en symbolise un autre ; un sentiment en remplace un autre et le représente ; le tout se condense dans la partie. Il n'y a ni temps, ni loi de cause à effet. Dans le processus primaire, le « non » n'existe pas, tout est possible. La méthode psychanalytique, c'est en partie l'art de déchiffrer et d'éclaircir ces substitutions de sens.

Si l'esprit émotionnel suit cette logique et ses règles, où chaque élément peut en représenter un autre, les choses n'ont pas à être définies par leur identité objective : l'important est la façon dont elles sont *perçues* ; elles sont conformes à leur apparence. Ce que nous rappelle une chose peut être beaucoup plus important que ce qu'elle « est ». Dans la vie émotionnelle, l'identité d'un objet est comme un hologramme, en ce sens qu'une seule partie évoque le tout. Comme le souligne Seymour Epstein, alors que l'esprit rationnel établit des liens logiques entre les causes et les effets, l'esprit émotionnel manque de discernement et associe les choses simplement parce qu'elles ont certaines ressemblances frappantes [5].

L'esprit émotionnel est enfantin de diverses façons, et plus il est enfantin, plus l'émotion est forte. Il y a d'abord la pensée *catégorique* : les choses sont noires ou blanches, sans nuances ; une personne mortifiée par l'impair qu'elle vient de commettre peut avoir cette pensée immédiate : « Je dis *toujours* ce qu'il ne faut pas. » Il y a encore, la pensée *personnalisée*, dans laquelle les événements sont systématiquement perçus d'un point de vue personnel, comme dans le cas du conducteur qui, après un accident, explique que le poteau télégraphique est venu droit sur lui.

Ce mode de pensée enfantin *s'autojustifie* en écartant ou en ignorant les souvenirs ou les faits qui risquent d'ébranler ses convictions et en tirant parti de ceux qui les renforcent. Les convictions de l'esprit rationnel sont mal assurées ; des faits nouveaux peuvent les contredire et les remplacer par d'autres, son raisonnement se fonde sur des faits objectifs. En revanche, l'esprit émotionnel tient ses convictions pour des vérités absolues et ignore tout ce qui pourrait démontrer le contraire. C'est pourquoi il est si difficile de faire entendre raison à une personne émotionnellement perturbée. Peu importe le bien-fondé des arguments, ils n'ont aucun poids s'ils sont en désaccord avec la conviction du moment. Les sentiments s'autojustifient par un ensemble de perceptions et de « preuves » qui leur sont propres.

Lorsque le passé s'impose au présent

Quand, par certains aspects, un événement évoque un souvenir à forte charge affective, l'esprit émotionnel réagit en éveillant les sentiments associés à ce souvenir. Il réagit au présent *comme s'il était le passé*[6]. L'ennui, surtout lorsque la situation est appréciée à la hâte et de manière automatique, est que nous risquons de ne pas nous apercevoir que ce qui a été vrai à une époque ne l'est plus aujourd'hui. Celui qui, parce qu'il a pris des raclées dans son enfance, a appris à réagir par une peur extrême aux regards furieux, conservera dans une certaine mesure cette réaction à l'âge adulte, alors que ces regards ne comportent pas les mêmes menaces.

Lorsque ces sentiments issus du passé sont intenses, la réaction qu'ils déclenchent est évidente. Mais quand ils sont vagues ou subtils, il arrive que nous n'ayons pas pleinement conscience de notre réaction affective, même s'ils la nuancent subtilement. Nos pensées et nos réactions du moment prennent la coloration de réactions passées, même s'il nous semble que notre réaction présente est uniquement provoquée par les circonstances actuelles. L'esprit émotionnel exploitera l'esprit rationnel à cette fin, de sorte que nous justifierons — nous rationaliserons — nos sentiments et nos réactions en fonction du moment présent, sans percevoir l'influence de la mémoire émotionnelle. En ce sens, il se peut que nous n'ayons aucune idée de ce qui se passe réellement, tout en restant persuadés que nous comprenons parfaitement la situation. À de tels moments, l'esprit émotionnel a enrôlé l'esprit rationnel et l'a mis à son service.

La réalité dépend de l'état affectif du moment

Le fonctionnement de l'esprit émotionnel dépend dans une large mesure de l'état affectif, dicté par le sentiment dominant à un moment donné. Ce que nous pensons et faisons lorsque nous sommes d'humeur romantique est entièrement différent de notre comportement quand nous sommes en colère ou abattus. Chaque émotion possède son propre répertoire de pensées, d'actions et même de souvenirs. Ces répertoires spécifiques deviennent dominants dans les instants d'intense émotion.

La mémoire sélective montre que tel ou tel répertoire est actif. La réaction de l'esprit à une situation affectivement chargée consiste en partie à remanier la mémoire et la hiérarchie des possibilités d'action. Comme nous l'avons vu, chaque émotion fondamentale possède une signature biologique caractéristique ; quand elle devient dominante, elle entraîne une série de transformations radicales dans le corps, et celui-ci émet alors automatiquement un ensemble particulier de signaux [7].

Appendice C

Les bases neuronales de la peur

L'amygdale joue un rôle essentiel dans le déclenchement de la peur. Quand une maladie cérébrale rare détruisit l'amygdale d'une patiente, la peur disparut de son répertoire mental. Elle était désormais incapable de reconnaître les expressions de peur sur le visage des autres et de prendre elle-même de telles expressions. Comme le disait son neurologue, « si quelqu'un plaçait un revolver contre sa tempe, elle saurait intellectuellement qu'elle devrait avoir peur, mais, contrairement à vous et moi, elle ne ressentirait rien ».

Bien que, pour l'heure, le circuit d'aucune émotion n'ait été totalement cartographié, c'est celui de la peur que les chercheurs en neurologie ont étudié le plus en détail. La peur permet d'illustrer la dynamique neuronale de l'émotion. Elle a eu une importance considérable au cours de l'évolution ; peut-être plus que toute autre émotion, elle est essentielle à la survie. Pourtant les peurs injustifiées empoisonnent notre vie quotidienne et nous laissent en proie à l'agitation, à l'anxiété et à toutes sortes de soucis ordinaires — ou à l'extrême, à des crises de panique, à des phobies ou à une névrose obsessionnelle.

Supposons qu'un soir vous êtes seul chez vous, occupé à lire, et que vous entendez soudain un fracas dans une autre pièce. Ce qui se passe dans votre cerveau dans les secondes suivantes donne un aperçu du mécanisme neuronal de la peur et du rôle de signal d'alarme joué par l'amygdale. Le premier circuit cérébral mis en branle se borne à capter le bruit sous forme d'ondes physiques à l'état brut et à les traduire dans le langage du cerveau afin de vous mettre en état d'alerte. Ce circuit part de l'oreille, emprunte le tronc cérébral et aboutit au thalamus. De là, il se sépare en deux branches : un petit faisceau de liaisons conduit à l'amygdale et à l'hippocampe voisin ; l'autre, plus important, mène au cortex auditif dans le lobe temporal, où les bruits sont analysés et interprétés.

L'hippocampe, lieu de stockage essentiel de la mémoire, compare rapidement ce « fracas » à d'autres bruits similaires entendus dans le passé, afin de déterminer s'il est habituel et identifiable. Pendant ce temps-là, le cortex auditif entreprend une analyse plus élaborée du bruit en question pour essayer de comprendre quelle est sa provenance — est-ce un chat ? un volet qui claque ? un rôdeur ? Le cortex auditif émet une hypothèse — c'est peut-être le chat qui a fait tomber la lampe de la table, mais ce peut être aussi un rôdeur — et envoie le message à l'amygdale et à l'hippocampe, qui le confrontent immédiatement à des souvenirs similaires.

Si la conclusion est rassurante (c'est seulement le volet qui bat à chaque rafale de vent), l'alerte générale s'atténue. Mais si vous n'êtes toujours pas certain de l'origine du bruit, une autre boucle du circuit de résonance entre l'amygdale, l'hippocampe et le cortex préfrontal accentue votre état d'incertitude et fixe votre attention ; vous voilà de plus en plus préoccupé par l'identification de la source du bruit. Si aucune réponse satisfaisante n'est apportée par cette analyse plus approfondie, l'amygdale déclenche l'alarme, sa région centrale activant l'hypothalamus, le tronc cérébral et le système nerveux autonome.

L'architecture de l'amygdale en tant que système d'alarme central du cerveau apparaît dans toute sa beauté en ce moment d'appréhension et d'anxiété subliminale. Chacun de ses faisceaux de neurones possède un ensemble distinct de prolongements équipés de récepteurs sensibles à des neurotransmetteurs différents, évoquant ces sociétés de protection où des opérateurs se tiennent prêts à appeler les pompiers, la police ou un voisin chaque fois qu'un système d'alarme se déclenche.

Chaque partie de l'amygdale reçoit une information différente.

Des ramifications du thalamus et des cortex auditif et visuel aboutissent à son noyau latéral. Les odeurs parviennent à la région corticomédiane à travers le bulbe olfactif, tandis que le goût et les messages transmis par les viscères vont à la région centrale. La réception de ces signaux fait de l'amygdale une sentinelle continuellement à l'affût de toute expérience sensorielle.

À partir de l'amygdale, des prolongements se déploient vers toutes les zones importantes du cerveau. Des régions centrale et médiane, une branche conduit aux aires de l'hypothalamus qui sécrètent la substance corporelle chargée de déclarer l'état d'urgence — l'hormone qui libère la corticotropine (CRH, *corticotropine-releasing hormone*), à l'origine de la réaction de combat ou de fuite *via* une cascade d'autres hormones. La région basale de l'amygdale projette des ramifications vers le corps strié et est ainsi reliée au système cérébral qui commande le mouvement. Et, par l'intermédiaire du noyau central voisin, l'amygdale envoie des signaux au système nerveux autonome *via* la moelle et déclenche ainsi toute une série de réactions de grande envergure dans le système cardio-vasculaire, les muscles et l'intestin.

Depuis l'aire basolatérale, d'autres branches se dirigent vers le cortex cingulaire et les fibres appelées substance grise centrale, cellules qui commandent les muscles striés du squelette. Ce sont ces cellules qui font grogner un chien ou faire le gros dos à un chat lorsqu'un intrus pénètre sur son territoire. Chez les humains, ces mêmes circuits tendent les muscles des cordes vocales, ce qui produit le ton haut perché caractéristique de la frayeur.

Une autre liaison existe entre l'amygdale et le *locus ceruleus*, situé dans le tronc cérébral, qui produit la norépinéphrine (appelée aussi « noradrénaline ») et la diffuse dans tout le cerveau. La norépinéphrine a pour effet d'accroître la réactivité d'ensemble des aires du cerveau qui la reçoivent, rendant ainsi les circuits sensoriels plus sensibles. La norépinéphrine envahit le cortex, le tronc cérébral et le système limbique lui-même, et met par là même le cerveau en état d'alerte. À ce stade, le moindre craquement dans la maison provoque un tremblement de peur. La plupart de ces changements échappent à la conscience, et vous ne vous rendez pas encore compte que vous avez peur.

Mais, lorsque vous commencez effectivement à ressentir celle-ci — autrement dit, quand l'anxiété, jusque-là inconsciente, entre dans le champ de la conscience —, l'amygdale commande immédiatement une réaction de grande envergure. Elle ordonne aux cellules du tronc cérébral de faire apparaître une expression effrayante sur votre visage, elle vous rend nerveux et vous fait tressaillir facilement, fige tous vos mouvements sans rapport avec la situation, accélère votre rythme cardiaque, élève votre tension et ralentit votre respiration (il se peut que vous vous surpreniez à retenir votre souffle au moment où vous commencez à ressentir la peur, pour mieux entendre ce qui provoque votre frayeur). Et ce n'est là qu'une partie de l'ensemble de changements soigneusement coordonnés que l'amygdale et les régions connexes orchestrent lorsqu'elles réquisitionnent le cerveau en cas de crise.

Cependant, l'amygdale, en liaison avec l'hippocampe, stimule, entre autres, la libération de dopamine, qui amène l'attention à se fixer sur la cause de la peur — les bruits étranges — et prépare les muscles à réagir. En même temps, l'amygdale stimule les aires qui commandent la vision et l'attention afin de s'assurer que les yeux recherchent tout ce qui est en rapport avec la situation. Simultanément, les systèmes corticaux de mémoire sont sollicités afin que les connaissances et les souvenirs les plus pertinents pour la situation soient facilement rappelés et prennent le pas sur les autres pensées.

Lorsque ces signaux ont été transmis, vous êtes entièrement envahi par la peur ; vous vous apercevez que vous avez l'estomac noué, que votre cœur bat à tout rompre, que les muscles de votre cou et de vos épaules sont tendus et que vos membres tremblent ; vous êtes paralysé tandis que vous concentrez votre attention dans l'attente de nouveaux bruits et que votre esprit imagine à toute vitesse les dangers possibles et les moyens d'y faire face. L'ensemble de cet enchaînement — de la surprise à l'incertitude, puis à l'appréhension et à la peur — peut se dérouler en l'espace d'une seconde. (Pour de plus amples détails, voir Jerome Kagan, *Galen's Prophecy*, Basic Books, New York, 1994.)

Appendice D

Groupe d'études W. T. Grant : les éléments essentiels des programmes de prévention

Parmi les éléments essentiels des programmes de prévention, citons :

APTITUDES ÉMOTIONNELLES

- Identifier et nommer les émotions.
- Exprimer ses émotions.
- Évaluer l'intensité des émotions.
- Maîtriser ses émotions.
- Retarder la satisfaction de ses désirs.
- Contrôler ses pulsions.
- Réduire ses tensions.
- Connaître la différence entre émotions et actions.

APTITUDES COGNITIVES

- Autodiscussion — tenir un « dialogue intérieur » en vue d'examiner une question, affronter une difficulté ou affermir son comportement.
- Déchiffrer et interpréter les signes sociaux — par exemple,

reconnaître les influences sociales sur le comportement et se considérer soi-même dans la perspective de la communauté.
• Procéder pas à pas pour résoudre les problèmes et prendre des décisions — par exemple, maîtriser ses pulsions, définir des buts, imaginer différents modes d'action, prévoir leurs conséquences.
• Comprendre le point de vue des autres.
• Comprendre les normes comportementales (ce qui est ou n'est pas un comportement acceptable).
• Adopter une attitude positive face à la vie.
• Conscience de soi — par exemple, entretenir des attentes réalistes concernant soi-même.

APTITUDES COMPORTEMENTALES

• Non verbales — communication par contact visuel, expressivité faciale, ton de la voix, gestes, etc.
• Verbales — exprimer des demandes claires, répondre positivement aux critiques, résister aux influences négatives, écouter les autres, les aider, participer à des groupes aux buts positifs.

Source : Groupe d'études W. T. Grant sur le développement des aptitudes sociales dans le cadre de l'éducation scolaire, « Drug and Alcohol Prevention Curricula », in J. David Hawkins *et al.*, *Communities That Care*, Jossey-Bass, San Francisco, 1992.

Appendice E

Programme d'étude de la connaissance de soi

Principaux éléments :

• *Conscience de soi :* s'observer et identifier ses émotions ; se doter d'un vocabulaire pour les exprimer ; connaître les relations entre pensées, émotions et réactions.
• *Prise de décisions :* examiner ses actions et prendre conscience de leurs conséquences ; déterminer si une décision est gouvernée par la pensée ou le sentiment ; appliquer cette démarche à des questions comme les rapports sexuels et la drogue.
• *Maîtriser ses émotions :* surveiller son « discours intérieur » en vue d'y déceler des éléments négatifs comme de l'autodénigrement ; prendre conscience de ce que cache une émotion (par exemple, la blessure affective à l'origine de la colère) ; trouver le moyen de surmonter ses peurs et son anxiété, sa colère et sa tristesse.
• *Apaiser ses tensions :* comprendre l'intérêt de l'exercice physique, du travail d'imagination guidé, des méthodes de relaxation.
• *Empathie :* comprendre les sentiments et les préoccupations des autres ; se placer de leur point de vue ; apprécier les différences dans la manière dont ils perçoivent les choses.
• *Communication :* parler utilement des sentiments ; savoir écou-

ter et poser de bonnes questions ; faire la distinction entre les paroles ou les actions de quelqu'un et nos réactions et jugements relatifs à celles-ci ; émettre des appréciations personnelles au lieu de condamner.

• *Ouverture à autrui :* valoriser l'ouverture et établir la confiance dans les relations avec les autres ; savoir quand il est approprié de parler de ses sentiments personnels.

• *Pénétration :* identifier chez soi-même et chez les autres les tendances de la vie et des réactions affectives.

• *Acceptation de soi :* éprouver de la fierté et se voir sous un jour positif ; reconnaître ses forces et ses faiblesses ; être capable de rire de soi-même.

• *Responsabilité personnelle :* assumer ses responsabilités ; reconnaître les conséquences de ses décisions et de ses actions, accepter ses sentiments et ses humeurs, tenir ses engagements (par exemple, dans les études).

• *Assurance :* exprimer ses préoccupations et ses sentiments sans colère ni passivité.

• *Dynamique de groupe :* coopération ; savoir comment et à quel moment commander, à quel autre se laisser guider.

• *Résolution des conflits :* savoir se montrer loyal dans les conflits avec les autres enfants, avec ses parents et ses maîtres ; négocier des compromis où toutes les parties sont gagnantes.

Source : Karen F. Stone et Harold Q. Dillehunt, *Self Science : The Subject Is Me*, Goodyear Publishing Co., Santa Monica, 1978.

Appendice F

Éducation de l'intelligence émotionnelle et sociale : résultats

*Programme de développement de l'enfant (*Child Development Project*)*

Eric Schaps, Development Studies Center, Oakland, Californie.

Évaluation effectuée dans des écoles du nord de la Californie, classe de sixième, par des observateurs indépendants, et comparaison avec des écoles témoins.

RÉSULTATS

Les enfants deviennent :

- plus responsables,
- plus assurés,
- plus populaires auprès de leurs camarades et plus ouverts,
- plus serviables,
- plus prévenants, plus attentifs,
- plus enclins à adopter des stratégies de conciliation pour résoudre les conflits,
- plus en harmonie avec les autres,

• plus « démocratiques » dans leur attitude,
• plus aptes à résoudre les conflits.

Sources : E. Schaps et V. Battistich, « Promoting Health Development Through School-Based Prevention : New Approaches », Eric Gopelrud (éd.), *OSAP Prevention Monograph, n° 8 : Preventing Adolescent Drug Use : From Theory to Practice*, Office of Substance Abuse Prevention, U.S. Dept. of Health and Human Services, Rockville, MD, 1991.

D. Solomon, M. Watson, V. Battistich, E. Schaps et K. Delucchi, « Creating a Caring Community : Educational Practices that Promote Children's Prosocial Development », in F. K. Oser, A. Dick et J. L. Patry (éd.), *Effective and Responsible Teaching : The New Synthesis*, Jossey-Bass, San Francisco, 1992.

Paths

Mark Greenberg, Fast Track Project, université de l'État du Washington.

Évaluation effectuée dans des écoles de Seattle, de la classe maternelle au cours moyen deuxième année, par les professeurs ; comparaison avec des élèves 1/ normaux, 2/ sourds, 3/ handicapés.

RÉSULTATS

• Amélioration des aptitudes cognitives sociales,
• Meilleure identification et compréhension des émotions,
• Meilleure maîtrise de soi,
• Augmentation de l'aptitude à planifier l'accomplissement des tâches cognitives,
• Plus de réflexion avant l'action,
• Plus grande efficacité dans la résolution des conflits,
• Amélioration de l'atmosphère de la classe.

BESOINS PARTICULIERS DES ÉLÈVES

Amélioration du comportement général des élèves dans les domaines suivants :
• Tolérance à la frustration,
• Aptitudes sociales,
• Orientation du travail,
• Aptitudes à bien s'entendre avec ses pairs,
• Partage,

- Sociabilité,
- Maîtrise de soi.

AMÉLIORATION DE LA COMPRÉHENSION DES ÉMOTIONS

- Identification,
- Capacité de nommer les émotions,
- Tendance à se plaindre moins souvent de tristesse et de dépression,
- Anxiété et repli sur soi moins fréquents.

Sources : Groupe de recherche sur les problèmes de comportement, « A Developmental and Clinical Model for the Prevention of Conduct Disorder : The Fast Track Program », *Development and Psychopathology* 4, 1992.

M. T. Greenberg et C. A. Kusche, *Promoting Social and Emotional Development in Deaf Children : The PATHS Project*, University Press of Washington, Seattle, 1995.

M. T. Greenberg, C. A. Kusche et J. P. Quamma, « Promoting Emotional Competence in School-Aged Children : The Effects of the PATHS Curriculum », *Development and Psychopathology* 7, 1995.

*Programme de développement social de Seattle (*Seattle Social Development Project*)*

J. David Hawkins, Groupe de recherche sur le développement social, université de l'État du Washington.

Évaluation effectuée dans les écoles primaires et secondaires (premier cycle) par des observateurs indépendants et selon des critères objectifs ; comparaison avec des écoles n'appliquant pas le programme.

RÉSULTATS

- Attachement plus positif à la famille et à l'école,
- Garçons moins agressifs, filles moins autodestructrices,
- Moins d'exclusions temporaires et de renvois chez les élèves médiocres,
- Moins d'initiation à la drogue,
- Moins de délinquance,
- Meilleurs résultats aux examens.

Sources : E. Schaps et V. Battistich, « Promoting Health Development Through

School-Based Prevention : New Approaches », *OSAP Prevention Monograph* 8, *Preventing Adolescent Drug Use : From Theory to Practice*, Erich Gopelrud (éd.), Office of Substance Abuse Prevention, U.S. Dept. of Health and Human Services, Rockville, MD, 1991.

J. D. Hawkins *et al.*, « The Seattle Social Development Project », in J. McCord et R. Tremblay (éd.), *The Prevention of Antisocial Behaviour in Children*, Guilford, New York, 1992.

J. D. Hawkins, E. Von Cleve et R. F. Catalano, « Reducing Early Childwood Aggression : Results of a Primary Prevention Program », *Journal of the American Academy of Child and Adolescent Psychiatry* 30, 2, 1991, p. 208-217.

J. A. O'Donnell, J. D. Hawkins, R. F. Catalano, R. D. Abbott et L. E. Day, « Preventing School Failure, Drug Use, and Delinquency Among Law-Income Children : Effects of a Long-Term Preventing Project in Elementary Schools », *American Journal of Orthopsychiatry* 65, 1994.

Yale-New Haven Social Competence Promotion Program

Roger Weissberg, université de l'Illinois à Chicago.

Évaluation effectuée dans les écoles publiques de Chicago, du cours élementaire deuxième année à la quatrième, par des observateurs indépendants et des rapports fournis par les élèves et les professeurs ; comparaison avec un groupe témoin.

RÉSULTATS

- Augmentation de l'aptitude à résoudre les problèmes,
- Plus grande sociabilité,
- Meilleur contrôle des pulsions,
- Amélioration du comportement,
- Meilleure gestion des rapports interpersonnels et plus grande popularité auprès des camarades,
- Plus grande aptitude à « se débrouiller »,
- Plus grande habileté face aux problèmes interpersonnels,
- Moins de comportements délinquants,
- Augmentation de la capacité à résoudre les conflits.

Sources : M. J. Elias et R. P. Weissberg, « School-Based Competence Promotion as a Primary Prevention Strategy : A Tale of Two Projects », *Prevention in Human Services* 7, 1, 1990, p. 177-200.

M. Caplan, R. P. Weissberg, J. S. Grober, P. J. Sivo, K. Grady et C. Jacoby, « Social Competence Promotion with Inner-City and Suburban Young Adolescents : Effects of Social Adjustment and Alcohol Use » *Journal of Consulting and Clinical Psychology* 60, 1, 1992, p. 56-63.

*Programme de résolution créative des conflits (*Resolving Conflict Creatively Program*)*

Linda Lantieri, National Center for Resolving Conflict Creatively Program New York.

RÉSULTATS

- Moins de violence en classe,
- Moins d'agressions verbales en classe,
- Atmosphère plus chaleureuse,
- Plus d'empressement à coopérer,
- Plus d'empathie,
- Plus grande aptitude à communiquer.

Source : Metis Associates, Inc., *The Resolving Conflict Creatively Program 1988 1989. Summary of Significant Findings of RCCP New York Site*, Metis Associates, New York, mai 1990.

Programme d'amélioration de la conscience sociale et de l'aptitude à résoudre les problèmes sociaux (The Improving Social Awareness-Social Problem Solving Project)

Maurice Elias, Rutgers University.

Évaluation effectuée dans des écoles du New Jersey, en classe de sixième, à partir de classements établis par les professeurs, les estimations des autres élèves et les archives scolaires ; comparaison avec des non-participants.

RÉSULTATS

- Plus grande sensibilité aux sentiments des autres,
- Meilleure compréhension des conséquences de son comportement,
- Plus grande capacité de jauger les situations interpersonnelles et de projeter des actions appropriées,
- Davantage d'amour-propre,
- Comportement plus orienté vers l'intérêt général,

• Tendance des autres à rechercher leur aide,
• Tendance à supporter plus facilement la transition entre école primaire et lycée,
• Comportement moins antisocial, moins autodestructeur et socialement désordonné, constaté même lorsque les enfants étaient suivis pendant leurs années de lycée,
• Plus grande aptitude à apprendre,
• Augmentation de la maîtrise de soi, de la conscience sociale et de la capacité de prendre des décisions en classe et en dehors.

Sources : M. J. Elias, M. A. Gara, T. F. Schuyler, L. R. Brandera-Muller et M. A. Sayette, « The Promotion of Social Competence : Longitudinal Study of a Preventive School-Based Program », *American Journal of Orthopsychiatry* 61, 1991, p. 409-417.
M. J. Elias et J. Clabby, *Building Social Problem Solving Sklls : Guidelines From a School-Based Program*, Jossey-Bass, San Francisco, 1992.

NOTES

Première partie
LE CERVEAU ÉMOTIONNEL

Chapitre 1 : *À quoi servent les émotions ?*

1. Associated Press, 15 septembre 1993.
2. La pérennité du thème de l'amour désintéressé est attestée par son omniprésence dans la mythologie. Les légendes jākata, contées dans la plus grande partie de l'Asie pendant des millénaires, comportent toutes des variantes de paraboles se rapportant au sacrifice de soi.
3. Amour altruiste et survie humaine : les théories évolutionnistes qui posent en principe les avantages de l'altruisme sont bien résumées par Malcolm Slavin et Daniel Kriegman, *The Adaptative Design of the Human Psyche,* Guilford Press, New York, 1992.
4. La plus grande partie de cette discussion s'inspire du remarquable essai de Paul Ekman : « An Argument for Basic Emotions », in *Cognition and Emotion* 6, 1992, p. 169-200. Cette dernière considération est faite par P. N. Johnson-Laird et K. Oatley dans un autre article de la même revue.
5. La tragédie des Crabtree : *The New York Times,* 11 novembre 1994.
6. Anomalie des réactions chez les adultes uniquement : observation faite par Paul Ekman, université de Californie à San Francisco.
7. Changements corporels durant les émotions et leurs raisons sur le plan évolutif ; certains de ces changements font l'objet d'une description documentée dans l'article de Robert W. Levenson, Paul Ekman et Wallace V. Friesen, « Voluntary Facial Action Generates Emotion-Specific Autonomous Nervous System Activity », in *Psychophysiology* 27, 1990.

La liste donnée dans notre ouvrage provient de cet article et d'autres sources. Pour l'heure, cette liste conserve un certain caractère spéculatif. La signature biologique spécifique précise que chaque émotion est l'objet d'un débat scientifique, certains chercheurs estimant qu'il existe entre les manifestations biologiques des émotions beaucoup plus de similitudes que de différences, ou que notre capacité actuelle à mesurer ces manifestations est encore insuffisante pour établir sérieusement des distinctions entre elles. À propos de ce débat, voir Paul Ekman et Richard Davidson (éd.), *Fundamental Questions About Emotions,* Oxford University Press, New York, 1994.

8. Paul Ekman affirme : « La colère est l'émotion la plus dangereuse ; certains des principaux problèmes qui détruisent actuellement notre société sont liés à des accès de folie meurtrière. De toutes les émotions, c'est celle qui, de nos jours, possède la moins grande valeur adaptative car elle pousse à combattre. Nos émotions se sont développées en des temps où nous ne possédions pas les techniques qui nous confèrent une telle puissance d'action. À l'époque préhistorique, lorsque, sous le coup de la colère, un homme voulait en tuer un autre, il ne pouvait le faire facilement — maintenant, il le peut. »

9. Érasme, *Éloge de la folie*, Éditions Jean de Bonnot, Paris, 1974.

10. Ces réactions de base définissaient ce que l'on peut considérer comme la « vie affective » — ou plus justement, la « vie instinctive » — de ces espèces. Essentielles sur le plan évolutif, elles impliquent des décisions décisives pour la survie ; les animaux capables de réagir convenablement survivaient pour transmettre leurs gènes. En ces temps reculés, la vie mentale était rudimentaire ; les sens et le répertoire élémentaire de réactions aux stimuli qu'ils recevaient permettaient de reconnaître un lézard, une grenouille, un oiseau ou un poisson — et peut-être un brontosaure. Mais ce cerveau encore peu développé n'autorisait pas ce que nous appelons une émotion.

11. Système limbique et émotions : R. Joseph, « The Naked Neuron : Evolution and the Languages of the Brain and Body », Plenum Publishing, New York, 1993 ; Paul D. MacLean, *The Triune Brain in Evolution,* Plenum, New York, 1990.

12. Bébés rhésus et adaptabilité : « Aspects of Emotion Conserved Across Species », Dr Ned Kalin, Sections de psychologie et psychiatrie, université du Wisconsin, préparé pour le MacArthur Affective Neuroscience Meeting, novembre 1992.

Chapitre 2 : *Lorsque les émotions prennent le pouvoir : anatomie d'un coup d'État*

1. Le cas de l'homme privé de sentiment est décrit par R. Joseph, *op. cit.,* p. 83. En revanche, quelques restes de sentiments peuvent subsister chez les personnes à qui il manque une amygdale (voir Paul Ekman et Richard Davidson (éd.), *Questions About Emotions,* Oxford University

Press, New York, 1994). Les différences entre ces constatations pourraient dépendre de la partie exacte et des circuits associés qui font défaut ; on est encore loin de connaître la neurologie des émotions dans tous ses détails.

2. Comme beaucoup de chercheurs en neurologie, LeDoux travaille à plusieurs niveaux. Il étudie, par exemple, comment se modifie le comportement d'un rat dont le cerveau a subi certaines lésions, s'applique à suivre le trajet de neurones, met au point des expériences complexes pour conditionner la peur des rats dont le cerveau a été modifié chirurgicalement. Ses découvertes, et d'autres rapportées ici, se situent à la frontière du territoire exploré par la neuroscience et conservent donc un caractère spéculatif — en particulier les implications que semblent entraîner les informations brutes pour notre vie affective. Les travaux de LeDoux sont cependant étayés par un ensemble de plus en plus important de chercheurs en neuroscience qui découvrent progressivement le substrat neural des émotions. Voir, par exemple, Joseph LeDoux, « Sensory Systems and Emotions », in *Integrative Psychiatry* 4, 1996 ; Joseph LeDoux, « Emotions and the Limbic System Concept », in *Concepts of Neuroscience* 2, 1992.

3. L'idée que le système limbique est le centre émotionnel du cerveau a été introduite par le neurologue Paul MacLean il y a plus de quarante ans. Ces dernières années, des découvertes comme celles de LeDoux ont permis d'affiner ce concept en montrant que certaines structures centrales de ce système, comme l'hippocampe, sont moins directement impliquées dans les émotions, alors que des circuits reliant d'autres parties du cerveau — en particulier, les lobes préfrontaux — à l'amygdale jouent un rôle primordial. En outre, on s'accorde de plus en plus à penser que chaque émotion dépend d'une aire particulière du cerveau. La conception la plus répandue est qu'il n'existe pas « un cerveau émotionnel » nettement défini et unique, mais plutôt divers systèmes de circuits qui répartissent la charge de gouverner une émotion donnée entre des parties éloignées, mais coordonnées, du cerveau. Les chercheurs en neuroscience spéculent que, lorsque la cartographie des régions sièges des émotions sera achevée, chaque émotion présentera sa propre topographie, un réseau distinct de liaisons neuronales déterminant ses capacités uniques, bien que beaucoup, voire la plupart, de ces circuits soient vraisemblablement interconnectés à des points de jonction situés à l'intérieur du système limbique, comme l'amygdale, ou du cortex préfrontal. Voir Joseph LeDoux, « Emotional Memory System in the Brain », in *Behavioral and Brain Research* 58, 1993.

4. Circuits cérébraux commandant les diverses manifestations physiques de la peur : cette analyse est fondée sur l'excellente synthèse de Jerome Kagan, *Galen's Prophecy*, Basic Books, New York, 1994.

5. J'ai parlé des recherches de Joseph LeDoux dans un article du *New York Times* (15 août 1989). L'exposé de ce chapitre est fondé sur un entretien que j'ai eu avec lui et sur plusieurs de ses articles, dont « Emotional Memory Systems in the Brain », in *Behavioral Brain Research*

58, 1993 ; « Emotions Memory and the Brain », in *Scientific American,* juin 1994 ; « Emotions and the Limbic System Concept », in *Concepts in Neuroscience* 2, 1992.

6. Préférences inconscientes : William Raft Kunst-Wilson et R. B. Zajonc, « Affective Discrimination of Stimuli That Cannot Be Recognized », in *Science,* 1er février 1980.

7. Opinions inconscientes : John A. Bargh, « First Second : The Preconscious in Social Interactions », présenté au cours du congrès de l'American Psychological Society, Washington DC, juin 1994.

8. Mémoire affective : Larry Cahill *et al.*, « Beta-Adrenergic Activation and Memory for Emotional Events », in *Nature,* 20 octobre 1994.

9. Théorie psychanalytique et maturation du cerveau ; la discussion la plus détaillée sur les premières années de la vie et les conséquences émotionnelles du développement cérébral est fournie par Allan Schore, *Affect Regulation and the Origin of Self,* Lawrence Erlbaum Associates, Hillsdale, NJ, 1994.

10. LeDoux, cité dans « How Scary Things Get That Way », in *Science,* 6 novembre 1992, p. 887.

11. La plus grande partie de la discussion sur ce réglage précis des réactions émotionnelles provient de Ned Kalin, *op. cit.*

12. Un examen plus approfondi de la neuroanatomie montre comment les lobes préfrontaux assument la fonction de gouverneurs des émotions. Il y a tout lieu de croire que le cortex préfrontal est le lieu où se réunissent la plupart des circuits corticaux impliqués dans une réaction affective. Chez les humains, les liaisons les plus solides entre néocortex et amygdale conduisent au lobe préfrontal gauche et au lobe temporal situé dessous, et sur le côté du lobe frontal (le lobe temporal joue un rôle décisif pour identifier ce qu'est un objet). Toutes ces liaisons sont établies grâce à une ramification unique, ce qui suggère l'existence d'une voie rapide et à gros débit, une sorte d'autoroute neurale virtuelle. L'unique ramification neurale entre l'amygdale et le cortex préfrontal aboutit à une zone appelée *cortex orbitofrontal.* C'est, semble-t-il, surtout grâce à cette région que nous pouvons évaluer nos réactions intuitives pendant qu'elles ont lieu et les corriger à mi-course.

Tout en recevant des signaux de l'amygdale, le cortex orbitofrontal possède son propre réseau, important et compliqué, de ramifications à travers tout le cerveau limbique. Grâce à ce réseau, il contribue à gouverner les réactions affectives — y compris en inhibant les signaux provenant du cerveau limbique à leur arrivée dans d'autres régions du cortex, atténuant ainsi le caractère alarmant de ces signaux. Les liaisons du cortex orbitofrontal avec le cerveau limbique sont si considérables que certains neuroanatomistes ont qualifié ce cortex de « limbique » — la partie pensante du cerveau intuitif. Voir Ned Kalin, Sections de psychologie et de psychiatrie, université du Wisconsin, « Aspects of Emotional Conserved Across Species », manuscrit non publié, préparé pour le MacArthur Affective Neuroscience Meeting, novembre 1992 ; et Allan Shore, *Affect Regulation and the Origin of Self*, Lawrence Erlbaum Associates, Hillsdale, NJ, 1994.

Il existe entre l'amygdale et le cortex préfrontal un pont non seulement structurel, mais aussi, comme toujours, biochimique ; dans la section ventromédiane du cortex préfrontal et l'amygdale, la concentration de récepteurs chimiques à la sérotonine, un neurotransmetteur, est particulièrement élevée. Cette substance chimique du cerveau semble, entre autres choses, favoriser la coopération : les singes possédant une forte densité de récepteurs à la sérotonine dans le circuit lobe préfrontal-amygdale sont « socialement harmonisés », alors que ceux chez qui cette concentration est faible sont agressifs et ont des rapports conflictuels. Voir Antonio Damosio, *Descartes' Error : Emotion, Reason and the Human Brain*, Grosset/Putnam, New York, 1994.

13. Les études sur les animaux montrent que, lorsque des aires des lobes préfrontaux sont lésées, de sorte que les signaux émotionnels provenant de la région limbique ne sont plus modulés, le comportement des animaux devient changeant et impulsif ; ils ont des accès de rage ou se montrent peureux. Dans les années trente déjà, A. R. Luria, le remarquable neuropsychologue russe, estimait que le cortex préfrontal était essentiel à la maîtrise de soi et des débordements émotionnels ; les patients chez qui ces régions avaient subi des dommages, remarquait-il, étaient impulsifs et prédisposés à des accès de peur et de colère. Dans une étude portant sur deux douzaines d'hommes et de femmes inculpés de meurtres impulsifs ou passionnels, on a constaté chez eux une activité très inférieure à la normale dans ces mêmes régions du cortex préfrontal.

14. Certaines des principales recherches sur des rats ayant subi des lésions des lobes ont été effectuées par Victor Dennenberg, psychologue à l'université du Connecticut.

15. Lésions de l'hémisphère gauche et jovialité : G. Gianotti, « Emotional Behavior and Hemispheric Side of Lesion », in *Cortex* 8, 1972.

16. Le cas de ces patients a été rapporté par Mary K. Morris, de la Section de neurologie de l'université de Floride, à l'occasion du Congrès international de la Société de neurophysiologie, les 13-16 février 1991 à San Antonio.

17. Cortex préfrontal et mémoire active : Lynn D. Selemon *et al.*, « Prefrontal Cortex », in *American Journal of Psychiatry* 152, 1995.

18. Déficience des lobes préfrontaux : Philip Harden et Robert Pihl, « Cognitive Function, Cardiovascular Reactivity, and Behavior in Boys at Risk for Alcoholism », in *Journal of Abnormal Psychology,* 104, 1995.

19. Cortex préfrontal : Antonio Damasio, *Descartes' Error, op. cit.*

Deuxième partie
LA NATURE DE L'INTELLIGENCE ÉMOTIONNELLE

Chapitre 3 : *La bêtise de l'intelligence*

1. L'histoire de Jason est rapportée dans « Warning by a Valedictorian Who Faced Prison », in *The New York Times,* 23 juin 1992.

2. Howard Gardner, « Cracking Open the IQ Box », in *The American Prospect,* hiver 1995.

3. Richard Herrnstein et Charles Murray, *The Belle Curve : Intelligence and Class Structure in American Life,* Free Press, New York, 1994, p. 66.

4. George Vaillant, *Adaptation to Life*, Little, Brown, Boston, 1977. Le Dr Vaillant, maintenant à l'École de médecine de l'université d'Harvard, m'a affirmé que les résultats des examens d'entrée à l'université n'avaient guère permis de prévoir dans quelle mesure les sujets en question réussiraient dans la vie.

5. J. K. Felsman et G. E. Vaillant, « Resilient Children as Adults : 140-Year Study », in E. J. Anderson et B. J. Cobler (éd.), *The Invulnerable Child,* Guilford Press, New York, 1987.

6. Karen Arnold, qui a effectué cette étude avec Terry Denny à l'université de l'Illinois, a été citée par le *Chicago Tribune,* 29 mai 1992.

7. Mara Krevchevsky et David Feldman, notamment, ont collaboré avec Gardner à la mise au point du Project Spectrum.

8. J'ai interviewé Howard Gardner à propos des intelligences multiples dans « Rethinking the Value of Intelligence Tests », in *The New York Times Education Supplement,* 3 novembre 1986, et plusieurs fois depuis lors.

9. La comparaison entre le QI et les aptitudes mesurées selon les intelligences multiples est donnée dans un chapitre écrit en collaboration avec Mara Krevchevsky, in Howard Gardner, *Multiple Intelligences : The Theory in Practice,* Basic Books, New York, 1993.

10. Howard Gardner, *Multiple Intelligences, op. cit.,* p. 9.

11. Howard Gardner et Thomas Hatch, « Multiple Intelligences Go to School », in *Educational Researcher* 18, 8, 1989.

12. Le modèle de l'« intelligence émotionnelle » (*Emotional Intelligence*) a été proposé pour la première fois par Peter Salovey et John D. Mayer, « Emotional Intelligence », in *Imagination, Cognition and Personality* 9, 1990, p. 185-211.

13. Intelligence pratique et capacités individuelles : Robert J. Sternberg, *Beyond IQ,* Cambridge University Press, New York, 1985.

14. On trouve la définition de base de l'« intelligence émotionnelle » dans Salovey et Mayer, « Emotional Intelligence », *op. cit.*, p. 189.

15. QI contre intelligence émotionnelle : Jack Block, université de Californie à Berkeley, février 1995. Block utilise le concept de « souplesse du moi » (*ego resilience*) plutôt que celui d'intelligence émotionnelle, mais il faut remarquer que ses éléments essentiels sont notamment la capacité de gouverner ses émotions, de maîtriser ses pulsions de manière adaptée, le sens de l'efficacité et l'intelligence sociale, également composants principaux de l'intelligence émotionnelle. Block a analysé des données provenant d'une étude « longitudinale » portant sur une centaine de garçons et de filles observés d'abord peu après dix ans, puis après avoir franchi le cap des vingt ans. Il a recouru à des méthodes statistiques pour évaluer la personnalité et le comportement correspon-

dant à un QI élevé puis à l'intelligence émotionnelle. La corrélation est faible entre le QI et la souplesse du moi, et les deux sont des constructions intellectuelles indépendantes.

Chapitre 4 : *Connais-toi toi-même*

1. Je donne à la *conscience de soi-même* le sens d'une attention introspective, autoréflexive à sa propre expérience vécue, ce que l'on appelle aussi tout simplement l'*attention.*

2. Voir aussi Jon Kabat-Zinn, *Wherever You Go, There You Are,* Hyperion, New York, 1994.

3. L'observateur intérieur : on trouve une comparaison pénétrante de l'attitude attentive du psychanalyste et de la conscience de soi-même dans l'ouvrage de Mark Epstein, *Thoughts Without a Thinker*, Basic Books, New York, 1995. Epstein fait remarquer que si cette capacité est cultivée à fond, elle permet à l'individu de perdre son caractère emprunté et d'acquérir « une personnalité plus ouverte et hardie », capable d'embrasser pleinement la vie.

4. William Styron, *Darkness Visible : A Memoir of Madness,* Random House, New York, 1990, p. 64. Trad. française, *Face aux ténèbres*, Gallimard, 1990.

5. John D. Mayer et Alexander Stevens, « An Emerging Understanding of the Reflective (Meta) Experience of Mood », manuscrit non publié, 1995.

6. *Id., ibid.* J'ai adapté certains des termes décrivant ces trois formes de rapports avec ses propres émotions.

7. L'intensité des émotions : la majeure partie de ces travaux est due à Randy Larsen, un ancien élève de Diener maintenant à l'université du Michigan.

8. Le cas de Gary est rapporté dans Hillel I. Swiller, « Alexithymia : Treatment Utilizing Combined Individual and Group Psychotherapy », in *International Journal of Group Psychotherapy* 38, 1, 1988, p. 47-61.

9. M. B. Freedman et B. S. Sweet utilisent l'expression d'« analphabète émotionnel » (*emotional illiterate*) : « Some Specific Features of Group Psychotherapy », in *International Journal of Group Psychotherapy* 4, 1954, p. 335-368.

10. Les aspects cliniques de l'alexithymie sont décrits par Graeme J. Taylor dans « Alexithymia : History of the Concept », article présenté au congrès annuel de l'American Psychiatric Association tenu à Washington en mai 1986.

11. La description de l'alexithymie est de Peter Sifneos, « Affect, Emotional Conflict, and Deficit of Overview », in *Psychotherapy-and-Psychosomatics* 56, 1991, p. 116-122.

12. Cas apporté par H. Warnes, « Alexithymia, Clinical an Therapeutic Aspects », in *Psychotherapy-and-Psychosomatics* 46, 1986, p. 96-104.

13. Rôle des émotions dans le raisonnement : Antonio Damasio, *Descartes' Error, op. cit.*

14. Peur inconsciente : Kagan, *Galen's Prophecy, op. cit.*

Chapitre 5 : *L'esclave des passions*

1. Pour plus de détails, voir Ed Diener et Randy J. Larsen, « The Experience of Emotional Well-Being », in Michael Lewis et Jeannette Haviland (éd.), *Handbook of Emotions* ; Guilford Press, New York, 1993.

2. J'ai interviewé Diane Tice en décembre 1992 à propos de ses recherches sur la façon dont les gens se défont de leur mauvaise humeur. Elle a publié ses découvertes sur la colère dans un chapitre écrit en collaboration avec son mari, Roy Baumeister, in Daniel Wegner et James Pennebaker (éd.), *Handbook of Mental Control,* vol. 5, Prentice Hall, Englewood Cliffs, NJ, 1993.

3. Également décrit dans Arlie Hochschild, *The Managed Heart,* Free Press, New York, 1980.

4. Diane Tice et Roy F. Baumeister, « Controlling Anger : Self-Induced Emotion Change », in Daniel Wegner et James Pennebaker, *Hanbook of Mental Control, op. cit.* Voir aussi Carol Tavris, *Anger : The Misunderstood Emotion*, Touchstone, New York, 1989.

5. Recherches décrites dans Dolf Zillmann, « Mental Control of Angry Aggression », in Daniel Wegner et James Pennebaker, *Handbook of Mental Control, op. cit.*

6. Carol Tavris, *Anger : The Misunderstood Emotion, op. cit.*, p. 135.

7. Les stratégies imaginées par Redford Williams pour contrôler son agressivité sont décrites en détail dans Redford Williams et Virginia Williams, *Anger Kills,* Times Books, New York, 1995.

8. Donner libre cours à sa colère ne l'éteint pas : voir, par exemple, S. K. Mallick et B. R. McCandless, « A Study of Catharsis Aggression », in *Journal of Personality and Social Psychology* 4, 1966. On trouvera un résumé des recherches sur le sujet dans Carol Tavris, *Anger : The Misunderstood Emotion, op. cit.*

9. Carol Tavris, *Anger : The Misunderstood Emotion, op. cit.*

10. Lizabeth Roemer et Thomas Borkovec, « Worry : Unwanted Cognitive Activity That Controls Unwanted Somatic Experience », in Daniel Wegner et James Pennebaker, *Handbook of Mental Control, op. cit.*

11. Peur des microbes : David Riggs et Edna Foa, « Obsessive-Compulsive Disorder », in David Barlow (éd.), *Clinical Handbook of Psychological Disorders*, Guilford Press, New York, 1993.

12. Lizabeth Roemer et Thomas Borkovec, « Worry », *op. cit.*, p. 221.

13. Traitement de l'anxiété : voir, par exemple, David H. Barlow (éd.), *Clinical Handbook of Psychological Disorders, op. cit.*

14. William Styron, *op. cit.*

15. Susan Nolen-Hoeksma, « Sex Differences in Control of Depression », in Daniel Wegner et James Pennebaker, *Handbook of Mental Control, op. cit.*, p. 307.
16. Traitement de la dépression : K. S. Dobson, « A Meta-Analysis of the Efficacy of Cognitive Therapy for Depression », in *Journal of Consulting and Clinical Psychology* 57, 1989.
17. L'étude des schémas de pensée des personnes déprimées est rapportée dans « The Mental Control of Depression », in Daniel Wegner et James Pennebaker, *Handbook of Mental Control, op. cit.*
18. Shelley Taylor *et al.*, « Maintaining Positive Illusions in the Face of Negative Informations », *Journal of Consulting and Social Psychology* 8, 1989.
19. Daniel A. Weinberger, « The Construct Validity of the Repressive Coping Style », in J. L. Singer (éd), *Repression and Dissociation,* University of Chicago Press, Chicago, 1990.
Weinberger, qui a développé le concept de répresseurs dans des études précédentes en collaboration avec Gary F. Schwartz et Richard Davidson, est devenu le chercheur de pointe en ce domaine.

Chapitre 6 : *L'aptitude maîtresse*

1. Daniel Goleman, *Vital Lies, Simple Truths : The Psychology of Self-Deception,* Simon and Schuster, New York, 1985.
2. Alan Baddeley : *Working Memory,* Clarendon Press, Oxford, 1986.
3. Cortex préfrontal et mémoire active : Patrick Goldman-Rakic, « Cellular and Circuit Basis of Working Memory in Prefrontal Cortex of Nonhuman Primates », in *Progress in Brain Research* 85, 1990 ; Daniel Weinberger, « A Connectionistic Approach to the Prefrontal Cortex », in *Journal of Neuropsychiatry* 5, 1993.
4. Anders Ericsson, « Expert-Performance : Its Structure and Acquisition », in *American Psychologist,* août 1994.
5. Richard Herrnstein et Charles Murray, *The Belle Curve, op. cit.*
6. James Flynn, *Asian-American Achievment Beyond IQ,* Lawrence Erlbaum, New Jersey, 1991.
7. Yuichi Shoda, Walter Mischel tet Philip K. Peake, « Predicting Adolescent Cognitive and Self-Regulatory Competencies From Preschool Delay of Gratification », in *Developmental Psychology* 26, 6, 1990, p. 978-986.
8. L'analyse des résultats des tests a été effectuée par Phil Peake, un psychologue du Smith College.
9. Communication personnelle de Phil Peake (voir note précédente).
10. Impulsivité et délinquance : voir Jack Block, « On the Relation Between IQ, Impulsivity, and Delinquency », in *Journal of Abnormal Psychology* 104, 1995.
11. Timothy A. Brown *et al.*, « Generalized Anxiety Disorder », in

David H. Barlow (éd.), *Clinical Hanbook of Psychological Disorders, op. cit.*

12. W. E. Collins *et al.*, « Relationships of Anxiety Scores to Academy and Field Training Performance of Air Traffic Control Specialists », in *FFA Office of Aviation Medicine Reports,* mai 1989.

13. Anxiété et résultats scolaires : Bettina Seipp, « Anxiety and Academic Performance : A Meta-Analysis », in *Anxiety Research* 4, 1, 1991.

14. Richard Metzger *et al.*, « Worry Changes Decision-making : The Effects of Negative Thoughts on Cognitive Processing », in *Journal of Clinical Psychology,* janvier 1990.

15. Ralph Haber et Richard Alpert, « Test Anxiety », in *Journal of Abnormal and Social Psychology* 13, 1958.

16. Theodore Chapin, « The Relationships of Trait Anxiety and Academic Performance to Achievement Anxiety », in *Journal of College Student Development,* mai 1989.

17. John Hunsley, « Internal Dialogue During Academic Examinations », in *Cognitive Therapy and Research,* décembre 1987.

18. Alice Isen *et al.*, « The Influence of Positive Affect on Clinical Problem Solving », in *Medical Decision Making,* juillet-septembre 1991.

19. C. R. Snyder *et al.*, « The Will and the Ways : Development and Validation of an Individual-Differences Measure of Hope », in *Journal of Personality and Social Psychology* 60, 4, 1991, p. 579.

20. J'ai interviewé C. R. Snyder dans le *New York Times,* 24 décembre 1991.

21. Martin Seligman, *Learned Optimism,* Knopf, New York, 1991.

22. Optimisme réaliste ou naïf : voir, par exemple, Carol Whalen *et al.*, « Optimism in Children's Judgments of Health and Environmental Risks », in *Health Psychology* 13, 1994.

23. J'ai interviewé Martin Seligman dans le *New York Times*, 3 février 1987.

24. J'ai interviewé Albert Bandura dans le *New York Times,* 8 mai 1988.

25. Mihaly Csikszentmihalyi, « Play and Intrinsic Rewards », in *Journal of Humanistic Psychology* 15, 3, 1975.

26. *Id.*, *Flow : The Psychology of Optimal Experience,* 1re édit. Harper and Row, New York, 1990.

27. « Like a Waterfall », *Newsweek*, 28 février 1994.

28. J'ai interviewé le Dr Csikszentmihalyi dans le *New York Times,* 4 mars 1986.

29. Jean Hamilton *et al.*, « Intrinsic Enjoyment and Bordom Coping Scales : Validation With Personality, Evoked Potential and Attention Measures », in *Personality and Individual Differences* 5, 2, 1984.

30. Ernest Hartmann, *The Functions of Sleep,* Yale University Press, New Haven, 1973.

31. J'ai interviewé le Dr Csikszentmihalyi dans le *New York Times*, 22 mars 1992.

32. Jeanne Nakamura, « Optimal Experience and the Uses of Talent »,

in Mihaly et Isabelle Csikszentmihalyi, *Optimal Experience : Psychological Studies of Flow in Consciousness*, Cambridge University Press, Cambridge, 1988.

Chapitre 7 : *Les racines de l'empathie*

1. Conscience de soi et empathie : voir, par exemple, John Mayer et Melissa Kirkpatrick, « Hot Information-Processing Becomes More Accurate With Open Emotional Experience », université du New Hampshire, manuscrit non publié, octobre 1994 ; Randy Larsen *et al.*, « Cognitive Operations Associated With Individual Differences in Affect Intensity », in *Journal of Personality and Social Psychology* 53, 1987.
2. Robert Rosenthal *et al.*, « The PONS Test : Measuring Sensitivity to Nonverbal Cues », in P. McReynolds (éd.), *Advances in Psychological Assessment*, Jossey-Bass, San Francisco, 1977.
3. Stephen Norwick et Marshall Duke, « A Measure of Nonverbal Social Processing Ability in Children Between the Ages of 6 and 10 », article présenté au congrès de l'American Psychological Society de 1989.
4. Les mères qui ont joué le rôle de chercheur ont été formées par Marian Radke-Yarrow et Carolyn Zahn-Waxler au Laboratoire de psychologie de l'enfance (Institut national américain de la santé mentale).
5. J'ai publié dans le *New York Times* (28 mars 1989) un article sur l'empathie, son mode de développement et sa neurologie.
6. Marian Radke-Yarrow et Carolyn Zahn-Waxler, « Roots, Motives and Patterns in Children's Prosocial Behavior », in Ervin Staub *et al.* (éd.), *Development and Maintenance of Prosocial Behavior,* Plenum, New York, 1984.
7. Daniel Stern, *The Interpersonal World of the Infant,* Basic Books, New York, 1987, p. 30.
8. *Id., ibid*
9. Jeffrey Pickens et Tiffany Field, « Facial Expressivity in Infants of Depressed Mothers », in *Developmental Psychology* 29, 6, 1995.
10. L'étude a été effectuée par Robert Prentley, un psychologue de Philadelphie.
11. « Giftedness and Psychological Abuse in Borderline Personality Desorder : Their Relevance to Genesis and Treatment », in *Journal of Personality Desorder* 6, 1992.
12. Leslie Brothers, « A Biological Perspective on Empathy », in *American Journal of Psychiatry* 146, 1989.
13. *Id., ibid.*, p. 16.
14. Physiologie de l'empathie : Robert Levenson et Anna Ruef, « Empathy : A Physiological Substract », in *Journal of Personality and Social Psychology* 63, 2, 1992.
15. Martin L. Hoffman, « Empathy, Social Cognition and Moral Action », in W. Kurtiness et J. Gerwitz (éd.), *Moral Behavior and Deve-*

lopment : Advances in Theory, Research and Applications, John Wiley and Sons, New York, 1984.

16. *Id., ibid.*

17. J'ai écrit un article sur le cycle émotionnel qui culmine dans le crime sexuel pour le *New York Times,* 14 avril 1992. La source est William Pithers, psychologue au Vermont Department of Corrections.

18. La nature de la psychopathie est décrite plus en détail dans un article que j'ai écrit dans le *New York Times*, 17 juillet 1987. Je me suis beaucoup inspiré des travaux de Robert Hare, psychologue à l'université de Colombie britannique, expert en psychopathie.

19. Leon Bing, *Do or Die*, Harper et Collins, New York, 1991.

20. Neil S. Jaconson *et al.*, « Affect, Verbal Content, and Psychophysiology in the Arguments of Couples With a Violent Husband », in *Journal of Clinical and Consulting Psychology,* juillet 1994.

21. Les psychopathes n'ont pas peur — comme on peut le remarquer chez les psychopathes criminels sur le point de recevoir une décharge éléctrique. Une des études les plus récentes sur le sujet est celle de Christopher Patrick *et al.*, « Emotion in the Criminal Psychopath Fear Image Processing », in *Journal of Abnormal Psychology* 103, 1994.

Chapitre 8 : *L'art de bien s'entendre avec les autres*

1. L'échange entre Jay et Len est rapporté par Judyn Dunn et Jane Brown, « Relationships, Talk About Feelings, and the Development of Affect Regulation in Early Childhood », in Judy Garber et Kenneth A. Dodge (éd.), *The Development of Emotion Regulation and Dysregulation,* Cambridge University Press, Cambridge, 1991. La touche dramatique est de moi.

2. Paul Ekman et Wallace Friesen, *Unmasking the Face,* Prentice Hall, Englewoods, NJ, 1975.

3. L'histoire des moines est racontée par David Busch dans « Culture Cul-de-Sac », in *Arizona State University Research,* printemps/automne 1994.

4. Ellen Sullins, in *Personality and Social Psychology Bulletin*, avril 1991.

5. Frank Bernieri, un psychologue de l'université de l'Oregon. J'ai évoqué ses travaux dans le *New York Times*. Une partie importante de ses recherches est rapportée par Frank Bernieri et Robert Rosenthal, « Interpersonal Coordination, Behavior Matching, and Interpersonal Synchrony », in Robert Feldman et Bernard Rime (éd.), *Fundamentals of Nonverbal Behavior*, Cambridge University Press, Cambridge, 1991.

6. La théorie de l'entraînement est proposée par Frank Bernieri et Robert Rosenthal, *Fundamentals of Nonverbal Behavior, op. cit.*

7. Thomas Hatch, « Social Intelligence in Young Children », article présenté lors du congrès annuel de l'American Psychological Association en 1990.

8. Mark Snyder, « Impression Management : The Self in Social Interaction », in L. S. Wrightsman et K. Deaux, *Social Psychology in the '80s*, Brooks/Cole, Monterey, CA, 1981.
9. E. Lakin Phillips, *The Social Skills Basis of Psychopathology,* Grune and Stratton, New York, 1978, p. 140.
10. Stephen Nowicki et Marshall Duke, *Helping the Child Who Doesn't Fit In,* Peachtree Publishers, Atlanta, 1992. Voir aussi Byron Rourke, *Nonverbal Learning Disabilities,* Cambridge University Press, New York, 1990.
11. Stephen Nowicki et Marshall Duke, *Helping the Child Who Doesn't Fit In, op. cit.*
12. La description de cette scène et la revue des recherches sur l'entrée dans un groupe sont dues à Martha Putallaz et Aviva Wasserman, « Chidren's Entry Behavior », in Steven Asher et John Coie (éd.), *Peer Rejection in Childhood,* Cambridge University Press, New York, 1990
13. Martha Putallaz et Aviva Wasserman, « Children's Entry Behavior », *op. cit.*
14. Thomas Hatch, « Social Intelligence in Young Children », *op. cit.*
15. L'histoire de Terry Dobson est reproduite avec la permission de ses héritiers. Elle est également rapportée par Ram Dass et Paul Gorman dans *How Can I Help ?* Alfred A. Knopf, New York, 1985, p. 167-171.

Troisième partie
L'INTELLIGENCE ÉMOTIONNELLE APPLIQUÉE

Chapitre 9 : *Ennemis intimes*

1. Il existe de nombreuses façons de calculer le taux de divorce, et les méthodes statistiques utilisées déterminent le résultat. Certaines montrent que le taux de divorce a culminé à 50 % avant de diminuer un peu. Lorsqu'on calcule le nombre total de divorces pour une année donnée, on constate que le taux a été maximal dans les années quatre-vingt. Mais ce que j'essaie de définir ici est la probabilité qu'un couple marié une année donnée finisse par divorcer. On constate alors une augmentation du taux depuis un siècle. Pour plus de détails, voir John Gottman, *What Predicts Divorce : The Relationship Between Marital Processes and Marital Outcomes,* Lawrence Erlbaum Associates, Inc., Hillsdale, NJ, 1993.
2. Eleanor Maccoby et C. N. Jacklin, « Gender Segregation in Childhood », in H. Reese (éd.), *Advances in Child Development and Behavior*, Academic Press, New York, 1987.
3 John Gottman, « Same and Cross Sex Friendship in Young Children », in J. Gottman et J. Parker (éd.), *Conversation of Friends*, Cambridge University Press, New York, 1986.

4. Ces considérations sur les différences dans la socialisation des émotions suivant le sexe s'inspirent de l'excellente étude de Leslie R. Brody et Judith A. Hall, « Gender and Emotion », in Michael Lewis et Jeannette Haviland (éd.), *Handbook of Emotions*, Guilford Press, New York, 1993.

5. Leslie Brody et Judith Hall, « Gender and Emotion », *op. cit.*, p. 456.

6. Robert B. Cairns et Beverley D. Cairns, *Lifelines and Risks,* Cambridge University Press, New York, 1994.

7. Leslie Brody et Judith Hall, « Gender and Emotion », *op. cit.*, p. 454.

8. Les découvertes sur les différences entre les sexes en matière d'émotion sont passées en revue dans Leslie Brody et Judith Hall, « Gender and Emotions », *op. cit.*

9. Mark H. Davis at H. Alan Oathout, « Maintenance of Satisfaction in Romantic Relationships : Empathy and Relational Competence », in *Journal of Personality and Social Psychology* 53, 2, 1987, p. 397-410.

10. Robert J. Sternberg, « Triangulating Love », in Robert Sternberg et Michael Barnes (éd.), *The Psychology of Love*, Yale University Press, New Haven, 1988.

11. Dr Ruben C. Gur à l'École de médecine de l'université de Pennsylvanie.

12. John Gottman, *What Predict Divorce, op. cit.,* p. 84.

13. Les recherches de John Gottman et de ses collègues à l'université de Washington sont décrites plus en détail dans deux ouvrages : John Gottman, *Why Marriages Succeed or Fail,* Simon and Schuster, New York, 1992, et *What Predict Divorce, op. cit.*

14. John Gottman, *What Predict Divorce, op. cit.*

15. Aaron Beck, *Love Is Never Enough*, Harper and Row, New York, 1988, p. 145-146.

16. John Gottman, *What Predict Divorce, op. cit.*

17. Le mode de pensée déformé des maris violents est décrit par Amy Holtzworth-Munroe et Glenn Hutchinson, « Attributing Negative Intent to Wife Behavior : The Attributions of Maritally Violent Versus Nonviolent Men », in *Journal of Abnormal Psychology* 102, 2, 1993, p. 206-211. Le caractère soupçonneux des hommes agressifs : Neil Malamuth et Lisa Brown, « Sexually Aggressive Men's Perceptions of Women's Communications », in *Journal of Personality and Social Psychology* 67, 1994.

18. Les maris peuvent se montrer violents de trois manières différentes : rarement, de façon impulsive ; sous le coup de la colère ; et de manière froide et calculée. La thérapie ne semble efficace que dans les deux premiers cas. Voir Neil Jacobson *et al.*, *Clinical Handbook of Marital Therapy*, Guilford Press, 1994.

19. John Gottman, *What Predict Divorce, op. cit.*

20. Robert Levenson *et al.*, « The Influence of Age and Gender on

Affect, Physiology, and Their Interrelations : A Study of Long-Term Marriages », in *Journal of Personality and Social Psychology* 67, 1994.

21. John Gottman, *What Predict Divorce, op. cit.*

22. *Id., ibid.*

23. « Wife Charged with Shooting Husband Over Football on TV », in *The New York Times*, 3 novembre 1993.

24. John Gottman, *What Predict Divorce, op. cit.*

25. *Id., ibid.*

26. John Gottman, *Why Marriages Succeed or Fail, op.cit.*

27. *Id., ibid.*

28. Aaron Beck, *Love is Never Enough, op. cit.*

29. Harville Hendrix, *Getting the Love You Want*, Henry Holt, New York, 1988.

Chapitre 10 : *Le management, une affaire de cœur*

1. Carl Lavin, « When Moods Affect Safety : Communications in a Cockpit Mean a Lot a Few Miles Up », in *The New York Times*, 26 juin 1994.

2. Michael Maccoby, « The Corporate Climber Has to Find His Heart », in *Fortune*, décembre 1976.

3. Shoshona Zuboff (conversation en juin 1994). Sur l'impact des techniques de l'information, voir son ouvrage *In the Age of the Smart Machine*, Basic Books, New York, 1991.

4. L'histoire m'a été racontée par Hendrie Weisinger, psychologue à l'école de commerce UCLA. Son livre est *The Critical Edge : How to Criticize Up and Down the Organization and Make It Pay Off*, Little Brown, Boston, 1989.

5. L'étude a été effectuée par Robert Baron, psychologue au Rensselaer Polytechnic Institute, que j'ai interviewé pour le *New York Times*, 11 septembre 1991.

6. Robert Baron, « Countering the Effects of Destructive Criticism : The Relative Efficacy of Four Interventions », in *Journal of Applied Psychology* 75, 3, 1990.

7. Harry Levinson, « Feedback to Subordinates », in *Addendum to the Levinson Letter*, Levinson Institute, Waltham, MA, 1992.

8. Étude de 645 compagnies américaines effectuée par les conseillers de gestion de la société Towers Perrin à Manhattan et rapportée dans le *New York Times* du 26 août 1990.

9. Vamik Volkan, *The Need to Have Enemies and Allies*, Jason Aronson, Northvale, NJ, 1988.

10. Thomas Pettigrew, que j'ai interviewé pour le *New York Times*, 12 mai 1987.

11. Samuel Gaertner et John Davidio, *Prejudice, Discrimination, and Racism*, Academic Press, New York, 1987.

12. *Id., ibid.*

13. Relman, cité dans Howard Kohn, « Service With a Sneer », in *The New York Times Sunday Magazine*, 11 novembre 1994.

14. IBM : « Responding to a Diverse Work Force », *The New York Times*, 26 août 1990.

15. Fletcher Blanchard, « Reducing the Expression of Racial Prejudice », in *Psychological Science*, vol. 2, 1991.

16. Samuel Gaertner et John Davidio, *Prejudice, Discrimination, and Racism*, *op. cit.*

17. Peter Drucker, « The Age of Social Transformation », in *The Atlantic Monthly*, novembre 1994.

18. Le concept d'intelligence de groupe est proposé par Wendy et Robert Sternberg, « Group Intelligence : Why Some Groups Are Better Than Other », in *Intelligence*, 1988.

19. Robert Kelley et Janet Caplan, « How Bell Labs Create Star Performers », in *Harvard Business Review*, juillet-août 1993.

20. David Krackhardt et Jeffrey R. Hanson, « Informal Networks : The Company Behind the Chart », in *Harvard Business Review*, juillet-août 1993, p. 104.

Chapitre 11 : *Esprit et médecine*

1. Fransisco Varela lors du congrès Third Mind and Life à Dharmsala, Inde, décembre 1990.

2. Voir Robert Adler *et al.*, *Psychoneuroimmunology*, 2e édition, Academic Press, San Diego, 1990.

3. David Felten *et al.*, « Noradrenergic Sympathetic Innervation of Lymphoid Tissue », in *Journal of Immunology* 135, 1985.

4. B. S. Rabin *et al.*, « Bidirectional Interaction Between the Central Nervous System and the Immune System », in *Critical Reviews in Immunology* 9 (4), 1989, p. 279-312.

5. Liaisons entre le cerveau et le système immunitaire, voir, par exemple, Steven B. Maier *et al.*, « Psychoneuroimmunology », in *American Psychologist*, décembre 1994.

6. Howard Friedman et S. Boothby-Kewley, « The Disease-Prone Personality : A Meta-Analytic View », in *American Psychologist* 42, 1987. Cette vaste étude a procédé à une « méta-analyse », dans laquelle plusieurs études plus limitées ont été statistiquement combinées en une seule. Des phénomènes qui risqueraient de passer inaperçus dans le cadre d'une seule étude peuvent ainsi être décelés en raison de l'importance de l'échantillonnage.

7. Les sceptiques soutiennent que le profil affectif associé à une fréquence supérieure des maladies est celui du névrosé quintessentiel — l'anxieux, le déprimé et le coléreux émotionnellement « détraqué » — et que la fréquence des maladies dont ils font état est due à leur propension à se plaindre de leur santé en exagérant la gravité de leurs maux, plutôt qu'à la réalité médicale. Mais Friedman et d'autres affirment que

le lien émotion-maladie a été mis en évidence par des recherches au cours desquelles les évaluations de l'état de sujets ont été faites par des médecins à partir des symptômes observables et d'examens médicaux, et ne sont pas celles des patients eux-mêmes — base plus objective. Il ne faut naturellement pas exclure la possibilité que le « mauvais moral » du patient résulte de son état de santé, tout comme il peut l'aggraver ; pour cette raison les résultats les plus convaincants sont fournis par des études prospectives où les états affectifs sont évalués avant l'apparition de la maladie.

8. Gail Ironson *et al.*, « Effects of Anger on Left Ventricular Ejection Fraction in Coronary Artery Desease », in *The American Journal of Cardiology* 70, 1992. L'efficacité du pompage quantifie la capacité du cœur à propulser le sang du ventricule gauche dans les artères ; il mesure la quantité de sang propulsée à chaque battement du cœur. Dans la maladie cardiaque, la diminution de cette efficacité signifie que le muscle cardiaque s'est affaibli.

9. Sur les dizaines d'études effectuées sur l'agressivité et le décès par maladie cardiaque, certaines n'ont pas réussi à établir de lien entre les deux. Cet échec peut être dû à des différences de méthodes, comme l'utilisation d'un mauvais critère d'évaluation de l'agressivité, et la subtilité relative de l'effet qu'elle produit. Ainsi, il semble que la mort due à l'agressivité soit la plus fréquente chez les personnes d'âge moyen. Si on ne parvient pas à déceler les causes de ces décès, on ne perçoit pas l'effet produit.

10. Agressivité et maladie cardiaque : Redford Williams, *The Trusting Heart*, Times Books/Random House, New York, 1989.

11. Dr Peter Kaufman, que j'ai interviewé pour le *New York Times*, 1er septembre 1992.

12. L'étude de Stanford sur la colère et les secondes crises cardiaques a été présentée par Carl Thoreson devant le Congrès international de médecine comportementale à Uppsala (Suède) en juillet 1990.

13. Linda H. Powell, « Emotional Arousal as a Predictor of Long-Term Mortality and Morbidity in Post M. I. Men », in *Circulation*, vol. 82, nº 4, supplément III, octobre 1990.

14. Murray H. Mittleman, « Triggering of Myocardial Infarction Onset by Episodes of Anger », in *Circulation*, vol. 89, nº 2, 1994.

15. Robert Levenson, « Can We Control Our Emotions, and How Does Such Control Change an Emotional Episode ? », in Richard Davidson et Paul Ekman (éd.), *Fundamental Questions About Emotions*, Oxford University Press, New York, 1995.

16. J'ai évoqué les recherches de Redford Williams sur la colère dans le *New York Times Good Health Magazine* du 16 avril 1989.

17. Carl Thoreson, *op. cit.*

18. Redford Williams, *The Trusting Heart*, *op. cit.*

19. Timothy Brown et al., « Generalized Anxiety Desorder », in David H. Barlow (éd.), *Clinical Handbook of Psychological Disorders*, Guilford Press, New York, 1993.

20. Stress et métastases : Bruce McEwen et Eliot Stellar, « Stress and the Individual Mechanisms Leading to Desease », in *Archives of Internal Medicine* 153, 27 septembre 1993. L'étude qu'ils décrivent est celle de M. Robertson et J. Ritz, « Biology and Clinical Relevance of Human Natural Killer Cells », in *Blood* 76, 1990.

21. Outre des raisons biologiques, les personnes soumises à des stress sont plus vulnérables à la maladie pour de multiples raisons. L'une peut tenir à la façon dont les gens cherchent à calmer leur anxiété — par exemple, en fumant, en buvant ou en consommant beaucoup d'aliments gras. Une inquiétude et une anxiété constantes peuvent également provoquer une perte de sommeil ou pousser les gens à ne pas suivre leur traitement médical, d'où une aggravation de la maladie. Il est fort probable que toutes ces causes se conjuguent pour associer stress et maladie.

22. Affaiblissement du système immunitaire dû au stress. Par exemple, une étude sur des étudiants en médecine à l'approche d'un examen a révélé non seulement une moindre résistance du système immunitaire à l'herpès, mais aussi une diminution de la capacité des globules blancs à tuer les cellules infectées, ainsi qu'une augmentation de la concentration d'une substance chimique associée à la suppression des capacités immunitaires des lymphocytes, dont le rôle est décisif dans la réaction immunitaire. Voir Ronald Glaser et Janice Kiecolt-Glaser « Stress-Associated Depression in Cellular Immunity », in *Brain, Behavior, and Immunity* 1, 1987. Mais, dans la plupart de ces études révélant un affaiblissement du système immunitaire dû au stress, il n'apparaît pas clairement si cette diminution est suffisante pour entraîner un risque médical.

23. Sheldon Cohen *et al.*, « Psychological Stress and Susceptibility to the Common Cold », in *New England Journal of Medicine* 325, 1991.

24. Arthur Stone *et al.*, « Secretory IgA as a Measure of Immunocompetence », in *Journal of Human Stress* 13, 1987. Dans une autre étude, 246 maris, femmes et enfants ont noté quotidiennement les tensions qui marquaient leur vie de famille durant la saison des grippes. La fréquence de la maladie — mesurée à la fois par le nombre de jours de fièvre et les taux d'anticorps de la grippe — apparaissait supérieure chez ceux dont la vie de famille était la plus perturbée. Voir R. D. Clover *et al.*, « Family Functioning and Stress as Predictors of Influenza B Infection », in *Journal of Family Practice* 28, mai 1989.

25. Poussée d'herpès et stress : une série d'études dues à Ronald Glaser et Janice Kiecolt-Glaser, par exemple, « Psychological Influences on Immunity », in *American Psychologist* 43, 1988. La relation entre le stress et l'activité du virus de l'herpès est si étroite qu'elle a été mise en évidence par une étude portant sur dix patients seulement, en utilisant comme critère l'apparition des plaques d'herpès. Plus les patients se plaignaient d'anxiété, de tracas et de tensions, plus ils risquaient d'avoir des poussées d'herpès les semaines suivantes ; l'herpès restait à l'état dormant dans les périodes plus calmes. Voir H. E. Schmidt *et al.*, « Stress as a Precipitating Factor in Subjects With Recurrent Herpes Labialis », in *Journal of Family Practice* 20, 1985.

26. Anxiété et maladie cardiaque chez les femmes : étude présentée par Carl Thoreson devant le Congrès international de médecine comportementale à Uppsala (Suède) en juillet 1990. L'anxiété peut également contribuer à prédisposer certains hommes à la maladie cardiaque. Dans une étude effectuée à l'École de médecine de l'université d'Alabama, on a établi le profil psychologique de 1 123 hommes et femmes observés successivement à quarante-cinq et à soixante-dix-sept ans. La probabilité de faire de l'hypertension vingt ans plus tard était bien plus grande chez les hommes enclins à l'anxiété. Voir Abraham Markowitz *et al.*, *Journal of the American Medical Association*, 14 novembre 1993.

27. Joseph C. Courtney *et al.*, « Stressful Life Events and the Risk of Colorectal Cancer », in *Epidemiology*, septembre 1993, 4(5).

28. La relaxation comme moyen de lutter contre les troubles dus au stress : voir, par exemple, Daniel Goleman et Joel Gurin, *Mind Body Medicine*, Consumer Reports Books/St. Martin's Press, New York, 1993.

29. Dépression et maladie : voir, par exemple, Seymour Reichlin, « Neuroendocrine-Immune Interactions », in *New England Journal of Medicine*, 21 octobre 1993.

30. Greffe de la moelle osseuse : cité par James Strain, « Cost Offset From a Psychiatric Consultation-Liaison Intervention With Elderly Hip Fracture Patients », in *American Journal of Psychiatry* 148, 1991.

31. Howard Burton *et al.*, « The Relationship of Depression to Survival in Chronic Renal Failure », *Psychosomatic Medicine*, mars 1986.

32. Robert Anda *et al.*, « Depressed Affect, Hopelessness, and the Risk of Ischemic Heart Disease in a Cohort of U.S. Adults », *Epidemiology*, juillet 1993.

33. Dépression et crise cardiaque : Nancy Frasure-Smith *et al.*, « Depression Following Myocardial Infarction », in *Journal of the American Medical Association*, 20 octobre 1993.

34. Dr Michael von Korff, psychiatre à l'université de Washington et auteur de l'étude, m'a fait remarquer à propos de ces patients confrontés à de terribles difficultés dans leur vie quotidienne : « Quand on les soigne pour leur dépression, on constate des améliorations au-delà des changements de leur état médical. Lorsque vous êtes déprimé, votre maladie vous semble plus grave qu'elle ne l'est. Le fait d'avoir une maladie chronique constitue un défi adaptatif considérable. Si vous êtes dépressif, vous n'êtes pas aussi bien armé pour affronter la maladie. Les sujets motivés, possédant de l'énergie et conscients de leur valeur — ce qui est rarement le cas des personnes déprimées — sont capables de s'adapter remarquablement aux altérations physiques même les plus graves. »

35. Optimisme et pontage : Chris Peterson *et al.*, *Learned Helplessness : A Theory for the Age of Personal Control,* Oxford University Press, New York, 1993.

36. Lésion de la colonne vertébrale et espoir : Timothy Elliott *et al.*, « Negotiating Reality After Physical Loss : Hope, Depression, and

Disability », in *Journal of Personality and Social Psychology* 61, 4, 1991.

37. James House *et al.*, « Social Relationships and Health », in *Science*, 21 juillet 1988. Voir aussi Carol Smith *et al.*, « Meta-Analysis of the Associations Between Social Support and Health Outcomes », in *Journal of Behavioral Medicine*, 1994, dont les conclusions sont moins nettes.

38. Isolement et mortalité : d'autres études laissent entrevoir un mécanisme biologique. Ces études, citées par House, « Social Relationships and Health », ont montré que la simple présence d'un tiers peut réduire l'anxiété et atténuer la douleur physiologique chez les patients en unités de soins intensifs. On a constaté que l'effet réconfortant de la présence d'un autre aboutissait à réduire non seulement le rythme cardiaque et la tension, mais aussi la sécrétion d'acides gras susceptibles d'obstruer les artères. Une théorie proposée pour expliquer les effets curatifs des contacts humains suggère qu'un mécanisme cérébral est à l'œuvre. Elle se réfère à des recherches effectuées avec des animaux révélant un effet calmant sur la zone hypothalamique postérieure, région du système limbique aux nombreuses liaisons avec l'amygdale. La présence de l'autre personne inhiberait l'activité limbique en diminuant la sécrétion de l'acétylcholine, du cotisol et des catécholamines, toutes substances neurochimiques qui provoquent une accélération de la respiration, du rythme cardiaque et font apparaître d'autres signes physiologiques de tension.

39. Strain, « Cost Offset ».

40. Survie aux crises cardiaques et soutien psychologique : Lisa Berkman *et al.*, « Emotional Support and Survival After Myocardial Infarction, A Prospective Population Based Study of the Elderly », *Annals of Internal Medicine*, 15 décembre 1992.

41. Annika Rosengren *et al.*, « Stressful Life Events, Social Support, and Mortality in Men Born in 1933 », in *British Medical Journal*, 19 octobre 1993.

42. Querelles de ménage et système immunitaire : Janice Kiercolt-Glaser *et al.*, « Marital Quality, Marital Disruption, and Immune Function », in *Psychosomatic Medicine* 49, 1987.

43. J'ai interviewé John Cacioppo pour le *New York Times*, 15 décembre 1992.

44. James Pennebaker, « Putting Stress Into Words : Health, Linguistic and Therapeutic Implications », article présenté au congrès de l'American Psychological Association à Washington en 1992.

45. Psychothérapie et amélioration de l'état de santé : Lester Luborsky *et al.*, « Is Psychotherapy Good for Your Health ? », article présenté au congrès de l'American Psychological Association à Washington en 1993.

46. David Spiegel *et al.*, « Effect of Psychosocial Treatment on Survival of Patients With Metastatic Breast Cancer », in *Lancet*, n° 8668, ii, 1989.

47. Cette constatation a été citée par le Dr Steven Cohen-Cole, psychiatre à l'Emory University, lors de l'interview qu'il m'a accordée pour le *New York Times*, 13 novembre 1991.

48. Par exemple, le programme Planetree du Pacific Presbyterian Hospital de San Francisco entreprend des recherches pour répondre à toute question médicale qui lui est posée.

49. Un programme a été mis au point par le Dr Mark Lipkin Jr à L'École de médecine de l'université de New York.

50. J'ai abordé la question de la préparation psychologique avant une intervention chirurgicale dans le *New York Times* du 10 décembre 1987.

51. Là encore Planetree sert de modèle, comme les maisons Ronald McDonald qui permettent aux parents de se loger à proximité des hôpitaux où leurs enfants sont hospitalisés.

52. Voir Dean Ornish, Jon Kabat-Zinn, *Full Catastrophe Living*, Delacorte, New York, 1991.

53. Voir Dean Ornish, *Dr Ornish's Program for Reversing Heart Disease*, Ballantine, New York, 1991.

54. *Health Professions Education and Relationship-Centered Care*. Rapport de la Pew-Fetzer Task Force on Advancing Psychosocial Health Education, Pew Health Professions Commission and Fetzer Institute at The Center of Health Professions, université de Californie à San Francisco, San Franciso, août 1994.

55. Strain, « Cost Offset ».

56. Redford Williams and Margareth Chesney, « Psychological Factors and Prognosis in Established Coronary Heart Disease », in *Journal of the American Medical Association*, 20 octobre 1993.

57. A. Stanley Kramer, « A Prescription For Healing », in *Newsweel*, 7 juin 1993.

Quatrième partie
POSSIBILITÉS

Chapitre 12 : *Le creuset de la famille*

1. Beverley Wilson et John Gottman, « Marital Conflict and Parenting : The Role of Negativity in Families », in M. H. Bernstein (éd.), *Handbook of Parenting*, vol. 4, Lawrence Erlbaum, Hillsdale, NJ, 1994.

2. Les recherches sur les émotions dans la famille ont été un prolongement des travaux de John Gottman sur le couple évoqués au chapitre 9. Voir Carole Hooven, Lynn Katz et John Gottman, « The Family as a Meta-Emotion Culture », in *Cognition and Emotion*, printemps 1994.

3. Hooven, Katz et Gottman, « The Family as a Meta-Emotion Culture », *op. cit.*

4. T. Berry Brazelton, dans la préface de *Heart Start : The Emotional Foundations of School Readiness*, National Center for Clinical Infant Programs, Arlington, VA, 1992.

5. *Id., ibid.*

6. *Id., ibid.*, p. 7.
7. *Id., ibid.*, p. 9.
8. M. Erickson *et al.*, « The Relationship Between Quality of Attachment and Behavior Problems in Preschool in a High-Risk Sample », in I. Betherton and E. Waters (éd.), *Monographs of the Society of Research in Child Development* 50, série n° 209.
9. T. Berry Brazelton, *op. cit.*
10. L. R. Huesman, Leonard Eron et Patty Warnicke-Yarmel, « Intellectual Function and Aggression », *The Journal of Personality and Social Psychology*, janvier 1987. Dans le numéro de septembre 1988 de *Child Development*, Alexander Thomas et Stella Chess font état de constatations semblables auxquelles ils ont abouti en observant soixante-quinze enfants à intervalles réguliers à partir de 1956, alors qu'ils avaient entre sept et douze ans. Alexander Thomas *et al.*, « Longitudinal Study of Negative Emotional States and Adjustments From Early Childhood Through Adolescence », in *Child Development* 59, 1988. Les enfants qui, de l'avis de leurs parents et de leurs professeurs, étaient les plus agressifs à l'école primaire, eurent l'adolescence la plus difficile. Non seulement ces enfants (deux fois plus de garçons que de filles) cherchaient continuellement querelle, mais ils dépréciaient leurs camarades, et même leurs parents et leurs professeurs, ou se montraient ouvertement hostiles à leur égard. Cette attitude hostile leur resta au fil des années ; devenus adolescents, ils ne s'entendaient pas avec les autres ni avec les membres de leur famille, et se créaient des ennuis à l'école. Et, lorsqu'ils avaient affaire aux adultes, c'était pour rencontrer toutes sortes de difficultés : soit qu'ils aient eu maille à partir avec la justice, soit qu'ils aient eu des problèmes d'anxiété et de dépression.
11. Mary Main et Carol George, « Responses of Abused Children and Disadvantaged Toddlers to Distress in Agemates : A Study in the Day-Care Setting », in *Developmental Psychology* 21, 5, 1985. Les mêmes constatations ont été faites avec des enfants en âge préscolaire : Bonnie Klimes-Dougan et Janet Kistner, « Physically Abused Preschoolers' Responses to Peers' Distress », in *Developmental Psychology* 26, 1990.
12. Robert Emery, « Family Violence », in *American Psychologist*, février 1989.
13. La question de savoir si les enfants ayant souffert de mauvais traitements en font à leur tour subir à leurs enfants est l'objet d'un débat scientifique. Voir, par exemple, Cathy Spatz Widom, « Child Abuse, Neglect and Adult Behavior », in *American Journal of Orthopsychiatry*, juillet 1989.

Chapitre 13 : *Traumatisme et réapprentissage émotionnel*

1. J'ai parlé du traumatisme psychologique durable provoqué par cette tragédie dans le *New York Times*, rubrique « Education Life », du 7 janvier 1990.

2. Les exemples de PTSD chez les victimes d'agressions sont fournis par le Dr Shelly Niederbach, psychologue au Victim's Counselling Service à Brooklyn.

3. M. Davis, « Analysis of Aversive Memories Using the Fear-Potentiated Startle Paradigme », in N. Butters et L. R. Squire (éd.), *The Neuropsychology of Memory*, Guilford Press, New York, 1992.

4. LeDoux, « Indelibility of Subcortical Emotional Memories », *Journal of Cognitive Neuroscience*, vol. 1, 1989, p. 238-243.

5. J'ai interviewé le Dr Charney dans le *New York Times* du 12 juin 1990.

6. Les expériences avec des couples d'animaux m'ont été décrites par le Dr John Krystal, et elles ont été reproduites dans divers laboratoires. Les recherches les plus importantes ont été faites par le Dr Jay Weiss à la Duke University.

7. Le meilleur exposé des changements intervenus dans le cerveau qui sous-tendent le PTSD et du rôle joué par l'amygdale est fourni par Dennis Charney *et al.*, « Psychobiologic Mechanisms of Post-Traumatic Stress Disorder », in *Archives of General Psychiatry* 50, avril 1993, p. 294-305.

8. Les changements dans les circuits cérébraux dus à des traumas ont surtout été mis en évidence par les expériences au cours desquelles de la yohimbine, substance dont les Indiens d'Amérique du Sud enduisent la pointe de leurs flèches pour paralyser leurs proies, a été injectée à des anciens du Viêt-nam atteints de PTSD. À doses infimes, la yohimbine bloque le fonctionnement d'un récepteur spécifique (l'endroit où un neurone reçoit un neurotransmetteur) qui freine d'ordinaire la sécrétion de catécholamine. La yohimbine entrave cette action de freinage en empêchant le récepteur de sentir la sécrétion de catécholamine, ce qui a pour effet d'augmenter la concentration de celle-ci. La yohimbine provoquait donc une réaction de panique chez 9 sur 15 des patients souffrant de PTSD et faisait resurgir des images très vivantes de l'événement traumatique chez 6 d'entre eux. Dans une hallucination, l'un eut la vision d'un hélicoptère abattu en flammes, un autre revit l'explosion d'une mine au passage d'une Jeep où se trouvaient ses camarades — la même scène hantait ses cauchemars et lui revenait à l'esprit depuis plus de vingt ans. Cette expérience a été dirigée par le Dr John Krystal, directeur du laboratoire de psychopharmacologie clinique du Centre national de lutte contre le PTSD du West Haven VA Hospital (Connecticut).

9. Voir Dennis Charney, « Psychobiologic Mechanisms », *op. cit.*

10. En tentant de réduire la sécrétion de CRF, le cerveau diminue le nombre de récepteurs commandant cette sécrétion. Un des signes montrant que c'est bien ce qui se produit chez les personnes souffrant de PTSD a été donné par une étude au cours de laquelle huit patients atteints de ces troubles ont reçu des injections de CRF. Normalement, une telle injection libère un flot d'ACTH, l'hormone qui circule dans l'organisme pour déclencher la sécrétion de catécholamine. Mais chez les patients atteints de PTSD, contrairement à des sujets témoins normaux, on ne releva pas de modification perceptible des taux d'ACTH

— signe que leur cerveau avait réduit l'activité des récepteurs de CRF parce qu'il était déjà submergé par l'hormone commandant le stress. Ces travaux m'ont été décrits par Charles Nemeroff, psychiatre à la Duke University.

11. J'ai interviewé le Dr Nemeroff dans le *New York Times* du 12 juin 1990.

12. Un phénomène similaire semble se produire en cas de PTSD : ainsi, au cours d'une expérience, on montra à des anciens du Viêt-nam atteints de ces troubles des extraits du film *Platoon* représentant des scènes de combat. On injecta à certains de la nalaxone, une substance qui bloque la sécrétion d'endorphine ; après avoir regardé le film, ils conservaient toute leur sensibilité à la douleur. Chez ceux qui n'avaient pas reçu de telles injections, la sensibilité diminuait de 30 %, ce qui indiquait une augmentation de la sécrétion d'endorphine. Les mêmes scènes n'avaient pas cet effet sur les anciens combattants ne souffrant pas de PTSD, ce qui donnait à penser que, dans les cas de PTSD, les circuits nerveux commandant la sécrétion d'endorphine deviennent excessivement sensibles ou hyperactifs — effet qui ne se manifestait chez ces sujets que lorsque quelque chose leur rappelait le trauma d'origine. En pareil cas, l'amygdale commence par évaluer l'importance affective de ce que l'on voit. Cette étude a été effectuée par le Dr Roger Pitman, psychiatre à Harvard. Comme c'est le cas pour d'autres symptômes du PTSD, la modification du cerveau se produit non seulement à l'occasion d'un événement dramatique, mais elle peut aussi être déclenchée de nouveau si quelque chose rappelle cet événement. Pitman a constaté, par exemple, que lorsque des animaux de laboratoire enfermés dans une cage recevaient une décharge électrique, ils développaient l'analgésie procurée par l'endorphine comme les anciens du Viêt-nam au spectacle de *Platoon*. Après plusieurs semaines, lorsque les rats étaient replacés dans la cage où ils avaient reçu la décharge électrique — sans être de nouveau soumis à celle-ci —, ils redevenaient insensibles à la douleur comme ils l'avaient été en recevant la décharge. Voir Roger Pitman, « Naloxone-Reversible Analgesic Response to Combat-Related Stimuli in Post-Traumatic Stress Disorder », in *Archives of General Medicine*, juin 1990. Voir aussi Hillel Glover, « Emotional Numbing : A Possible Endorphin-Mediated Phenomenon Associated with Post-Traumatic Stress Disorders and Other Allied Psychopathologic States », .n *Journal of Traumatic Stress* 5, 4, 1992.

13. Voir l'excellent article de Charney, « Psychobiologic Mechanisms », *op. cit.*

14. *Id., ibid.*, p. 300.

15. Rôle du cortex préfrontal dans l'apprentissage de la peur : Richard Davidson mesura en fonction de leur transpiration — signe caractéristique de l'anxiété — la réaction de sujets lorsqu'ils entendaient un son, suivi par un bruit, fort et extrêmement déplaisant. Le bruit violent provoquait une augmentation de leur transpiration. Après un certain temps, le son suffisait à produire le même effet ; les sujets avaient donc appris à

le détester. Lorsque le son continuait à être émis sans être suivi par le bruit désagréable, leur aversion acquise pour le son disparaissait — ils finissaient par l'entendre sans se mettre à transpirer. Plus le cortex préfrontal des sujets était actif, plus vite ils perdaient leur appréhension.

Dans une autre expérience mettant en évidence le rôle joué par les lobes préfrontaux pour surmonter la peur, on apprenait à des rats — souvent utilisés dans ce genre d'expériences — à craindre un son associé à une décharge électrique. Certains subissaient ensuite l'équivalent d'une lobotomie, une lésion chirurgicale de leur cerveau qui coupait la liaison entre les lobes préfrontaux et l'amygdale. Les jours suivants, les rats entendaient le son sans recevoir la décharge électrique. Au fil des jours, la peur suscitée par le son s'évanouissait progressivement. Mais il fallait près de deux fois plus de temps pour désapprendre cette peur à ceux dont les liaisons avec les lobes préfrontaux avaient été sectionnées — ce qui laissait entrevoir la fonction essentielle assumée par ces lobes dans la maîtrise de la peur et, plus généralement, des émotions apprises. Cette expérience a été effectuée par Maria Morgan, une élève de Joseph LeDoux, au centre de science neurale de l'université de New York.

16. Guérison du PTSD : j'ai été informé de ces travaux par Rachel Yehuda, neurochimiste et directrice du Traumatic Stress Studies Program appliqué à l'École de médecine de Mt. Sinai à Manhattan. J'ai exposé leurs résultats dans le *New York Times* du 6 octobre 1992.

17. Leonore Terr, *Too Scared to Cry*, Harper et Collins, New York, 1990.

18. Judith Lewis Herman, *Trauma and Recovery*, Basic Books, New York, 1992.

19. Mardi Horowitz, *Stress Response Syndromes*, Jason Aronson, Northvale, NJ, 1986.

20. Le réapprentissage s'opère aussi au niveau philosophique, du moins chez les adultes. Il est nécessaire d'aborder l'éternelle question que se posent les victimes : « Pourquoi moi ? » Lorsqu'il subit un trauma, l'individu perd confiance dans le monde extérieur et ne croit plus que ce qui nous arrive dans la vie est juste — autrement dit, que nous puissions rester maîtres de notre destin en menant une existence vertueuse. Les réponses à l'énigme ne sont pas nécessairement d'ordre philosophique ou religieux ; l'essentiel est de reconstruire un système de croyance permettant de vivre de nouveau comme s'il était possible de faire confiance au monde et à ses habitants.

21. Le fait que la peur d'origine persiste, même si elle a été maîtrisée, a été mis en évidence par des expériences dans lesquelles des rats ont été conditionnés à craindre un son, celui d'une cloche, par exemple, en l'associant à une décharge électrique. Ensuite, ils manifestaient une réaction de crainte en entendant le son, même lorsque celui-ci n'était pas accompagné de la décharge. Puis, petit à petit, en l'espace d'un an (période très longue pour des rats, puisqu'elle représente le tiers de leur vie), leur peur du son de la cloche s'évanouissait. Elle réapparaissait cependant dans toute son intensité lorsque le son était de nouveau couplé

avec la décharge électrique. Elle revenait instantanément alors qu'il lui fallait des mois pour disparaître. Ils se produit un phénomène semblable chez les êtres humains quand une peur traumatique ancienne, en sommeil pendant des années, est réveillée dans toute sa violence par quelque chose rappelant le trauma d'origine.

22. Ces recherches sont exposées plus en détail par Lester Luborsky et Paul Crits-Christoph dans *Understanding Transference : The CCRT Method*, Basic Books, New York, 1990.

Chapitre 14 : *Tempérament et destinée*

1. Voir, par exemple, Jerome Kagan *et al.*, « Initial Reactions to Unfamiliarity », in *Current Directions in Psychological Science*, décembre 1992. On trouvera la description la plus complète de la biologie du tempérament dans *Galen's Prophecy, op. cit.*

2. Jerome Kagan, *Galen's Prophecy, op. cit.*, p. 155-157.

3. Iris Bell, « Increased Prevalence of Stress-Related Symptoms in Middle-Aged Women Who Report Childhood Shyness », in *Annals of Behavior Medicine* 16, 1994.

4.Iris Bell *et al.*, « Failure of Heart Rate Habituation During Cognitive and Olfactory Laboratory Stressors in Young Adults With Childhood Shyness », in *Annals of Behavior Medicine* 16, 1994.

5. Chris Hayward *et al.*, « Pubertal Stage and Panic Attack History in Sixth- and Seventh-Grade Girls », in *American Journal of Psychiatry*, vol. 149 (9), septembre 1992, p. 1239-1243 ; Jerold Rosenbaum *et al.*, « Behavioral Inhibition in Childhood : A Risk Factor for Anxiety Disorders », in *Harvard Review of Psychiatry*, mai 1993.

6. Les recherches sur la personnalité et les différences entre les hémisphères cérébraux ont été effectuées par le Dr Richard Davidson à l'université du Wisconsin, et par le Dr Andrew Tomarken, un psychologue de l'université Vanderbilt : voir Andrew Tomarken et Richard Davidson, « Frontal Brain Activation in Repressors and Nonrepressors », in *Journal of Abnormal Psychology* 103, 1994.

7. La manière dont les mères peuvent aider leurs petits enfants à devenir plus téméraires a été observée par Doreen Arcus. On trouvera de plus amples détails dans Jerome Kagan, *Galen's Prophecy, op. cit.*

8. Jerome Kagan, *Galen's Prophecy, op. cit.*, p. 194-195.

9. Jens Asendorpf, « The Malleability of Behavioral Inhibition : A Study of Individual Development Functions », in *Developmental Psychology* 30, 6, 1994.

10. David H. Hubel, Thorsten Wiesel et S . Levay, « Plasticity of Ocular Columns in Monkey Striate Cortex », in *Philosophical Transactions of The Royal Society of London* 278, 1977.

11. Les travaux de Marian Diamond et d'autres chercheurs sont décrits par Richard Thompson dans *The Brain*, W. H. Freeman, San Francisco, 1985.

12. L. R. Baxter *et al.*, « Caudate Glucose Metabolısm Rate Changes With Both Drug and Behavior Therapy for Onsessive-Compulsive Disorder », in *Archives of General Psychiatry* 49, 1987.
13. L. R. Baxter *et al.*, « Local Cerebral Glucose Metabolic Rates in Obsessive-Compulsive Disorder », in *Archives of General Psychiatry* 44, 1987.
14. Bryan Kolb, « Brain Development, Plasticity, and Behavior », in *American Psychologist* 44, 1989.
15. Richard Davidson, « Asymetric Brain Function, Affective Style and Psychopathology : The Role of Early Experience and Plasticity », in *Development and Psychopathology*, vol. 6, 1994, p. 741-758.
16. Allan Schore, *Affect Regulation, op. cit.*
17. M. E. Phelps *et al.*, « PET, A Biochemical Image of the Brain at Work », in N. A. Lassen *et al.*, *Brain Work and Mental Activity : Quantitative Studies with Radioactive Tracers*, Munksgaard, Copenhague, 1991.

Cinquième partie

LES RUDIMENTS DE L'INTELLIGENCE ÉMOTIONNELLE

Chapitre 15 : *Le prix de l'ignorance*

1. J'ai évoqué cette tendance dans le *New York Times* du 3 mars 1992.
2. Statistiques fournies par les Uniforme Crime Reports : *Crime in the U.S., 1991*, publié par le ministère américain de la Justice.
3. En 1990, le taux de criminalité chez les jeunes a atteint 430 pour 100 000, soit 27 % de plus qu'en 1980. Le nombre d'adolescents arrêtés pour viol est passé de 10,9 pour 100 000 en 1965 à 21,9 pour 100 000 en 1990 ; celui des meurtres commis par des jeunes a plus que quadruplé entre 1965 et 1990, passant de 2,8 à 12,1 pour 100 000, soit une augmentation de 79 %. L'augmentation a été de 64 % entre 1980 et 1990 pour les coups et blessures. Voir, par exemple, Ruby Takanashi, « The Opportunities of Adolescence », in *American Psychologist*, février 1993.
4. En 1950, le taux de suicide chez les jeunes de 15 à 24 ans était de 4,5 pour 100 000. En 1989, il était de 13,3, soit trois fois supérieur. Chez les enfants de 10 à 14 ans, le taux a presque triplé entre 1968 et 1985. Les statistiques sur le suicide, les victimes d'homicide et la grossesse chez les adolescentes proviennent de *Health*, 1991, U.S. Department of Health and Human Services, et du Children's Safety Network, *A Data Book of Child and Adolescent Injury*, National Center for Education in Maternal and Child Health, Washington, DC, 1991.
5. Depuis 1960, la fréquence des blennorragies a quadruplé chez les jeunes de 10 à 14 ans, triplé chez ceux de 15 à 19 ans. En 1990, 20 % des sidéens avaient entre 20 et 29 ans, beaucoup ayant été infectés avant

20 ans. La pression qui pousse les jeunes à avoir des rapports sexuels à un âge précoce se fait de plus en plus forte. Selon une enquête effectuée dans les années quatre-vingt, un tiers des jeunes femmes affirmaient que les pressions exercées par leurs camarades les avaient décidées à avoir leur premier rapport sexuel, contre 13 % seulement pour les femmes de la génération précédente. Voir Ruby Takanashi, « The Opportunities of Adolescence », et « Children's Safety Network », in *A Data Book of Child and Adolescent Injury*, *op. cit.*

6. L'usage de l'héroïne et de la cocaïne est passé chez les Blancs de 18 pour 100 000 en 1970 à 68 pour 100 000 en 1990 — soit un triplement. Chez les Noirs, le taux est passé de 53 pour 100 000 en 1970 à 766 en 1990 — soit près de 13 fois plus. Ces chiffres proviennent de *Crime in the U.S.*, *op. cit.*

7. Selon des enquêtes effectuées aux États-Unis, en Nouvelle-Zélande, au Canada et à Porto Rico, un enfant sur cinq connaît des problèmes psychologiques. L'anxiété est le plus fréquent chez les moins de 11 ans ; 10 % d'entre eux souffrent de phobies assez graves pour les empêcher de mener une vie normale, 5 % d'une anxiété généralisée et constante, 4 % craignent d'être séparés de leurs parents. La consommation d'alcool augmente chez les garçons pendant les années d'adolescence jusqu'à concerner 20 % d'entre eux à 20 ans. J'ai fait état de ces chiffres liés aux désordres affectifs chez les enfants dans le *New York Times* du 10 janvier 1989.

8. L'étude sur les problèmes affectifs des enfants américains et la comparaison avec ceux d'autres pays : Thomas Achenbach et Catherine Howell, « Are America's Children Problems Getting Worse ? A 13-Year Comparison », in *Journal of the American Academy of Child and Adolescent Psychiatry,* novembre 1989.

9. La comparaison entre nations a été effectuée par Urie Bronfenbrenner, in Michael Lamb et Kathleen Sternberg, *Child Care in Context : Cross-Cultural Perspective,* Lawrence Erlbaum, Englewood, NJ, 1992.

10. Conférence donnée au cours d'un symposium à l'université Cornell le 24 septembre 1993.

11. Voir, par exemple, Alexander Thomas *et al.*, « Longitudinal Study of Negative Emotional States and Adjustements from Early Childhood Through Adolescence », in *Child Development,* vol. 59, septembre 1988.

12. John Locman, « Social-Cognitive Processes of Severely Violent, Moderately Aggressive, and Nonaggressive Boys », in *Journal of Clinical and Consulting Psychology,* 1994.

13. Kenneth A. Dodge, « Emotion and Social Information Processing », in J. Garber and K. Dodge, *The Development of Emotion Regulation and Dysregulation*, Cambridge University Press, New York, 1991.

14. J. D. Coie and J. B. Kupersmidt, « A Behavioral Analysis of Emerging Social Status in Boys' Groups », in *Child Development* 54, 1983.

15. Voir, par exemple, Dan Offord *et al.*, « Outcome, Prognosis, and

Risk in a Longitudinal Follow-Up Study », in *Journal of the American Academy of Child and Adolescent Psychiatry* 31, 1992.

16. Richard Tremblay *et al.*, « Predicting Early Onset of Male Antisocial Behavior from Preschool Behavior », in *Archives of General Psy chiatry,* septembre 1994.

17. Ce qui se passe dans la famille d'un enfant avant l'âge scolaire peut, bien entendu, contribuer de manière décisive à le prédisposer à commettre des agressions. Ainsi, selon une étude, chez les enfants dont la naissance a posé des problèmes, et que leur mère a rejetés à l'âge d'un an, la probabilité qu'ils commettent un acte criminel à 18 ans est quatre fois supérieure à la moyenne. Adriane Raines *et al.*, « Birth Complications Combined with Early Maternal Rejection at Age One Predispose to Violent Crime at Age 18 Years », in *Archives of General Psychiatry*, décembre 1994.

18. Tandis qu'un faible QI verbal permet apparemment de prédire la délinquance (selon une étude, dix-huit points séparent les délinquants des non-délinquants), tout semble prouver que l'impulsivité est une cause à la fois plus directe et plus déterminante tant de la délinquance que de la faiblesse du QI verbal. Quant aux faibles résultats obtenus aux tests mesurant ce QI, les enfants impulsifs ne sont pas assez attentifs pour acquérir les aptitudes nécessaires à parler et à raisonner correctement, sur lesquelles sont fondés ces tests. Dans le Pittsburgh Youth Study, une enquête « longitudinale » sur des enfants de dix à douze ans, l'impulsivité a permis de prévoir la délinquance trois fois plus sûrement que le QI verbal. Voir Jack Block, « On the Relation Between IQ, Impulsivity, and Delinquency », in *Journal of Abnormal Psychology* 104, 1995.

19. Marion Underwood et Melinda Albert, « Fourth-Grade Peer Status as a Predictor of Adolescent Pregnancy », article présenté au congrès de la Society for Research on Child Development à Kansas City (Missouri) en avril 1989.

20. Gerald R. Patterson, « Orderly Change in a Stable World : The Antisocial Trait as Chimera », in *Journal of Clinical and Consulting Psychology* 62, 1993.

21. Ronald Slaby et Nancy Guerra, « Cognitive Mediators of Aggression in Adolescent Offenders », in *Developmental Psychology* 24, 1988.

22. Laura Mufson *et al.*, *Interpersonal Psychotherapy for Depressed Adolescents*, Guilford Press, New York, 1993.

23. Cross-National Collaborative Group, « The Changing Rate of Major Depression : Cross-National Comparisons », *Journal of the American Medical Association*, 2 décembre 1992.

24. Peter Levinsohn *et al.*, « Age-Cohort Changes in the Lifetime Occurrence of Depression and Other Mental Disorders », in *Journal of Abnormal Psychology* 102, 1993.

25. Patricia Cohen *et al.*, New York Psychiatric Institute, 1988 ; Peter Levinsohn *et al.*, « Adolescent Psychopathology : 1. Prevalence and Incidence of Depression in High School Students », in *Journal of Abnor-*

mal Psychology 102, 1993. Voir aussi Mufson *et al.*, *Interpersonal Psychotherapy, op. cit.* On trouvera les estimations les plus faibles dans E. Costello, « Developments in Child Psychiatric Epidemiology », in *Journal of the Academy of Child and Adolescent Psychiatry* 28, 1989.

26. Maria Kovacs et Leo Bastiaens, « The Psychotherapeutic Management of Major Depressive and Disthymic Disorders in Childhood and Adolescence », in I. M. Goodyer, éd., *Mood Disorders in Childhood and Adolescence* (New York, Cambridge University Press, 1994).

27. Maria Kovacs, *op. cit.*

28. J'ai interviewé Maria Kovacs dans le *New York Times* du 11 janvier 1994.

29. Maria Kovacs et David Goldston, « Cognitive and Social Development of Depressed Children and Adolescents », in *Journal of the Academy of Child and Adolescent Psychiatry*, mai 1991.

30. John Weiss *et al.*, « Control-Related Beliefs and Self-Reported Depressive Symptoms in Late Childhood », in *Journal of Abnormal Psychology* 102, 1993.

31. Judy Garber, Vanderbilt University. Voir, par exemple, Ruth Hilsman et Judy Garber, « A Test of the Cognitive Diathesis Model of Depression in Children : Academic Stressors, Attributional Style, Perceived Competence and Control », in *Journal of Personality and Social Psychology* 67, 1994 ; Judy Garber, « Cognitions, Depressive Symptoms, and Development in Adolescents », in *Journal of Abnormal Psychology* 102, 1993.

32. Judy Garber, « Cognitions », *op. cit.*

33. *Id., ibid.*

34. Susan Nolen-Hoeksema *et al.*, « Predictors and Consequences of Childhood Depressive Symptoms : A Five-Year Longitudinal Study », in *Journal of Abnormal Psychology* 101, 1992.

35. Gregory Clarke, University of Oregon Health Sciences Center, « Prevention of Depression in A-Risk High School Adolescents », article présenté à l'American Academy of Child and Adolescent Psychiatry en octobre 1993.

36. Judy Garber, « Cognitions », *op. cit.*

37. Hilda Bruch, « Hunger and Instinct », *Journal of Nervous and Mental Disorder* 149, 1969. Son livre phare : *The Golden Cage : The Enigma of Anorexia Nervosa*, Harvard University Press, Cambridge, MA, n'a pas été publié avant 1978.

38. Gloria R. Leon *et al.*, « Personality and Behavioral Vulnerabilities Associated with Risk Status for Eating Desorders in Adolescent Girls », in *Journal of Abnormal Psychology* 102, 1993.

39. La fillette de six ans qui se sentait grosse était une patiente du Dr William Feldman, pédiatre à l'université d'Ottawa.

40. Peter Sifneos, « Affect, Emotional Conflict, and déficit ».

41. Steven Asher et Sonda Gabriel, « The Social World of Peer-Rejected Children », article présenté au congrès annuel de l'American Educational Research Association à San Francisco en mars 1989.

42. *Id., ibid.*
43. Kenneth Dodge et Esther Feldman, « Social Cognition and Sociometric Status », in Steven Asher et John Coie (éd.), *Peer Rejection in Childhood*, Cambridge University Press, New York, 1990.
44. Emory Cowen *et al.*, « Longterm Follow-Up of Early Delected Vulnerable Children », in *Journal of Clinical and Consulting Psychology* 41, 1973.
45. Jeffrey Parker et Steven Asher, « Friendship Adjustment, Group Acceptance and Social Dissatisfaction in Childhood », article présenté au congrès annuel de l'American Educational Research Association à Boston en 1990.
46. Steven Asher et Gladys Williams, « Helping Children Without Friends in Home and School Contexts », in *Children's Social Development : Information for Parents and Teachers,* University of Illinois Press, Urbana et Champaign, 1987.
47. Stephen Nowicki, « A Remediation Procedure for Nonverbal Processing Deficits », manuscrit non publié, Duke University, 1989.
48. Enquête effectuée à l'université du Massachusetts par Project Pulse et rapportée dans *The Daily Hampshire Gazette* le 13 novembre 1993.
49. Ces chiffres ont été fournis par Harvey Wechsler, directeur du College Alcohol Studies de l'Harvard School of Public Health, août 1994.
50. Faits rapportés par le Center on Addiction and Substance Abuse de l'université de Columbia, mai 1993.
51. Rapport d'Alan Marlatt devant le congrès annuel de l'American Psychological Association, août 1994.
52. Données fournies par Meyer Glantz, directeur de la Section de recherche étiologique du National Institute for Drug and Alcohol Abuse.
53. Jeanne Tschann, « Initiation of Substance Abuse in Early Adolescence », in *Health Psychology* 4, 1994.
54. J'ai interviewé Ralph Tarter dans le *New York Times* du 26 avril 1996.
55. Howard Moss *et al.*, « Plasma GABA-Like Activity in Response to Ethanol Challenge in Men at High Risk for Alcoholism », in *Biological Psychiatry* 27 (6), mars 1990.
56. Philip Harden et Robert Pihl, « Cognitive Function, Cardiovascular Reactivity, and Behavior in Boys at High Risk for Alcoholism », in *Journal of Abnormal Psychology* 104, 1995.
57. Kathleen Merikangas *et al.*, « Familial Transmission of Depression and Alcoholism », in *Archives of General Psychiatry,* avril 1985.
58. Howard Moss *et al.*, *op. cit.*
59. Edward Khantzian, « Psychiatry and Psychodynamic Factors in Cocaine Addiction », in Arnold Washton et Mark Gold (éd.), *Cocaine : A Clinician's Handbook,* Guilford Press, New York, 1987.
60. Selon Edward Khantzian, de l'École de médecine de Harvard, qui a traité plus de 200 héroïnomanes.

61. « Assez de guerres ! » L'expression m'a été suggérée par Tim Shriver du Collaborative for the Advancement of Social and Emotional Learning au Yale Child Studies Center.

62. « Economic Deprivation and Early Childhood Development » et « Poverty Experiences of Young Children and the Quality of Their Home Environments ». Greg Duncan et Patricia Garrett décrivent séparément leurs travaux dans ces deux articles de *Child Development,* avril 1994.

63. Norman Garmezy, *The Invulnerable Child,* Guilford Press, New York, 1987. J'ai évoqué cette question dans le *New York Times* du 13 octobre 1987.

64. Ronald C. Kessler *et al.*, « Lifetime and 12-Month Prevalence of DSM-III-R Psychiatric Disorders in the U.S. », in *Archives of General Psychiatry*, janvier 1994.

65. Le premier chiffre est fourni par Malcom Brown de la section « Violence and Traumatic Stress » de l'Institut national américain de la santé mentale ; les seconds proviennent du National Committee for the Prevention of Child Abuse and Neglect. Une enquête nationale a révélé des taux de 3,2 % pour les filles, 0,6 % pour les garçons au cours d'une année donnée : David Finkelhor et Jennifer Dziuba-Leatherman, « Children as Victims of Violence : A National Survey », in *Pediatrics,* octobre 1984.

66. Enquête effectuée par David Finkelhor, sociologue à l'université du New Hampshire.

67. Ces informations ont été fournies par Malcom Gordon, psychologue à la section « Violence and Traumatic Stress » de l'Institut national américain de la santé mentale.

68. W. T. Grant Consortium on the School-Based Promotion of Social Competence : « Drug and Alcohol Prevention Curricula », in J. David Hawkins *et al.*, *Communities That Care*, Jossey-Bass, San Francisco, 1992.

69. *Id., ibid.*

Chapitre 16 : *L'éducation émotionnelle*

1. J'ai interviewé Karen Stone McCown dans le *New York Times* du 7 novembre 1993.

2. Karen F. Stone et Harold Q. Dillehunt, *Self Science : The Subject Is Me,* Goodyear Publishing Co., Santa Monica, 1978.

3. « Guide to Feelings », in *Second Step 4-5*, 1992, p. 84.

4. The Child Development Project : voir, par exemple, Daniel Solomon *et al.*, « Enhancing Children's Prosocial Behavior in the Classroom », in *American Educational Research Journal,* hiver 1988.

5. Rapport de la High Scope Educational Research Foundation, Ypsilanti, Michigan, avril 1993.

6. Carolyn Saami, « Emotional Competence : How Emotions and

Relations Become Integrated », in R. A. Thompson (éd.), *Socioemotional Development / Nebraska Symposium on Motivation* 36, 1990.

7. David Hamburg, *Today's Children : Creating a Future for a Generation in Crisis*, Times Book, New York, 1992.

8. *Id., ibid.*, p. 171-172.

9. *Id., ibid.*, p. 182.

10. J'ai interviewé Linda Lantieri dans le *New York Times* du 3 mars 1992.

11. J. David Hawkins *et al.*, *Communities That Care, op. cit.*

12. *Id., ibid.*

13. Roger P. Weisberg *et al.*, « Promoting Positive Social Development and Health Practice in Young Urban Adolescents », in M. J. Elias (éd.), *Social Decision-Making in the Middle School*, Aspen Publishers, Gaithersburg, MD, 1992.

14. Amitai Etzioni, *The Spirit of Community*, Crown, New York, 1992.

15. Steven C. Rockfeller, *John Dewey : Religious Faith and Democratic Humanism*, Columbia University Press, 1991.

16. Thomas Lickona, *Educating for Character,* Bantam, New York, 1991.

17. Francis Moore Lappe et Paul Martin DuBois, *The Quickening of America*, Jossey-Bass, San Francisco, 1994.

18. Amitai Etzoni *et al.*, *Character Building for a Democratic, Civil Society*, The Communitarian Network, Washington, DC, 1994.

19. « Murders Across Nation Rise by 3 Percent, but Overall Violent Crime Is Down », in *The New York Times*, 2 mai 1994.

20. « Serious Crimes by Juveniles Soar », in *Associated Press,* 25 juillet 1994.

Appendice B : *Les marques distinctives de l'esprit émotionnel*

1. J'ai évoqué à plusieurs reprises dans le *New York Times* le modèle de l'« inconscient empirique » (*experiential unconscious*) conçu par Seymour Epstein, et la plus grande partie de ce résumé est fondée sur des conversations que j'ai eues avec lui, des lettres qu'il m'a envoyées, son article « Integration of the Cognitive and Psychodynamic Unconscious », in *American Psychologist* 44, 1994, et son livre, écrit en collaboration avec Archie Brodsky, *You're Smarter Than You Think*, Simon & Schuster, New York, 1993. Je me suis inspiré de ce modèle pour élaborer le mien (esprit émotionnel) en l'interprétant à ma manière.

2. Paul Ekman, « An Argument for the Basic Emotions », in *Cognitive and Emotion* 6, 1992, p. 175. La liste des traits distinctifs des émotions est un peu plus longue, mais nous nous bornerons à ceux évoqués ici

3. Paul Ekman, *op. cit.*, p. 187.

4. *Id., ibid.*, p. 189.

5. Seymour Epstein, *op. cit.*, p. 55.

6. J. Toobey et I. Cosmides, « The Past Explains the Present : Emotional Adaptations and the Structure of Ancestral Environment », in *Ethology and Sociobiology* 11, p. 418-419.

7. Bien qu'il puisse sembler évident que chaque émotion possède sa propre signature biologique, il n'en a pas été ainsi pour ceux qui ont étudié la psychophysiologie de l'émotion. Un débat très technique se poursuit sur la question de savoir si le processus physiologique sous-jacent est fondamentalement le même pour toutes les émotions ou si chacune a le sien propre. Sans entrer dans les détails, j'ai présenté les arguments de ceux qui penchent pour la deuxième hypothèse.

Remerciements

J'ai pour la première fois entendu l'expression « éducation émotionnelle » dans la bouche d'Eileen Rockfeller Growald, fondatrice et alors présidente de l'Institute for the Advancement of Health. C'est la conversation que j'ai eue avec elle qui a fait naître mon intérêt pour cette question et orienté les recherches à l'origine de ce livre. Au cours de ces années, Eileen a constamment contribué à enrichir les connaissances en ce domaine.

Le soutien financier de l'institut Fezner de Kalamazoo (Michigan) m'a permis de consacrer le temps nécessaire à étudier à fond ce qu'est l'« éducation émotionnelle », et je suis reconnaissant à Rob Lehman, président de l'institut, pour les encouragements qu'il m'a prodigués, ainsi qu'à David Sluyter, directeur de programme. C'est Rob Lehman qui, au début de mes recherches, m'a pressé d'écrire un livre sur l'intelligence émotionnelle.

Je dois beaucoup aux centaines de chercheurs qui, au fil des années, ont partagé avec moi leurs découvertes, et dont je me suis efforcé d'exposer et de synthétiser ici les travaux. Le concept d'« intelligence émotionnelle » est dû à Peter Salovey, de Yale. J'ai beaucoup appris au contact de nombreux enseignants et éducateurs experts dans l'art de la prévention, à l'avant-garde du mouvement naissant en faveur de l'éducation émotionnelle. Leurs efforts pour développer l'intelligence sociale et émotionnelle des enfants, et pour recréer une atmosphère plus humaine dans les écoles, ont été pour moi une source d'inspiration. Parmi eux, je citerai Mark Greenberg et David Hawkins de l'université de Washington, David Schaps et Catherine Lewis du Developmental Studies Center de Yale, Roger Weissberg à l'université de l'Illinois à Chicago, Maurice Elias à Rutgers, Shelley Kessler du Goddard Institute on Teaching and Learning à Boulder (Colorado), Chevy Martin et Karen Stone McCown au Nueva Learning Center à Hillsborough en Californie, et Linda Lantieri, directrice du National Center for Resolving Conflict Creatively à New York.

Je dois beaucoup à tous ceux qui ont revu et commenté différentes parties du manuscrit : Howard Gardner de la Graduate School of Education à Harvard, Peter Salovey, de la Section de psychologie de Yale, Paul Ekman, directeur du Human Interaction Laboratory à l'université de Californie à San Francisco, Michael Lerner, directeur de Commonweal à Bolinas en Californie, Dennis Prager, alors directeur du programme pour la santé à la John D. and Catherine T. MacArthur Foundation, Mark Gerzon, directeur de Common Entreprise à Boulder (Colorado), Mary Schwab-Stone, docteur en médecine, au Child Studies Center, à l'École de médecine de Yale, David Spiegel, docteur en médecine, Section psychiatrie à l'École de médecine de Stanford, Mark Greenberg, directeur du Fast Track Program, à l'université de Washington, Shoshona Zuboff, Harvard School of Business, Joseph LeDoux, Centre de science neurale, université de New York, Richard Davidson, directeur du laboratoire de Psychoneurologie, université du Wisconsin, Paul Kaufman, Mind and Media, à Point Reyes, Californie, Jessica Brackman, Naomi Wolf et surtout Fay Goleman.

Les consultations que m'ont accordées plusieurs érudits m'ont beaucoup aidé : Page DuBois, helléniste à l'université de Californie du Sud, Matthew Kapstein, philosophe de l'éthique et des religions à l'université de Columbia, et Steven Rockfeller, biographe de John Dewey au Middlebury College. Joy Nolan a rassemblé diverses anecdotes, Margareth Howe et Annette Spychalla ont préparé l'appendice sur les résultats obtenus par les divers programmes d'éducation émotionnelle. Sam et Susan Harris m'ont procuré une aide technique.

REMERCIEMENTS

Depuis une décennie, mes éditeurs du *New York Times* m'ont considérablement soutenu dans mes recherches sur les dernières découvertes relatives aux émotions. Ces enquêtes ont fait l'objet d'articles dans ce journal et ont fourni les matériaux de base de cet ouvrage.

Toni Burbank, mon éditeur de Bantam Books, a contribué par son enthousiasme à affermir ma résolution et à aiguiser ma pensée.

Quant à ma femme, Tara Bennett-Goleman, elle m'a soutenu pendant toute la rédaction de ce livre par sa chaleur, son amour et son intelligence.

TABLE

Achevé d'imprimer en novembre 1999
sur presse Cameron
par ***Bussière Camedan Imprimeries***
à Saint-Amand-Montrond (Cher)
pour le compte de France Loisirs
123, boulevard de Grenelle, Paris

Cet ouvrage a été imprimé
sur du papier sans bois et sans acide

N° d'édition : 32444. N° d'impression : 994844/4.
Dépôt légal : avril 1999.

Imprimé en France